天津外国语大学"求索"文库

# WISDOM OF PHILOSOPHERS IN THE RENAISSANCE

西方哲人智慧丛书

佟 立 ◎主编

# 文艺复兴时期 哲学家的智慧

金 鑫 夏 志 等 ◎编著

天津出版传媒集团

天津人民出版社

**图书在版编目（CIP）数据**

文艺复兴时期哲学家的智慧 / 金鑫等编著. -- 天津：
天津人民出版社，2020.12
（西方哲人智慧丛书 / 佟立主编）
ISBN 978-7-201-16797-8

Ⅰ. ①文… Ⅱ. ①金… Ⅲ. ①哲学家－人物研究－西
方国家－中世纪 Ⅳ. ①B5

中国版本图书馆 CIP 数据核字(2020)第 233185 号

## 文艺复兴时期哲学家的智慧
WENYIFUXING SHIQI ZHEXUEJIA DE ZHIHUI

| | | |
|---|---|---|
| 出　　版 | 天津人民出版社 | |
| 出 版 人 | 刘　庆 | |
| 地　　址 | 天津市和平区西康路 35 号康岳大厦 | |
| 邮政编码 | 300051 | |
| 邮购电话 | (022)23332469 | |
| 电子信箱 | reader@tjrmcbs.com | |

| | |
|---|---|
| 策划编辑 | 王　康 |
| 责任编辑 | 郑　玥 |
| 封面设计 | 王　烨 |

| | |
|---|---|
| 印　　刷 | 天津新华印务有限公司 |
| 经　　销 | 新华书店 |
| 开　　本 | 710 毫米×1000 毫米 1/16 |
| 印　　张 | 33.75 |
| 插　　页 | 2 |
| 字　　数 | 350 千字 |
| 版次印次 | 2020 年 12 月第 1 版　2020 年 12 月第 1 次印刷 |
| 定　　价 | 118.00 元 |

天津外国语大学"求索"文库

天津外国语大学"求索"文库编委会

主　任：陈法春

副主任：余　江

编　委：刘宏伟　杨丽娜

# 总序 展现波澜壮阔的哲学画卷

2017 年 5 月 12 日，在 56 岁生日当天，我收到天津外国语大学佟立教授的来信，邀请我为他主编的一套丛书作序。当我看到该丛书各卷的书名时，脑海里立即涌现出的就是一幅幅波澜壮阔的哲学画卷。

## 一、古希腊哲学：西方哲学的起点

如果从泰勒斯算起，西方哲学的发展历程已经走过了两千五百多年。按照德国当代哲学家雅斯贝斯在他的重要著作《历史的起源与目标》中所提出的"轴心时代文明"的说法，公元前800—前200年所出现的各种文明奠定了后来人类文明发展的基石。作为晚于中国古代儒家思想和道家思想出现的古希腊思想文明，成为西方早期思想的萌芽和后来西方哲学的一切开端。英国哲学家怀特海曾断言："两千五百年的西方哲学只不过是柏拉图哲学的一系列脚注而已。"① 在西方人看来，从来没有一个民族能比希腊人更公正地评价自己的天性和组织制度、道德及习俗，从

---

① 转引自［美］威廉·巴雷特：《非理性的人》，段德智译，上海译文出版社，2012 年，第103 页。

来没有一个民族能以比他们更清澈的眼光去看待周围的世界，去凝视宇宙的深处。一种强烈的真实感与一种同等强烈的抽象力相结合，使他们很早就认识到宗教观念实为艺术想象的产物，并建立起凭借独立的人类思想而创造出来的观念世界以代替神话的世界，以"自然"解释世界。这就是古希腊人的精神气质。罗素在《西方哲学史》中如此评价古希腊哲学的出现："在全部的历史里，最使人感到惊异或难于解说的莫过于希腊文明的突然兴起了。构成文明的大部分东西已经在埃及和美索不达米亚存在了好几千年，又从那里传播到了四邻的国家。但是其中却始终缺少着某些因素，直到希腊人才把它们提供出来。"① 亚里士多德早在《形而上学》中就明确指出："不论现在还是最初，人都是由于好奇而开始哲学思考，开始是对身边所不懂的东西感到奇怪，继而逐步前进，而对更重大的事情发生疑问，例如关于月相的变化，关于太阳和星辰的变化，以及万物的生成。"② 这正是古希腊哲学开始于惊奇的特点。

就思维方式而言，西方哲学以理论思维或思辨思维为其基本特征，而希腊哲学正是思辨思维的发源地。所谓"思辨思维"或者"理论思维"也就是"抽象思维"（abstraction），亦即将某种"属性"从事物中"拖"（traction）出来，当作思想的对象来思考。当代德国哲学家文德尔班指出："古代的科学兴趣，尤其在希腊人那里，被称为'哲学'。它的价值不仅仅在于它是历史研究和文明发展研究中的一个特殊主题。实际上，由于古代思想的

---

① ［英］罗素：《西方哲学史》，李约瑟译，商务印书馆，1982年，第24页。

② ［古希腊］亚里士多德：《形而上学》，吴寿彭译，商务印书馆，1997年，第31页。

内容在整个西方精神生活的发展过程中有其独特的地位，因此它还蕴含着一种永恒的意义。"的确，希腊人把简单的认知提升到了系统知识或"科学"的层次，不满足于实践经验的积累，也不满足于因宗教需要而产生的玄想，他们开始为了科学本身的缘故而寻求科学。像技术一样，科学作为一种独立事业从其他文化活动中分离出来，所以关于古代哲学的历史探究，首先是一种关于普遍意义上的西方科学之起源的洞察。文德尔班认为，希腊哲学史同时也是各个分支科学的诞生史。这种分离的过程首先开始于思想与行动的区分、思想与神话的区分，然后在科学自身的范围内继续分化。随着事实经验的积累和有机整理，被希腊人命名为"哲学"的早期简单的和统一的科学，分化为各门具体科学，也就是各个哲学分支，继而程度不同地按照各自的线索得到发展。古代哲学中蕴含的各种思想开端对后世整个科学的发展有着非常重要的影响。尽管希腊哲学留下来的材料相对较少，但是它以非常简明扼要的方式，在对事实进行理智性阐述的方面搭建了各种概念框架；并且它以一种严格的逻辑，在探索世界方面拓展出了所有的基本视域，其中包括了古代思想的特质，以及属于古代历史的富有教育意义的东西。

事实上，古代科学的各种成果已经完全渗透到了我们今天的语言和世界观之中。古代哲学家们带有原始的朴素性，他们将单方面的思想旨趣贯彻到底，得出单边的逻辑结论，从而凸显了实践和心理层面的必然性——这种必然性不仅主导着哲学问题的演进，而且主导着历史上不断重复的、对这些问题的解答。按照文德尔班的解释，我们可以这样描绘古代哲学在各个发展阶段上的典型意义：起初，哲学以大无畏的勇气去探究外部世界，然而当它在这里遭遇阻碍的时候，它转向了内部世界，由这个视域出发，它以新的力量尝试去思考"世界-大全"。即使在服务社会和满足宗教需要的方面，古代思想赖以获取概念性知识的这种方式也具有一种超越历史的特殊意义。然而古代文明的显著特征就在于，它具有"容易识别"的精神生活，甚至是特别单纯和朴素的精神生活，而现代文明在相互关联中则显得复杂得多。

## 二、中世纪哲学：并非黑暗的时代

古希腊哲学的一幅幅画卷向我们展示了古代哲学家们的聪明才智，更向我们显示了西方智慧的最初源头。而从古希腊哲学出发，我们看到的是中世纪教父哲学和经院哲学在基督教的召唤下所形成的变形的思维特征。无论是奥古斯丁、阿伯拉尔，还是托马斯·阿奎那、奥卡姆，他们的思想始终处于理智的扭曲之中。这种扭曲并非说明他们的思想是非理智的，相反，他们是以理智的方式表达了反理智的思想内容，所以中世纪哲学往往被称作"漫长的黑暗时代"。一个被历史学家普遍接受的说法是，"中世纪黑暗时代"这个词是由14世纪意大利文艺复兴人文主义学者彼特拉克所发明的。他周游欧洲，致力于发掘和出版经典的拉丁文和希腊文著作，志在重新恢复罗马古典的拉丁语言、艺术和文化，对自罗马沦陷以来的变化与发生的事件，他认为不值得研究。人文主义者看历史并不按奥古斯丁的宗教术语，而是按社会学术语，即通过古典文化、文学和艺术来看待历史，所以人文主义者把这900年古典文化发展的停滞时期称为"黑暗的时期"。自人文主义者起，历史学家们对"黑暗的时期"和"中世纪"也多持负面观点。在16世纪与17世纪基督教新教徒的宗教改革中，新教徒也把天主教的腐败写进这段历史中。针对新教徒的指责，天主教的改革者们也描绘出了一幅与"黑暗的时期"相反的图画：一个社会与宗教和谐的时期，一点儿也不黑暗。而对"黑暗的时期"，许多现代的负面观点则来自于17世纪和18世纪启蒙运动中的伏尔泰和康德的作品。

然而在历史上，中世纪文明事实上来自于两个不同的但又相互关联的思想传统，即希腊文明和希伯来文明传统，它们代表着在理性与信仰之间的冲突和融合。基督教哲学，指的就是一种由信仰坚定的基督徒建构的、自觉地以基督教的信仰为指导的，但又以人的自然理性论证其原理的哲学形态。虽然基督教哲学对后世哲学的发展带来了巨大的负面影响，但其哲学思想本身却仍然具有重要的思想价值。例如，哲学的超验性在基督教哲学中就表现得非常明显。虽然希腊哲学思想中也不乏超验的思想（柏拉图），但是从主导方面看是现实主义的，而基督教哲学却以弃绝尘世的方式向人们展示了一个无限的超感性的世界，从而在某种程度上开拓并丰富了人类的精神世界。此外，基督教哲学强调精神的内在性特征，这也使得中世纪哲学具有不同于古希腊哲学的特征。基督教使无限的精神（实体）具体化于个人的心灵之中，与希腊哲学对自然的认识不同，它诉诸个人的内心信仰，主张灵魂的得救要求每个人的灵魂在场。不仅如此，基督教的超自然观念也是中世纪哲学的重要内容。在希腊人那里，自然是活生生的神圣的存在，而在基督教思想中自然不但没有神性，而且是上帝为人类所创造的可供其任意利用的"死"东西。基督教贬斥自然的观念固然不利于科学的发展，然而却从另一方面为近代机械论的自然观开辟了道路。当然，中世纪哲学中还有一个重要的观念值得关注，这就是"自由"的概念。因为在古希腊哲学中，"自由"是一个毋庸置疑的概念，一切自主的道德行为和对自然的追求一定是以自由为前提的。但在中世纪，自由则是一个需要讨论的话题，因为只有当人们缺乏自由意志但又以为自己拥有最大自由的时候，自由才会成为一个备受关注的话题。

## 三、文艺复兴与启蒙运动：人的发现

文艺复兴和思想启蒙运动是西方近代哲学的起点。虽然学界对谁是西方近代哲学的第一人还存有争议，但 17 世纪哲学一般被认为是近代哲学的开端，中世纪的方法，尤其是经院哲学在路德宗教改革的影响下衰落了。17 世纪常被称为"理性的时代"，既延续了文艺复兴的传统，也是启蒙运动的序曲。这段时期的哲学主流一般分为两派：经验论和唯理论，这两派之间的争论直到启蒙运动晚期才由康德所整合。但将这段时期中的哲学简单地归于这两派也过于简单，这些哲学家提出其理论时并不认为他们属于这两派中的某一派。而将他们看作独自的学派，尽管有着多方面的误导，但这样的分类直到今天仍被人们所认可，尤其是在谈论17 世纪和 18 世纪的哲学时。这两派的主要区别在于，唯理论者认为，从理论上来说（不是实践中），所有的知识只能通过先天观念获得；而经验论者认为，我们的知识起源于我们的感觉经验。这段时期也诞生了一流的政治思想，尤其是洛克的《政府论》和霍布斯的《利维坦》。同时哲学也从神学中彻底分离开来，尽管哲学家们仍然谈论例如"上帝是否存在"这样的问题，但这种思考完全是基于理性和哲学的反思之上。

文艺复兴（Renaissance）一词的本义是"再生"。16世纪意大利文艺史家瓦萨里在《绘画、雕刻、建筑的名人传》里使用了这个概念，后来沿用至今。这是一场从14世纪到16世纪起源于意大利，继而发展到西欧各国的思想文化运动，由于其搜集整理古希腊文献的杰出工作，通常被称为"文艺复兴"，其实质则是人文主义运动。它主要表现为"世界文化史三大思想运动"：古典文化的复兴、宗教改革（Reformation）、罗马法的复兴运动，主要特征是强调人的尊严、人生的价值、人的现世生活、人的个性自由和批判教会的腐败虚伪。莎士比亚在《哈姆雷特》中赞叹道："人是多么了不起的一件作品！理想是多么高贵，力量是多么无穷，仪表和举止是多么端正，多么出色。论行动，多么像天使，论了解，多么像天神！宇宙的精华，万物的灵长！"[①] 恩格斯则指出，文艺复兴"是一次人类从来没有经历过的最伟大的、进步的变革，是一个需要巨人而且产生了巨人——在思维能力、热情和性格方面，在多才多艺和学识渊博方面的巨人的时代"[②]。

文艺复兴的重要成就是宗教改革、人的发现和科学的发现。

---

① ［英］莎士比亚：《莎士比亚全集》（第九卷），人民文学出版社，1978年，第49页。

② 《马克思恩格斯全集》（第3卷），人民出版社，1960年，第445页。

在一定意义上，我们可以把宗教改革看作人文主义在宗教神学领域的延伸，而且其影响甚至比人文主义更大更深远。宗教改革直接的要求是消解教会的权威，变奢侈教会为廉洁教会，而从哲学上看，其内在的要求则是由外在的权威返回个人的内心信仰：因信称义（路德）、因信得救（加尔文）。

"人文主义"（humanism）一词起源于拉丁语的"人文学"（studia humanitatis），指与神学相区别的那些人文学科，包括文法、修辞学、历史学、诗艺、道德哲学等。到了 19 世纪，人们开始使用"人文主义"一词来概括文艺复兴时期人文学者对古代文化的发掘、整理和研究工作，以及他们以人为中心的新世界观。人文主义针对中世纪抬高神、贬低人的观点，肯定人的价值、尊严和高贵；针对中世纪神学主张的禁欲主义和来世观念，要求人生的享乐和个性的解放，肯定现世生活的意义；针对封建等级观念，主张人的自然平等。人文主义思潮极大地推动了西欧各国文化的发展和思想的解放，文艺复兴由于"首先认识和揭示了丰满的、完整的人性而取得了一项尤为伟大的成就"，这就是"人的发现"。

文艺复兴时代两个重要的发现：一是发现了人；二是发现了自然，即"宇宙的奥秘与人性的欢歌"。一旦人们用感性的眼光重新观察它们，它们便展露出新的面貌。文艺复兴主要以文学、艺术和科学的发现为主要成就：文学上涌现出了但丁、薄伽丘、莎士比亚、拉伯雷、塞万提斯等人，艺术上出现了达·芬奇、米开朗基罗、拉斐尔等人，科学上则以哥白尼、特勒肖、伽利略、开普勒、哈维等人为代表，还有航海上取得的重大成就，以哥伦布、麦哲伦为代表。伽利略有一段广为引用的名言："哲学是写在那本永远在我们眼前的伟大书本里的——我指的是宇宙——但是，我们如果不先学会书里所用的语言，掌握书里的符号，就不能了解它。这书是用数学语言写出的，符号是三角形、圆形和别的几何图像。没有它们的帮助，是连一个字也不会认识的；没有它们，人就在一个黑暗的迷宫里劳而无功地游荡着。"①

实验科学的正式形成是在17世纪，它使用的是数学语言（公式、模型和推导）和描述性的概念（质量、力、加速度等）。这种科学既不是归纳的，也不是演绎的，而是假说-演绎的（hypothetico-deductive）。机械论的自然是没有活力的，物质不可能是自身运动的原因。17世纪的人们普遍认为上帝创造了物质并使之处于运动之中，有了这第一推动，就不需要任何东西保持物质的运动，运动是一种状态，它遵循的是惯性定律，运动不灭，动量守恒。笛卡尔说："我的全部物理学就是机械论。"新哲学家们抛弃了亚里士多德主义的质料与形式，柏拉图主义对万物的等级划分的目的论，把世界描述为一架机器、一架"自动机"（automaton），"自然是永远和到处同一的"。因此，自然界被夺去了精神，自然现象只能用自身来解释；目的论必须和精灵鬼怪一起为机械论的理解让路，不能让"天意成为无知的避难所"。所有这些导致了近代哲学的两个重要特征，即对确定性的追求和对能力或力量的追求。培根提出的"知识就是力量"，充分代表了近代哲学向以往世界宣战的口号。

马克思和恩格斯在《神圣家族》中指出："18世纪的法国启

---

① ［美］M. 克莱因：《古今数学思想》（第二册），北京大学数学系数学史翻译组译，上海科学技术出版社，1979年，第33页。

蒙运动，特别是法国唯物主义，不仅是反对现存政治制度的斗争，还是反对现存宗教和神学的斗争，而且还是反对 17 世纪的形而上学和反对一切形而上学，特别是反对笛卡尔、马勒伯朗士、斯宾诺莎和莱布尼茨的形而上学的公开而鲜明的斗争。"① 黑格尔在《哲学史讲演录》中写道："我们发现法国人有一种深刻的、无所不包的哲学要求，与英国人和苏格兰人完全两样，甚至与德国人也不一样，他们是十分生动活泼的：这是一种对于一切事物的普遍的、具体的观点，完全不依靠任何权威，也不依靠任何抽象的形而上学。他们的方法是从表象、从心情去发挥；这是一种伟大的看法，永远着眼于全体，并且力求保持和获得全体。"② 当代英国哲学家柏林在《启蒙的时代》中认为："十八世纪天才的思想家们的理智力量、诚实、明晰、勇敢和对真理的无私的热爱，直到今天还是无人可以媲美的。他们所处的时代是人类生活中最美妙、最富希望的乐章。"③ 本系列对启蒙运动哲学的描绘，让我们领略了作为启蒙思想的先驱洛克、三权分立的倡导者孟德斯鸠、人民主权的引领者卢梭、百科全书派的领路人狄德罗和人性论的沉思者休谟的魅力人格和深刻思想。

## 四、理性主义的时代：从笛卡尔到黑格尔

笛卡尔是西方近代哲学的奠基人之一，黑格尔称他为"现代

---

① 《马克思恩格斯全集》(第 2 卷)，人民出版社，1957 年，第 159 页。
② [德] 黑格尔：《哲学史讲演录》(第四卷)，贺麟、王太庆译，商务印书馆，1983 年，第 220 页。
③ [英] 以赛亚·柏林：《启蒙的时代》，孙尚扬译，光明日报出版社，1989 年，第 25 页。

哲学之父"。他自成体系，熔唯物主义与唯心主义于一炉，在哲学史上产生了深远的影响。笛卡尔在哲学上是二元论者，并把上帝看作造物主。但他在自然科学范围内却是一个机械论者，这在当时是有进步意义的。笛卡尔堪称17世纪及其后的欧洲科学界最有影响的巨匠之一，被誉为"近代科学的始祖"。笛卡尔的方法论对于后来物理学的发展有重要的影响。他在古代演绎方法的基础上创立了一种以数学为基础的演绎法：以唯理论为根据，从自明的直观公理出发，运用数学的逻辑演绎推出结论。这种方法和培根所提倡的实验归纳法结合起来，经过惠更斯和牛顿等人的综合运用，成为物理学特别是理论物理学的重要方法。笛卡尔的普遍方法的一个最成功的例子是，运用代数的方法来解决几何问题，确立了坐标几何学，即解析几何学的基础。

荷兰的眼镜片打磨工斯宾诺莎，在罗素眼里是哲学家当中人格最高尚、性情最温厚可亲的人。罗素说："按才智讲，有些人超越了他，但是在道德方面，他是至高无上的。"[①]　在哲学上，斯宾诺莎是一名一元论者或泛神论者。他认为宇宙间只有一种实体，即作为整体的宇宙本身，而"上帝"和宇宙就是一回事。他的这个结论是基于一组定义和公理，通过逻辑推理得来的。"斯宾诺莎的上帝"不仅仅包括了物质世界，还包括了精神世界。在伦理学上，斯宾诺莎认为，一个人只要受制于外在的影响，他就是处于奴役状态，而只要和上帝达成一致，人们就不再受制于这种影响，而能获得相对的自由，也因此摆脱恐惧。斯宾诺莎还主张"无知是一切罪恶的根源"。对于死亡，斯宾诺莎的名言是："自

---

① ［英］罗素：《西方哲学史》(下卷)，马元德译，商务印书馆，1976年，第92页。

由人最少想到死，他的智慧不是关于死的默念，而是对于生的沉思。"① 斯宾诺莎是彻底的决定论者，他认为所有已发生事情的背后绝对贯穿着必然的作用。所有这些都使得斯宾诺莎在身后成为亵渎神和不信神的化身。有人称其为"笛卡尔主义者"，而有神论者诋毁之为邪恶的无神论者，但泛神论者则誉之为"陶醉于神的人""最具基督品格"的人，不一而足。但所有这些身份都无法取代斯宾诺莎作为一位特征明显的理性主义者在近代哲学中的重要地位。

笛卡尔最为关心的是如何以理性而不是信仰为出发点，以自我意识而不是外在事物为基础，为人类知识的大厦奠定了一个坚实的地基；斯宾诺莎最为关心的是，如何确立人类知识和人的德性与幸福的共同的形而上学基础；而莱布尼茨的哲学兴趣是，为个体的实体性和世界的和谐寻找其形而上学的基础。笛卡尔的三大实体是心灵、物体和上帝，人被二元化了；斯宾诺莎的实体是唯一的神或自然，心灵和身体只是神的两种样式；而莱布尼茨则要让作为个体的每个人成为独立自主的实体，"不可分的点"。按照莱布尼茨的观点，宇宙万物的实体不是一个，也不是两个或者三个，而是无限多个。因为实体作为世界万物的本质，一方面必须是不可分的单纯性的，必须具有统一性；另一方面必须在其自身之内就具有能动性的原则。这样的实体就是"单子"。所谓"单子"就是客观存在的、无限多的、非物质性的、能动的精神实体，它是一切事物的"灵魂"和"隐德来希"（内在目的）。每个单子从一种知觉到另一种知觉的发展，也具有连续性。"连续

---

① ［荷］斯宾诺莎：《伦理学》，贺麟译，商务印书馆，1997 年，第 222 页。

性原则"只能说明在静态条件下宇宙的连续性,而无法解释单子的动态的变化和发展。在动态的情况下,宇宙这个单子的无限等级序列是如何协调一致的呢? 莱布尼茨的回答是,因为宇宙万物有一种"预定的和谐"。整个宇宙就好像是一支庞大无比的交响乐队,每件乐器各自按照预先谱写的乐谱演奏不同的旋律,而整个乐队所奏出来的是一首完整和谐的乐曲。莱布尼茨不仅用"预定的和谐"来说明由无限多的单子所组成的整个宇宙的和谐一致,而且以此来解决笛卡尔遗留下来的身心关系问题。一个自由的人应该能够认识到他为什么要做他所做的事。自由的行为就是"受自身理性决定"的行为。"被决定"是必然,但是"被自身决定"就是自由。这样,莱布尼茨就把必然和自由统一起来了。莱布尼茨哲学在西方哲学史上具有极其重要的历史地位。在他之后,沃尔夫(Christian Wolff)曾经把他的哲学系统发展为独断论的形而上学体系,长期统治着德国哲学界,史称"莱布尼茨—沃尔夫哲学"。黑格尔在他的《哲学史讲演录》中这样评价沃尔夫哲学:"他把哲学划分成一些呆板形式的学科,以学究的方式应用几何学方法把哲学抽绎成一些理智规定,同时同英国哲学家一样,把理智形而上学的独断主义捧成了普遍的基调。这种独断主义,是用一些互相排斥的理智规定和关系,如一和多,或简单和复合,有限和无限,因果关系等等,来规定绝对和理性的东西的。"①

康德哲学面临的冲突来自牛顿的科学和莱布尼茨的形而上学、理性主义的独断论和怀疑主义的经验论、科学的世界观和道德宗教

---

① [德]黑格尔:《哲学史讲演录》(第四卷),贺麟、王太庆译,商务印书馆,1978年,第185页。

的世界观之间的对立。因此，康德的努力方向就是要抑制传统形而上学自命不凡的抱负，批判近代哲学的若干立场，特别是沃尔夫等人的独断论，也要把自己的批判立场与其他反独断论的立场区分开来，如怀疑论、经验论、冷淡派（indifferentism）等。在反独断论和经验论的同时，他还要捍卫普遍必然知识的可能性，也就是他提出的"要限制知识，为信仰留下地盘"的口号，这就是为知识与道德的领域划界。他在《纯粹理性批判》中明确指出："我所理解的纯粹理性批判，不是对某些书或体系的批判，而是对一般理性能力的批判，是就一切可以独立于任何经验而追求的知识来说的，因而是对一般形而上学的可能性和不可能性进行裁决，对它的根源、范围和界限加以规定，但这一切都是出自原则。"

费希特是康德哲学的继承者。他在《知识学新说》中宣称："我还应该向读者提醒一点，我一向说过，而且这里还要重复地说，我的体系不外就是跟随康德的体系。"① 他深为批判哲学所引起的哲学革命欢欣鼓舞，但也对康德哲学二元论的不彻底性深感不满。因此，费希特一方面对康德保持崇敬的心情，另一方面也对康德哲学进行了批评。对费希特来说，康德的批判哲学是不完善的，理论理性和实践理性分属两个领域，各个知性范畴也是并行排列，没有构成一个统一的有机体系。康德不仅在自我之外设定了一个不可知的物自体，而且在自我的背后亦设定了一个不可知的"我自身"，这表明康德的批判也是不彻底的。按照费希特的观点，哲学的任务是说明一切经验的根据，因而哲学就是认识论，他亦据此把自己的哲学称为"知识学"（Wissenschaftslehre，

---

① 梁志学主编：《费希特著作选集》（卷二），商务印书馆，1994 年，第 222 页。

直译为"科学学")。于是费希特便为了自我的独立性而牺牲了物的独立性,将康德的理论理性和实践理性合为一体,形成了"绝对自我"的概念。从当代哲学的角度看,费希特的哲学是试图使客观与主观合一的观念论哲学,与实在论相对立。但他提供了丰富的辩证法思想,包括发展的观点、对立统一的思想、主观能动性的思想等。总之,费希特改进了纯粹主观的唯心论思想,推进了康德哲学的辩证法,影响了黑格尔哲学的形成。

正如周瑜的感叹"既生瑜何生亮",与黑格尔同时代的谢林也发出了同样的感叹。的确,在如日中天的黑格尔面前,原本是他的同窗和朋友的谢林,最后也不得不承认自己生不逢时。但让他感到幸运的是,他至少可以与费希特并驾齐驱。谢林最初同意费希特的观点,即哲学应该是从最高的统一原则出发,按照逻辑必然性推演出来的科学体系。不过他很快也发现了费希特思想中的问题。在谢林看来,费希特消除了康德的二元论,抛弃了物自体,以绝对自我为基础和核心建立了一个知识学的体系,但他的哲学体系缺少坚实的基础,因为在自我之外仍然有一个无法克服的自然或客观世界。谢林认为,绝对自我不足以充当哲学的最高原则,因为它始终受到非我的限制。谢林改造了斯宾诺莎的实体学说,以自然哲学来弥补费希特知识学的缺陷,建立了一个客观唯心主义的哲学体系。谢林始终希望表明,他的哲学与黑格尔的哲学之间存在着某种根本的区别。这种区别就在于,他试图用一种积极肯定的哲学说明这个世界的存在根据,而黑格尔则只是把思想的观念停留在概念演绎之中。他对黑格尔哲学的批判动摇了唯心主义的权威,费尔巴哈的唯物主义为此要向谢林表示真诚的敬意，恩格斯称谢林和费尔巴哈分别从两个方面批判了黑格尔，从而宣告了德国古典唯心主义的终结。

作为德国古典哲学的最后代表和集大成者，黑格尔哲学面临的问题就是康德哲学的问题。的确，作为德国古典哲学的开创者和奠基人，康德一方面证明了科学知识的普遍必然性，另一方面亦通过限制知识而为自由、道德和形而上学保留了一片天地，确立了理性和自由这个德国古典哲学的基本原则。由于其哲学特有的二元论使康德始终无法建立一个完善的哲学体系，这就给他的后继者们提出了一个亟待解决的难题。黑格尔哲学面临的直接问题是如何消解康德的自在之物，将哲学建立为一个完满的有机体系，而就近代哲学而言，也就是思维与存在的同一性问题。自笛卡尔以来，近代哲学在确立主体性原则，高扬主体能动性的同时，亦陷入了思维与存在的二元论困境而不能自拔。康德试图以彻底的主体性而将哲学限制在纯粹主观性的范围之内，从而避免认识论的难题，但是他却不得不承认物自体的存在。费希特和谢林都试图克服康德的物自体，但是他们并不成功。费希特的知识学实际上是绕过了物自体；由于谢林无法解决绝对的认识问题，因而也没有完成这个任务。当费希特面对知识学的基础问题时，他只好诉诸信仰；当谢林面对绝对的认识问题时，他也只好诉诸神秘性的理智直观和艺术直观。

黑格尔扬弃康德自在之物的关键在于，他把认识看作一个由知识与对象之间的差别和矛盾推动的发展过程。康德对理性认识能力的批判基本上是一种静态的结构分析，而黑格尔则意识到，认识是一个由于其内在的矛盾而运动发展的过程。如果认识是一个过程，那么我们就得承认，认识不是一成不变的，而认识的发展变化则表明知识是处于变化更新的过程之中的，不仅如此，对象也一样处于变化更新的过程之中。因此，认识不仅是改变知识的过程，同样也是改变对象的过程，在认识活动中，不仅出现了新的知识，也出现了新的对象。黑格尔的《精神现象学》所展示的就是这个过程，它通过人类精神认识绝对的过程，表现了绝对自身通过人类精神而成为现实，成为"绝对精神"的过程。换句话说，人类精神的认识活动归根结底乃是绝对精神的自我运动，因为人类精神就是绝对精神的代言人，它履行的是绝对精神交付给它的任务。从这个意义上说，《精神现象学》也就是对于"绝对即精神"的认识论证明。

对黑格尔来说，这个艰苦漫长的"探险旅行"不仅是人类精神远赴他乡，寻求关于绝对的知识的征程，同时亦是精神回归其自身，认识自己的还乡归途。马克思曾经将黑格尔《精神现象学》的伟大成就概括为"作为推动原则和创造原则的否定的辩证法"①。在《精神现象学》中，黑格尔形象地把绝对精神的自我运动比喻为"酒神的宴席"：所有人都加入了欢庆酒神节的宴席，每个人都在这场豪饮之中一醉方休，但是这场宴席却不会因为我或者你的醉倒而终结，而且也正是因为我或者你以及我们大家的醉倒而成其为酒神的宴席。我们都是这场豪饮不可缺少的环节，而这场宴席本身则是永恒的。

黑格尔是有史以来最伟大的形而上学家，他一方面使自亚里

① ［德］卡尔·马克思：《1844年经济学—哲学手稿》，刘丕坤译，人民出版社，1979年，第116页。

士多德以来哲学家们所怀抱的让哲学成为科学的理想最终得以实现，另一方面亦使形而上学这一古典哲学曾经漫步了两千多年的哲学之路终于走到了尽头。黑格尔哲学直接导致了马克思主义哲学的诞生：马克思和恩格斯在吸收了黑格尔辩证法的基础上打破了他的客观唯心主义思想体系，建立了辩证的唯物主义和历史的唯物主义，完成了哲学上的一场革命。黑格尔哲学是当代西方哲学批判的主要对象，也是西方哲学现代转型的重要起点。胡塞尔正是在摈弃了黑格尔本质主义的基础上建立了"描述的现象学"，弗雷格、罗素和摩尔等人也是在反对黑格尔哲学的基础上开启了现代分析哲学的先河。

## 五、20 世纪西方哲学画卷：从现代到后现代

本丛书的一个重要特征是重视现代哲学的发展，这从整个系列的内容排列中就可以明显地看出来：本丛书共有九卷，其中前五卷的内容跨越了两千多年的历史，而展现现代哲学的部分就有四卷，时间跨度只有百余年，但却占整个系列的近一半篇幅。后面的这四卷内容充分展现了现代西方哲学的整体概貌：既有分析哲学与欧洲大陆哲学的区分，也有不同哲学传统之间的争论；既有对哲学家思想历程的全面考察，也有对不同哲学流派思想来源的追溯。从这些不同哲学家思想的全面展示，我们可以清楚地看到，20 世纪西方哲学经历了从现代到后现代的历程。

从哲学自身发展的内在需要看，传统哲学的理性主义精神受到了当代哲学的挑战。从古希腊开始，理性和逻辑就被看作哲学

的法宝；只有按照理性的方式思考问题，提出的哲学理论只有符合逻辑的要求，这样的哲学家才被看作重要的和有价值的。虽然也有哲学家并不按照这样的方式思考，如尼采等人，但他们的思想也往往被解释成一套套理论学说，或者被纳入某种现成的学说流派中加以解释。这样哲学思维就被固定为一种统一的模式，理性主义就成为哲学的唯一标志。但是自 20 世纪 60 年代开始，从法国思想家中涌现出来的哲学思想逐渐改变了传统哲学的这种唯一模式。这就是后现代主义的哲学。

如今我们谈论后现代主义的时候，通常把它理解为一种反传统的思维方式，于是后现代主义中反复提倡的一些思想观念就成为人们关注的焦点，也由此形成了人们对后现代主义的一种模式化理解。但事实上，后现代主义在法国的兴起直接是与社会现实问题，特别是与现实政治密切相关的。我们熟知的"五月风暴"被看作法国后现代主义思想最为直接的现实产物，而大学生们对社会现实的不满才是引发这场革命的直接导火索。如果说萨特的自由主义观念是学生们的思想导师，那么学生们的现实运动则引发了像德里达这样的哲学家们的反思。在法国，政治和哲学从来都是不分家的，由政治运动而引发哲学思考，这在法国人看来是再正常不过的了，而这种从现实政治运动中产生的哲学观念，又会对现实问题的解决提供有益的途径。正是在这种意义上，后现代主义的兴起应当被看作西方哲学家的研究视角从纯粹的理论问题转向社会的现实问题的一个重要标志。

如今我们都承认，"后现代"并不是一个物理时间的概念，因为我们很难从年代的划分上区分"现代"与"后现代"。"后现代"这个概念主要意味着一种思维方式，即一种对待传统以及处理现实问题的视角和方法。从这个意义上来说，特别是从对待传统的不同态度上来看，我们在这里把"后现代"的特征描述为"重塑启蒙"。近代以来的启蒙运动都是以张扬理性为主要特征的，充分地运用理性是启蒙运动的基本口号，这也构成了现代哲学的主要特征。但在后现代主义者的眼里，启蒙不以任何先在的标准或目标为前提，当然不会以是否符合理性为标准。相反，后现代哲学家们所谓的启蒙恰恰是以反对现代主义的理性精神为出发点的。这样，启蒙就成为反对现代性所带来的一切思想禁令的最好标志。虽然不同的哲学家对后现代哲学中的启蒙有不同的理解和解释，但他们不约而同地把对待理性的态度作为判断启蒙的重要内容。尽管任何一种新的思维产生都会由于不同的原因而遭遇各种敌意和攻击，但对"后现代"的极端反应却主要是由于对这种思想运动本身缺乏足够的认识，而且这种情况还由于人们自以为对"现代性"有所了解而变得更为严重。其实，我们不必在意什么人被看作"后现代"的哲学家或思想家。我们应当关心的是，"后现代"的思想为现代社会带来的是一种新的启蒙。这种启蒙的意义就在于，否定关于真实世界的一切可能的客观知识，否定语词或文本具有唯一的意义，否定人类自我的统一，否定理性探索与政治行为、字面意义与隐晦意义、科学与艺术之间的区别，甚至否定真理的可能性。总之，这种启蒙抛弃了近代西方文明大部分的根本思想原则。在这种意义上，我们可以把"后现代主义"看作对近现代西方启蒙运动的一种最新批判，是对18世纪以来近代社会赖以确立的某些基本原则的批判，也是对以往一切批判的延续。归根结底，这种启蒙就是要打破一切对人类生活起着支配作用、占有垄断地位的东西，无论它是宗教信念还是理性本身。

历史地看，后现代对现代性的批判只是以往所有对现代性批判的一种继续，但西方社会以及西方思想从现代到后现代的进程却不是某种历史的继续，而是对历史的反动，是对历史的抛弃，是对历史的讽刺。现代性为人类所带来的一切已经成为现实，但后现代主义会为人类带来什么却尚无定数。如今，我们可以在尽情享受现代社会为我们提供的一切生活乐趣的同时对这个社会大加痛斥，历数恶果弊端，但我们却无法对后现代主义所描述的新世界提出异议，因为这原本就是一个不可能存在的世界，是一个完全脱离现实的世界。然而换一个角度说，后现代主义又是对现代社会的一个很好的写照，是现代性的一个倒影、副产品，也是现代性发展的掘墓人。了解西方社会从现代走向后现代的过程，也就是了解人类社会（借用黑格尔的话说）从"自在"状态到"自为"状态的过程，是了解人类思想从对自然的控制与支配和人类自我意识极度膨胀，到与自然的和谐发展和人类重新确立自身在宇宙中的地位的过程。尽管这是一个漫长的历史进程，对人类以及自然甚至是一个痛苦的过程，但人类正是在这个过程中真正认识了自我，学会了如何与自然和谐相处，懂得了发展是以生存为前提这样一个简单而又十分重要的道理。

最后，我希望能够对本丛书的编排体例说明一下。整个丛书按照历史年代划分，时间跨度长达两千五百多年，包括了四十九位重要哲学家，基本上反映了西方哲学发展历史中的重要思想。我特别注意到，本丛书中的各卷结构安排独特，不仅有对卷主的生平介绍和思想阐述，更有对卷主理论观点的专门分析，称为"术语解读与语篇精粹"，所选的概念都是哲学家最有特点、最为突出，也是对后来哲学发展产生重要影响的概念。这些的确为读者快速把握哲学家思想和理论观点提供了非常便利的形式。这种编排方式很是新颖，极为有效，能够为读者提供更为快捷的阅读体验。在这里，我要特别感谢该丛书的主编佟立教授，他以其宽阔的学术视野、敏锐的思想洞察力以及有效的领导能力，组织编写了这套丛书，为国内读者献上了一份独特的思想盛宴。还要感谢他对我的万分信任和倾力相邀，让我为这套丛书作序。感谢他给了我这样一个机会，把西方哲学的历史发展重新学习和仔细梳理了一遍，以一种宏观视角重新认识西方哲学的内在逻辑和思想线索。我还要感谢参加本丛书撰写工作的所有作者，是他们的努力才使得西方哲学的历史画卷如此形象生动地展现在读者面前！

是为序。

2017 年 8 月 18 日

# 前　言

西方哲人智慧，是人类精神文明成果的重要组成部分，也是人类社会历史发展的产物。从古希腊到当代，它代表了西方各历史时期思想文化的精华，影响着人类社会发展进步的方向。我们对待不同的文明，需要取长补短、交流互鉴、共同进步。如习近平指出："每种文明都有其独特魅力和深厚底蕴，都是人类的精神瑰宝。不同文明要取长补短、共同进步，文明交流互鉴成为推动人类社会进步的动力、维护世界和平的纽带。"① 寻求文明中的智慧，从中汲取营养，加强中外文化交流，为人们提供精神支撑和心灵慰藉，对于增进各国人民友谊，解决人类共同面临的各种挑战，维护世界和平，都具有重要的实践意义。习近平指出："对待不同文明，我们需要比天空更宽阔的胸怀。文明如水，润物无声。我们应该推动不同文明相互尊重、和谐共处，让文明交流互鉴成为增进各国人民友谊的桥梁、推动人类社会进步的动力、维护世界和平的纽带。我们应该从不同文明中寻求智慧、汲取营养，为人们提供精神支撑和心灵慰藉，携手解决人类共同面临的各种挑战。"② 本丛书坚持以马克思主义哲学为指导，深入考察西

---

① 习近平于 2017 年 1 月 18 日在联合国日内瓦总部的演讲。
② 习近平于 2014 年 3 月 27 日在联合国教科文组织总部的演讲。

方哲学经典，汲取和借鉴国外有益的理论观点和学术成果，对于加快构建中国特色哲学社会科学，促进中外学术交流，为我国思想文化建设，提供较为丰厚的理论资源和文献翻译成果，具有重要的理论和现实意义。

如果说知识就是力量，那么智慧则是创造知识的力量。智慧的光芒，一旦被点燃，顷刻间便照亮人类幽暗的心灵，散发出启迪人生的精神芬芳，创造出提升精神境界的力量。

古往今来，人们对知识的追求，对智慧的渴望，一天也没停止过，人们不断地攀登时代精神的高峰，努力达到更高的精神境界，表现出对智慧的挚爱。热爱智慧，从中汲取营养，需要不断地交流互鉴，克服认知隔膜，克服误读、误解和误译。习近平指出："纵观人类历史，把人们隔离开来的往往不是千山万水，不是大海深壑，而是人们相互认知上的隔膜。莱布尼茨说，唯有相互交流我们各自的才能，才能共同点燃我们的智慧之灯。"①

"爱智慧"起源于距今两千五百年前的古希腊，希腊人创造了这个术语"Φιλοσοφία"。爱智慧又称"哲学"（Philosophy）。希腊文"哲学"（Philosophia），是指"爱或追求（philo）智慧（sophia）"，合在一起是"爱智慧"。人类爱智慧的活动，是为了提高人们的思维认识能力，试图富有智慧地引导人们正确地认识自然、社会和整个世界的规律。哲学家所探讨的是人类认识世界和改造世界的根本性问题，其中最基本的问题是思维与存在、精神与物质、主观与客观、人与自然等关系问题。对这些问题的研究，丰富了人类思想文化的智库，对于推动物质文明和精神文明

---

① 习近平于 2014 年 3 月 28 日在德国科尔伯基金会的演讲。

建设，发挥了重要作用。如习近平指出："人类社会每一次重大跃进，人类文明每一次重大发展，都离不开哲学社会科学的知识变革和思想先导。"①

西方哲学源远流长，从公元前 6 世纪到当代，穿越了大约两千五百多年的历史，其内容丰富，学说繁多，学派林立。习近平总书记在哲学社会科学工作座谈会上的讲话中深刻揭示了西方思想文化发展的历史规律，阐明了各个历史时期许多西方重要的哲学家、思想家和文学艺术家对社会构建的深刻思想认识。习近平指出："从西方历史看，古代希腊、古代罗马时期，产生了苏格拉底、柏拉图、亚里士多德、西塞罗等人的思想学说。文艺复兴时期，产生了但丁、薄伽丘、达·芬奇、拉斐尔、哥白尼、布鲁诺、伽利略、莎士比亚、托马斯·莫尔、康帕内拉等一批文化和思想大家。他们中很多人是文艺巨匠，但他们的作品深刻反映了他们对社会构建的思想认识。"②英国资产阶级革命、法国资产阶级革命和美国独立战争前后"产生了霍布斯、洛克、伏尔泰、孟德斯鸠、卢梭、狄德罗、爱尔维修、潘恩、杰弗逊、汉密尔顿等一大批资产阶级思想家，形成了反映新兴资产阶级政治诉求的思想和观点"③。

习近平在谈到马克思主义的诞生与西方哲学社会科学的关系时指出："马克思主义的诞生是人类思想史上的一个伟大事件，而马克思主义则批判吸收了康德、黑格尔、费尔巴哈等人的哲学思想，圣西门、傅立叶、欧文等人的空想社会主义思想，亚当·斯密、大卫·李嘉图等人的古典政治经济学思想。可以说，没有

---

①②③　习近平于 2016 年 5 月 17 日在哲学社会科学工作座谈会上的讲话。

18、19 世纪欧洲哲学社会科学的发展，就没有马克思主义的形成和发展。"① 习近平为我们深刻阐明了马克思、恩格斯与以往西方哲学家、同时代西方哲学家的关系。历史表明，社会大变革的时代，一定是哲学社会科学大发展的时代。"当代中国正经历着我国历史上最为广泛而深刻的社会变革，也正在进行着人类历史上最为宏大而独特的实践创新。这种前无古人的伟大实践，必将给理论创造、学术繁荣提供强大动力和广阔空间。这是一个需要理论而且一定能够产生理论的时代，这是一个需要思想而且一定能够产生思想的时代。"②

20 世纪以来，西方社会矛盾不断激化，"为缓和社会矛盾、修补制度弊端，西方各种各样的学说都在开药方，包括凯恩斯主义、新自由主义、新保守主义、民主社会主义、实用主义、存在主义、结构主义、后现代主义等，这些既是西方社会发展到一定阶段的产物，也深刻影响着西方社会"③。他们考查了资本主义在文化、经济、政治、宗教等领域的矛盾与冲突，反映了资本主义社会的深刻危机。如贝尔在《资本主义文化矛盾》中所说："我谈论 70 年代的事件，目的是要揭示围困着资产阶级社会的文化危机。从长远看，这些危机能使一个国家瘫痪，给人们的动机造成混乱，促成及时行乐（carpe diem）意识，并破坏民众意志。这些问题都不在于机构的适应能力，而关系到支撑一个社会的那些意义本身。"④ 欧文·克利斯托曾指出，资产阶级在道德和思想上

---

① ② ③ 习近平于 2016 年 5 月 17 日在哲学社会科学工作座谈会上的讲话。

④ 〔美〕丹尼尔·贝尔：《资本主义文化矛盾》，赵一凡、蒲隆、任晓晋译，生活·读书·新知三联书店，1989 年，第 73 ~ 74 页。

都缺乏对灾难的准备。"一方面，自由主义气氛使人们惯于把生存危机视作'问题'，并寻求解决的方案（这亦是理性主义者的看法，认为每个问题都自有答案）。另一方面，乌托邦主义者则相信，经济这一奇妙机器（如果不算技术效益也一样）足以使人获得无限的发展。然而灾难确已降临，并将不断袭来。"①

研究西方哲学问题，需要树立国际视野，加快构建中国特色哲学社会科学。一是要坚持马克思主义哲学的指导地位，二是要坚持传承中国传统文化的优秀成果，三是要积极吸收借鉴国外有益的理论观点和学术成果，坚持外国哲学的研究服务我国现代化和思想文化建设的方向。恩格斯指出："一个民族想要站在科学的最高峰，一刻也不能没有理论思维。但理论思维仅仅是一种天赋的能力。这种能力必须加以发展和锻炼，而为了进行这种锻炼，除了学习以往的哲学，直到现在还没有别的手段。"② 习近平继承和发展了马克思主义，他指出："任何一个民族、任何一个国家都需要学习别的民族、别的国家的优秀文明成果。中国要永远做一个学习大国，不论发展到什么水平都虚心向世界各国人民学习，以更加开放包容的姿态，加强同世界各国的互容、互鉴、互通，不断把对外开放提高到新的水平。"③

西方哲人智慧丛书共分九卷，分别介绍了各历史时期著名哲学家的思想。

《古希腊罗马哲学家的智慧》(*Wisdom of Ancient Greek & Roman*

---

① ［美］丹尼尔·贝尔：《资本主义文化矛盾》，赵一凡、蒲隆、任晓晋译，生活·读书·新知三联书店，1989 年，第 74 页。

② 《马克思恩格斯选集》（第三卷），人民出版社，1972 年，第 467 页。

③ 习近平于 2014 年 5 月 22 日在上海召开外国专家座谈会上的讲话。

*Philosophers*），我们选编的著名哲学家代表有：苏格拉底（Socrates）、柏拉图（Plato）、亚里士多德（Aristotle）、普罗提诺（Plotinus）、塞涅卡（Lucius Annaeus Seneca）等。

《中世纪哲学家的智慧》（*Wisdom of Medieval Philosophers*），我们选编的著名哲学家代表有：奥古斯丁（Saint Aurelius Augustinus）、阿伯拉尔（Pierre Abelard）、阿奎那（Thomas Aquinas）、埃克哈特（Meister Johannes Eckhar）、奥卡姆（William Ockham）等。

《文艺复兴时期哲学家的智慧》（*Wisdom of Philosophers in the Renaissance*），我们选编的著名哲学家、思想家的重要代表有：但丁（Dante Alighieri）、彼特拉克（Francesco Petrarca）、达·芬奇（Leonardo di ser Piero da Vinci）、马基雅维里（Niccolò Machiavelli）、布鲁诺（Giordano Bruno）等。

近代欧洲哲学时期，我们选编的著名哲学家代表有：洛克（John Locke）、孟德斯鸠（Charles de Secondat, Baron de Montesquieu）、卢梭（Jean-Jacques Rousseau）、狄德罗（Denis Diderot）、休谟（David Hume）、笛卡尔（René Descartes）、斯宾诺莎（Baruch de Spinoza）、莱布尼茨（Gottfried Wilhelm Leibniz）、康德（Immanuel Kant）、黑格尔（Georg Wilhelm Friedrich Hegel）等。为便于读者了解世界历史上著名的启蒙运动和理性主义及其影响，我们把近代经验主义哲学家、启蒙运动时期的哲学家、近代理性主义哲学家、德国古典哲学家等重要代表选编为《启蒙运动时期哲学家的智慧》（*Wisdom of Philosophers in the Enlightenment*）和《理性主义哲学家的智慧》（*Wisdom of Rationalistic Philosophers*）。

《分析哲学家的智慧》（*Wisdom of Analytic Philosophers*），我们

选编的著名哲学家的重要代表有：罗素（Bertrand Russell）、维特根斯坦（Ludwig Josef Johann Wittgenstein）、卡尔纳普（Paul Rudolf Carnap）、蒯因（Willard Van Orman Quine）、普特南（Hilary Whitehall Putnam）等。

《现代人本主义哲学家的智慧》(*Wisdom of Modern Humanistic Philosophers*)，我们选编的著名哲学家的重要代表有：叔本华（Arthur Schopenhauer）、尼采（Friedrich Wilhelm Nietzsche）、柏格森（Henri Bergson）、弗洛伊德（Sigmund Freud）、萨特（Jean-Paul Sartre）、杜威（John Dewey）、列维－斯特劳斯（Claude Lévi-Strauss）等。

《科学-哲学家的智慧》(*Wisdom of Scientific Philosophers*)，我们选编的著名哲学家、科学家的重要代表有：爱因斯坦（Albert Einstein）、石里克（Friedrich Albert Moritz Schlick）、海森堡（Werner Karl Heisenberg）、波普尔（Karl Popper）、库恩（Thomas Sammual Kuhn）、费耶阿本德（Paul Feyerabend）等。

《后现代哲学家的智慧》(*Wisdom of Postmodern Philosophers*)，我们选编了后现代思潮的主要代表有：詹姆逊（Fredric R. Jameson，国内也译为杰姆逊）、霍伊（David Couzen Hoy）、科布（John B. Cobb Jr.）、凯尔纳（Douglas Kellner）、哈钦（Linda Hutcheon）、巴特勒（Judith Butler）等。

本丛书以西方哲人智慧为主线，运用第一手英文资料，以简明扼要、通俗易懂的语言，阐述各历史时期先贤智慧、哲人思想，传承优秀文明成果。为便于读者进一步理解各个时期哲学家的思想，我们在每章的内容中设计了"术语解读与语篇精粹"，选引了英文经典文献，并进行了文献翻译，均注明了引文来源，便于读者查阅和进一步研究。

本丛书有三个特点：

一是阐述了古希腊至当代以来的四十九位西方哲学家的身世背景、成长经历、学术成就、重要思想、理论内涵、主要贡献、后世影响及启示等。

二是选编了跨时代核心术语，做了比较详尽的解读，尽力揭示其丰富的思想内涵，反映从古希腊到当代西方哲学思潮的新变化。

三是选编了与核心术语相关的英文经典文献，并做了有关文献翻译，标注了引文来源，便于读者能够在英文和汉语的对照中加深理解，同时为哲学爱好者和英语读者进一步了解西方思想文化，提供参考文献。

需要说明的是，在后现代主义思潮中，有一批卓有建树的思想家，如福柯（Michel Foucault）、德里达（Jacques Derrida）、利奥塔（Jean-Francois Lyotard）、罗蒂（Richard Rorty）、贝尔（Daniel Bell）、杰姆逊（Fredric R. Jameson）、哈桑（Ihab Hassan）、佛克马（Douwe W. Fokkema）、斯潘诺斯（William V. Spanos）、霍尔（Stuart Hall）、霍兰德（Norman N. Holland）、詹克斯（Charles Jencks）、伯恩斯坦（Richard Jacob Bernstein）、格里芬（David Ray Griffin）、斯普瑞特奈克（Charlene Spretnak）、卡斯特奈达（C. Castaneda）等。我在拙著《西方后现代主义哲学思潮》（天津人民出版社，2003 年）和《全球化与后现代思潮研究》（天津人民出版社，2012 年）中，对上述有关人物和理论做了

浅尝讨论，欢迎读者批评指正。

西方后现代思潮与西方生态思潮在理论上互有交叉、互有影响。伴随现代工业文明而来的全球性生态危机，超越了国家间的界限，成为当代人类必须面对和亟须解决的共同难题。从哲学上反省现代西方工业文明，批判西方中心论、形而上学二元论和绝对化的思想是当代西方"后学"研究的重要范畴，这些范畴所涉及的理论和实践进一步促进了生态哲学思想的发展，从而形成了"后学"与生态哲学的互动关系和有机联系。一方面，"后学"理论对当代人类生存状况的思考、对时代问题的探索、对现代性的质疑和建构新文明形态的认识，为生态哲学的研究提供了理论基础；另一方面，生态哲学关于人与自然的关系研究，关于生态伦理、自然价值与生物多样性及生命意义的揭示，对种族歧视、性别歧视、物种歧视的批判，丰富了哲学基本问题的研究内容和言说方式，为当代哲学研究提供了新的范式。二者在全球问题的探索中，表现出殊途同归的趋势，这意味着"后学"理论和生态思潮具有时代现实性，促进了生态语言学（ecolinguistics）和生态思想（ecological thought）在全球的传播。我在《天津社会科学》（2016年第6期）发表的《当代西方后学理论研究的源流与走向》一文，对此做了初步探讨，欢迎读者批评指正。

在当代西方生态哲学思潮中，涌现出一批富有生态智慧的思想家，各种流派学说在人与自然、人与人、人与社会的关系问题上（包括生态马克思主义、心灵生态主义等），既存在着相互渗透、相互影响和相互融合的倾向，也存在着分歧。他们按照各自的立场、观点和方法，研究人类共同关心的人与生态环境问题，即使在同一学派也存在着理论纷争，形成了多音争鸣的理论景观。主要代表有：

施韦泽（Albert Schweitzer）、利奥波德（Aldo Leopold）、卡逊（Rachel Carson）、克利考特（J. Baird Callicott）、纳斯（Arne Naess）、特莱沃（Bill Devall）、塞逊斯（George Sessions）、福克斯（Warwick Fox）、布克金（Murray Bookchin）、卡普拉（Fritjof Capra）、泰勒（Paul Taylor）、麦茜特（Carolyn Merchant）、高德（Greta Gaard）、基尔（Marti Kheel）、沃伦（Karen J. Warren）、罗尔斯顿（Holmes Rolston）、克鲁岑（Paul Crutzen）、科韦利（Joel Kovel）、罗伊（Michael Lowy）、奥康纳（James O'Connor）、怀特（Lynn White）、克莱顿（Philip Clayton）、梭罗（Henry David Thoreau）、艾比（Edward Abbey）、萨根（Carl Sagan）、谢帕德（Paul Shepard）、福克斯（Matthew Fox）、卡扎（Stephanie Kaza）、洛夫洛克（James Lovelock）、马西森（Peter Matthiessen）、梅茨纳（Ralph Metzner）、罗扎克（Theodore Roszak）、施耐德（Gary Snyder）、索尔（Michael Soule）、斯威姆（Brian Swimme）、威尔逊（Edward O. Wilson）、温特（Paul Winter）、怀特海（Alfred North Whitehead）、戈特利布（Roger S. Gottlieb）、托马肖（Mitchell Thomashow）、帕尔默（Martin Palmer）、蒂姆（Christian Diehm）、怀特（Damien White）、托卡（Brian Tokar）、克沃尔（Joel Kovel）、普鲁姆伍德（Val Plumwood）、亚当斯（Carol J. Adams）、海森伯（W. Heisenberg）、伍德沃德（Robert Burns Woodward）等。我在主编的《当代西方生态哲学思潮》(天津人民出版社，2017年)中，对有关生态哲学思潮做了浅尝讨论。2017年5月31日

《天津教育报》以"服务国家生态文明建设"为题，做了专题报导。今后有待于深入研究《西方生态哲学家的智慧》，同时希望与天津人民出版社继续合作，努力服务我国生态文明建设。

习近平指出："文明因交流而多彩，文明因互鉴而丰富。文明交流互鉴，是推动人类文明进步和世界和平发展的重要动力。"① 这为哲学社会科学工作者开展中西学术交流与互鉴指明了方向。

我负责丛书的策划和主编工作。本丛书的出版选题论证、写作方案、写作框架、篇章结构、写作风格等由我策划，经与天津人民出版社副总编王康老师协商，达成了编写思路共识，组织了欧美哲学专业中青年教师、英语专业教师及有关研究生开展文献调研和专题研究及编写工作，最后由我组织审订九卷书稿并撰写前言和后记，报天津人民出版社审校出版。

参加编写工作的主要作者有：

《古希腊罗马哲学家的智慧》：吕纯山（第一章至第五章）、刘昕蓉（第一章术语文献翻译、第二章术语文献翻译、第五章术语文献翻译）、李春侠（第三章术语文献翻译）、张艳丽（第四章术语文献翻译）、方笑（搜集术语资料）。

《中世纪哲学家的智慧》：聂建松（第一章）、张洪涛（第二章、第三章、第四章）、姚东旭（第五章）、任悦（第一章至第五章术语文献翻译）。

《文艺复兴时期哲学家的智慧》：金鑫（第一章至第四章）、曾静（第五章）、夏志（第一章至第三章术语文献翻译）、刘瑞爽

---

① 习近平于 2014 年 3 月 27 日在联合国教科文组织总部的演讲。

（第四章至第五章术语文献翻译）。

《启蒙运动时期哲学家的智慧》：骆长捷（第一章至第五章）、王雪莹（第一章、第二章、第三章术语文献翻译）、王怡（第四章、第五章术语文献翻译，选译第一章至第五章开篇各一段英文）、袁鑫（第一章至第五章术语解读）、王巧玲（搜集术语资料）。

《理性主义哲学家的智慧》：马芳芳（第一章）、姚东旭（第二章、第三章）、季文娜（第一章术语解读及文献翻译、第二章术语解读及文献翻译）、郑淑娟（第三章术语解读及文献翻译）、武威利（第四章、第五章）、郑思明（第四章术语文献翻译、第五章术语文献翻译）、袁鑫（第四章术语解读、第五章术语解读）、王巧玲（搜集第四章、第五章术语部分资料）。

《分析哲学家的智慧》：吴三喜（第一章）、吕雪梅（第二章、第三章）、那顺乌力吉（第四章）、沈学甫（第五章）、夏瑾（第一章术语解读及文献翻译、第三章术语解读部分）、吕元（第二章至第五章术语解读及文献翻译）、郭敏（审校第一章至第五章部分中文书稿、审校术语文献翻译）。

《现代人本主义哲学家的智慧》：方笑（第一章）、孙瑞雪（第二章）、郭韵杰（第三章）、张亦冰（第四章）、刘维（第五章）、朱琳（第六章）、姜茗浩（第七章）、马涛（审校第一章至第七章部分中文书稿、审校术语文献翻译）、于洋（整理编辑审校部分书稿）。

《科学-哲学家的智慧》：方笑（第一章并协助整理初稿目录）、孙瑞雪（第二章）、刘维（第三章）、张亦冰（第四章）、郭韵杰、朱琳（第五章）、姜茗浩（第六章）。冯红（审校第一章至第六章术语文献翻译）、郭敏（审校第一至第二章部分中文）、赵春喜（审校第三章部分）、张洪巧（审校第四章部分中文）、赵君（审校第五章部分中文）、苏瑞（审校第六章部分中文）。

《后现代哲学家的智慧》：冯红（第一章）、高莉娟（第二章）、张琳（第三章）、王静仪（第四章）、邓德提（第五章）、祁晟宇（第六章）、张虹（审校第二章至第六章术语文献翻译，编写附录：后现代思潮术语解读）、苏瑞（审校第一至六章部分中文书稿）、郭敏（审校附录部分中文）。

由于我们编著水平有限，书中一定存在诸多不足和疏漏之处，欢迎专家学者批评指正。

佟　立
2019 年 4 月 28 日

# 目　录

**第一章　但丁：唤醒人性的春雷** ·········· 1

一、指引灵魂的旅人 ·········· 2

（一）文艺复兴前的意大利 ·········· 2

（二）诗人的童年 ·········· 6

（三）名垂史册的爱情 ·········· 9

（四）公正的执政官 ·········· 12

（五）流亡他乡 ·········· 15

二、诗歌与人性 ·········· 17

（一）《神曲》与诗学 ·········· 17

（二）高贵人性的崛起与对精神世界的拯救 ·········· 29

（三）爱情：通往彼岸天国的阶梯 ·········· 38

（四）政治理想：构建世界帝国 ·········· 43

（五）名言选辑 ·········· 48

三、后世影响 ·········· 49

（一）文艺复兴的先驱 ·········· 49

（二）对后世文学创作的影响 ·········· 51

（三）对欧洲政治演化的影响 ················· 52

四、带给后人的启示 ················· 54

（一）贪恋欲望的心灵注定忍受痛苦的折磨 ········ 54

（二）将真理寓于通俗 ················· 55

（三）正确的理论可以指导人生走向成功 ········· 56

五、术语解读与语篇精粹 ··············· 58

（一）神曲（The Divine Comedy） ·········· 58

（二）地狱（Hell） ··············· 67

（三）天堂（Paradise） ············· 79

（四）自由意志（Free Will） ··········· 89

（五）理性精神（The Rational Spirit） ······· 98

（六）世界政体（The World Body） ········· 104

第二章 彼特拉克：人文主义之父 ·········· 112

一、追寻与浪漫 ··············· 113

（一）面临选择的少年 ·············· 113

（二）崭露头角的青年才俊 ············· 116

（三）月桂加冕 ················· 118

（四）晚年生活 ················· 120

二、人文主义情怀 ··············· 122

（一）自我意识的崛起 ·············· 122

（二）矛盾与冲突 ··············· 129

（三）矛盾双方的转化 ·············· 136

（四）宗教观 ·················································· 141

（五）名言选辑 ·············································· 145

三、后世影响 ·················································· 146

（一）时代的先驱 ············································ 146

（二）"自我"的苏醒 ········································· 148

（三）开启对现实人生的关注 ······························ 149

四、带给后人的启示 ············································ 151

（一）探寻人生的意义和价值 ······························ 151

（二）自由需要忍受 ·········································· 152

（三）过多的欲望是捆绑心灵的枷锁 ······················ 153

五、术语解读与语篇精粹 ········································ 155

（一）个人主义（Individuality） ·························· 155

（二）伦理（Ethics） ······································· 161

（三）宗教（Religion） ······································ 167

（四）欲望（Desire） ········································ 175

（五）政府（Government） ·································· 183

（六）暂时性（Temporality） ······························ 190

第三章　达·芬奇：博学多才的艺术大师 ··············· 198

一、英雄不问出处 ·············································· 199

（一）失落的"留守儿童" ···································· 199

（二）佛罗伦萨学艺生涯 ····································· 202

（三）米兰扬名 ·············································· 205

（四）漂泊的晚年生活 ………………………………… 208

二、哲思与艺术 …………………………………………… 211

　　（一）经验论 ……………………………………… 211

　　（二）自然观 ……………………………………… 218

　　（三）美学思想 …………………………………… 222

　　（四）科学方法论 ………………………………… 226

　　（五）科学成就 …………………………………… 229

　　（六）名言选辑 …………………………………… 236

三、后世影响 ……………………………………………… 239

　　（一）科学与艺术的转折和融合 ………………… 239

　　（二）对绘画艺术的深远影响 …………………… 240

　　（三）留给后世的谜题 …………………………… 242

四、带给后人的启示 ……………………………………… 243

　　（一）英雄不问出处 ……………………………… 243

　　（二）自学亦能成才 ……………………………… 244

　　（三）美在于真实和自然 ………………………… 245

五、术语解读与语篇精粹 ………………………………… 246

　　（一）经验（Experience） ……………………… 246

　　（二）四元素（The Four Elements） ………… 254

　　（三）生命（Life） ……………………………… 261

　　（四）象征（Symbolism） ……………………… 269

　　（五）光影（Light and Shade） ……………… 277

　　（六）飞行（Flight） …………………………… 286

第四章　马基雅维利：政治哲学的转折 ……………………… 296

一、时势锻造的英雄 ……………………………………… 297
（一）文艺复兴时代的佛罗伦萨 ……………………… 297
（二）春风得意的政坛新星 …………………………… 301
（三）官场浮沉 ………………………………………… 303
（四）农庄生活与步入文坛 …………………………… 305
（五）晚年生活 ………………………………………… 307

二、权力与政治 …………………………………………… 309
（一）政治哲学的转折 ………………………………… 309
（二）君主权力 ………………………………………… 312
（三）共和体制 ………………………………………… 318
（四）人性与"非道德主义" ………………………… 326
（五）论宗教 …………………………………………… 332
（六）名言选辑 ………………………………………… 335

三、后世影响 ……………………………………………… 339
（一）政治哲学的转折点 ……………………………… 339
（二）对霍布斯与洛克等人的影响 …………………… 341
（三）"马基雅维利主义"的负面影响 ……………… 342

四、带给后人的启示 ……………………………………… 345
（一）保有理想，面对现实 …………………………… 345
（二）抛弃名称的束缚 ………………………………… 346
（三）如何获得好运 …………………………………… 347

五、术语解读与语篇精粹 ·········· 349

（一）马基雅维利主义（Machiavellianism） ·········· 349

（二）共和政体（Republic） ·········· 357

（三）君主国（Principality，Princedom） ·········· 367

（四）政体循环（Variation of Governments） ·········· 374

（五）腐败（Corruption） ·········· 383

（六）《论李维罗马史》（Discourses on Livy） ·········· 390

第五章　布鲁诺：捍卫真理的殉道者 ·········· 399

一、坎坷的一生 ·········· 400

（一）圣多米尼克修道院的异端 ·········· 401

（二）饱经苦难和辛酸的逃亡生涯 ·········· 407

（三）魂牵故土 ·········· 414

（四）罗马的铁窗生涯 ·········· 415

（五）最终判决——在烈火中永生 ·········· 421

（六）名言选辑 ·········· 424

二、哲学与科学 ·········· 425

（一）对哥白尼日心说的发展——无限宇宙观 ·········· 425

（二）哲学三部曲 ·········· 428

（三）唯物主义泛神论思想 ·········· 431

（四）才华横溢的文学家——讽刺喜剧《举烛人》 ·········· 433

三、后世影响 ·········· 435

（一）冲破宗教的愚暗 ·········· 435

（二）捍卫"人的哲学" ·············· 436

（三）推动中世纪自然科学解放 ·········· 437

四、带给后人的启示 ················· 438

（一）追求真理的道路注定荆棘遍布 ······· 438

（二）尊重文化多样性，反对文化霸权 ······ 439

（三）人类思想的发展是不可阻挡的 ······· 440

五、术语解读与语篇精粹 ·············· 441

（一）日心说（Heliocentric Theory） ······ 441

（二）真理（Truth） ·············· 449

（三）本原（Principle） ············ 457

（四）宗教裁判所（Inquisition） ········ 465

（五）异端（Heterodoxy） ··········· 472

（六）记忆术（Mnemonic） ·········· 478

参考文献 ···················· 486

# 第一章　但丁：唤醒人性的春雷

　　由我进入愁苦之城，由我进入永劫之苦，由我进入万劫不复的人群中。正义推动了崇高的造物主，神圣的力量、最高的智慧、本原的爱创造了我。在我以前未有造物，除了永久存在的以外，而我也将永世长存。

——但丁·阿里吉耶里

Through me is the way into the woeful city; through me is the way to the eternal woe; through me is the way among the lost folk. Justice moved my high maker; my maker was the power of GOD, the supreme wisdom, and the primal love. Before me were no things created save things eternal, and eternal I abide.

——Dante Alighieri

# 一、指引灵魂的旅人

## （一）文艺复兴前的意大利

10 世纪中叶，时任德意志国王的奥托一世（Otto I）东征西讨，通过兼并战争和政治联姻等多种手段统一了中欧地区。962年，奥托一世利用意大利国王和教皇之间的政治斗争，亲自率兵驱入意大利，并协助教皇击败了政敌。作为回报，同年 2 月 2 日，教皇约翰十二世（John XII）在罗马为奥托一世举行了盛大的加冕仪式，称其为帝国皇帝。由此，"德意志神圣罗马帝国"正式成立，自此开启了帝国对中欧地区长达八百多年的统治。① 奥托一世也由此成为了帝国的第一任皇帝。

德意志神圣罗马帝国，亦称日耳曼民族神圣罗马帝国，其版图包括当今德国、意大利、荷兰、比利时、卢森堡、瑞士、捷克、奥地利等大部分地区以及法国东部部分地区。帝国皇帝在主要城市设立行宫，首都并不确定。神圣罗马帝国实际上是一个松散的邦联式帝国，其下属的王国、城邦均享有高度自治权，但必须承认帝国皇帝的最高统治地位。另外，自教皇为奥托一世加冕之日起，帝国皇权与教皇权力便深深地纠缠在一起，同时也拉开了皇

---

① 1806 年，拿破仑（Napoléon）击败了由神圣罗马帝国集结而成的反法同盟军，帝国最后一位皇帝弗朗茨二世（Franz II）被迫宣布帝国解散，神圣罗马帝国由此灭亡。

权与教权相互纷争、倾轧的序幕。在帝国发展的历史过程中，皇帝经常利用手中的权力操纵教皇的选举过程，甚至宣布废止某任教皇。例如在奥托一世被加冕以后，由于其与教皇约翰十二世再次发生政治分歧，随即便废除了约翰十二世的教皇职位，改选利奥八世（Leo VIII）为新教皇。而在当时教皇也有权力开除皇帝教籍，宣布其对基督教世界的统治为非法。总之，自神圣罗马帝国成立以后，皇权与教权的争斗影响着整个意大利政局，同时也影响了诗人但丁的一生。

在文艺复兴时期，在政治上，意大利承认神圣罗马帝国的最高统治地位，并且它的发展受到教皇、法国、西班牙等多重势力的牵制。但事实上，当时的意大利已经是一个四分五裂的国家了。当时在意大利的土地上活跃着米兰、威尼斯、热那亚、佛罗伦萨、那不勒斯等多个城邦国家。这些城邦国家大多具有自己的立法机构、行政机构和审判机构，自行组织城邦的政务管理、处理外交事宜，享有高度的自治权。一方面，这些城邦国家周旋于帝国皇权、教皇权力与法国、英国、西班牙等外国势力之间，力图在这几股势力之间谋求平衡，借以保障自己的城邦安全；另一方面，这些城邦国家之间也经常利用政府军或雇佣军发动战争，相互攻击、征伐，借以保证自己的政治利益和经济利益实现最大化。各个城邦"常常表现出肆无忌惮的利己主义最恶劣的面貌，践踏每一种权利和摧残一个比较健康的文化的每一个萌芽"①。

时值 13 世纪，原本应为人们提供精神给养与自由光明的基督

---

① ［瑞士］雅各布·布克哈特：《意大利文艺复兴时期的文化》，何新译，商务印书馆，1983年，第 2 页。

教已经深陷世俗政治的泥淖之中。一方面，帝国皇帝时常根据自己的政治需要废止旧教皇，另立新教皇。另一方面，教皇也会通过各种宗教权力干预帝国皇帝的选任，甚至开除皇帝教籍。在教皇的改选过程中，候选者必须疏通、勾联各种政治势力才能保证自己顺利当选。当选以后，教皇与皇帝新一轮争夺权力、领地、财富的斗争便再次拉开帷幕。这一时期，争夺权力、领地乃至平衡各种政治关系已经成为教皇从事的主要活动，此时他们已经无暇多顾那和平安宁的彼岸世界，也无暇顾及那精神世界的自由与光明。人们的精神世界与彼岸追求已经成为无人过问的一片荒野。教皇英诺森三世（Innocent Ⅲ）曾说："教皇应更多地考虑国家而不是其他。"① 由此可见，当时基督教关注的焦点已经从人们的心灵世界逐渐转移到现实世界的政治斗争之中。在教皇与皇帝的长期斗争中，各个城邦逐渐分化成两个党派，即支持教皇的归尔甫党（又称教皇派）和支持皇帝的吉伯林党（皇帝派）。当时，两党纷争已经深入了意大利各个城邦国家的政治生活之中，当然也包括诗人但丁的家乡——佛罗伦萨。

在诗人但丁降生的时代，罗马教廷的教务管理与宗教生活日趋堕落昏聩，人们的自我意识也陷入了一种蒙昧状态。"人类意识的两个方面——内心自省和外界观察都一样——一直是在一层共同的纱幕之下，处于睡眠或半醒状态。"② 当时的神职人员大多已不再关注人们的灵魂是否得到解脱，而是专注于搜刮人们口袋

① ［意］路易吉·萨尔瓦托雷利：《意大利简史》，沈珩、祝本雄译，商务印书馆，2013 年，第 152 页。

② ［瑞士］雅各布·布克哈特：《意大利文艺复兴时期的文化》，何新译，商务印书馆，1983 年，第 125 页。

里的钱财。其中最典型的代表事例即是流行于中世纪的教会赎罪券。当时，几乎 12 世纪以降的每一任教皇都会颁布一个非常详细的价目表，在这个价目表上，人们犯过的每一种罪行都被明码标价。只要人们缴纳相应数额的罚金，他们的罪行就会被教会赦免。例如，背信弃义需要缴纳 5 枚银币，伪造文书需要缴纳 6 枚银币，贩卖官职需要缴纳 8 枚银币，谋杀或者强奸需要缴纳 5 到 6 枚银币。而强暴一个从教堂出来的少女则需要缴纳更多的罚金，因为"女子从教堂出来的时候是纯真无邪的，魔鬼无权觊觎她"①。与此同时，神职人员自身的生活也异常堕落腐化、穷奢极欲。当时的教会僧侣只需缴纳一笔税款便可以与情妇长期同居。因此，教会僧侣偷情纵欢、包养情妇甚至携妻带子的事情屡见不鲜。在当时的意大利流行着这样的俗语："僧袍是骗子的外衣"，"狗会叫，狼会嚎，僧侣会胡说八道"，"在罗马想干什么都行，只是虔诚没有多大用"。②

在但丁出生之际的意大利，动荡不安的政治局势、尔虞我诈的权力斗争、糜烂昏聩的宗教生活逐渐扼杀了人类独有的精神自由。人们的精神世界业已倾颓荒芜，人们的自我意识几近壅闭窒息。底层民众忙于躲避战乱、养家糊口；王公贵族忙于攫取权力、掠夺领地、相互倾轧；神职人员忙于搜刮民财、放纵私欲。世俗世界，一片昏寐。这在当时的佛罗伦萨也不例外，"在那一时期，整个佛罗伦萨都处于蒙昧的阴影之下，一片荒蛮"③。面对这幅昏

---

① ［德］爱德华·傅克斯：《欧洲风化史·文艺复兴时代》，侯焕闳译，辽宁教育出版社，2000 年，第 352 页。

② 同上，第 354、351 页。

③ Ferdinand Schevill, *Medieval and Renaissance Florence*, Harper & Row Publishers, 1961, p. 29.

昧残暴、混乱不堪的俗世图景，诗人但丁黯然神伤。他带着对人生价值与意义的拷问，用他那纤尘不染的赤子之心再次扣启了精神世界的大门，让人们睹视到了人类精神独有的自由光芒。"十三世纪末……施加于人类人格上的符咒被解除了。上千的人物各自以其特别的形态和服装出现在人们面前。"① 在这人性光芒的照耀之下，文艺复兴的火种逐渐在整个欧洲蔓延开来。

## （二）诗人的童年

但丁肖像图②

---

① ［瑞士］雅各布·布克哈特：《意大利文艺复兴时期的文化》，何新译，商务印书馆，1983年，第126页。

② 图片来源网址：https://commons. wikimedia. org/wiki/Dante_Alighieri#/media/File：Portrait_de_Dante. jpg.

但丁·阿里吉耶里（Dante Alighieri，1265—1321）出生于意大利的佛罗伦萨。与意大利其他城邦国家一样，当时的佛罗伦萨正处于帝国皇帝与罗马教皇博弈斗争的漩涡之中。城邦内部分化为支持皇帝的吉伯林党与支持教皇的归尔甫党。并且当时的佛罗伦萨与法、英等欧洲大国都存在外交联系，与周边的米兰、威尼斯等城邦存在着利益竞争关系，国内政局异常复杂。经济方面，在传统行会的保护之下，佛罗伦萨的毛纺织业、呢绒业、银钱业日益发达，逐渐成为了欧洲最富足的城邦之一。

根据薄伽丘《但丁传》的记载，1265年的一天，但丁的母亲做了一个奇怪的梦。在梦里，这位夫人在小溪边的月桂树下诞下了一个男孩，男孩随即变成了一位高大的牧羊人。牧羊人想要登上月桂树，采撷一些美丽的月桂枝叶，但不小心摔了下来，变成了一只孔雀。[①]不久以后，在百花绽放、莺歌燕舞的暮春时节，这位夫人生下了一个可爱的男婴，这个男婴便是但丁。

但丁出生于佛罗伦萨的一个没落贵族家庭。他的高祖父卡恰圭达（Cacciaguida）是一位骁勇善战的骑士，屡立战功，最终战死沙场。但他的名望泽被后世，他的后人在佛罗伦萨成为了小有名气的贵族。在但丁出生之际，这个贵族家庭已经逐渐走向衰落。

但丁的父亲阿里吉罗·阿里吉耶里（Alighiero Alighieri）是佛罗伦萨的一位普通的小土地领主，在城郊有几片农田，依靠收租和放贷维持生计，生活比较富裕。年轻的阿里吉罗一直支持归

---

① ［意］薄伽丘、布鲁尼：《但丁传》，周施廷译，广西师范大学出版社，2008年，第11、90页。在书中，薄伽丘对但丁母亲的这个梦作了更为详细的介绍和阐释。薄伽丘认为，这个梦表征了但丁的一生。在意大利文化当中，月桂树代表诗人的才华，人们常用月桂枝叶编织成的桂冠来加冕诗人。另外，薄伽丘认为，但丁是一位灵魂的牧羊人，孔雀则代表他的著作《神曲》。

尔甫党对佛罗伦萨的统治。而但丁的母亲贝拉（Bella）却是吉伯林党（Ghibelline）贵族的后裔。党派纷争并没有阻止两个相爱的年轻人走到一起，他们最终结成眷属。在党争异常激烈的时期，但丁家族与归尔甫党、吉伯林党的双重关系曾经为这个家庭提供了庇荫。

1266 年，即但丁出生的第二年，整个家庭也时来运转了。但丁父亲一向支持的归尔甫党在贝内文托战役中大获全胜，再次控制了佛罗伦萨政局。阿里吉耶里家族的生活也随之优渥起来。童年时期的但丁一直过着衣食无忧的生活。他的父亲待人公正，为人谦和；出身贵族的母亲知书达理，温柔贤惠。童年但丁时常跟随父亲去城郊的田野里玩耍，爬山观景、撷草捉虫，过着无忧无虑的生活。这种情况一直持续到 1272 年，他的母亲因病去世。但丁母亲去世后不久，他的父亲续娶了另一位妻子，并生下了一个儿子和两个女儿。母亲的去世给但丁的童年生活蒙上了一层阴影。

根据多篇但丁传记的记载，少年时期的但丁性格比较内向，平日沉默寡言，但谈论起他感兴趣的话题时便会滔滔不绝，并且发言的思路非常清晰。如果要我们用一个最鲜明的特点来概括少年但丁的话，那就是他非常爱读书，并且读起书来心无旁骛、专心致志，任何事情都不能把他的目光从书本上移开。根据薄伽丘《但丁传》的记载，有一次但丁的一位朋友为他带来了一本他梦寐以求的书。但丁得到这本书时异常欣喜，立即在路边的长凳上读了起来，一个下午都不曾中断。当他合起书本，别人问他是否知道刚刚发生了什么事情时，但丁全然不知。而事实上，旁边的广场刚刚举行了一场热闹隆重的节日庆典。

少年但丁非常热爱文学，尤其喜欢古罗马诗歌，并由此爱上了诗歌创作。他很早就开始认真研读古罗马诗人维吉尔（Virgil）、贺拉斯（Horace）、奥维德（Ovid）等人的文学作品，并且通过他们的作品对古罗马历史、文化产生了浓厚的兴趣。在这些古罗马诗人当中，维吉尔对但丁的影响尤甚。也正是出于这一原因，在《神曲》当中，但丁将维吉尔文学化为带领他游历地狱与炼狱的导师。与此同时，在文艺复兴早期，但丁对维吉尔的推崇也进一步推动了人们对于古罗马诗歌的认知。但丁早年曾经跟随当时佛罗伦萨非常著名的学者布鲁奈托·拉蒂尼（Brunetto Latini）学习古典文学。与但丁的父亲一样，拉蒂尼也是归尔甫党的拥护者。此外，他更是一名博学多才的学者。拉蒂尼精通文学、修辞学、哲学、艺术等各类知识，尤其擅长意大利语创作。他曾将亚里士多德的《伦理学》翻译为意大利语并广受好评。拉蒂尼的学识对但丁产生了深远的影响，但丁曾说，他的老师拉蒂尼先生"教会了我如何让一个人享誉永恒"①。

## （三）名垂史册的爱情

又是在一个繁花似锦、蜂飞蝶舞的五月，在但丁九岁生日即将到来之际，爱神丘比特的箭，射中了但丁的心。

按照当时佛罗伦萨的风俗，每年五月，城邦里会举办各种春季庆典，祈祷新的春天可以为人们带来新的希望。届时，每一户人家都会邀请自己的亲朋好友来家里做客。这一天，年少的但丁

---

① R. W. B Lewis, *Dante*, Penguin Putnum, 2001, p. 36.

穿戴整齐，他的父亲要带他去好友法尔柯·博迪纳里（Falco Port-inari）家参加宴会。在宴会上，爱情的春雷第一次击中了他的心。但丁遇见了影响他一生的女孩——比雅翠丝（Beatrice）。根据但丁自己的表述："在那一瞬间，潜藏在我内心深处的生命的精灵开始激烈的震颤，连身上最小的脉管也可怕地悸动起来……从那时起，爱神统治了我的灵魂，我的灵魂和他立即结下了不解之缘。"① 但丁在诗中赞美比雅翠丝："伊似非人之女，而系神之女。"②

比雅翠丝肖像图③

---

① ［意］但丁：《新生》，钱鸿嘉译，上海译文出版社，1993 年，第 2～3 页。

② 同上，第 3 页。

③ 该肖像图由画家但丁·加百利·罗塞蒂创作于 1870 年，图片来源网址：https：//commons. wikimedia. org/wiki/Dante_Alighieri#/media/File：Dante_Gabriel_Rossetti_－_Beata_Beatrix，_1864－1870. jpg.

自宴会上的邂逅之后，但丁便坠入了爱河，但这只是但丁一个人的单恋。根据但丁诗歌的记载，他会寻找一切机会接近比雅翠丝，在教堂的长凳上远远地凝视那天使般的脸庞。但对此比雅翠丝并不知情，比雅翠丝第一次和他打招呼，已经是九年后的事情了。①

1277 年，在父亲的安排下，十二岁的但丁与邻居多纳提（Donati）家族的雅玛（Gemma）小姐订婚了。婚约完全是考虑两个家族的经济、政治利益而订立的。然而按照佛罗伦萨当时的习俗，但丁并没有权利拒绝。这让但丁本已苦楚不堪的单恋之心更加痛苦，常常独自饮泣。

1283 年，但丁的父亲去世了。十八岁的但丁继承了父亲的田产，同时也成了家里的顶梁柱。在这段时间里，他的导师拉蒂尼给予了他很大的帮助。除了继续指导他学习古典文学、进行诗歌创作以外，很大程度上，拉蒂尼在但丁的生活里扮演着父亲的角色。在拉蒂尼的影响下，但丁开始关注并参与佛罗伦萨的政治活动。在相当长的一段时间里，但丁"一方面跟随拉蒂尼刻苦学习古典文学，另一方面他的心还牵系着比雅翠丝"②。

1286 年，按照父亲的遗志，但丁与雅玛结婚了。翌年，但丁收到了比雅翠丝的婚讯。又是三年以后，但丁收到了比雅翠丝的死讯——这位美丽的姑娘因病去世了。自此，比雅翠丝成为了但丁一生当中永远挥之不去的痛。比雅翠丝死后，但丁将其寄寓相

---

① ［意］但丁：《新生》，钱鸿嘉译，上海译文出版社，1993 年，第 3 页。

② John C. Davenport, *Dante: Poet, Author, and Proud Florentine*, Chelsea House Publisher, 2006, p. 50.

思之苦与离别之痛的诗歌编辑成册，取名"新生"。这是但丁除《神曲》以外另一部重要的诗集。此外，在《神曲》当中，但丁将比雅翠丝文学化为带领他游历天堂的仙女，表征着纯真的爱。但丁对世间爱情的赞美，对相思之苦淋漓尽致的表述，这都是文艺复兴揭开真实人性的序曲。

### （四）公正的执政官

自比雅翠丝结婚以后，失落的但丁将更多的精力投入到了城邦政治活动当中。自这一阶段开始，除了继续学习古典文学和写作诗歌以外，参与政治成为了他生活的重心，并深深地影响了但丁的生活和命运。

1289 年，但丁先后参加了两次保卫佛罗伦萨的战役——坎帕尔迪诺（Campaldino）战役和卡波罗那（Caprona）战役。在这两次战役中，但丁重新展现了他先祖的遗风，作为骑兵冲锋陷阵，英勇杀敌，立下了战功。这为但丁其后的政途发展铺平了道路。

在单恋比雅翠丝无果的情况下，但丁决定将他更多的热情奉献给他的故乡——佛罗伦萨。他开始积极投身城邦政治，力图带给佛罗伦萨一个更美好的未来。1295 年 7 月，但丁加入了佛罗伦萨的医药行会，具备了担任公职的资格。① 由于但丁秉公执法、勤勉无私的处事风格，他的从政道路顺风顺水。经过五年的经营，1300 年 6 月，但丁成为了佛罗伦萨执政团的成员之一，任期两个月。按照当时佛罗伦萨的政治体制，执政团共由六名执政官组成，

---

① 根据佛罗伦萨当时的法律规定，平民只要加入某一行会便有参政资格。

这是佛罗伦萨的最高行政机构。两个月的任期也是法律规定的，目的是避免执政官员由于任期过长而导致独裁和腐败。

如前所述，当时的佛罗伦萨正处于归尔甫党与吉伯林党的党争之中。归尔甫党成员多为从事商业贸易和商品生产的新兴贵族，吉伯林党多为传统的大土地领主。但丁家族及其导师拉蒂尼皆是归尔甫党的忠实拥护者，而他的母亲雅玛则是吉伯林党的贵族后裔。在党派纷争中，但丁继承了其父亲与导师的政治立场，成为了归尔甫党的一员。但丁出生的年代正是神圣罗马帝国陷入王权争斗的大空位时期（1254—1273），皇帝权力自此元气大伤，罗马教皇势力大增。在1266年至1299年的这段时间里，当时的归尔甫党执掌着佛罗伦萨的所有政权。

然而归尔甫党的胜利并没有停止党派纷争。1266年，在归尔甫党驱逐吉伯林党，并重新执掌佛罗伦萨政权以后，其内部再次走向分裂，逐渐分化为以多纳蒂（Donati）家族为首的黑党与以契尔西（Cerchi）家族为首的白党。根据马基雅维利《佛罗伦萨史》记载，黑白两党纷争起始于两个少年打架，后来逐渐演化为家族械斗。① 家族斗争不断蔓延，最终演化为以多纳蒂和契尔西两个家族为首的黑白党争。多纳蒂家族（黑党）是佛罗伦萨的传统贵族，他们一直对当时的民主政权心怀不满，他们与教皇走得更近，力图通过教皇势力掌控佛罗伦萨政局；契尔西家族（白党）代表着佛罗伦萨的新贵族，他们一直想借助当时的民主政权进一步打压传统贵族势力。

---

① 参见［意］马基雅维利：《佛罗伦萨史》，李活译，商务印书馆，1996年，第73页。

但丁的妻子雅玛是多纳蒂家族的女儿，而他也有好多朋友是白党成员。起初，但丁想要置身党争之外，一心谋求城邦的发展。但在但丁任执政官期间，黑白党争愈演愈烈，从国内蔓延到国外，从城市蔓延到农村，并且城内时有流血事件发生，直接威胁到了佛罗伦萨的安全。根据马基雅维利的记载，这次党争烧毁了一千七百多栋房屋，[1]"这灾祸还不止限于城里，整个农村地区也都随着分裂……这次新的分裂可能招致城邦的毁灭，又使吉伯林党复活。"[2]

在黑白党争愈演愈烈的情况下，执政团不得不对其采取强硬措施，借以保证城邦的安全。在但丁的建议下，执政团调遣一部分平民维护城邦治安，接着果断决定放逐黑、白两党首脑成员，黑白党争得以暂时平息。正是出于公正的考虑，但丁没有偏袒任何一方。但但丁的这一决定引来了两党的不满，树立了政敌。尤其是但丁一直反对利用教皇势力干预佛罗伦萨政局，这让黑党势力和教皇都对他恨之入骨。

但丁卸任执政官以后，曾经有一段时间主管佛罗伦萨的路政事宜。任职期间，但丁一再反对佛罗伦萨政府对教皇提供军事援助，但他的意见无一被采纳，且为他树立了更多的敌人。

1301年10月，在教皇的帮助下，曾被但丁流放的黑党首领柯尔索·多纳蒂（Corso Donati）掌握了佛罗伦萨政权，并开始对但丁进行一系列的打击报复。1302年1月，佛罗伦萨当局指控但丁犯有行贿、贪污公款等罪，并且最终判处罚金5000佛罗林，流

---

① 参见［意］马基雅维利：《佛罗伦萨史》，李活译，商务印书馆，1996年，第81页。

② ［意］马基雅维利：《佛罗伦萨史》，李活译，商务印书馆，1996年，第76页。

放两年。对此欲加之罪，但丁没有作出任何回应，同样也没有缴纳罚金。这进一步惹恼了柯尔索，3 月 10 日，但丁被判永久流放，一旦他再次踏入佛罗伦萨，当局将把他活活烧死。与但丁一起流放的，还有桂冠诗人彼特拉克的父亲。

自此，这位失败的政客离开了他深爱的故乡——佛罗伦萨，并再也没能踏上这片故土。"噢，不公正的安排！噢，不知羞耻的判决！噢，不幸的例子！他们都清楚地宣告佛罗伦萨的毁灭即将来临！"① 对这一事件，薄伽丘曾如是评价。然而政途的失败却为但丁的人生开启了另一扇大门：一位名垂青史的诗人将涅槃重生。

### （五）流亡他乡

1302 年，但丁开始了他漫长而痛苦的流亡生涯。他先后到达过维罗纳（Verona）、帕多瓦（Padua）、博洛尼亚（Bologna）等城市，饱尝了颠沛流离、寄人篱下之苦。几乎是乞讨着，好像"既无帆，也无舵手的船，被凄楚的贫困吹来的干风刮到不同的港口、河口和海岸"② 。此时的但丁无时无刻不牵挂着他的故乡，他希望自己能再次踏上那片他眷念的故土。

1310 年，但丁赢来了一次返回佛罗伦萨的机会。神圣罗马帝国新任皇帝亨利七世（Henry Ⅶ）继任。新任皇帝决心要修复帝国与罗马教廷之间的关系，彻底扫清归尔甫党和吉伯林党之间的纷争，让所有流放者都能回到他们的故乡，开启一个和平团结的新政局。但丁得知这一消息以后异常兴奋，这重新燃起了诗人返

---

① ［意］薄伽丘、布鲁尼：《但丁传》，周施廷译，广西师范大学出版社，2008 年，第 5 页。
② ［意］但丁：《神曲》，田德望译，人民文学出版社，2002 年，第 5 页。

回佛罗伦萨的希望。但当时权势正盛的归尔甫党控制着佛罗伦萨政局,他们联合周边城邦反对新皇帝的政治主张,力图维持归尔甫党的统治地位。1311年3月,但丁撰写了《致穷凶极恶的佛罗伦萨人的信》,公开谴责佛罗伦萨当局阻碍新皇帝扫清党争的错误决定,并于4月上书皇帝讨伐佛罗伦萨。1311年9月,为笼络更多的支持者,佛罗伦萨当局决定对流放者实行大赦,但由于但丁支持亨利七世讨伐佛罗伦萨,所以不在赦免之列。与此同时,吉伯林党在新教皇的支持下,发动了对归尔甫党更为猛烈的攻击和报复。新皇帝不仅没有消除党派纷争,反而使斗争更加激烈。

　　同年,亨利七世率军攻打佛罗伦萨,但最终以失败告终。1313年,这位满怀政治抱负的皇帝染疾病逝,但丁返回佛罗伦萨的梦想再次破灭,诗人再次陷入了失望与痛苦之中。

　　1315年,佛罗伦萨政府再次颁布特赦令:流放者只要公开认罪,支付100佛罗林罚款,并且参加忏悔罪行的游行,便可以重返佛罗伦萨。在流亡十几年以后,但丁再次等到了返回故土的机会。但面对这样的机会,但丁决然选择放弃。但丁认为,认罪是对于他公正品格的侮辱,他没有做过任何有愧于故乡的事情。他在给朋友的信中写道:"众所周知的清白无罪者,难道就应该受到这样的待遇吗?他在学术上所流的汗水,付出的辛勤劳动,难道就应该得到这样的结果吗?"① 于是,但丁重返故乡的希望再次化为泡影。

　　此后,但丁又四处辗转,在1318年前后受邀来到了意大利东

---

① 〔意〕但丁:《神曲·地狱篇》,田德望译,人民文学出版社,2002年,第9页。

北部城市拉文纳（Ravenna），成了拉文纳土地领主圭多（Guido）的门客。圭多对但丁十分礼遇，全力支持但丁进行文学创作，并将他的妻儿都接到拉文纳与但丁团聚。但丁的生活境遇有所改善。1321 年，圭多委托但丁出访威尼斯，借以调和拉文纳与威尼斯之间的利益纷争。但丁在回来的路上不幸染上疾病，并于 1321 年 9 月 13 日夜里病逝。至此，诗人但丁带着他一生的思恋与坎坷离开了人世。

　　但丁政治生涯的失败摧毁了一个力图富国强邦的政客，却成就了一个名垂千古的诗人。在他流亡的这段时间里，除了思恋故土以外，但丁的大部分时间都在进行文学创作。在流亡期间，他先后创作了《论俗语》《飨宴》《论世界帝国》以及至今誉满文坛的诗歌《神曲》。但丁病逝以后，他的诗歌在意大利迅速传播开来，文艺复兴的思潮由此发轫。

## 二、诗歌与人性

### （一）《神曲》与诗学

　　诗人但丁的一生可谓跌宕起伏，他曾经作为战士参加过保卫佛罗伦萨的战争；曾经作为执政官掌管佛罗伦萨政局；也曾经被当作城邦的罪人被宣判永久流放，但历史最终将他定位为一个思想深邃的诗人，并将他创作的诗歌载入史册，成为了文艺复兴时期的启明星。但丁的一生诗作颇丰，主要诗歌作品有《神曲》《新生》，另有论著《飨宴》《论俗语》与《论世界帝国》。

　　《新生》是但丁用意大利语创作的爱情诗集，寄托了诗人对比雅翠丝的思恋之情;《飨宴》是一部知识普及型的论著,论述了但丁对于诗歌、语言学、哲学、政治等知识的见解,全书计划共有十五篇,但直至但丁去世也只完成了一小部分;《论俗语》旨在论证意大利俗语的高贵品格,倡导文人用意大利俗语进行文学创作;《论世界帝国》是用拉丁文写就的政治论著,全文共三卷,表明了但丁主张政教分离的政治立场。

1.《神曲》之主要内容

在但丁的诗作当中,带给他最多赞誉的作品当属诗歌《神曲》。关于《神曲》的起始创作年代,学术界一直存在争议。根据薄伽丘《但丁传》的记载,但丁于1300年间,① 亦即诗人被流放之前便创作了《神曲·地狱篇》前七章;而另一种说法则认为但丁于1307年前后,亦即在其流放生涯中开始创作《地狱篇》。② 即便如此,学界对于《神曲》的创作过程有两点可以确认:第一,即便但丁于1300年开始创作《地狱篇》,但他后期对前七章的内容也作了较大篇幅的修改;第二,但丁创作《神曲》的过程一直持续到他1321年病逝。

根据《神曲·地狱篇》的表述,但丁开始创作《神曲》之时正是他人生最为困顿迷惘的时刻。《地狱篇》开篇便说道:"在人生的中途,我发现我自己迷失了正路,走进了一座幽暗的森林。"③ 当然,但丁所谓的"迷失"并不一定指现实生活中的困顿或被流放等具体事宜,它更多是指诗人在精神上陷入了困惑与迷

① 参见〔意〕薄伽丘、布鲁尼:《但丁传》,周施廷译,广西师范大学出版社,2008年,第74页。

② 参见〔意〕但丁:《神曲·地狱篇》,田德望译,人民文学出版社,2002年,序言第7页。

③〔意〕但丁:《神曲·地狱篇》,田德望译,人民文学出版社,2002年,第1页。

茫。《神曲》共由《地狱篇》《炼狱篇》《天堂篇》3卷组成，每卷均有33章。整部诗歌记叙了诗人因为人生迷失了方向而误入一片森林，紧接着由古罗马诗人维吉尔作为向导游历地狱、炼狱，再由天神比雅翠丝引导进而游历天堂的经历。

但丁迷失于森林①

但丁对地狱、炼狱与天堂的描述是十分具体而生动的。但丁表述的地狱在北半球的中心位置，圣城耶路撒冷的地下，形如漏斗，自上而下共有九层。没有基督教信仰或生前犯下不同罪行的怨魂在九层地狱中遭受不同酷刑的惩罚，越往下者罪行越重。第

---

① 图片来源网址：https://commons.wikimedia.org/wiki/Dante_Alighieri#/media/File：Gustave_Dore_Inferno1.jpg.

一层是未受洗礼的婴儿和无基督教信仰的名士；第二层是犯纵欲罪者；第三层是犯贪食罪者；第四层是犯贪财和浪费罪者；第五层是犯易怒罪者；第六层是犯传播异教邪说罪者；第七层是犯暴力罪者；第八层是犯欺诈罪者；第九层是犯背叛罪者。这些怨灵生前犯下以上诸罪，并且没有丝毫悔改之心，没有向上帝忏悔，因此他们死后便下地狱，遭受相应的惩罚，直到末日审判的到来。例如身处地狱第三层的怨灵，他们生前犯下贪食罪，死后污臭不堪的雨水浇打着他们的身躯，形如野狗的巨大怪兽用爪子"把他们剥皮，一片片地撕裂"①。值得指出的是，但丁对于这些遭受酷刑的灵魂所抱有的态度，并非是惩罚罪犯的快感，而是深深的悲悯与同情。对于但丁的这一态度，我们在后文将会再次详细论述。

根据但丁的表述，炼狱在南半球的中心位置，与地狱遥相对应。炼狱形似一座高山，共有七层，层层向上，象征着灵魂通过赎罪可以不断向上，最终通往天堂。身处炼狱的灵魂都是拥有基督教信仰的基督徒，他们在生前犯下了种种过失，因此在炼狱中通过忍受种种刑罚来赎清自己的罪责。炼狱所惩罚的七种过失即是基督教教会规定的七宗罪过，自下而上依次为骄傲、嫉妒、愤怒、怠惰、贪财、贪食、贪色。惩罚这些灵魂的方式同样也是形象而具体的，如骄傲者将在炼狱第一层身负巨石，被压弯脊背，无法抬头。② 当这些灵魂通过受刑而赎清自己犯下的罪责以后，便可以来到伊甸园。伊甸园里有两条河流，喝下勒特河的水以后便可以彻底消泯生前的罪责；喝下欧诺埃河的水以后便可以记起

---

① ［意］但丁：《神曲·地狱篇》，田德望译，人民文学出版社，2002年，第36页。

② 参见［意］但丁：《神曲·炼狱篇》，田德望译，人民文学出版社，2002年，第91页。

生前的种种善行，最终飞抵天堂。①

根据但丁的构想，天堂共有九重，依次向上分别为月天、水星天、金星天、日天、火星天、木星天、土星天、恒星天和水晶天，再向上即是超越时空的净火天，亦即上帝的所在。九重天自下而上分别代表着信誓不坚定的灵魂、功业卓著的灵魂、多情的灵魂、智慧的灵魂、为信仰而战的灵魂、公正的灵魂、冥思的灵魂、基督教的胜利与天使的凯旋。② 而超越时空的净火天则是光明、自由、终极永恒的存在，即上帝。

但丁游历天堂③

---

① 参见［意］但丁：《神曲·炼狱篇》，田德望译，人民文学出版社，2002年，第344页。

② 参见［意］但丁：《神曲·天堂篇》，田德望译，人民文学出版社，2002年，第1页，略有改动。

③ 图片来源网址：https：//commons. wikimedia. org/wiki/Dante_Alighieri#/media/File：Cristobal _Rojas_25a. JPG.

　　以上便是《神曲》的基本架构和主要内容。从叙事结构和字面意蕴来看，《神曲》的卓越之处在于它所流露出诗人的丰富想象力以及诗人生动具体、入木三分的细节描述。同样，毋庸讳言，如果仅从字面意蕴来看，《神曲》无异于一位诗人的浪漫幻想，一个荒诞不羁的梦，甚至是一个从未踏出家门的旅人幻想出来的旅行日记。但《神曲》的精神内核并非如此浅显。想要理解但丁诗歌的深奥之处，我们还要了解但丁对于诗歌的基本态度和见解。

　　2. 但丁诗学

　　承上所述，如若单从字面意义来看，《神曲》无异于一位旅人的旅行日记，它记载了诗人游历地狱、炼狱、天堂时的所见所闻，向人们展示了一幅主观臆想的精神画卷。但但丁诗歌的意蕴绝非仅限于此，它的思想价值更多地体现在字面意义之下所隐含的深层意蕴。

　　（1）诗歌四重意蕴说。但丁既是一位伟大的诗人，同时也是一位卓越的诗学家。但丁指出诗歌艺术的魅力不仅限于它所表达的字面含义或其所描述的故事情节，而是在于诗歌本身所要揭示的深层意蕴。在《飨宴》中论及诗歌理论时，但丁指出：

　　　　（诗歌）作品的意义不是单一的，相反可以说是多义的。即含有不止一种意义。因为一种意义是望文生义，而另一种意义则是借文字所提示的事物而得。前一种称之为字面义（历史义），后一种则为隐喻义或神秘义。①

---

　　① 转引自陆扬：《欧洲中世纪诗学》，上海社会科学院出版社，2000 年，第218 页。

由此可见，但丁认为一部成功的诗作是具有多重含义的。它至少应当包含两重意蕴，即字面义与隐喻义。这也正是诗歌被称为"艺术"的高洁之处，是诗歌与我们日常闲语的最大区别。因此，我们在阅读但丁诗歌之时，不仅要看到但丁诗歌所表述的字面含义，更要探究其字面义背后所隐藏的思想内涵。事实上，但丁在进行诗歌创作时大量使用了"隐喻义"。在但丁的诗作中，大到一部诗歌的整体架构，小到一个微小细节的描述，其中都包含着丰富的隐含义。例如，从字面义来看，《神曲》是诗人游历地狱、炼狱、天堂的见闻录，但它实际上隐喻人类精神从尘世欲望到转恶向善再到自由光明的解脱过程。再如，根据《神曲》的描述，身犯贪食罪者在地狱中时刻饱受怪兽撕咬的痛苦，这实际上隐喻心有贪念之人要时刻承受欲壑难填的折磨。

在《论俗语》当中，但丁将诗歌所表达的意蕴细分为四重：

> 为了理解一部作品，并进而对它进行阐释，需要掌握它的四种意义。第一种意义叫做字面的意义，它不超越词语的字面上的意思……第二种意义叫做譬喻的意义，这种意义在诗人写的语言的掩盖下隐藏着，是美妙的虚构里隐蔽着的真实……第三种意义不妨叫做道德的意义，他是读者应该在作品里细心探求的意义，以使自己和自己的学生获得教益……第四种意义可以叫做奥妙的意义，也就是超意义，或者说从精神上加以阐明的意义。[1]

---

[1] 吕同六选编：《但丁精选集》，燕山出版社，2004年，第583页。

以上即是但丁对诗歌四重意蕴的表述，亦即但丁的主要诗学理论——四重意蕴说。这是但丁对于诗歌意蕴的进一步细化。在但丁看来，一部成功的诗作应当具备四重意蕴，即字面义、譬喻义、道德义与奥妙义（或称神秘义）。字面义即诗歌平铺直叙的个人情感或故事情节，它可以并且大多情况下是虚构的，如在《地狱篇》《炼狱篇》中，但丁在维吉尔的引导下游历了地狱与炼狱。譬喻义是指在诗歌文字隐藏之下诗人所要真正揭示的真理，它往往是诗歌所要表达的真实含义，如但丁以古罗马诗人维吉尔隐喻人类理性，而维吉尔引导但丁游历地狱、炼狱则譬喻人类在超越尘世欲望、转恶向善的过程中需要理性的指引。道德义则指读者从诗歌作品当中领悟到的道德教益，如当读者看到地狱中忍受酷刑的怨灵时，通过推敲其譬喻义可以了解到，贪着世俗欲望会使我们的身心备受煎熬。奥妙义则指诗歌对于超世俗真理的揭示，亦即对于精神终极自由的揭示，从但丁的角度来看，此即诗歌对于上帝神圣之光的揭示。

在但丁看来，诗歌四重意蕴之间的关系是相互补充、相辅相成的，或者说四重意蕴是同一物体的四个不同侧面。其中字面义大多是虚构的，但它是整部诗歌的基础，是其它三重意蕴的载体，"其它各种意义都蕴含在它里面"①。离开了字面义，其他各重含义都会显得荒诞难解。虽然字面义是整部诗歌的基础，但譬喻义才是整部诗歌所要表达的真实含义，这部分内容需要我们细细推敲诗人的笔触，才能看到诗歌的思想底里。道德义是我们推敲诗

---

① 吕同六选编：《但丁精选集》，燕山出版社，2004年，第584页。

歌所能收获的道德教益。而诗歌的最高贵之处在于它所表述的奥妙义，它用来"表示最崇高的、永恒光荣的事物"①，亦即人类精神的终极自由。

（2）诗歌是带着面纱的真理。承上所述，但丁在刚刚开始构想、创作《神曲》之际，已经开始构建自己的诗学理论，即四重意蕴说。在但丁生活的中世纪晚期，基督教神学在思想领域仍处于垄断地位，托马斯·阿奎那将哲学表述为"神学的婢女"，诗学更是遭受到多数神学家的鄙弃。诚如国内学者所言："在但丁之前，中世纪诗学的理论建树，几乎是空白。"②

但丁通过四重意蕴说将诗歌所要表达的内容划分为两个大的层面。但丁指出："每一种事物都具备表面和内核"③，诗歌也是一样，它包括字面义（表面）和隐喻义（内核）两个大的层面。在诗歌创作的过程中，但丁常常将诗歌形象化为带着面纱的真理。其中面纱即是字面义，真理即是隐藏在字面义背后的真实含义，也就是诗人所要揭示的真理。事实上，但丁在诗歌写作的过程中，经常提示读者应当揭开"字面义"这层面纱，探究"面纱"背后所隐藏的真实含义。"读者呀，擦亮眼睛注视这里的真谛吧，因为目前蒙着的面纱实在非常薄，透过它看到内部是很容易的。"④"啊，有健全的理解力的人哪，你们揣摩在这些神秘的诗句的面纱下隐藏着的寓意吧！"⑤

但丁将诗歌比喻为带着面纱的真理，这就要求读者在欣赏诗

---

① ③　吕同六选编：《但丁精选集》，燕山出版社，2004年，第584页。

②　陆扬：《中世纪诗学》，上海社会科学院出版社，2000年，第1页。

④　［意］但丁：《神曲·炼狱篇》，田德望译，人民文学出版社，2002年，第67页。

⑤　［意］但丁：《神曲》，田德望译，人民文学出版社，2002年，第52页。

歌之时不能仅局限于诗歌的字面义，而是要花心思去探究面纱背后所隐藏的真实意蕴。"按照中世纪的隐含传统，寓意诗的真实意图隐藏在虚构的屏障之下，不管是写诗还是读诗，都要求具备才气和科学性。"① 而但丁对于诗歌字面义与隐喻义的区分，不仅仅很大程度上填补了中世纪诗学理论的空白，而且还大大提高了诗学的理论地位。在中世纪多数神学家看来，只有神学才拥有解密人类精神终极自由的钥匙，就连哲学也逊色于神学。但但丁认为，诗学同样具有揭秘人类精神终极自由的功能，它同样可以揭示真理、展示上帝的神圣光芒。其不同于神学之处在于，诗学为真理或上帝蒙上了一层生动的面纱。

在但丁看来，诗歌是带着面纱的真理，这层面纱不一定是神圣的，它也可能是世俗的、幽默的或者戏谑的等等，但这并不影响诗歌深层意蕴的高贵和纯洁，相反，这会使真理更容易让人理解和接受，让高贵的真理更接地气。"哲学不应该藐视诗歌，因为诗歌能够借助形象表现真理。"② 但丁正是依此进一步提高了诗学的地位，认为诗学在揭示真理方面毫不逊色于神学，"但丁对于中世纪诗学的最大贡献，是将在阿奎那时还是不登大雅之堂的世俗诗，有意识地抬到了足以与神学比肩的崇高地位"③。

（3）俗语是比较高贵的语言。但丁诗学的另外一个重要特点是他极力倡导用俗语进行诗歌创作。事实上，他的大部分诗作都是用意大利俗语写就的，包括《新生》《飨宴》以及《神

---

① ［法］让·贝西埃等：《诗学史》，史忠义译，百花文艺出版社，2001 年，第 129 页。
② ［美］吉尔伯特、［联邦德国］库恩：《美学史》，夏乾丰译，上海译文出版社，1989 年，第 204 页。
③ 陆扬：《欧洲中世纪诗学》，上海社会科学院出版社，2000 年，第 221 页。

曲》等。

在但丁生活的时代，中世纪欧洲基本上是以拉丁语为正式官方语言。绝大多数学者都是用拉丁语进行文学创作的。这些学者坚信用拉丁语创作的文学作品更加高贵。而但丁持有与此截然相反的观点，他认为俗语才是比较高贵的语言。

基于当时拉丁语的正统地位，有些学者将但丁所说的"俗语"笼统地解释为意大利语，这种解释是不准确的。但丁在《飨宴》中对"俗语"进行了比较详细的定义和说明："所谓俗语就是小孩在一开始分辨词语时就从他们周围的人学到的习用语言，或者更简短地说，我们所说的俗语就是我们模仿自己的保姆不用什么规则就学到的那种语言。"①

由此可见，但丁所说的俗语即指白话文、白话语言，更通俗地说，即是我们平时所说的"大白话"。我们从自己周边的父母、亲友那里习得这种语言，并且我们在使用这种语言时并不受语法规则的限制。但丁的诗作大多是用意大利俗语创作的，意大利俗语即可简单理解为意大利大白话。

与俗语相对，但丁将另一种语言称之为文言，即官方正式语言。在但丁的时代，即指拉丁语。与当时的主流观点相悖，但丁明确指出："在这两种语言中，俗语是比较高贵的。"②这是因为俗语更加自然、生动。而文言则比较刻板、僵化，它是人工扭捏造作而成的，不像俗语那般自然、鲜活。在论证完俗语较文言的高贵之处以后，但丁标新立异，首倡文人应当用意大利俗语进行文

---

①②　吕同六选编：《但丁精选集》，燕山出版社，2004 年，第 589 页。

学创作，但丁说道："我们首先就要宣告这种光辉的意大利俗语同样适用于散文和诗体。"① 这是在但丁之前很少有人论及的观点，可谓独树一帜。并且但丁在他的诗歌创作过程中践行了这一理论。事实和历史证明，但丁的这一观点顺应了历史潮流，为后人的文学创作开辟出了一条新的道路。与此同时，我们在但丁论证俗语的高贵性、倡导俗语创作的篇节当中也能嗅到人本主义那春天般的味道。

小结：

在《但丁》的众多诗作中，《神曲》可谓最重要、最著名的一篇。《神曲》表面上看是但丁在人生最为困顿之际，误入幽林，进而游历地狱、炼狱、天堂的奇幻旅行记。但这一旅程实际上隐喻人类精神从贪着俗世欲望到转恶向善再到光明自由的灵魂解脱过程。但丁认为，一部成功的诗作应当具备两重含义：字面义与隐喻义。更详细地说，应当具备四重意蕴：字面义、譬喻义、道德义与奥妙义。但丁诗作的成功之处，正在于他巧妙地运用了诗歌四重意蕴理论。从字面义中，身处俗世的乡野村夫可以在《神曲》中看到虞诈钱财的教士死后遭到了什么样的报应；从譬喻义中，人们可以从《神曲》中推敲出自身走向光明自由的精神旅程；从道德义中，人们在欣赏诗歌的同时可以领悟到指导自己言行的道德法则；从奥妙义中，人们可以看到无限的光明与自由。这样的诗作寓教于乐、利益众生，集多重优势于一身。它的成功

---

① 吕同六选编：《但丁精选集》，燕山出版社，2004年，第597页。

绝对不是偶然。据记载，当时佛罗伦萨"就连驴夫也能吟哦但丁的诗句"①。

然而但丁诗歌及其诗学理论最为卓绝之处在于它看到了生活在俗世的芸芸众生。它既表现出了对于世俗众生的悲悯与同情，又做出了挽救众生脱离世俗欲望的努力，力图通过自己的诗作接引众生走向自由与光明。这也正是人本主义的宗旨所在。对此，但丁的做法与中世纪神学家们忙于构建深奥晦涩的神学理论是完全不同的。正是基于这一原因，但丁的诗作犹如振聋发聩的一声春雷，唤醒了人们在中世纪暗夜之中已经昏沉欲睡的人性，由此开启了文艺复兴的大门。

## （二）高贵人性的崛起与对精神世界的拯救

在基督教创立之初，它的本旨是救赎人们的灵魂，使人类超拔出对于世俗欲念的贪着，指引人类精神走向纤尘不染的彼岸天堂。但时值中世纪，基督教的教义与教规逐渐偏离了它的本旨。一方面，基督教神学家专注于构建一个完善而艰深的神学理论体系，他们对于形而上层面的过多关注，导致了其理论在一定程度上脱离了普罗大众的世俗生活；另一方面，与民众生活联系最为紧密的基督教神职人员逐渐走向腐化堕落，基督教逐渐成为了神职人员敛财的工具。此外，由于中世纪教会对于神权、原罪的过分强调，反而起到了矫枉过正的负面作用，当时的教会在一定程度上压抑了人类的本性。基于以上种种原因，在欧洲漫长的中世

① ［瑞士］雅各布·布克哈特：《意大利文艺复兴时期的文化》，何新译，商务印书馆，2002年，第199页。

纪，基督教指引人类精神走向彼岸自由的本旨被淡化掉了，普通民众成为了侍奉神职人员的奴仆，而这些神职人员往往又是一副欲壑难填、贪得无厌的丑恶嘴脸。在这一时期，人们的地位是卑贱的，人性也被视为是罪恶的、丑陋的。

1. 赞美人性的高贵

在中世纪的漫长暗夜中，人们的地位日趋下降，他们不仅仅是侍奉上帝的奴仆，也是侍奉贪腐教士的奴仆。神权与世俗皇权错综复杂地交织在一起，教规逐渐流于形式，钱财成为了多数教士专注的目标。与此同时，受基督教原罪观念的影响，人性也往往被视为是罪恶的、丑陋的。但此时的但丁孤明独发，振臂疾呼：人性是高贵的。对此，但丁说道：

> （人类的）理智和精神的美德闪射出光辉，因为它们寄托于高贵之中；天性的各种良好倾向，如怜悯、信仰，令人赞赏的情感，如羞愧、仁慈，等等，因高贵而熠熠闪烁；人的形体的优点，如美、力量和健康，也因高贵而光彩夺目。[①]
>
> 我敢大胆地说，人类的高贵，就它的许多成果来看，胜过天使的高贵，诚然天使的高贵因它纯一而更加神圣。[②]

从引文中可以看出，但丁不仅认为人类的理智、美德是高贵的，并且人的本性当中也包含着怜悯、信仰等各种高贵的品格。此外，但丁认为人们的个人情感乃至身体，都有高贵闪光的一面。

---

[①②] 吕同六选编：《但丁精选集》，燕山出版社，2004年，第585页。

这与中世纪教会大力宣扬的"人生而有罪"的观念是截然不同的。

一方面，但丁赞美人性的高贵；另一方面，但丁也并没有完全摒弃基督教的原罪思想，而是对其进行了重新的规定和整合。在但丁看来，人类罪恶的根源并非源自人性，而是源于人们的世俗欲望，"人的灵性被肉体的愚昧粗鄙所拘牵"①。

在赞美人性高贵的同时，但丁进一步肯定了人类的能力，尤其是个人的判断能力。但丁认为，每个人生来就具备三种能力，即成长、生活和判断的能力。就成长能力而言，人如同植物一般，他寻求一切对自己成长有益的东西；就生活能力而言，人如同动物一般，他寻求一切让自己快乐的东西。而具有判断能力，才是人称之为人的最根本属性。对此，他说道："人具有用理智判断的能力，寻求理性的东西，因此他是独立的，或者说接近于天使的本性。"②

值得说明的是，但丁推崇人们所具有的理智判断能力，但他并不鄙夷人们的成长能力和生活能力。每个人的成长能力和生活能力都可以演化为美好的品格。对此但丁推论指出，对人们成长最为有益的东西无非是安全；让人们最能感受到快乐的东西无非是爱情。这两种能力通过正确的引导可以演化为骑士的骁勇与对爱情的执着。而人类判断能力追寻的最高目标则是理性和美德。如果我们仔细推敲但丁走过的一生，我们便会发现，但丁正是按照他对人类三种能力的划分与肯定走完了自己的一生：参加保卫

① 吕同六选编：《但丁精选集》，燕山出版社，2004 年，第 590 页。
② 同上，第 599 页。

战争、当选执政官是对自身成长能力的肯定，亦即追寻安全；执恋比雅翠丝是对自身生活能力的肯定，即渴望爱情；创作诗歌是对自身判断能力的肯定，即追寻理性与美德。诗人用他自身建构的理论指导着自己的一生，并取得了不朽的赞誉。或许这才是但丁思想最为卓绝与耐人寻味的地方。

### 2. 对精神世界的拯救

在中世纪的漫长岁月里，神学家们整日遨游在形而上学的思想国度；贴近百姓的神职人员则大多把目光集于人们的口袋，试图榨干人们的每一分钱财。此时，仰赖基督教信仰救赎人类心灵的欧洲已经陷入精神困顿，人们的精神家园业已遗失、荒芜。"人类意识的两个方面——内心自省和外界观察都一样——一直是在一层共同的纱幕之下，处于睡眠或半醒状态。"[1] 但丁作为一个新时代的先驱，他最先注意到了这一点。于是他拿起手中的生花妙笔，试图通过自己的诗作唤醒人们业已沉睡的人性，帮助人们重新找回逐渐消失的精神家园。

第一，在理论上，拯救人类精神世界是但丁思想的核心和主旨。通过前文我们对于但丁思想的逐步介绍，稍作分析便不难发现，无论是但丁的诗学理论、诗歌作品，还是他对于人性高贵的诸多论述，这些论点都围绕着一个主题而展开：但丁正在试图拯救中世纪欧洲业已凋敝的人类精神家园。

但丁试图通过自己的诗歌四重意蕴说、俗语论重新将普罗大众与精神世界联系起来。在但丁看来，中世纪欧洲不乏伟大的神

---

① ［瑞士］雅各布·布克哈特：《意大利文艺复兴时期的文化》，何新译，商务印书馆，1983年，第125页。

学家，如奥古斯丁、托马斯·阿奎那等。他们的思想对但丁产生了深刻的影响。但但丁同样看到，中世纪神学家对于神学理论的建构过于艰深难懂，他们在构建神学理论的同时似乎并没有试图兼顾普罗大众的兴趣和理解能力，或者说，在一定程度上他们忽略了自己的读者和观众。但丁的诗歌理论正是在试图改变文学、神学创作的这一现状。但丁将诗歌的意蕴细化为四重，并且特别强调字面义才是整部诗作的基础，譬喻义、道德义与奥妙义皆依字面义而来。简而言之，我们要把真理包裹上一层通俗的面纱。这就是在提醒文学创作者，我们在进行文学创作时，应当将自己所要揭示的真实思想以一种大众更能接受的方式来表达。这样才能使艰深的道理更加通俗易懂，起到寓教于乐的良好效果。同样，但丁提倡大家用俗语进行文学创作，目的也是让文学作品更加生动鲜活，易于接受。但丁论证人性的高贵更是坚定了人们重新找回精神家园的信心。

可以说，在中世纪大多数神学家自说自话地论证上帝的神圣之时，但丁率先看到了读者和观众。这些观众身在俗世，忍受着各种压榨和肉体欲望的折磨，而神学家们已经向天国越飞越远，丝毫没有停下脚步稍作等待的意思。此时的但丁表现出了如菩萨般的悲悯，试图用自己的诗学理论接引身在俗世的众生，以一种更加生动鲜活的方式让他们感受到彼岸世界的光芒。这也正是但丁被称为文艺复兴先驱的最主要原因。

第二，在情感上，但丁对于贪恋俗世欲望的人们表现出了深切的悲悯，对于人类精神家园的遗失表现出了深切的惋惜。但丁不仅试图通过自己的诗学理论提醒文学创作者要关注自己的观众，接引他们走出世俗，向往光明。与此同时，在但丁的诗作当中，可以说时刻都流露着作者对于人性的关爱，流露着对于人类失去精神家园而生活悲惨的深切同情。

诚如国内学者所言："《神曲》就字面义而言，不外是灵魂死后的情况，但若从隐喻义解，则体现了人在他的自由选择之下，善有善报、恶有恶报这样一个主题。"①但笔者同样认为，但丁创作《神曲》的目的并非是要构建一个善恶终有报、伦理法则毫厘不爽的理想世界，而是要依地狱、炼狱的悲惨图景激发起人们的悲悯之心，并由此激励人们向往并抵达彼岸天国。

对此我们要指明的是，在但丁看来，善恶终有报的伦理法则并不是但丁自己的主观臆想，而是一种客观存在的伦理规律。但丁在《神曲》中曾说："你（但丁）所看到的一切都是永恒的法则规定的。"②这一点并不难理解，一个深着贪欲的人，即便富可敌国、坐拥天下，他的欲望也不会得到满足，因此他注定拥有一个饥渴的灵魂，注定要饱受欲壑难填的煎熬和痛苦。这些人即便身在人间，实际上已经开始尝受地狱刑罚对于自身灵魂的折磨与拷问。从这一角度来看，但丁所描述的地狱不仅是存在的，而且是现实的。这也正是《神曲》字面义之下所隐藏的真实含义。

在但丁看来，这现实存在的地狱，不是诗人的臆想，而是上帝的造物。上帝让这些饥渴的灵魂忍受酷刑的真正目的不是惩罚他们，而是拯救他们。上帝创造地狱不是基于惩罚罪犯式的快感，而是基于本原的正义与爱。根据但丁的描述，地狱的门楣上写着

---

① 陆扬：《欧洲中世纪诗学》，上海社会科学院出版社，2002年，第219页。
② ［意］但丁：《神曲·天堂篇》，田德望译，人民文学出版社，2002年，第196页。

这样的文字："由我进入愁苦之城，由我进入永劫之苦，由我进入万劫不复的人群之中。正义推动了崇高的造物主，神圣的力量、最高的智慧、本原的爱创造了我（我指地狱）。"①

对于那些在地狱中饱受各种酷刑折磨的怨灵，但丁所流露出来的情感也并非报复式的快感，而同样是上帝般的悲悯、关爱与同情。比如，对因犯贪食罪而在地狱中忍受怪兽撕咬的灵魂，但丁说道："你的苦沉重地压在我的心上，使我流下泪来"②；对于那些因情欲压倒理性而身犯淫邪罪者，但丁见他们的灵魂在飓风中旋转哀嚎，"使得我激于怜悯之情仿佛要死似的昏死过去"③；对于那些因犯自杀罪而变成枯树的灵魂，但丁写到，"被爱心所驱使，我把散落下来的嫩枝收集起来，还给了声音已经黯哑的幽魂"④。

在《神曲》中，类似的表述俯拾即是，表现出了但丁对于这些贪着尘世的灵魂的深切悲悯。在但丁看来，善恶有报的伦理法则是上帝创造的客观规律，比如因情欲压倒理性而发生越轨行为的爱侣，他们的理性和定力必定是脆弱的，他们的人生注定要像狂风中的树叶一般，任由情欲的摆布，四处飘零。

在但丁看来，他的《神曲》并不是建构了善恶有报的伦理秩序，而是揭示了这一本已存在的客观规律。而诗人的悲悯正是基于凡尘众生精神世界、彼岸追求的遗失。既然贪恋尘世欲望注定

---

① ［意］但丁：《神曲》，田德望译，人民文学出版社，2002年，第15页。
② ［意］但丁：《神曲·地狱篇》，田德望译，人民文学出版社，2002年，第37页。
③ 同上，第30页。
④ 同上，第86页。在引注⑤1至⑤3中，但丁的言行皆有具体的对象，他们分别是身犯贪食罪的恰科、因爱欲而发生越轨行为的保罗和弗兰齐斯嘉、因受帝国皇帝猜忌而自杀的彼埃尔。这些人的生平事迹可参见田德望先生译文注释。

要饱受折磨,那么我们还有什么理由不去追寻彼岸世界的幸福与安宁呢?但丁意欲通过对地狱图景的揭示惊醒世人:凡尘俗世是粗鄙的、痛苦的,只有光明安宁的精神世界才是人类高贵灵魂真正的归宿。由此可见,但丁不仅关爱、同情深陷俗世的人们,同时还为他们指出了一条通往自由、安宁的光明之路。或许这才是但丁作为人本主义诗人的最伟大之处。

第三,但丁拯救人类精神家园的思路与基督教一致。按照惯有传统,我们对于但丁思想的评价有两种基本思路:一种是基于但丁的人本主义立场,认为他是用人性反对神性;另一种是将但丁思想中的神学部分打上中世纪神学残渣的标记,将人文主义部分打上新时代文艺复兴的标记,将二者对立起来。通过上文的梳理和分析我们不难发现,这两种评价并不准确。但丁思想的可贵之处在于他看到了被中世纪神学所漠视的普罗大众,试图以一种新的方式救赎人类灵魂,帮助人们寻找到逐渐远去的精神家园。而但丁所向往的精神家园,仍然是基督教的彼岸世界。或者从基督教的角度来说,基督教创教的本旨就是要救赎人们贪乐俗世的灵魂,但在其后的发展过程中,由于对神性与原罪的过分强调,它反而压抑了人性。但丁所做的工作无非是将拯救人们心灵世界的责任重新纳入到了基督教神学的视野范围之内。但丁对于理想天国的构想,与基督教的本旨是一致的。

在《神曲》中,但丁对于地狱、炼狱与天堂的表述始终贯穿着基督教的基本伦理观念。例如,在地狱中,怨灵们饱受惩罚的原因不仅仅是贪恋凡尘欲望,更大程度上是因为他们没有丝毫悔改之心,没有向上帝虔诚地忏悔。而能向上帝诚心忏悔的灵魂,即便他们犯下过失，也会抵达炼狱，进而可以通过赎罪抵达天堂。在但丁看来，人们最大的罪过就是没有彼岸追求，这些人庸碌无为，连进入地狱的资格都没有。对此但丁写道："他们没有死的希望，他们盲目度过的一生卑不足道……慈悲和正义都鄙弃他们。"①而即便是伟人，如果他们没有基督教信仰，他们的灵魂也会生活在地狱之中，如荷马、贺拉斯、苏格拉底、柏拉图、亚里士多德等。就连在《神曲》中为但丁担任向导的维吉尔也无权进入天堂，对此，但丁描述道："我是维吉尔，我失去了天国，不是由于别的什么罪，只是由于没有（基督教）信仰。"②

但丁对炼狱的布局也是根据基督教骄傲、嫉妒、愤怒、怠惰、贪财、贪食、贪色七宗罪而来的。在《炼狱篇》中，但丁在抵达炼狱之前，天使在他的额头上刻下了七个字母"P"，代表着基督教的七种罪恶。但丁每跨越一层炼狱，天使便会抹去一个字母，代表着诗人的赎罪之旅。而但丁对于天堂的表述，诚如学者所言："但丁的天堂所展示的和谐喜悦与庄严神圣的美学风格在世俗生活的形象上体现为一种以和谐为最高原则的基督教伦理精神，它不以个性化愿望的实现为目标，而是以社会与宗教的完美秩序为个人的最高意志。"③

小结：

作为文艺复兴思潮的先驱，但丁的人本主义精神集中体现于

---

① ［意］但丁：《神曲·地狱篇》，田德望译，人民文学出版社，2002年，第30页。
② 同上，第57页。
③ 姜岳斌：《伦理的诗学》，浙江大学出版社，2007年，第44页。

他对人性高贵的赞美与其对人类精神世界的拯救。可以说，这正是但丁思想的核心要义。但丁通过构建自己的诗学理论警醒当时的学者：我们不能只顾埋首于书斋，不能独享遨游于精神世界的自由，而是要看到在俗世中受苦的民众，在贪腐教士的压榨之下，他们正饱受着肉体与心灵上的双重折磨。但丁通过对人性高贵的论述同样警醒世人：每个人的本性都有高贵圣洁的一面，每个人都可以通过与生俱来的判断力自我救赎，走向精神世界的自由与安宁。事实上，但丁的主要诗作都是在指引着尘世的灵魂走向光明，享受精神世界的终极自由。在但丁看来，善恶有报的宗教法则是客观存在的，他只不过是以诗歌的方式将这一法则更为生动直观地呈现出来。既然贪恋世俗欲望必定会受到心灵上的拷问与责罚，那么我们就没有什么理由不去寻找精神世界的永恒的安宁。至此，但丁将人类的高贵与彼岸世界的光明成功地联系起来，帮助人们树立起心灵解脱的信心，指引人们再次看到了天国世界散发出来的神圣光芒。但丁的这一成就，正预示着一个新时代的到来。诚如薄伽丘所言："人有创造力和自由意志，能够惊天动地改变世界。人的尊严、爱心和精神世界一旦觉醒，对自我的思考最后就会变成自我的解放。"①

### （三）爱情：通往彼岸天国的阶梯

受基督教伦理传统的影响，在中世纪时期的欧洲，女性的地位是比较低微的。由于基督教将贪恋色欲视为一种宗教意义上的

---

① ［意］薄伽丘、布鲁尼：《但丁传》，周施廷译，广西师范大学出版社，2008 年，第 11 页。

重罪，因此女性和爱情往往被视为精神解脱之路上的阻碍。"中世纪的艺术家们一再把女子描绘成恶魔的工具，特别是在十一、十二世纪，教会往往把妇女看作是通往救赎道路上的障碍，是蛊惑的工具。"① 对于中世纪的这种传统爱情观念，但丁率先给予了修正。但丁指出，渴望爱情是人们与生俱来的天性。真正的爱情不仅仅是高贵的、圣洁的，同时还是人们通往精神天国的阶梯。

第一，人的天性包含着对爱情的渴望。诚如前文所述，但丁认为，每一个人都具有三种与生俱来的能力，即成长、生活和判断的能力。而"每一种能力都包含着某些比较重要和最重要的东西"②。其中，与人们的生活能力相对应，我们总是在寻找令人向往、使我们感到愉快的东西。对此，但丁推论道："什么是令人渴望的？我们认为，欲念的对象能够激发人们的快乐，便是最令人渴望的，这就是爱情。"③

与中世纪的传统观念不同，但丁认为，对于爱情的渴望源自于人们的天性，是人们与生俱来的一种本能。并且它是人类天性当中最为重要的内容之一。因此，但丁在他的诗歌当中赞叹爱情："爱情自有其高贵之处，使我过去的生活既甜蜜又轻松。"④ "其他情感都没有这么重的分量，除非那种爱情有益于别人，即便面临死神也高高兴兴。"⑤ 但丁不仅仅赞叹爱情的力量，同时还赞美他深爱的女子比雅翠丝，"（她）仿佛是自天而降的精灵，向地上的

---

① ［德］汉斯－维尔纳·格茨：《欧洲中世纪生活》，王亚平译，东方出版社，2002 年，第45 页。

②③ 吕同六选编：《但丁精选集》，燕山出版社，2004 年，第 599 页。

④ 《但丁抒情诗选》，钱鸿嘉译，上海译文出版社，1988 年，第 13 页。

⑤ 同上，第 43 页。

人们显示奇迹"①。"她拥有自然所能赐予美好的一切，她那举世无上的美艳便是证据。"②

从但丁对于爱情与女性的赞叹中我们可以看出，但丁所持有的爱情观与中世纪的传统爱情观是截然不同的。在但丁眼中，女性和爱情并不是妨碍人们灵魂得以救赎的阻碍，相反，我们可以通过爱情与爱人窥视天堂那圣洁的光芒。当然，但丁所谓的爱情，并不是充斥着肉欲的世俗之爱，而是纯粹的精神爱恋。这也正是我们下文要指明的。

第二，真正的爱情是超越肉体欲求的心灵之爱。但丁所描述的、让人向往的爱情，是一种摒除肉欲的精神恋爱。在但丁看来，只有超脱了肉体欲望的心灵之爱，才是真正的爱情。这一点可以从《神曲》对保罗和弗兰齐斯嘉之间爱情故事的评判得到证明。保罗本是弗兰齐斯嘉的小叔子，二人不幸相恋，并且在爱欲的驱使下发生了越矩行为。但丁对于他们的爱情虽然抱有极大的同情，但仍然认为他们应当遭受地狱酷刑的惩罚。由此可见，在但丁眼中，真正的爱情应当是超越肉体欲望的，至少它不应当被肉欲所掌控。

事实上，但丁在他的爱情诗当中，经常将比雅翠丝描绘成一个纤尘不染的天使形象："全世界都在歌唱，因为美好的时光已经从天而降，你那份尊贵真实当之无愧，你就像——天使显现。"③ "女郎啊，你的容颜简直和天使相仿。"④ "我在我的女郎

---

① 《但丁抒情诗选》，钱鸿嘉译，上海译文出版社，1988年，第1页。

② 同上，第6页。

③④ 同上，第9页。

身上，看见一个用十分柔美的花儿编成的花环，在它上面，我看见谦逊的小爱神飞起。"① 从这些诗句的字里行间可以看出，但丁追寻的爱情是圣洁的，是没有掺杂肉欲的心灵之爱。

第三，爱情是通往彼岸天国的阶梯。在但丁看来，真正的爱情可以升华为人们对于上帝的爱、对于彼岸天国的爱，它是凡人通往理想天国的阶梯。对此，但丁曾说："强烈的爱情萌发在我的心头，而我滋长一种崇高的愿望，使我在善行上投入全副精力。"② "爱神赐给你们美丽的芬芳，这仅仅是为德行增光。"③

那么但丁眼中的爱情是如何升华为对于上帝和天国的爱呢？对此，我们试图从两个方面进行阐释：一方面，但丁通过恋爱的对象看到了上帝造物的圣洁与美。如前所述，但丁在他的爱情诗当中，反复用"天使""女神""天神之女"等充满宗教色彩的圣洁形象比喻比雅翠丝，由衷地赞美比雅翠丝的纯洁与美丽。对于比雅翠丝的死，但丁曾写道："他（上帝）叫她来天庭的目的，是因为看出烦恼纷乱的尘世，不配住这样温柔可爱的人儿。"④ 从这些诗句当中我们可以看出，比雅翠丝的美与纯洁让但丁折服于上帝的造物。另一方面，但丁对于比雅翠丝的爱恋帮助他超越了对于世俗欲望的贪恋。自但丁陷入对比雅翠丝的思恋以后，饮食、钱财等一切俗务都离但丁远去，自此对于世俗之物的贪恋再也没能占据诗人的心灵。对于恋人的思念让他茶饭不思，"形容枯槁，

---

① 《但丁抒情诗选》，钱鸿嘉译，上海译文出版社，1988年，第11页。
② 同上，第44页。
③ 同上，第17页。
④ 吕同六选编：《但丁精选集》，燕山出版社，2004年，第710页。

脸无人色"①，甚至已将生死置之度外，为了爱情"即便是面临死神也高高兴兴"②。但丁的这些表述可以证明：纯真的爱情帮助诗人第一次超拔出了尘世俗务的纷扰，让他开始关注人们心灵的希望与安宁。在《神曲》中，但丁之所以将比雅翠丝神化为引领他游历天国的女神，原因也正基于此：比雅翠丝既是上帝圣洁造物的代表，又曾经协助但丁超拔凡尘。正是从初尝爱情滋味起，但丁开始摒弃俗务，开启了他追寻精神自由解脱的旅程。

小结：

综上所述，但丁对爱情的重新评价可谓是对中世纪传统爱情观的一种颠覆和革新。在但丁眼中，爱情和恋人不再是阻碍人们获得精神解脱的屏障，而是人们获得精神自由的阶梯。渴望爱情是人们与生俱来的天性。女性的纯洁与美丽彰显了上帝造物的神圣。真正的爱情应当是超越肉体欲望的。纯真的爱情可以协助人们意识到饮食、财富等凡尘俗务的粗鄙与渺小，帮助人们审视自己心灵的真正希求。"尽管他用犀利的言词审判了人类，却突然道出了爱的秘密——爱不过就是动心和动摇的对峙：真善美让人动心，假丑恶让人动摇。当强烈的真理之光把人的有罪的灵魂洗涤干净后，爱又难以置信地出现了。"③

---

① 吕同六选编：《但丁精选集》，燕山出版社，2004年，第711页。

② 同上，第714页。

③ ［意］薄伽丘·布鲁尼：《但丁传》，周施廷译，广西师范大学出版社，2008年，第9页。

## （四）政治理想：构建世界帝国

作为一个时代的先驱，同时作为一个致力于城邦建设的有志青年，政治在但丁的生活和思想当中扮演着非常重要的角色。在但丁生活的时代，动荡不安的政局曾经给他的一生带来流放异乡的苦难。什么样的政治形态才能为人们提供最大的保护和福祉，这个问题一直拷问着但丁的心。经过时间的沉淀和对现实的反思，但丁在批判意大利政治现实的基础之上提出了他的政治主张：构建世界帝国。

第一，但丁对于意大利政治现实的批判与反思。在但丁生活的时代，意大利正处于四分五裂、动荡不安的政治局势之中。一方面，皇权与教权的纷争已经蔓延到意大利城邦的每一个角落，整个国家战火不断；另一方面，各个城邦之间为了各自的经济利益不断互相攻伐，权力的博弈和利益的争夺使整个意大利陷入了战乱的苦海。对此，但丁曾经深切地痛斥道：

> 唉，奴隶般的意大利，苦难的旅舍，暴风雨中无舵手的船，你不是各省的女主，而是妓院！如今你境内的活人却无时无刻不处于战争状态，同一城墙、同一城壕圈子里的人都在自相残杀。可怜虫啊，你环顾你沿海各省，然后看一看你的腹地，是否境内有享受和平的部分。①

---

① ［意］但丁：《神曲·炼狱篇》，田德望译，人民文学出版社，2002年，第46页。

但丁认为，当时的意大利陷入混乱的根源即是皇权与教权的权责关系没有厘清。正如前文所述，当时的意大利正处于神圣罗马帝国统治的时代。在这一时期，帝国皇帝与教皇之间的权力相互斗争、倾轧，由此演变成了吉伯林党与归尔甫党的两党之争。严酷的党争使意大利陷入了分裂与斗争的苦楚，但丁认为，这是意大利一切痛苦的根源。对此，但丁说道："现在你可以判断我上面谴责的那两帮人（归尔甫党和吉伯林党）和他们的过错，这些过错是你们一切灾难的根源。"①

除了党争之外，但丁认为导致意大利政局混乱的另外一个原因即是神职人员滥用权力。但丁指出，在世俗权力的蛊惑之下，当时大多数神职人员已经不再关注人们亟待拯救的灵魂，而是专注于满足自己的贪欲，专注于搜刮百姓的钱财。对此，但丁也犀利地批判道："他们的理性之光已被顽强的贪欲所熄灭，他们自诩为教会之子，其实是魔鬼的孽种。"②

值得注意的是，当前学界多有学者认为但丁对于基督教的态度是矛盾的：一方面，他极力赞美上帝的神圣；另一方面，他又不遗余力地批判教会人员的贪腐和堕落。实际上这一评判并不准确。通过前文的梳理我们不难看出，但丁对于基督教的崇敬在他的作品当中是贯穿始终的。但丁对基督教的坚定信仰是无需置疑的。而但丁所要批判的，只是当时基督教已经偏离了它救赎人类心灵的本旨。事实上，但丁对于政治理想的建构，同样是基于他对上帝的坚定信仰。

---

① ［意］但丁：《神曲·天国篇》，田德望译，人民文学出版社，2002年，第37页。
② ［意］但丁：《论世界帝国》，朱虹译，商务印书馆，1997年，第63页。

　　第二，但丁的政治理想是建构一个天下一统的世界帝国。但丁在他的政治学著述《论世界帝国》中系统描述了他的政治理想，即构建一个天下一统的世界政体，亦即世界帝国。对此，但丁描述道："我们所谓的一统天下的尘世政体或囊括四海的帝国，指的是一个一统的政体。这个政体统治着生存在有恒之中的一切人，亦即统治着或寓形于一切可用时间加以衡量的事物中。"①

　　从引文中可以看出，但丁所谓的世界帝国是指一个统治着全人类的庞大帝国。为什么要建立这样一个如此庞大的世界帝国呢？但丁的基本论证思路可以概括如下：首先，人类是上帝的造物，而我们每一个人之所以被归为"人类"，就证明我们有着共同的生活目标。对此，但丁说道："有一个适用于全人类的目的，那就是出自永恒的上帝之手，亦即是由大自然所创立。"② 在但丁看来，人类生活的共同目标就是"实现人类发展智力的能力"③。其次，为了实现人类共同的目标，我们必须拥有一个和平的世界环境。因此"世界和平是头等大事"④。最后，为了保障人们共享世界和平，借以实现共同目标，我们需要一个天下一统的世界帝国。"为了造就普天下的幸福，有必要建立一个统一的世界政体。"⑤"整个人类注定只有一个目的，因而人类就应该实行独一无二的统治和建立独一无二的政府，而且这种权力应成为君主或帝王。"⑥

---

① ［意］但丁：《论世界帝国》，朱虹译，商务印书馆，1997 年，第 2 页。
②③　同上，第 4 页。
④　同上，第 6 页。
⑤　同上，第 7 页。
⑥　同上，第 9 页。

但丁认为，作为世界帝国的皇帝，他的权力直接来自于上帝。帝王犹如一个"最高的首席法官"①，拥有裁度一切世俗纷争的权力。这样的帝王是正义的化身、人民的公仆，他无需贪婪，因为他已经拥有了整个世俗世界。而罗马人则是帝国皇帝的不二人选，因为"罗马民族是最高贵的民族"②，"是天生的统治者"③。

第三，但丁认为，国家权力与宗教权力应当彼此分离。如前所述，但丁认为，造成意大利四分五裂、战火纷飞的主要原因即是皇权与教权的彼此纠缠与相互倾轧。因此，但丁极力主张政教分离。或者更准确地说，但丁主张教会停止其对国家政治的干预，而专注于救赎人们痛苦疲惫的心灵。对此，但丁说道："我认为，尘世权力的存在及其功能或权威，甚至严格地说，它的权力的行使，都不是得自教会权力。"④

在但丁生活的时代，教皇被视为上帝在凡尘的权力代表，因此他拥有管理人们现实生活与精神生活的最高权力。因此，帝国皇帝在登基之时需要得到教皇的加冕，证明教会承认他的统治地位。否则，教会有权开除皇帝教籍，宣布其对基督教世界的统治为非法。当时教会对于国家政治的过度干预使得本应圣洁的教权被凡尘俗务所裹挟，众多神职人员忙于争夺领地和钱财，致使人们的精神家园无人问津、日渐荒芜。因此，但丁认为，我们必须对教权和皇权进行严格的分剖。他说："教皇与帝王的权力是两

---

① ［意］但丁：《论世界帝国》，朱虹译，商务印书馆，1997年，第13页。
② 同上，第30页。
③ 同上，第43页。
④ 同上，第68页。

种不同性质的权力，所以不能由一人来体现。"① "教会根本不宜接受尘世的权力。"②

在但丁看来，教会应当把自己的权力严格限制于管理人们的精神生活和心灵世界，而帝王才是凡俗世界的真正管理者和裁判。教权与皇权是两种性质不同的权力，掌管着两个完全不同的领域。同时，帝王的权力不应屈从于教权，因为"帝王或世界正是直接从宇宙的统治者即上帝那里获得他的权力的"③。

小结：

基于对意大利现实政治的批判，但丁提出了他的理想政治图景：构建一个囊括全人类的统一帝国。但丁对于理想政体的构建，仍然是以基督教信仰为出发点。他认为至善的上帝创造的人类必定有一个共同的目标，为了实现这一共同目标，我们必须构建一个天下一统的世界帝国。"世界政体是在人类共性的基础上统治人类并依据一种共同的法律引导全人类走向和平，我们必须根据这一意义来理解它。"④依照但丁的构想，帝国皇帝对于凡尘俗务具有至高无上的裁判权，他拥有美好的品德，无需贪婪。此外，但丁还极力主张划分皇权与教权的限度，让皇帝管理世俗政权，而教会则应当专注于人们灵魂的救赎。诚然，但丁政教分离的政治主张无疑具有敏锐的前瞻性，而他对于世界帝国的政权构想则流露着更多书斋诗人般的理想色彩。

---

① ［意］但丁：《论世界帝国》，朱虹译，商务印书馆，1997 年，第 81 页。
② 同上，第 80 页。
③ 同上，第 89 页。
④ 同上，第 22 页。

## （五）名言选辑

［1］走自己的路，让别人说去吧！你要像坚塔一样屹立着，任凭风怎么吹，塔顶都永不动摇。因为心中念头一个接一个产生的人，由于一个念头的力量削弱了另一个念头，经常会使目标离自己更远。①

［2］往往有这么一种人，他们的意欲远远地超出理性的判断力，所以他们一发脾气，就要失去理性；而且他们实际上是盲目地受脾气所驱使，同时又固执地否认自己的盲目性。②

［3］我们不会说，穿着礼服的牛和系着彩带的猪是装饰得很好的，我们因其怪相而笑话他们：因为所谓装饰是加上一些适合的东西。③

［4］对于某一事物，首先是理解，理解之后再判断好坏，判断之后才决定取舍。因此，如果判断力完全控制欲念，丝毫不受欲念的影响，那它就是自由的；如果欲念设法先入为主，影响了判断力，那么这种判断力就不是自由的，因为它身不由己，被俘虏了。④

［5］托付给时运女神的、人类相互争夺的钱财，乃短暂的骗人之物；因为，月天之下现有的和已有的一切黄金，都不能使这些疲惫不堪的灵魂中的一个得到安息。⑤

［6］谁都无权做出违反自己职权的事，否则一个事物就可以

---

① ［意］但丁：《神曲·炼狱篇》，田德望译，人民文学出版社，2002 年，第 2 页。
② ［意］但丁：《论世界帝国》，朱虹译，商务印书馆，1997 年，第 62 页。
③ 吕同六选编：《但丁精选集》，燕山出版社，2004 年，第 598 页。
④ ［意］但丁：《论世界帝国》，朱虹译，商务印书馆，1997 年，第 18 页。
⑤ ［意］但丁：《神曲》，田德望译，人民文学出版社，2002 年，第 42 页。

既是自己又是自己的对立面。①

[7] 即使他倾全力追求幸福，但如果他不能支配和指导其他能力的作用，他也不可能获得幸福。②

## 三、后世影响

### （一）文艺复兴的先驱

恩格斯在评价但丁思想时曾经说道："但丁是中世纪的最后一位诗人，又是新时代的最初一位诗人。"③ 作为文艺复兴运动的先驱，但丁思想与但丁诗学无疑标志着一个新时代的到来，而这个时代的主题即是关注人的价值、关注人性。

在中世纪的漫长暗夜中，基督教逐渐偏离了其救赎人类灵魂的本旨。由于对神性与原罪的过度强化，中世纪教会在一定程度上钳制并压抑了人性。在这一时刻，但丁挺身而出，积极肯定人类与生俱来的优良品格、赞美人性的高贵、赞叹世间的爱情、肯定人的价值。这都与中世纪教会唾弃人性罪恶而又搜刮民脂民膏的作风形成了鲜明的对比。而但丁则"真实地描绘了人性本质的正面与负面，重新定义了人生的目标，提供了帮助他们在真实世界里进行选择的洞察力"④。

---

① ［意］但丁：《论世界帝国》，朱虹译，商务印书馆，1997 年，第 78 页。

② 同上，第 8 页。

③ 《马克思恩格斯选集》（第四卷），人民出版社，1995 年，第 269 页。

④ Patrick Boyde, *Human Vices and Human Worth in Dante's Comedy*, Cambridge University Press, 2000, p. 4.

但丁不仅帮助人们认识到人性的高贵、肯定自我的价值，他还一直努力帮助人们培养、发展自我的优良品质，帮助我们树立起完善的道德评判标准，进而抵达光明自由的彼岸天堂。但丁思想时刻洋溢着悲悯世人的慈悲精神。当他看到神学家们自顾自地埋首书斋，独自构建缜密玄深的神学理论；当他看到俗世的神职人员只顾鱼肉百姓手中的钱财，不再顾及人们深陷泥淖的灵魂；当他意识到尘世的民众已经饱受世俗欲望的纷扰而寻找不到解脱的路径，但丁拿起了手中的生花妙笔，开始用自己的理论和诗歌惊醒人心，试图帮助他们再次寻找到灵魂的安宁。诚如布克哈特所言："整个中世纪，诗人们都是在有意识地避开自己，而他是第一个探索自己的灵魂的人。在他那个时代以前，我们看到了许多艺术诗篇，但他是第一个真正的艺术家——第一个有意识地把不朽的内容放在不朽的形式里。"①

然而值得注意的是，但丁对于人性的重新评价仍然在基督教的伦理范畴之内，诗人接引众生的彼岸世界仍然是基督教的上帝与天堂。同时，但丁对于古罗马文化的态度也是有所保留的。这从《神曲》中荷马、贺拉斯等古罗马诗人身处地狱，维吉尔没有进入天堂便可看出。但是但丁对于古罗马文化的关注和肯定，为后人打开了一扇光明之窗。受但丁的影响，彼特拉克开始收集、整理古罗马文献；薄伽丘开始更加赤裸地批判教会的贪腐与荒淫；马基雅维利则开始摆脱神权的约束，系统阐发政治权力的运行法则，进而开辟出了政治研究的新视野。一场如春雨般的新思潮开

---

① ［瑞士］雅各布·布克哈特：《意大利文艺复兴时期的文化》，何新译，商务印书馆，2002年，第306页。

始滋润整个欧洲大地，而但丁正是惊醒这片土地的第一声春雷。

## （二）对后世文学创作的影响

但丁思想的核心和本旨是关注人性、拯救中世纪欧洲业已凋敝的人类精神家园。但丁的诗学理论同样也是围绕着这一主旨展开的，并且对欧洲文坛产生了深远的影响。"但丁所处的十三四世纪之交是人类精神的一个特殊的转折点，但丁的思考在这一转折点上体现了时代的最高境界，他必须认真地面对一个行将结束的时代的全部价值，也必须审视一个全新时代所带来的最新的思考和最新的价值。"①

在基督教神学统治欧洲文化的时代，哲学变成了神学的婢女，诗学同样被神学所鄙夷，诗歌往往被视为撩逗人们世俗情欲的颓靡之音。对此，但丁提出了截然相反的观点。但丁认为，诗歌的高贵丝毫不亚于神学。诗学和神学的目的都是要揭示真理，而诗学无非是比神学多了一层柔美的面纱。于是，但丁进一步提出了自己的四重意蕴说。他认为一部成功的诗作应当具备四重意蕴，即字面义、譬喻义、道德义和奥妙义。其中，字面义包裹着其它三重意蕴，同时也包裹着真理。而字面义的存在让诗歌看起来更加柔和，更加贴近普罗大众。但丁为真理蒙上"字面义"这层面纱的原因，同样是出于他对人性的关爱和对世人的悲悯。在但丁看来，神学家所建构的神学理论过于玄奥高远，神学在一定程度上失去了接引众生抵达彼岸的功能。而诗歌则可以以一种更为活

---

① 姜岳斌：《伦理的诗学》，浙江大学出版社，2007年，第60页。

泼生动的方式让人们体味到彼岸世界的神圣与光明。

除此之外，但丁还倡导人们用俗语进行文学创作。但丁首先将创作语言划分为俗语和文言两种类型。他极力赞扬俗语的高贵，倡导文人用俗语进行诗歌和文学创作，对拉丁语的正统地位提出了挑战。但丁的这一主张预言了拉丁语的衰落。在但丁的影响之下，彼特拉克开始用意大利语创作诗歌，并获得了"桂冠诗人"的美誉。

但丁对于诗学理论的建构可谓填补了中世纪诗学理论的空白，"在但丁之前，中世纪诗学的理论建树，几乎是空白"①。与此同时，他的诗学理论大大提高了诗歌在欧洲文化当中的地位，使之与神学比肩。此后，薄伽丘进一步阐发了但丁的这一观点，提出了诗歌即神学的主张，进一步提高了诗学的地位。

此外，自但丁开始使用的十四行诗体同样造就了一种新的创作风潮。当时的文人名士以创作十四行诗为美，这种诗体经彼特拉克被传扬至英国，对莎士比亚产生了深远的影响。但丁《神曲》对欧洲社会的影响同样深刻。但丁逝去以后的很长一段时间里，佛罗伦萨上至达官贵族、文人雅士下至农夫百姓都乐于阅读这部来自地狱和天国的诗作，同时思考着自己人生的最终归宿。

## （三）对欧洲政治演化的影响

简而言之，但丁的政治主张可以分为三大方面。第一，但丁主张建构一个内含全人类的世界帝国；第二，但丁认为罗马人是

---

① 陆扬：《中世纪诗学》，上海社会科学院出版社，2000 年，第 1 页。

天生的统治者；第三，但丁主张教皇停止对世俗权力的争夺与干预，实现政教分离。

如前已述，但丁对于世界帝国的建构具有比较浓厚的理想色彩。但丁从基督教伦理出发，认为上帝创造的人类具有发展自身智力的共同目标；他同样相信，作为帝国最高统治者的帝王不会贪婪，甘做人民的公仆。这些观点都来自基督教的彼岸天国，而与现实政治生活相去甚远。而但丁对于罗马民族的极度赞美也多少对其后的极端民族主义产生了影响。但同样不可否认，但丁对于世界帝国的建构、对于罗马民族的赞誉对意大利的统一产生了积极作用。

但丁政治学最耀眼的地方在于他提出了政教分离的政治主张。在教皇独揽大权的时代，但丁可谓孤明先发，显露出了英勇果敢的批判精神。但丁曾经预感到这一观点可能为自己招致灾难，但他并未因此而掩藏真理。对此，他曾说道："（政教分离）这个这个问题的真实答案也许会把那些不敢面对真理的人的愤怒引到我头上来。"[1] 事实正如但丁所料，在很长一段时间里，但丁因其政教分离的政治主张而被教会视为异端。"在这本书中（《论世界帝国》），他证明教皇并不高于皇帝，也无权干涉帝国事务，因此他被视为异端。"[2]

历史的车轮再次碾压了但丁的敌手，实现了但丁的预言。但丁引用耶稣之言，"撒旦之物当归撒旦，神之物当归神"，喻指世俗权力应当交给世俗政治，而基督教会则应专注于救赎人们的灵

---

① ［意］但丁：《论世界帝国》，朱虹译，商务印书馆，1997 年，第 59 页。

② Michael Caesar, *Dante: The Critical Heritage*, Routledge, 1989, p. 30.

魂。在但丁的影响之下，马基雅维利开始专心研究世俗政治，从"撒旦"的视角揭开了萦绕在政治学之上的神秘面纱，使人们初次窥探到了政治权力运行的基本法则。同样是在但丁的影响之下，马丁·路德开始正本清源，迈开了宗教改革的步伐。

## 四、带给后人的启示

### （一）贪恋欲望的心灵注定忍受痛苦的折磨

《神曲·地狱篇》向我们揭示了这样一个道理：一个贪恋世俗欲望的灵魂必定会遭受苦难，忍受痛苦的折磨。这一点与我们是否有宗教信仰无关，而是一个普遍的规律与法则。

在但丁看来，如果一个人的生存目的仅仅局限于满足食欲、情欲等世俗欲望，那么他就失去了自我判断的能力。而一个失去自我的凡人，必定被外物所牵制，他的心灵不可能享受到自由与安宁。这类似于我们中华文化当中常讲的"无欲则刚"。对此，但丁说道："如果判断力完全控制欲念，丝毫不受欲念的影响，那它就是自由的；如果欲念设法先入为主，影响了判断力，那么这种判断力就不是自由的，因为它身不由己，被俘虏了。"①

对于这一点，但丁在《地狱篇》中进行了更为形象生动的描述。在地狱中，身犯贪食罪者要时刻忍受猛兽的撕咬。猛兽即暗指人们的贪欲，它的口腹之欲是无限的，永远不可能被填满。因此，贪念的心灵必定饱受欲壑难填的煎熬和折磨。同样，因情欲

---

① ［意］但丁：《论世界帝国》，朱虹译，商务印书馆，1997 年，第 18 页。

压倒理性而发生越距行为的爱侣，事实证明他们的理性是脆弱的，而理性脆弱之人必定忍受随波逐流、任人摆布的痛苦。事实上，那些将贪欲作为生存目标的灵魂，他们无需进入地狱，因为在世间他们已经开始饱尝那来自欲望的痛苦折磨。

通过揭示善恶有报的伦理法则，但丁倡导人们摒弃世俗的贪欲，通过培养自己的理性和判断力抵达永享精神自由的彼岸天堂。执着外物必将失去自我，人生应有更高层次的精神追求，这或许是但丁要告诉我们的第一条真理。

### （二）将真理寓于通俗

但丁的成功向我们揭示了这样一个道理：一部成功的文学作品应当将真理寓于通俗，思想的内核与形式，二者同等重要。在但丁看来，如果我们只顾揭示真理而不顾它的呈现形式，这会使我们的作品失去观众，同时失去了它普及真理、化导众生的创作目的；如果我们只顾作品形式，单纯地以喜闻乐见的形式迎合观众，那么这样的文学作品就会流于粗鄙和低俗。但丁的这一观点对于我们现今的人文创作领域是极具借鉴指导意义的。

但丁通过他的诗学理论系统论证了自己的这一观点。他将诗歌的含义分为两层：一层是字面所要表达的含义，这一部分是为了迎合观众，使观众对于真理产生兴趣；另一层是隐喻义，这一部分才是整部诗作所要传达的真义，它能够起到警醒世人与道德教化的作用，使人们反思自我、探寻真理。但丁同样倡导人们用最通俗的语言进行文学创作，因为它更加亲民，更加生动鲜活。

但丁认为，诗歌的字面义与隐喻义同等重要，缺一不可。如果我们可以成功地将真理寓于通俗，那么我们的文学作品就既能激发人们探索真理的兴趣，又能起到传达真理、化导民众的作用，这样的作品没有理由不被历史铭记。或许这正是但丁作品既能被驴夫吟唱，又能被文人名士所称道的要诀所在。

### （三）正确的理论可以指导人生走向成功

在梳理完但丁思想以后，反观但丁的一生，我们不难发现：但丁成功的秘诀在于他用自己构建的理论指导着自己的人生道路，并取得了耀眼的荣誉与成功。

但丁在分析人性之时指出，每个人都具备三种能力，即成长、生活和判断的能力。人的成长能力希求安全；人的生活能力希求快乐；人的判断能力希求理性与美德。但丁将这三种希求转化为三种美好的品质，即骁勇的骑士精神、对爱情的执着、对理性与美德的追求。反观但丁的人生历程我们不难发现，但丁的一生正是沿着这三种能力而推进的：作为战士参加保卫佛罗伦萨的战争并出任城邦执政官、执恋比雅翠丝、专注于探寻美德的文学创作。我们认为，但丁人性理论与其人生轨道的重合绝不是一种巧合，而是诗人用他自己建构的理论指导着自己的一生。

同样，但丁建构的诗歌四重意蕴说也并没有局限于空洞的学理构想。他将自己的四重意蕴说运用于创作《神曲》。从字面义上看，《神曲》是一位误入地狱、炼狱、天堂的旅人所写下的奇幻日记，但它实际上隐喻了人类灵魂从贪恋俗世到转恶向善再到灵魂自由的精神解脱过程。至此，这位伟人再次成功地运用了自己的思想理论，并取得了不朽的声誉与赞美。

能够揭示真理的正确理论，它不应该是书斋里的，而是可以运用于现实的。但丁不仅用自己的智慧构建了新理论，并且将其运用于现实，依此取得了不朽的功勋。历史证明，他的理论是正确的，他的实验是成功的。能用自己的理论指导自己走向成功，这是但丁令人钦佩的另一个优秀品质。

结束语：

作为文艺复兴运动的先驱，但丁的思想犹如一株破土而出的春芽，处处展露着春天的生机与新意。在中世纪教会痛斥人性罪孽的时候，但丁率先赞扬人性的高贵；当教会鄙夷人们的俗世情感之时，但丁指出爱情是通往彼岸自由的阶梯；在中世纪神学家鄙夷诗歌艺术的时候，但丁指出诗歌实际上是带着面纱的真理；当神学家们逐渐飞往天国彼岸的时候，但丁却携带着天堂的光明来到了人间，照亮了尘世的纷乱，同时也照亮了人们抵达精神自由的路途。但丁思想的核心是拯救人们的精神世界，让人们重新看到彼岸世界的自由与光明。他通过自己的诗歌理论警醒后世文人，文学创作者应当更多地关注他的听众，应当通过一种更生动鲜活的形式让他所表达的真理被人理解，进而起到化导众生的作用。同时，但丁政教分离的政治主张也为近代政治学研究点明了方向。诚如后人对但丁的评价所言："他是第一流人物，而这样评价他是比评价他同时代的少数艺术家们更有理由的——他自己不久就成了灵感的源泉。"[1]

---

[1]　[瑞士]雅各布·布克哈特：《意大利文艺复兴时期的文化》，商务印书馆，2002年，第131页。

## 五、术语解读与语篇精粹

### （一）神曲（The Divine Comedy）

#### 术语解读

《神曲》（*Commedia*，*The Divine Comedy*），意大利诗人但丁的长诗。写于 1307 年至 1321 年，这部作品通过作者与地狱、炼狱（净界）及天堂中各种著名人物的对话，反映出中古文化领域的成就和一些重大的问题，具有"百科全书"的性质，从中可隐约窥见文艺复兴时期人文主义思想的曙光。在这部长达一万四千余行的史诗中，但丁坚决反对中世纪的蒙昧主义，表达了执着地追求真理的思想，对欧洲后世的诗歌创作有极其深远的影响。

《神曲》的意大利文原意是《神圣的喜剧》。但丁原来只给自己的作品起名为"喜剧"，薄伽丘在撰写《但丁传》时，为了表示对但丁的崇敬而加上"神圣的"一词。起名"喜剧"是因为作品从悲哀的地狱开始，到光明的天堂结束。由于当时的人们习惯把叙事诗称为"喜剧"和"悲剧"，而用民间通俗语言写的诗称为"喜剧"，翻译到中国时被译为"神曲"。它是欧洲古典四大名著之一。

全诗为三部分：《地狱》（*Inferno*，*Hell*）、《炼狱》（*Purgatorio*，*Purgatory*）（有些版本也称其为《净界》）和《天堂》（*Paradiso*，*Paradise*），以长诗的形式，叙述了但丁在"人生的中途"所做的一个梦，以此来谴责教会的统治，但仍然未摆脱基督教神学的观点。

全诗共分 3 部，每部 33 篇，最前面增加一篇序诗，一共 100 篇。诗句是三行一段，连锁押韵（aba，bcb，cdc……），各篇长短大致相等，每部也基本相等（《地狱》4720 行；《炼狱》4755 行；《天堂》4758 行），每部都以"群星"（stelle）一词结束。①

**语篇精粹 A**

Of a new pain behoves me to make verses

And give material to the twentieth canto

Of the first song, which is of the submerged.

I was already thoroughly disposed

To peer down into the uncovered depth,

Which bathed itself with tears of agony;

And people saw I through the circular valley,

Silent and weeping, coming at the pace

Which in this world the Litanies assume.

As lower down my sight descended on them,

Wondrously each one seemed to be distorted

From chin to the beginning of the chest;

For tow'rds the reins the countenance was turned,

And backward it behoved them to advance,

As to look forward had been taken from them.

---

① 参见［意］但丁：《神曲》，朱维基译，上海译文出版社，2017 年。

Perchance indeed by violence of palsy

Some one has been thus wholly turned awry;

But I ne'er saw it, nor believe it can be.

As God may let thee, Reader, gather fruit

From this thy reading, think now for thyself

How I could ever keep my face unmoistened,

When our own image near me I beheld

Distorted so, the weeping of the eyes

Along the fissure bathed the hinder parts.

Truly I wept, leaning upon a peak

Of the hard crag, so that my Escort said

To me: "Art thou, too, of the other fools?

Here pity lives when it is wholly dead;

Who is a greater reprobate than he

Who feels compassion at the doom divine?"①

### 译文参考 A

现在，我该赋诗叙述新的苦刑，

介绍关于深陷地下者的首部诗篇的

第二十首诗歌的内容。

我已完全做好准备，

来观望展现眼前的那片深层，

那里浸透惨绝人寰的泪水涟涟；

---

① Dante Alighieri, *The Divine Comedy*, Translator: HenryWadsworth Longfellow, http://en. wikisource. org.

我看到那浑圆的深谷中行着一伙人，

他们泪流不止，默不作声，

迈着世人连续祈祷时所走的那种步伐行进。

把目光朝下，俯视他们，

令我震惊地发现：每个人

竟都是下颌与上半身的起点前后颠倒的情形；

因为面部已掉转到臀部那边，

他们不得不向后倒行，

这是由于他们无法向前看。

也许是因为患了瘫痪症，

每个人就这样完全颠倒了前后身，

但是，我过去不曾见过、现在也不相信有这样的事情。

读者啊！但愿上帝能让你

从阅读我的诗篇中获益，如今你可以设身处地，

想一想：我又怎能眼干泪不滴，

而这时我看到，眼前我们这些人的形象

竟被这样扭曲：泪水从眼中流出，

却顺着两股之间的缝隙浸湿臀部。

我确实哭了，倚在那坚硬岩石的一个突起部分，

这一来，我的护送者却对我说：

"你难道与其他蠢才一样吗？

在这里，只有丧失怜悯，才算有怜悯之心。"

有谁能比如下那种人更加邪恶难容，

他竟敢对神的判决萌生恻隐？

## 语篇精粹 B

As soon as I was free from all those shades

Who only prayed that some one else may pray,

So as to hasten their becoming holy,

Began I: "It appears that thou deniest,

O light of mine, expressly in some text, That orison can bend decree of Heaven;

And ne'ertheless these people pray for this.

Might then their expectation bootless be?

Or is to me thy saying not quite clear?"

And he to me: "My writing is explicit,

And not fallacious is the hope of these,

If with sane intellect 'tis well regarded;

For top of judgment doth not vail itself,

Because the fire of love fulfils at once

What he must satisfy who here installs him.

And there, where I affirmed that proposition,

Defect was not amended by a prayer,

Because the prayer from God was separate.

Verily, in so deep a questioning

Do not decide, unless she tell it thee,

Who light 'twixt truth and intellect shall be.

I know not if thou understand; I speak

Of Beatrice; her shalt thou see above,

Smiling and happy, on this mountain's top."

And I: "Good Leader, let us make more haste,

For I no longer tire me as before;

And see, e'en now the hill a shadow casts."

"We will go forward with this day" he answered,

"As far as now is possible for us;

But otherwise the fact is than thou thinkest.

Ere thou art up there, thou shalt see return

Him, who now hides himself behind the hill,

So that thou dost not interrupt his rays.①

**译文参考 B**

既然我已把所有这些鬼魂摆脱掉，

而他们仍在一味请求别人为他们祈祷，

使他们能把成仙化圣的时间提早，

我便开口说道："哦，我的光明，

你似乎在某篇诗文中明确否认，

祈祷能改变上天的法令；

而这群人一味请求的正是这一宗：

那么似乎他们的希望无法兑现，

还是我不曾把你说的话弄清？"

他于是对我说："我所写的内容浅显易懂；

这些人所抱的希望也并非虚空，

---

① Dante Alighieri, *The Divine Comedy*, Translator: HenryWadsworth Longfellow, http://en. wikisource. org.

倘若能用清醒的头脑把问题看明；

因为怜爱之火一时完成的事情，

可能会使栖息此处的人感到满足，

却并不能使神的裁判降低它的高度；

在我提出这个论点的地方，

罪孽并不能用祈祷来加以补偿，

因为这样的祈祷传不到上帝的身旁。

然而你也不可停滞在这如此高深的疑点上，

除非那位圣女不曾告诉你，

她才是沟通真理与智力的光芒。

我不知你是否明白；我说的是比雅翠丝：

你将在上面与她相见，在这高山的顶峰上，

你将看到她笑容满面，幸福异常。"

我随即说道："先生，让我们走得更快一些吧，

因为我已经不像方才那样感到疲乏，

现在，看啊：山峰在把影子投下。"

他答道："我们将趁着这个白昼往前行，

竭尽我们现在之所能；

但是事实则总是另一种情况，非你所能设想。

在你抵达山顶之前，

你将看到那用山坡将自己遮盖的太阳重新出现，

你现在也不能把它的光线截断。

## 语篇精粹 C

Look now into the face that unto Christ

Hath most resemblance; for its brightness only

Is able to prepare thee to see Christ."

On her did I behold so great a gladness

Rain down, borne onward in the holy minds

Created through that altitude to fly,

That whatsoever I had seen before

Did not suspend me in such admiration,

Nor show me such similitude of God.

And the same Love that first descended there,

"Ave Maria, gratia plena," singing,

In front of her his wings expanded wide.

Unto the canticle divine responded

From every part the court beatified,

So that each sight became serener for it.

"O holy father, who for me endures

To be below here, leaving the sweet place

In which thou sittest by eternal lot,

Who is the Angel that with so much joy

Into the eyes is looking of our Queen,

Enamoured so that he seems made of fire?"

Thus I again recourse had to the teaching

Of that one who delighted him in Mary

As doth the star of morning in the sun.

And he to me: "Such gallantry and grace

As there can be in Angel and in soul，All is in him; and thus we fain would have it;

Because he is the one who bore the palm

Down unto Mary，when the Son of God

To take our burden on himself decreed. ①

### 译文参考 C

天使与圣者对圣母的歌颂

你现在该把那张脸庞瞻望，

它与基督最为相像，

因为单只她那光明就能令你把基督瞻仰。

我看到有那么多的欢乐落在她的脸上，

而这欢乐正是那些神圣的心灵携带在身旁，

他们被创造出来，就是要沿着那高空飞翔，

在这之前，我所见到的一切，

都不曾令我如此叹为观止，

也不曾显示有什么容貌竟与上帝如此相似；

那曾最先飞落到那里的爱，

歌唱着"恭喜你，玛利亚，蒙上帝恩宠"，

正在她的面前，把他的翅膀张开。

那幸福的天廷从四面八方，

应和那神圣的歌唱，

这就使每张脸上都焕发出更加明朗的容光。

---

① Dante Alighieri, *The Divine Comedy*, Translator：HenryWadsworth Longfellow, http：//en. wikisource. org.

"哦，神圣的父亲啊，你为我竟甘愿降临这下面，

离开那根据永恒的安排

你所席坐的甜蜜所在，

那位如此欢快地观望我们天后

的双眼的天使，究竟是谁？

他是如此充满爱意，竟显得炽烈如火。"

这样，我又求教于这位的言训：

他曾从玛利亚那里获得姿色，

犹如晨星从旭日那里借得光明。

他于是对我说道："每位天使和每个魂灵

所能具备的自信和欢欣，全都集于他一身；

我们也希望他确是这般情形，

因为他正是那一位：

当上帝之子想把我们的分量负载于一身时，

那位曾来到下界，向玛利亚献上棕树枝。

## （二）地狱（Hell）

*术语解读*

地狱有九层，象征的是自有人类以来人所犯的九大类错误（在每大类错误中，又可以具体分为不同表现形态的错误——这就是又在每层中分为不同的场景或不同的沟的原因）。假如我们把这部作品看成是人的精神文化象征的话，那么我们也可以说，《地狱篇》是自人类出现以来各种错误的一部形象历史；或者说，是自人类出现以来所犯的各种错误的总结和形象刻画。我们看第二层情欲的

错误，佛兰塞斯卡和保罗的悲剧其实就是在讲情欲的错误，这是针对罗马晚期历史经验的总结。罗马帝国为什么会灭亡？其中一条原因就是罗马的奢华和腐败。所以基督教产生以后，就把罗马的那种淫靡的风气看成是最大的敌人。由此，奥古斯丁才告诉人们"地上之城"是罪恶之城。而对其他罪恶的展示，也都有蛮族入侵、教会黑暗、社会风气堕落的现实罪恶所支撑。同样，从地狱的第一层到第九层，又是但丁心目中对人的罪行或错误程度的划分。罪孽较轻的在上面，罪孽或错误较重的在下面。从地狱的安排中，我们可以看出，情欲错误——这个在基督教中较大的罪过已经在但丁那里变成了轻罪（在第二层），而背叛则被看成了最大的错误，犯背主罪、背叛罪的人被放在了地狱的最深处——第九层。这说明，但丁生活的时代，对罪孽和错误的评价已经发生了较大的变化。①

**语篇精粹 A**

Midway upon the journey of our life

I found myself within a forest dark,

For the straight-forward pathway had been lost.

Ah me! How hard a thing it is to say

What was this forest savage, rough, and stern,

Which in the very thought renews the fear.

So bitter is it, death is little more;

But of the good to treat, which there I found,

---

① 参见刘建军：《但丁〈神曲〉的深度解读》，《名作欣赏》，2010 年第 3 期。

Speak will I of the other things I saw there.

I cannot well repeat how there I entered,

So full was I of slumber at the moment

In which I had abandoned the true way.

But after I had reached a mountain's foot,

At that point where the valley terminated,

Which had with consternation pierced my heart,

Upward I looked, and I beheld its shoulders,

Vested already with that planet's rays

Which leadeth others right by every road.

Then was the fear a little quieted

That in my heart's lake had endured throughout

The night, which I had passed so piteously.

And even as he, who, with distressful breath,

Forth issued from the sea upon the shore,

Turns to the water perilous and gazes;

So did my soul, that still was fleeing onward,

Turn itself back to re-behold the pass

Which never yet a living person left.

After my weary body I had rested,

The way resumed I on the desert slope,

So that the firm foot ever was the lower. [1]

---

[1]　Dante Alighieri, *The Divine Comedy*, Translator: HenryWadsworth Longfellow, http://en. wikisource. org.

## 译文参考 A

我走过我们人生的一半旅程，

却又步入一片幽暗的森林，

这是因为我迷失了正确的路径。

啊！这森林是多么荒野，多么险恶，多么举步维艰！

道出这景象又是多么困难！

现在想起也仍会毛骨悚然，

尽管这痛苦的煎熬不如丧命那么悲惨；

但是要谈到我在那里如何逢凶化吉而脱险，

我还要说一说我在那里对其他事物的亲眼所见。

我无法说明我是如何步入其中，

我当时是那样睡眼朦胧，

竟然抛弃正路，不知何去何从。

阳光照耀下的山丘

我随后来到一个山丘脚下，

那森林所在的山谷曾令我心惊胆怕，

这时山谷却已临近边崖；

我举目向上一望，

山脊已披上那星球射出的万道霞光，

正是那星球把行人送上大道康庄。

这时我的恐惧才稍稍平静下来，

而在我战战兢兢地度过的那一夜，

这恐惧则一直搅得我心潮澎湃。

犹如一个人吁吁气喘，

逃出大海，游到岸边，

掉过头去，凝视那巨浪冲天，

我也正是这样惊魂未定，

我转过身去，回顾那关隘似的森林，

正是这关隘从未让人从那里逃生。

随后我稍微休息一下疲惫的身体，

重新上路，攀登那荒凉的山脊，

而立得最稳的脚总是放得最低的那一只。

**语篇精粹 B**

This we passed over even as firm ground;

Through portals seven I entered with these Sages;

We came into a meadow of fresh verdure.

People were there with solemn eyes and slow,

Of great authority in their countenance;

They spake but seldom, and with gentle voices.

Thus we withdrew ourselves upon one side

Into an opening luminous and lofty,

So that they all of them were visible.

There opposite, upon the green enamel,

Were pointed out to me the mighty spirits,

Whom to have seen I feel myself exalted.

I saw Electra with companions many,

Mongst whom I knew both Hector and Aeneas,

Caesar in armour with gerfalcon eyes;

I saw Camilla and Penthesilea

On the other side, and saw the King Latinus,

Who with Lavinia his daughter sat;

I saw that Brutus who drove Tarquin forth,

Lucretia, Julia, Marcia, and Cornelia,

And saw alone, apart, the Saladin.

When I had lifted up my brows a little,

The Master I beheld of those who know,

Sit with his philosophic family.

All gaze upon him, and all do him honour.

There I beheld both Socrates and Plato,

Who nearer him before the others stand;

Democritus, who puts the world on chance,

Diogenes, Anaxagoras, and Thales,

Zeno, Empedocles, and Heraclitus;

Of qualities I saw the good collector,

Hight Dioscorides; and Orpheus saw I,

Tully and Livy, and moral Seneca,

Euclid, geometrician, and Ptolemy,

Galen, Hippocrates, and Avicenna,

Averroes, who the great Comment made.

I cannot all of them pourtray in full,

Because so drives me onward the long theme,

That many times the word comes short of fact.

The sixfold company in two divides;

Another way my sapient Guide conducts me

Forth from the quiet to the air that trembles;

And to a place I come where nothing shines. [1]

**译文参考B**

伟大灵魂的城堡

我们来到一座高贵的城堡脚下，

有七层高墙把它环绕，

周围还有美丽的护城小河一道。

我们越过这道护城小河如履平地；

我随同这几位智者通过七道城门进到城里：

我们来到一片嫩绿的草地。

那里有一些人目光庄重而舒缓，

相貌堂堂，神色威严，

声音温和，甚少言谈。

我们站到一个角落，

那个地方居高临下，明亮而开阔，

从那里可以把所有的人尽收眼底。

我挺直身子，立在那里，

眼见那些伟大的灵魂聚集在碧绿的草地，

我为能目睹这些伟人而激动不已。

我看到厄列克特拉与许多同伴在一起，

---

① Dante Alighieri, *The Divine Comedy*, Translator: HenryWadsworth Longfellow, http://en. wikisource. org.

其中我认出了赫克托尔和埃涅阿斯，

还认出那全副武装、生就一双鹰眼的凯撒，

我看到卡密拉和潘塔希莱亚

在另一边，我看到国王拉蒂努斯，

他正与他的女儿拉维妮亚坐在一起。

我看到那赶走塔尔昆纽斯的布鲁图斯，

看到路克蕾齐亚，朱丽亚，玛尔齐娅和科尔妮丽亚，

我看到萨拉丁独自一人，呆在一旁。

接着我稍微抬起眼眉仰望，

我看见了那位大师，

他正与弟子们在哲学大家庭中端坐。

大家都对他十分仰慕，敬重备至，

在这里，我见到苏格拉底和柏拉图，

他们两位比其他人更靠近这位大师；

我看见德谟克里特——他曾认为世界产生于偶然，

我看见狄奥尼索斯，阿那克萨哥拉和泰利斯，

恩佩多克勒斯，赫拉克利特和芝诺；

我还看见那位出色的药草采集者

——我说的是狄奥斯科利德；

我看到奥尔甫斯，图留斯，黎努斯和道德学家塞内加，

我看到几何学家欧几里得，还有托勒密，

希波克拉底，阿维森纳和嘉伦，

以及做过伟大评注的阿威罗厄斯。

我无法把他们一一列举，

因为我急于要谈的问题是那么繁多，

我往往不得不长话短说。

这时六位哲人分为两批：

明智的引路人把我带上另一条路径，

走出那静谧的氛围，进入那颤抖的空气，

我来到一个地方，那里看不见一线光明。

### 语篇精粹 C

More than a thousand at the gates I saw

Out of the Heavens rained down, who angrily

Were saying, "Who is this that without death

Goes through the kingdom of the people dead?"

And my sagacious Master made a sign

Of wishing secretly to speak with them.

A little then they quelled their great disdain,

And said: "Come thou alone, and he begone

Who has so boldly entered these dominions.

Let him return alone by his mad road;

Try, if he can; for thou shalt here remain,

Who hast escorted him through such dark regions."

Think, Reader, if I was discomforted

At utterance of the accursed words;

For never to return here I believed.

"O my dear Guide, who more than seven times

Hast rendered me security, and drawn me

From imminent peril that before me stood,

Do not desert me," said I, "thus undone;

And if the going farther be denied us,

Let us retrace our steps together swiftly."

And that Lord, who had led me thitherward,

Said unto me: "Fear not; because our passage

None can take from us, it by Such is given.

But here await me, and thy weary spirit

Comfort and nourish with a better hope;

For in this nether world I will not leave thee."

So onward goes and there abandons me

My Father sweet, and I remain in doubt,

For No and Yes within my head contend.

I could not hear what he proposed to them;

But with them there he did not linger long,

Ere each within in rivalry ran back.

They closed the portals, those our adversaries,

On my Lord's breast, who had remained without

And turned to me with footsteps far between.

His eyes cast down, his forehead shorn had he

Of all its boldness, and he said, with sighs,

"Who has denied to me the dolesome houses?"

And unto me: "Thou, because I am angry,

Fear not, for I will conquer in the trial,

Whatever for defence within be planned.

This arrogance of theirs is nothing new;

For once they used it at less secret gate,

Which finds itself without a fastening still.

O'er it didst thou behold the dead inscription;

And now this side of it descends the steep,

Passing across the circles without escort,

One by whose means the city shall be opened. "①

**译文参考 C**

魔鬼的抗拒与维吉尔的失意

我看到那些城门之上，

有一千多个从天上坠落的魔鬼，

他们气势汹汹地说："那人是谁？

他尚未死去却来到这死人的都城！"

我那博闻广识的老师作了一个手势，

表示要私下与他们交谈。

这时，那些魔鬼的巨大怒气稍见收敛，

说道："你自己过来，叫那人走开，

他竟如此大胆，擅闯这冥界。

让他独自返回他胆大包天走过的路径，

让他试一试，倘若他能；

你则必须留下，既然你把他带进这黑暗地带。"

---

① Dante Alighieri, *The Divine Comedy*, Translator: Henry Wadsworth Longfellow, http://en. wikisource. org.

读者啊！请想一想，

听到这该死的话语，我是多么胆战心慌，

因为我绝不相信我能回到世上。

"啊！我亲爱的恩师啊！

每逢我遇到严重危险，

你都令我鼓起勇气，化险为夷，达七次以上。

不要撇下我"，我说，"我无路可投，

如果他们不准我们再往前走，

我们就赶快一起按原路回去。"

那位把我领到此地的老师对我说：

"不要畏惧；谁都不能截断我们的去路：

因为这是那一位叮嘱。

但是，你且在此等候，

振作起颓丧的精神，抱起美好的希冀，

我是不会把你撇在这阴曹地府的。"

那位温和的父亲就这样走了过去，

他把我留在原地，

我一直忐忑不安，"成"与"不成"在我脑海中交战。

我听不到他向那些魔鬼讲的话语，

但他也不曾与他们长久地呆在一起，

因为城里的那些魔鬼都争先恐后地退了回去。

我们的这些对头把城门朝我的老师迎面关闭，

老师于是只能呆在城门之外，

他迈着缓慢的步伐，转身向我走来。

他眼望着地，眉宇之间没有丝毫怡然自得之气，

他唉声叹气地说道：

"这帮人竟然不让我进入这痛苦之城！"

他对我说："你不可泄气，尽管我气恼万分，

我必将战胜这场斗争，

不论城里怎样拼命抵御，不让我们进城。

他们如此气焰嚣张，这并不新鲜：

他们早已在那道不如这里秘密的城门就干过这种勾当，

而那道城门至今还未被门闩关上。

你曾在那道城门上方看过那阴森的字句，

现在已经有一位正顺着陡坡，从那道城门下到这里，

他经过一环又一环，无须护卫，

而这座城池的大门正是要由这一位来为我们开启。"

## （三）天堂（Paradise）

### 术语解读

但丁在《神曲》中认为，"理性"只能帮助人认识错误和改正错误，却不能使人上天堂，上天堂需要坚定不移的"信仰"。《天堂篇》的价值在于，作者通过这部分告诉读者：人认识错误、改正错误的目的是为了使人的灵魂提升和精神世界升华。如果不能升华，认识错误和改正错误是没有意义的。而人的精神要升华，就需要有坚定不移的信仰。其实，这也是一个很有价值的思想。（有些学者将此看成是但丁的局限，我认为这是值得商榷的。）一

个人有怀疑精神，也不乏有改正错误的勇气。但总是处在怀疑中，不能提升自己的精神，这种怀疑只能是就事论事的怀疑。

因为理性认识的都是具体的东西，只有当它升华了的时候，个人的认识才能变成人类的认识，个人的认识价值才能变成人类价值的一部分。从这个意义上说，但丁深刻地揭示了信仰在人的精神和灵魂升华过程中的价值和作用。换言之，没有理性的信仰是盲目的信仰，而没有信仰的理性是不完整的理性。人要想得救，就必须做到二者的辩证统一。①

### 语篇精粹 A

The glory of Him who moveth everything

Doth penetrate the universe, and shine

In one part more and in another less.


Within that heaven which most his light receives

Was I, and things beheld which to repeat

Nor knows, nor can, who from above descends;

Because in drawing near to its desire

Our intellect ingulphs itself so far,

That after it the memory cannot go.

Truly whatever of the holy realm

I had the power to treasure in my mind

---

① 参见刘建军：《但丁〈神曲〉的深度解读》，《名作欣赏》，2010 年第 3 期。

Shall now become the subject of my song.

O good Apollo, for this last emprise

Make of me such a vessel of thy power

As giving the beloved laurel asks!

One summit of Parnassus hitherto

Has been enough for me, but now with both

I needs must enter the arena left.

Enter into my bosom, thou, and breathe

As at the time when Marsyas thou didst draw

Out of the scabbard of those limbs of his.

O power divine, lend'st thou thyself to me

So that the shadow of the blessed realm

Stamped in my brain I can make manifest,

Thou'lt see me come unto thy darling tree,

And crown myself thereafter with those leaves

Of which the theme and thou shall make me worthy.

So seldom, Father, do we gather them

For triumph or of Caesar or of Poet,

(The fault and shame of human inclinations,)

That the Peneian foliage should bring forth

Joy to the joyous Delphic deity,

When any one it makes to thirst for it.

A little spark is followed by great flame;

Perchance with better voices after me

Shall prayer be made that Cyrrha may respond! ①

## 译文参考 A

推动宇宙中一切的那位的光荣，

渗透到某个部分，并在其中放射光明，

不同的部分承受的多少也各不相同。


我已在得到他的光辉照耀最多的那重天上，

我目睹一些景象，

凡是从那天上降下的人都不知如何复述、也无力复述这些景象；

因为我们的心智在接近它的欲望时，

会变得如此深沉，

以致记忆力也无法在后面跟踪。

然而我在脑海中所能珍惜

的那神圣王国的情景，

现在毕竟将作为我的诗歌题材来吟诵。

哦，好心的阿波罗，请把我变成盛满你的才气的器皿，

助我把这最后一部诗作完成，

正如你要求具备这样的才气，才把你所爱的桂冠相赠。

直到如今，帕尔纳索斯山的一座山峰，

就足以助我写作；但现在，我则需要

有两座山峰助我进入这余下的竞技场中。

---

① Dante Alighieri, *The Divine Comedy*, Translator: Henry Wadsworth Longfellow, http://en.wikisource. org.

请进到我的胸中，请赐与我灵感，

就像你把马尔西亚

从他的肢体的皮囊中抽出。

哦，神的威力，倘若你借与我你的才气，

使那铭刻在我脑中的幸福王国的形影

能显示得轮廓分明，

你就会看到我来到你喜爱的树木脚下跪拜，

你也会看到我戴上那枝叶编成的王冠，

而那题材和你都会使我对此当之无愧。

这类事情是如此罕见，父亲：

从这样的树木上摘下枝叶，把某个凯撒或诗人的胜利来庆祝，

而这有出于人类欲望的罪过和耻辱；

佩尼奥斯的枝叶却定会

使那快活的德尔夫的神感到加倍快活，

只要它使某个人对它本身产生饥渴。

小小的火星会引起大火：

也许在我之后，会有人以更美好的声音，

请求希拉峰作出回应。

## 语篇精粹 B

That Sun, which erst with love my bosom warmed,

Of beauteous truth had unto me discovered,

By proving and reproving, the sweet aspect.

And, that I might confess myself convinced

And confident, so far as was befitting,

I lifted more erect my head to speak.

But there appeared a vision, which withdrew me

So close to it, in order to be seen,

That my confession I remembered not.

Such as through polished and transparent glass,

Or waters crystalline and undisturbed,

But not so deep as that their bed be lost,

Come back again the outlines of our faces

So feeble, that a pearl on forehead white

Comes not less speedily unto our eyes;

Such saw I many faces prompt to speak,

So that I ran in error opposite

To that which kindled love 'twixt man and fountain.

As soon as I became aware of them,

Esteeming them as mirrored semblances,

To see of whom they were, mine eyes I turned,

And nothing saw, and once more turned them forward

Direct into the light of my sweet Guide,

Who smiling kindled in her holy eyes.

"Marvel thou not," she said to me, "because

I smile at this thy puerile conceit,

Since on the truth it trusts not yet its foot,

But turns thee, as 'tis wont, on emptiness.

True substances are these which thou beholdest,

Here relegate for breaking of some vow.

Therefore speak with them, listen and believe;

For the true light, which giveth peace to them,

Permits them not to turn from it their feet. ”[1]

**译文参考B**

那轮太阳以前曾用情爱烘暖我的胸膛,

这时则向我揭示了美好真理的俏丽形象,

既验证真谛,又批驳错误主张;

而我,为了承认自身得到纠正,确信真相,

我恰如其分,更挺直地昂首抬头,

谈出我的感想;

但是此刻出现一片景象,

它是如此紧密地把我吸引过去,把它观望,

我甚至不记得要把我想承认的事宣讲。

犹如通过透明而洁净的玻璃,

或是通过清澈而平静的水面,

那清水并非深沉到看不见水底,

反映出我们的面容的轮廓,

显得如此模糊不清,却也如雪白额上的珍珠,

在我们的眼球中并非显得那么不清楚;

我看到有许多面庞正是这般光景,它们都准备好与我谈论;

因此我竟陷入相反的错误,

---

① Dante Alighieri, *The Divine Comedy*, Translator: Henry Wadsworth Longfellow, http://en. wikisource.
org.

跑去逢迎那点燃人与泉水之间的恋情的面容。

因为我立即发觉它们，

看出它们就是那些从镜子中反映出的身影，

我把眼光转到身后，想看一看他们究竟是谁；

我什么也不曾看见，我又把眼光转回前面，

径直观看那位温柔向导的明亮双眼，

而她则面带微笑，神圣的秀目射出热烈的光线。

她对我说："你且不要为我的微笑而感到惊奇，

由于你那幼稚的想法，

你的脚还不能信赖地踏上真理；

而是像经常发生的那样，这使你转向徒劳无益的方向；

你所见的这些都是真正的物体，

它们因为许愿未偿，才被贬到这里。

因此你可以与它们谈话，你可以听，也该相信；

因为那真正的光辉满足它们的渴望，

却不容许它们掉转双脚，远离它本身。"

## 语篇精粹 C

The world used in its peril to believe

That the fair Cypria delirious love

Rayed out, in the third epicycle turning;

Wherefore not only unto her paid honour

Of sacrifices and of votive cry

The ancient nations in the ancient error,

But both Dione honoured they and Cupid,

That as her mother, this one as her son,

And said that he had sat in Dido's lap;

And they from her, whence I beginning take,

Took the denomination of the star

That woos the sun, now following, now in front.

I was not ware of our ascending to it;

But of our being in it gave full faith

My Lady whom I saw more beauteous grow.

And as within a flame a spark is seen,

And as within a voice a voice discerned,

When one is steadfast, and one comes and goes,

Within that light beheld I other lamps

Move in a circle, speeding more and less,

Me thinks in measure of their inward vision.

From a cold cloud descended never winds,

Or visible or not, so rapidly

They would not laggard and impeded seem

To any one who had those lights divine

Seen come towards us, leaving the gyration

Begun at first in the high Seraphim.

And behind those that most in front appeared

Sounded "Osanna!" so that never since

To hear again was I without desire.[①]

## 译文参考 C

世人曾往往相信她有这样的危险：

那美丽的塞浦利妮亚把狂热的爱照射人间，

而她自身则在第三层天轮中旋转；

因此旧日的人们曾犯下旧日的错误，

不仅向她顶礼膜拜，供奉祭品，

发出许愿立誓的呼声；

而且他们还供奉狄奥妮和丘比特，

这位是她的生母，那位是她的亲儿；

他们还说什么后者曾在狄多的小腹部前落坐；

我正是从她身上开始我的讴歌，

旧日的人们也是从她那里把这颗星辰的名字取摘，

而太阳则时而从后边，时而从前面向她献媚求索。

我并未发觉已登到她的身上；

但是我的那位贵妇却使我十分确信已来到那星辰之上，

因为我见她变得更加美貌非常。

正如从火焰中看到火星点点，

正如从声音中辨出声音相伴，

这时，一个声音静止下来，而另一个声音则时隐时现，

我从她的光芒当中，看到有其他的光辉闪闪，

它们在旋转飘动，有快有慢，

---

① Dante Alighieri, *The Divine Comedy*, Translator：Henry Wadsworth Longfellow, http：//en. wikisource. org.

我想，这是根据它们的内在视力的强弱深浅。

凡是看到那些神光向我们迎面而来的人，

都从未见过从寒冷的云雾中如此迅急地降下阵风，

这阵风或是可见，或是无形，

竟像是不受阻碍，而且急不容缓，

把原来在那些崇高的撒拉弗所在之处，

开始的旋转动作撇开一边；

在最前边出现的那些神光里面，

响起"和散哪"的歌声，那歌声是如此婉转，

以后我绝不会不想再听一遍。

## （四）自由意志（Free Will）

*术语解读*

自由意志（free will）是哲学里面的一个专业概念，理解为意识选择做什么样的决定，也就是意志的主动性。

自由意志没有一个为各方所认可的定义。哲学界对自由意志的定义并不统一；而日常人们所讲的"自由意志"又不同于司法界和心理学界所理解的"自由意志"。在最广义的层面，自由意志就是人们依照其拥有的条件去决定是否做一件事情的能力。

自由意志是相信人类能选择自己行为的信念或哲学理论（这个概念有时也被延伸引用到动物上或电脑的人工智能上）。通俗地说就是人不完全由大脑控制，人的自由意志拥有对人自身的最高管理权限。一般使用上，这个词有客观和主观的附加意义，客观是行动者的行动不完全受默认因素影响，主观是行动者认为自

己的行动起因于自己的意志。

　　构成自由意志的主要架构包括宗教、伦理、心理、科学等方面，举例而言，在宗教范畴，自由意志可能意味全能的神并不以其力量掌控个人的意志和选择；在伦理学范畴，自由意志可能意味个人在道义上要对自己的行为负责；在心理学范畴，意味心灵控制身体的部分动作；在科学领域，自由意志意味身体的动作，包括大脑在内，不全由物理因果所决定。

　　自由意志存在与否在哲学与科学的历史上一直是争论的核心议题。

## 语篇精粹 A

Then did my Leader lay his grasp upon me,

And with his words, and with his hands and signs,

Reverent he made in me my knees and brow;

Then answered him: "I came not of myself;

A Lady from Heaven descended, at whose prayers

I aided this one with my company.

But since it is thy will more be unfolded

Of our condition, how it truly is,

Mine cannot be that this should be denied thee.

This one has never his last evening seen,

But by his folly was so near to it

That very little time was there to turn.

As I have said, I unto him was sent

To rescue him, and other way was none

Than this to which I have myself betaken.

I've shown him all the people of perdition,

And now those spirits I intend to show

Who purge themselves beneath thy guardianship.

How I have brought him would be long to tell thee.

Virtue descendeth from on high that aids me

To lead him to behold thee and to hear thee.

Now may it please thee to vouchsafe his coming;

He seeketh Liberty, which is so dear,

As knoweth he who life for her refuses.

Thou know'st it; since, for her, to thee not bitter

Was death in Utica, where thou didst leave

The vesture, that will shine so, the great day.

By us the eternal edicts are not broken;

Since this one lives, and Minos binds not me;

But of that circle I, where are the chaste

Eyes of thy Marcia, who in looks still prays thee,

O holy breast, to hold her as thine own;

For her love, then, incline thyself to us.

Permit us through thy sevenfold realm to go;

I will take back this grace from thee to her,

If to be mentioned there below thou deignest. "①

**译文参考 A**

我的引导人拉着我的手，示意叫我向老人鞠躬并下拜。后来，维吉尔答道："并非我自己的力量能够到达此地；天上一位圣女降下来，叫我伴着这个人。因为你叫我们说明来历，我不能违背你的命令。这个人还未见到他的最后一刻呢，但因他自己的猖狂，距离也不再远了。我已说过，我是受着护送他的使命，除现在所取的一条路径以外，是没有旁的路了。我已经把那些罪犯给他看过，现在我要把你所管理的一班涤罪的灵魂指点给他。我们的来路已长，无暇细说；总而言之，我得了天上的帮助，才能够到达你的面前。也许你欢迎他的到达吧，因为他是寻求自由而来的；自由是一件宝物，有不惜牺牲性命而去寻求的呢，这是你所知道的。为着自由，你在乌提卡视死如归，若无痛苦，那里有你的遗体，到那伟大的一天，他将是很光辉的。我们并没有破坏永久的法律，因为他是活人，我也没有受米诺斯的束缚；我所住的圈子，那里玛尔齐亚发着纯洁的眼光，她似乎还在祈求你把她看作你的妇人呢。因为爱情的缘故，请你帮忙，允许我们经过你的七个区域！我要在你玛尔齐亚的面前说及你的恩惠。"

**语篇精粹 B**

My Master and myself, we two alone

Were going upward, and I thought, in going,

Some profit to acquire from words of his;

---

① Dante Alighieri, *The Divine Comedy*, Translator: Henry Wadsworth Longfellow, http://en.wikisource.org.

And I to him directed me, thus asking:

"What did the spirit of Romagna mean,

Mentioning interdict and partnership?"

Whence he to me: "Of his own greatest failing

He knows the harm; and therefore wonder not

If he reprove us, that we less may rue it.

Because are thither pointed your desires

Where by companionship each share is lessened,

Envy doth ply the bellows to your sighs.

But if the love of the supernal sphere

Should upwardly direct your aspiration,

There would not be that fear within your breast;

For there, as much the more as one says 'Our,'

So much the more of good each one possesses,

And more of charity in that cloister burns."

"I am more hungering to be satisfied,"

I said, "than if I had before been silent,

And more of doubt within my mind I gather.

How can it be, that boon distributed

The more possessors can more wealthy make

Therein, than if by few it be possessed?"

And he to me: "Because thou fixest still

Thy mind entirely upon earthly things,

Thou pluckest darkness from the very light.

That goodness infinite and ineffable

Which is above there, runneth unto love,

As to a lucid body comes the sunbeam.

So much it gives itself as it finds ardour,

So that as far as charity extends,

O'er it increases the eternal valour.

And the more people thitherward aspire,

More are there to love well, and more they love there,

And, as a mirror, one reflects the other.

And if my reasoning appease thee not,

Thou shalt see Beatrice; and she will fully

Take from thee this and every other longing.

Endeavour, then, that soon may be extinct,

As are the two already, the five wounds

That close themselves again by being painful. "①

### 译文参考 B

我的老师和我，单单两个人步步上升，我想趁机问他几句话，于是转向他说："刚才那个罗马涅的灵魂，说什么'无分的东西'，究竟是什么意思呢？"

他答道："他已经明白他最大罪恶的祸害了，所以他指出这种罪恶，叫人不要惊奇他的刑罚而替他过度悲哀。因为你们的心太注意在财产了，这种财产分之者越众，则每个人享受的越少；

---

① Dante Alighieri, *The Divine Comedy*, Translator: Henry Wadsworth Longfellow.

可是，假使你们的欲望放在那至高的幸福上面，那就不生这种烦恼了。因为在那里，只说'我们的占有人的数目越多，每个人的幸福越大'。"我说："我对于你的解说不能满意，比我没有开口以前还要糊涂。怎么一种财产，占有人的数目越多，每个人的享受反而越大呢？"他对我说："因为你还是只注意在地上的东西，所以你从真光里取得了黑暗。那无穷无尽的财产是在天上，向着慈爱奔流，如同光向着明亮的物体一般。他越是找着了热心的，越是给得多；于是慈爱的范围越推广，永久的善也由此增加；天上聚集的灵魂越多，慈爱的互施越繁，如同镜子互相反射他们所受的光一般。假使我的解说仍不能满足你的饥渴，那么你将逢见比雅翠丝，她可以满足你的希望，并解说其他的问题。现在只要当心把使你痛苦的五个创伤医好，此外有两个已经平复了。"

### 语篇精粹 C

Both of the shores I saw as far as Spain,

Far as Morocco, and the isle of Sardes,

And the others which that sea bathes round about.

I and my company were old and slow

When at that narrow passage we arrived

Where Hercules his landmarks set as signals,

That man no farther onward should adventure.

On the right hand behind me left I Seville,

And on the other already had left Ceuta.

O brothers, who amid a hundred thousand

Perils, I said, "have come unto the West,

To this so inconsiderable vigil

Which is remaining of your senses still

Be ye unwilling to deny the knowledge,

Following the sun, of the unpeopled world.

Consider ye the seed from which ye sprang;

Ye were not made to live like unto brutes,

But for pursuit of virtue and of knowledge.

So eager did I render my companions,

With this brief exhortation, for the voyage,

That then I hardly could have held them back.

And having turned our stern unto the morning,

We of the oars made wings for our mad flight,

Evermore gaining on the larboard side.

Already all the stars of the other pole

The night beheld, and ours so very low

It did not rise above the ocean floor.

Five times rekindled and as many quenched

Had been the splendour underneath the moon,

Since we had entered into the deep pass,

When there appeared to us a mountain, dim

From distance, and it seemed to me so high

As I had never any one beheld.

Joyful were we, and soon it turned to weeping;

For out of the new land a whirlwind rose,

And smote upon the fore part of the ship.

Three times it made her whirl with all the waters,

At the fourth time it made the stern uplift,

And the prow downward go, as pleased another,

Until the sea above us closed again."①

### 译文参考 C

我看了南北两岸，远至西班牙和摩洛哥；我又看了萨丁和海中其他各岛。当我们到了一个狭窄的海峡，那里赫拉克勒斯放了他的界石，关照人类不要再向前进。那时我和我的伴侣已经有年纪了，难于动作了；在右边，我放弃了塞维利亚；在左边，我放弃了休达。于是我对侣伴说："兄弟们，你们历尽危险，现在到西方了；你们最后留着的一些精力，现在还可以一用，你们应当追随太阳，再寻绝无人迹之地！想想你们是何等的种族，不应当像走兽一般地活着，应当求正道、求知识。我略微说了几句，我的侣伴都渴望继续航行，就是我自己也再不能阻止他们，于是把船艄转向晨光，打着我们的桨，好比鸟的两翼，大胆地向前飞去，常常偏向着左方。在夜间，我已经看见另一极的众星，我们的已经低下去了，有的已经没入海波。自从我们开始这趟艰苦的航程，月亮已经有五次圆缺；那时在远处我们隐隐地望见一座山，它的高度在我生平没有见过。我们大家都很欢乐。可是欢乐忽儿就变为悲哀了，因为新陆地起了大风波，打击着我们的船头。风波使我们的船带着海水旋转了三次，在第四次，船尾竖起，向着天，

---

① Dante Alighieri, *The Divine Comedy*, Translator: Henry Wadsworth Longfellow.

船头没入水面，似乎是取悦于另一个，那海水把我们吞下去了。"

## （五）理性精神（The Rational Spirit）

### 术语解读

但丁从人性出发观察一切，认为人具有理性，理性是从人出发看待社会变化和协调自己，理性使人与上帝和人与自然的关系发生了"重大变化"。但丁理性地看待人的精神世界和世俗生活，其主要包含以下三个方面：第一，理性是人对自身欲望的制约和对外部环境的协调与适应能力；第二，理性是人向上帝飞升的动力；第三，理性是探索人的精神世界的努力。但丁认为，人只有具备了独立的精神世界，才能够有机会获得天堂中的终极快乐和幸福，因此理性是对人的精神世界探寻的努力。

但丁对理性的强调突破了基督教神学观念对人的精神世界的束缚，将人的精神世界从对上帝的盲目信仰中解脱出来。根据但丁的阐述，理性的功能主要表现在以下三个方面：第一，引导人的精神世界的救赎；第二，评判人类的行为；第三，分辨人性中的善恶。由此看出，但丁的理性观念具有明显的进步意义，主要表现在但丁说明了理性在人类的精神世界飞升中的积极作用、人的精神世界的高贵和人类道德的尊严。①

### 语篇精粹 A

The journey of the *Divine Comedy* begins with a conversion. The

---

① 参见张春杰：《但丁思想研究》，南开大学博士学位论文，2009 年。

pilgrim "comes to" after somehow having lost his way in a dark wood. He looks up from that tangle and sees the rays of the sun striking upon a mountain-top, and knows that he must attain the summit. From that moment, the problem is no longer where to go, but rather how to get there, and the problem is proved to be insoluble. Try as he may, he cannot achieve the goal which is the beginning and the cause of all joy, for three formidable beasts drive him back into the wood from which he has come, and he retreats, no longer able to help himself, exhausted, and very nearly defeated.

This attempted journey, the "corto andare" which the pilgrim never completes, contrasts with that longer journey, the circuitous route through hell and purgatory to the same objective. In recent years, we have come to understand the pilgrim's itinerary to God. It is in the light of that meaning that I will seek to understand the pilgrim's initial frustration and suggest a new reading for a traditionallly obscure line. The allegory of this all-important scene seems clear when we see the prologue in the poem and the poem in the tradition.

The type of frustration felt by the pilgrim arises not from a defect of the mind, but rather from an incapacity of the will. It is not enough to know what must be done; one must also know how to do it. Ever since the Socratic equating of knowledge with virtue, moralists have objected that these are not the same. [1]

---

① Freccero J, Jacoff R., *Dante: The Poetics of Conversion*, Harvard University Press, 1986. p. 29.

**译文参考 A**

《神曲》的旅程始于一次转向。朝圣者先是在一片幽暗的森林中迷失，而后又重新"上路"。他在迷乱之中向上看去，看到了投射到山顶上太阳的光辉，他知道自己必须登上山顶。从那一刻起，问题便不是到哪里去，而是该如何抵达那里，但结果说明，这问题是无法解决的。朝圣者竭尽所能，但却无法达到那作为一切喜乐起点和成因的目的地，因为三只可怕的野兽将他赶回了他走出的森林，他退缩了，无力自助。他精疲力竭，并且几近溃败。

朝圣者从未完成这企图进行的旅程，它与目的地相同、环绕地狱和炼狱的更长的迂回旅程形成对照。近年来，我们对但丁走向上帝的旅程的意义有了更深的理解。我们正是要根据这种意义去理解但丁最初的沮丧，并对一个传统上含义不清的诗行进行新的解读。当我们从全诗的角度看序幕、从传统的角度看全诗时，这关键一幕的寓意就会清晰起来。

朝圣者所感觉到的那种沮丧并非来自心智上的缺陷，而是来自一种意志上的无能。仅仅知道我们该做什么是不够的，还需要知道如何去做。自从苏格拉底将知识等同于美德，道德学家就反对将二者加以区别。

**语篇精粹 B**

When Dante speaks of the "way of our life" in the first line of his poem, he is using a figure that was familiar in his day and has become a banality in ours. It is especially important in the *Divine Comedy*, however, for it helps set off that great work from the bizarre travel literature which preceded it in the Middle Ages, and which we have come to call the literature of "oltretomba." Dante's journey is different, for it is not a dream and it is not his alone. It is an allegorical representation of a spiritual development: the *cammino* of man in this life. Dante's literary ancestor is Plato, and not Tnugdalus, and his Inferno, like Plato's cave, is the place where all men come to know themselves. St. Bonaventure was the medieval theorist who worked out the metaphor of the *itinerarium mentis* in great detail, but it remained for Dante to write the work which gave the metaphor substance and made great poetry from a figure of speech.

Few Dantists would quarrel with these generalities. Debates arise, however, when an attempt is made to show that the analogy between the pilgrim's progress through the other world and the mind's journey to God is seriously intended and therefore consistently maintained throughout the poem. Given the basic metaphor, it remains to be explained why "the mind" should first descend "to the left" in a spiral, turn upside – down, then climb spirally "to the right" in a spiral, turn upside – down, then climb spirally "to the right" until it ends by spinning in a circle. [①]

**译文参考 B**

当诗人在其诗歌的第一行说"我们人生的道路"时，他运用的是一种他那个时代为人熟悉的喻像，在我们这个时代，这种喻像已成为老生常谈。不过在《神曲》中，这种喻像确实非常重

---

[①] Freccero J, Jacoff R., *Dante: The Poetics of Conversion*, Harvard University Press, 1986, p. 70.

要，它使这部伟大的作品脱颖而出，不同于中世纪在它之前就有的怪诞的旅行文学，亦即我们所谓的"梦幻"文学。但丁的旅程与众不同，它不是一场梦，也并非他一个人的旅程。这旅程是对一种精神成长的寓言式再现，那精神成长就是人在此生的道路。但丁的文学祖先是柏拉图，而非图恩达勒，《地狱篇》就像柏拉图的洞穴，所有人在这里都能认识自己。圣波纳文图拉这位中世纪理论家非常详细地设计出了心灵之旅的隐喻，却需要但丁的这部作品赋予这隐喻以实质，并用一种言辞的喻像创造伟大的诗篇。

很少会有但丁学者为这些一般准则争吵。不过，如果试图表明，但丁认真设计了朝圣者向另一世界的前进与走向上帝的心灵之旅的相似，并因而使得这种相似贯穿全诗，那么争论就出现了。有了这一基本隐喻，仍然需要解释，"心灵"为何先要螺旋形"向左"下降，而后又要颠倒过来，螺旋形"向右"攀爬，直到在圆形中旋转为止。

### 语篇精粹 C

In precisely the same way that the pilgrim and the authorial voice are dialectically related to each other, the dramatic action involving the Medusa is related to the address to the reader immediately following it. This is suggested by a certain inverse symmetry: the *covering* of the pilgrim's eyes calls forth a command to uncover and see (mirate) the doctrine hidden beneath the verses, as if the command were consequent to the action rather than simply the interruption that it is usually taken to be. As readers of the poem, we ordinarily assume chat the dramatic action is stopped from time to time for an authorial gloss, as if the poet were arbitrarily intruding upon a rerun of his own past in order to guide us in our interpretation. Here, however, the symmetry between the action and the gloss suggests a more intimate, even necessary, relationship. The antithetical actions (covering/uncovering) suggest that we look for antithetical objects (Medusa/*dottrina*) in two analogous or parallel realms: the progress of the pilgrim and the progress of the poem. The threat of the Medusa lends a certain moral force to the command to see beneath the strange verses, just as the address to the reader lends to the Medusa a certain hermeneutic resonance. It is *because* the pilgrim averted his eyes from the Medusa that there is a truth to be seen beneath the veil; because seeing it is a way of understanding a text, however, the implication seems to be that the Medusa is an interpretive as well as a moral threat. In other words, the aversion from the Medusa and the *conversion* to the text are related temporally, as the *before* and *after* of the same poetic event. Between those two moments, there extends the experience of the pilgrim, who has himself seen the *dottrina* and has returned as poet to reveal it to us. [1]

## 译文参考 C

就像朝圣者与作者的声音辩证地彼此联系在一起一样，包含美杜莎的戏剧行动与紧随其后的对读者的致辞也以完全相同的方式联系在一起。某种倒转的对称暗示着这一点：捂住朝圣者眼睛的行动所唤起的要求，是揭开和看到隐藏在神秘诗句下的教义，

---

[1]　Freccero J, Jacoff R., *Dante*: *The Poetics of Conversion*, Harvard University Press, 1986, pp. 120 – 121.

就好像这要求是接着这行动而来，而非像人们常常认为的那样仅仅是对行动的打断。作为诗歌的读者，我们常常认为，戏剧行动时时被作者的注解阻断，就好像诗人为了引导我们的解读，武断地打扰着自己往日经历的重演。但在此，行动与注解之间的对称反映了一种更为密切甚至是必要的关系。相反的行动（捂上/揭开）意味着，我们要在两个类似的或平行的领域中寻找相反的目标（美杜莎/教义），那两个领域就是朝圣者的进程和诗歌的进程。美杜莎的威胁给看透神秘的诗句这一要求赋予了某种道德力量，就像对读者的致辞为美杜莎赋予了某种解释学上的共鸣。正因为朝圣者将其眼睛从美杜莎那里转移开来，才能看到隐藏在面纱下的真理；不过，由于看到这真理是理解文本的一个方法，这就意味着，美杜莎既是一种解释上的威胁，也是一种道德上的威胁。换言之，从美杜莎那里转移视线和转向文本一时间发生了关联，就像是同一个诗歌事件的之前和之后。在这两个时刻之间，是朝圣者经历的延伸，他让自己看到了教义，又作为诗人返回来将这教义揭示给我们。

## （六）世界政体（The World Body）

*术语解读*

关于一统天下的尘世政体，一般也称作帝国，有三个主要疑义必须提出来加以探讨。其中一个疑义就是，为了给尘世带来幸福，是否有必要建立一个一统的尘世政体。从来也没有人提出过有分量的论点或论据以否定这种必要性；相反地，肯定这一必要性的论点却是十分明确有力。最早的论点见于《政治学》。书里指出，每当几个物体结成一体，其中必有一个起调节和支配作用，其余则服从调节和服从支配。这一点看来是可信的，因为这不仅是凭借作者英名的威力而成立，而且也是根据归纳推理所得的结论。试以单个人为例，这一论点的正确性在其身上就有充分体现。因为即使他倾尽全力追求幸福，但如果他的智能起不到支配和指导其他能力的作用，他也不可能获得幸福。又譬如一个家庭的目的是要让家庭成员生活舒适；其中必须有一个人起调节和支配作用，我们将这个人称之为家长，不然，也得有个相当于家长的人。再譬如一个地区，它的目的是在人力、物力方面起相互协调的作用。这里必须有一个人出来管辖他人，这个人或者由大家推举，或者是众人乐意拥戴的杰出人物。否则，这个地区不仅不能提供内部的互相协调，反而还会因为争权夺势而导致整个地区的毁灭。同样，一个城市的目的是安居乐业，自给自足，不管这个城市的市政健全与否，这个城市必须有一个统一的整体。否则，不仅市民的生活达不到目标，连城市也不成其为城市了。最后，不妨以一个国家或王国为例，它的目的与城市相同，只是维护和平的责任更重。它必须有一个单一的政府实行统治和执政，否则国家的目的就难以达到，甚至国家本身也会解体，正如那个放之四海而皆准的真理所说："一个内部互相攻讦的王国必遭毁灭。"因此，如果这些情况确实符合有着统一目标的个人和特定地区的话，那么我们前面的立论就必然是正确的。上述已经证明整个人类注定只有一个目的，因而人类就应该实行独一无二的统治和建立独一无二的政府，而且这种权力应属于君主或帝王。由此可见，为了给尘世带来幸福，一统的政体或国体是必要的。①

## 语篇精粹 A

Furthermore, the human race constitutes a whole in relation to its constituent parts, and is itself a part to a whole. It is a whole in relation to individual kingdoms and peoples, as has been shown above; and it is a part in relation to the whole universe. So much is self-evident. And just as the lesser parts which make up the human race are well adapted to it, so it too can be described as being well adapted to its whole; for its parts are well adapted to it in relation to a single principle, as can easily be deduced from what was said earlier: and so absolutely speaking it too is well adapted to the universe (or to its ruler, who is God and Monarch) in relation to a single principle, i. e. one ruler. And thus it follows that monarchy is necessary to the well-being of the world. ②

## 译文参考 A

进一步看，人类社会就其组成部分而言，是一个整体，但它本身则是另一个整体的一部分。因为如前所述，人类社会是由各个国家和民族组成的整体，但显而易见，它不过是整个宇宙的一部分。因此，正如只有作为人类社会的一部分，一个社会的各个从属部分才得以秩序井然，同样，人类社会自身也必须适应全宇

---

① 参见［意］但丁：《论世界帝国》，朱虹译，商务印书馆，1986 年。

② *Monarchy by Dante Alighieri*, translated and edited by Prue Shaw, Cambridge University Press, 1996.

宙的秩序。但是人类社会的各个部分只是根据一统的原则才会秩序井然（这是以上论述所证明了的），因此人类社会自身也必须根据一统的原则才得以秩序井然，即得力于它的统治者——起绝对一统天下作用的上帝。因此，我们的结论是：为了给尘世带来幸福，一个一统的世界整体是必要的。

### 语篇精粹 B

Furthermore, the world is ordered in the best possible way when justice is at its strongest in it. Thus Virgil, wishing to praise the age which seemed to be emerging in his day, sang in his Eclogues:

Now the Virgin returns, the reign of Saturn returns.

For "the virgin" was their name for justice, whom they also called "Astrea", the "reign of Saturn" was their name for the best of times, which they also called "golden". Justice is at its strongest only under a monarch; therefore for the best ordering of the world there must be a monarchy or empire. To clarify the minor premiss, it must be understood that justice, considered in itself and in its own nature, is a kind of rectitude or rule which spurns deviation from the straight path to either side; and thus it does not admit of a more and less—just like whiteness considered in the abstract.

There are forms of this kind, in fact, which are to be found in composites, but which in themselves consist of a simple and unchangeable essence, as the Master of the Six Principles rightly says. Such qualities are present to a greater pr less degree depending on the subjects in which they are given concrete form, according as these subjects contain more or less of their opposites. Therefore justice is at its strongest where there is least of what is opposed to justice both in the disposition and in the actions of an agent; and then truly it can be said of her, as Aristotle says, "neither Hesperus nor Lucifer is so wondrous". For she is then like Phoebe gazing across the heavens at her brother from the rosy flush of the clear morning sky, from a point on the horizon diametrically opposite. As far as disposition is concerned, justice is sometimes impeded in the will; for where the will is not free of all greed, even if justice is present, nonetheless it is not entirely present in the splendor of its purity; for the subject has something, however slight, which is in some way resistant to it; and this is why those who try to stir up a judge's emotions are rightly rebuffed. As far as actions are concerned, justice is sometimes impeded with regard to power; for since justice is a virtue that operates in relation to other people, if someone does not have the power to give to each person what is his, how will he act in accordance with justice? From that it is clear that the more powerful a just man is, the more effectively will justice be brought about by his actions. [1]

### 译文参考 B

一旦正义成为尘世的最大动力，世界就有最良好的秩序。因

---

[1] *Monarchy by Dante Alighieri*, translated and edited by Prue Shaw, Cambridge University Press, 1996.

此，维吉尔为了歌颂当时行将兴起的一个新时代，在他的《牧歌》（Bucolics）中唱道：

贞女和农神王朝终于再现。

所谓"贞女"，指的就是正义，这正义有时被称为"明星"。所谓"农神王朝"，指的是最理想的时代，这时代有时被称为"黄金时代"，在一元化的政体下威力最大。因此，要获得最良好的世界秩序，就需要建立世界政体，即世界帝国。为了使这个小前提更加明确，我们不妨再强调一下：正义的本意可以说是正直或不偏不倚，因此，像白色一样，抽象的正义是没有程度上的差别的。《六法则全书》（Book of the Six Principles）的作者说得对：有些形式属于这一类，它们可以加入到各种合成体之中，但其本身仍然是单一的、不变的。然而如果它们"或多或少地"受到了限制，我们就知道这种限制来自同它们混合的异物，而这些异物又全有某些或多或少是不可调和的混合物。因此，就意向和行动而言，当加入到正义之中的不可调和的混合物最少时，正义也就最有力量。到那时候，先哲亚里士多德所说的"贞女胜似启明星"的这句话才适用于正义，因为她那时好比是月亮，在拂晓时分与其兄弟太阳交相辉映。就意向而言，正义常常受到意志的干扰。如果在伸张正义之前，意志没有完全摆脱贪欲，那么正义就失去了它纯正的光辉，因为它掺进了异物，不管异物的分量多么微小。因此，企图左右法官意志的人都要判刑，这也是理所当然的。就行动而言，正义要受到人的能力的限制。因为正义是一种能激发他人感情的美德；如果一个人不能公平待人，那他怎么能有公正的表现呢？因此，一个公正的人拥有的权力越大，正义的威力就越能充分发挥。

## 语篇精粹 C

Besides, the person who is himself capable of being best disposed to rule is capable of disposing others best, for in every action the primary aim of the agent, whether it act because its nature compels it to or as a matter of free choice, is to reproduce its own likeness. Hence every agent, precisely as agent, takes pleasure in its own action; for since everything which exists desires its own being, and in acting the agent's being is in some sense enhanced, of necessity pleasure ensues, since pleasure is always connected to something which is desired. Therefore nothing acts unless it has the qualities which are to be communicated to the thing acted upon; hence Aristotle in the Metaphysics says: "The government from potentiality to actuality comes about by means of something which is already actual", any attempt to do otherwise would be a vain attempt. And thus we can refute the error of those who, expressing worthy sentiments and doing wrong, nonetheless believe they can influence the lives and behaviour of others, not realizing that Jacob's hands carried more weight than his words, even though his hands deceived and his words revealed the truth. Hence Aristotle in the Ethics says: "Why do you tell of my righteousness?", as if to say: "You speak in vain, since your words are belied by what you are." From which it can be deduced that a person who wishes to dispose others for the best must himself be disposed for the best. But only the monarch can be best disposed for ruling. ①

### 译文参考 C

另一论点是：最善治其身者亦最善于治人。因为在任何行动中，行为者的原始动机无论出于其本性或者出于什么意图，都是为了表现自己的意象。因此，行为者能如此行动也就感到喜悦，人人都希望自己得以存在，而行为者就是在行动中表现其存在的，这样，喜悦之情油然而生，因为希望的事物总是使人喜悦的事物。故此，一个行为者之所以行动正是因为他本来就具备他行为的对象应该获具的那种性质。关于这个问题，先哲亚里士多德在论"单一存在"时说道："凡是从可能性变成现实性的东西，都是因为某种因素起了作用，这种因素实际上就存在于它要转变成的那种形式之中；如果行为者不这样做，那么他的作为就不会有什么效果。"这样，我们就能纠正某些人的错误；这些人总是说得好听，做得很坏，还自以为能够改善他人的生活和为人行事。他们忘记了雅各的手比他的话更有说服力，即使他的话是真的，他的手也是邪恶的。因此，先哲亚里士多德在他的《伦理学》中说："你为何妄说我的正义？"这也就是说："你说的都是虚妄之言，因为你言行不一。"这一切说明，凡是希望治理他人者，必须先把自己治理好。但是只有君主最有资格执掌统治权。

---

① *Monarchy by Dante Alighieri*, translated and edited by Prue Shaw, Cambridge University Press, 1996.

# 第二章　彼特拉克：人文主义之父

　　我逃离了伤害我又医治我的爱神之手，不再受它长时间无情的折磨，然而我得到的自由却也甜蜜浓烈而又苦涩难尝。于是我又回到令人崇敬感恩的上帝面前，他用睫毛一眨就轻松地管理了宇宙万物，与其说我活够了，不如说我活得疲惫异常。

——弗朗西斯科·彼特拉克

Out of the hands of him who stabs and soothes, who once put me through one of his long tortures, I find myself in freedom bittersweet. And to the Lord whom I adore and thank, who keeps and holds all heaven with his brow, I turn, weary of life, sick of all.

——Francesco Petrarch

## 一、追寻与浪漫

### （一）面临选择的少年

彼特拉克肖像图①

弗朗西斯科·彼特拉克（Francesco Petrarch，1304 年 7 月 20 日—1374 年 7 月 19 日）出生于意大利的一个富裕家庭。他的父亲赛·彼特科（Ser Petracco）是佛罗伦萨的一位知名公证人，与但丁是好友。彼特科与但丁一直为佛罗伦萨的独立事业而努力奋斗，他们反对教皇过多地干预佛罗伦萨政局。1302 年，彼特科支

---

① 图片来源网址：https：//commons. wikimedia. org/wiki/Francesco_Petrarca#/media/File：Arezzo － Casa_di_Francesco_Petrarca. JPG.

持的白党（White Guelphs）在政治斗争中失势，受教皇暗中支持的黑党（Black Guelphs）逐步控制了佛罗伦萨政坛。随后，但丁与彼特科相继被流放，两人的祖产均被没收。在流放的过程中，彼特科来到了佛罗伦萨东南郊的阿雷佐（Zrezzo）。1304 年，彼特拉克在此降生。

受黑白党争余波的影响，彼特拉克一家在阿雷佐并不受欢迎。随后他们开始四处辗转，过上了几近颠沛流离的生活。他们曾经来到阿雷佐附近的因奇撒（Incisa），1307 年彼特拉克的弟弟格拉多（Gherado）在此出生。随后他们又迁往比萨（Pisa）。在比萨短暂逗留后，他们最终来到了法国东南部的城市卡彭特拉斯（Carpentras）。

卡彭特拉斯距离法国城市阿维尼翁（Avignon）非常近，而此时的阿维尼翁正是罗马教廷的所在地，[①] 是当时著名的商业、政治、文化交流中心。彼特拉克青少年的大部分时光便是在这两个城市里度过的。

关于彼特拉克的未来，他的父亲有着明确的规划：彼特拉克要成为一名律师。因此，彼特拉克的父亲自他幼年时起就有意识地让他接触法律知识。1316 年，他将十二岁的彼特拉克送往蒙特波利大学（University of Monpellier）学习法律。四年之后，又将他送往博洛尼亚大学（University of Bologna）继续深造，仍然以法律为专业。

然而彼特拉克自幼对学习法律就没有多大兴趣。相反，他对

---

① 1305 年，受法王腓力四世（Philippe Ⅳ）的鼎力相助，克莱蒙五世（Clement Ⅴ）当选为教皇。作为回报，1309 年，克莱门特五世将教廷迁往法国阿维尼翁。

古希腊、古罗马文化以及诗歌创作表现出了浓厚的兴致。彼特拉克自童年开始便非常喜爱读书，他经常出入阿维尼翁的各大图书馆搜集并阅读各种古罗马文献。年幼的彼特拉克尤其喜爱西塞罗①和维吉尔②的作品，他当时最大的爱好就是搜集这两位名人的著作，手不释卷地悉心研读，已经到了废寝忘食的地步。

彼特拉克对古典文学的热爱几近痴狂，这与父亲对他未来的规划出现了严重分歧。彼特拉克收集、阅读古典文献占去了他大量学习法律的时间。根据彼特拉克晚年的回忆，他的父亲曾经一气之下把他搜集到的所有书籍付之一炬。

坚持自己的兴趣亦或遵从父意？这成为了少年彼特拉克面临的一个难以抉择的问题。表面上他一再接受父亲的安排，前往名校学习法律。然而在大学学习期间，他仍将自己大部分的时间和精力用在搜集和阅读古典文献上。在这段时间里，他会因为自己搜集到一篇古典文献残片而欣喜若狂，会因为维吉尔诗歌之美而如痴如醉。他斥责律师们是在"贩卖自己的心灵"③，自己一心沉浸在古典文学与诗歌的浪漫世界里。此时的彼特拉克已经深深地被古典文献之美所折服，他希望亲近古罗马时代，亲近他的偶像西塞罗与维吉尔，亲近他们作品当中提到的每一个地点。文艺复兴的种子正在彼特拉克的追寻与幻想中慢慢生根发芽。

---

① 马库斯·图留斯·西塞罗（Marcus Tullius Cicero，公元前106年1月3日—公元前43年12月7日），古罗马著名政治家、哲学家、演说家。作品有《论国家》《论法律》《论至善与至恶》等。

② 普布留斯·维吉尔·马罗（Publius Vergilius Maro），古罗马诗人。作品有《牧歌集》《农事诗》《埃涅阿斯纪》等。

③ J. H. Plumb, *The Italian Renaissance*, American Heritage Publishing, 1961, p. 161.

彼特拉克在阿雷佐的故居①

## （二）崭露头角的青年才俊

1326 年前后，成年后的彼特拉克越来越沉迷于古罗马文化，并且在追寻知识的过程当中，他已经由一个充满热情的懵懂少年蜕变成了一个学识渊博的青年学者。在此后的十几年间里，他一心致力于搜集各种古典文献，并取得了一系列成果。在这段时间里，彼特拉克先后搜集到了三部李维（Livy）撰写的《罗马史》，并对其进行了修补、誊抄、校勘、编排、整理等一系列工作。现在我们能看到李维的《罗马史》完全得益于彼特拉克当时的搜集与整理工作。此外，他还对维吉尔的著作进行了细致的勘校与注释，并发现了西塞罗的一篇演讲稿和一封手抄信。

---

① 图片来源网址：https：//commons. wikimedia. org/wiki/Francesco_Petrarca#/media/File：Arezzo - Casa_di_Francesco_Petrarca. JPG.

　　李维《罗马史》的发现为彼特拉克了解古罗马文化又提供了一个新的便捷有效的途径。他对古罗马文化的迷恋与热爱随着他知识的积累与日俱增。1337 年，他终于按捺不住这一激情，决定动笔撰写一部关于古罗马英雄的人物传记，起名为"名人传"（*De Viris Illustribus*）。随后，他又认为《名人传》不足以抒发他对一些英雄的崇敬之情，随即又开始创作歌颂古罗马英雄的史诗《阿非利加》（*Africa*）。彼特拉克对于古罗马文化的追寻与阐扬如同推开了一扇大门。通过他的介绍，一个沉睡已久的文明开始焕发出新的光彩，人们开始更多地了解那个时代以及生活在那个时代的鲜活的英雄人物。

　　青年彼特拉克的另外一次奇遇也对他的一生产生了深远影响。1327 年 4 月的一天，彼特拉克在教堂里偶然邂逅了少女劳拉（Laura）。虽然两人没有进一步的接触与交流，但劳拉自此成为了彼特拉克心中一抹挥之不去的思恋。此后的二十年间，彼特拉克陆续作诗 366 首，借此表达自己对劳拉的赞美、渴望与思念。这些爱情诗最终被他编排成册，这就是今天他广为人知的著作《歌集》（*Canzoniere*）。

　　此外，青年彼特拉克对于奥古斯丁的宗教哲学也产生了浓厚兴趣。他曾经先后研读了奥古斯丁的《上帝之城》与《忏悔录》。基督教对于世俗欲望的鄙夷及其对精神自由的追求同样深深地影响了彼特拉克。至此，基督教文化、古罗马文化以及彼特拉克的世俗情感正在他的体内发生强烈的碰撞与摩擦。这也使得他的文学作品当中一直体现着一种强烈的矛盾与冲突。而这种矛盾与冲突正意味着文艺复兴时代自我与人性的重新崛起。

### （三）月桂加冕

彼特拉克以他那广博的学识与杰出的才华影响着 14 世纪的意大利乃至整个欧洲。他开始受到欧洲学术界以及政治界的广泛关注。喜讯随即而至，1340 年，彼特拉克收到两封信函，信函的内容都是要加冕他为桂冠诗人，只不过一封信要求他前往巴黎，另一封信则要求他前往罗马，而加冕的时间正好是在同一天。经过再三的斟酌，彼特拉克决定前往罗马参加加冕仪式。当然，这一决定与他对古罗马文化的崇拜与热爱有着极大的关系。

1341 年 4 月 8 日，盛大的加冕仪式在罗马举行。加冕仪式完全仿照古罗马的加冕方式进行，最终一顶由月桂枝编织的花环被戴在了彼特拉克的头上，至此他成为了流芳后世的"桂冠诗人"。在加冕仪式上，彼特拉克发表了关于诗歌创作的演说，介绍了他探寻知识、创作诗歌的酸甜苦辣。掌声与赞美声回荡在每一个角落，那无疑是彼特拉克最为荣耀的一天。

加冕仪式让彼特拉克声名鹊起，他成为了欧洲文坛举足轻重的人物。但与此同时，他原本平静的生活亦被打破。1347 年，彼特拉克被卷入了一场政治风波。

1343 年，彼特拉克结识了科拉·迪·里恩佐（Cola di Rienzo）。科拉与彼特拉克一样痴迷于古罗马文化。二者不同的是，彼特拉克是一位热情的诗人，而科拉则是一名狂热的政治家。1347 年 5 月，科拉以他满腔的激情和杰出的辩才在罗马的一次民众起义中迅速成长起来，并被任命为护民官。他自诩为和平与正义的化身，要恢复罗马古制，实现意大利的统一。科拉的政治口号无疑深深地打动了一直痴迷于古罗马文化的彼特拉克。科拉迅速获得了彼特拉克的大力支持。但是诗人的浪漫幻想迅速被现实打破。科拉政权表面上要恢复罗马古制，背地里却采取了暴力镇压、暗杀等一系列极端行为。同年 11 月，科拉政权在周围人的讨伐声中迅速倒台，最终这位政治狂人被人杀害。

彼特拉克对于科拉政权的支持完全出自于一位诗人、学者对古罗马文化的幻想、崇敬与热爱。在这场政治风波中，由于彼特拉克已有的声望，他并没有受到过多的牵连。然而现实是如此残酷，这场政治风波使彼特拉克复兴古罗马文化的梦想遭到了沉重的打击，他开始厌倦了充满纷争与牵绊的世俗生活，越来越向往僧侣般恬淡清幽的隐居生活。

在创作方面，1343 年彼特拉克开始创作另外一部古代史书《大事集》（*Rerum Memorandarum Libri*）。《大事集》以李维《罗马史》等历史古籍为蓝本，力图展示从古罗马到 13 世纪的主要历史事件，并以此探寻先贤们的内心世界。遗憾的是，这部著作到彼特拉克去世时也没能完成。事实上，这一时期的彼特拉克将更多的精力投入到了诗歌与文学创作方面。1347 年，彼特拉克仿照维吉尔的《牧歌》开始创作《田园歌集》（*Bucolicum Carmen*）。此外，现实教廷的腐败与宗教理想之间的矛盾、世俗欲望与精神追求之间的矛盾在彼特拉克的大脑中持续发酵。亦在 1347 年，他开始创作另一部流传甚广的著作——《秘密》（*Secretum*）。与此同时，在激烈的内心冲突之下，彼特拉克越来越向往隐居生活，由此他开始着手创作《论宗教的闲适》（*De Otio Religiosorum*）与《论隐居》（*De Vita Solitaria*）。

## （四）晚年生活

晚年的彼特拉克从法国迁居到了自己的祖国意大利。在其后的二十多年时间里，他大多生活在米兰、威尼斯等地。根据彼特拉克晚年自己的表述，在 14 世纪 50 年代，年近五十岁的彼特拉克在思想和心灵上发生了一些转变。晚年的彼特拉克开始懊悔自己在早年的学术生涯中耗费了大量的时间和经历研究古典文献，而忽视了对于基督教哲学的研究。[①] 自此，他开始花费更多的时间研读基督教书籍，尤其是他一直深表崇敬的奥古斯丁的作品。

晚年彼特拉克对于基督教哲学表现出了更为浓厚的兴趣。这与当时已经走向腐败与沉沦的宗教生活无关，而是基督教哲学对于精神自由的追求让他开始认识到世俗生活的污浊与无奈。这从他较晚创作的《论隐居》《论宗教的闲适》当中可见一斑。

此时的彼特拉克越来越厌烦甚至鄙视世俗生活。他希望自己一直隐居于世外桃源。每当夜晚来临，他可以借着皎洁柔美的月光，坐在月桂树下，手执鹅毛笔，完全沉浸在诗歌创作的世界里，专心做一名"桂冠诗人"。

但是此时的彼特拉克仍然不断地接到来自罗马宫廷、周边国家与城邦的邀请函。1461 年，神圣罗马帝国皇帝查理四世（Charles Ⅳ）邀请彼特拉克前往宫廷去鉴定一份古文献的真伪，这份古文献是奥地利的鲁道夫四世（Rudolf Ⅳ）带来的。这是一份古老的契约，而根据契约，当时的奥地利应当享有更多的政治

---

① 参见 ［英］尼古拉斯·曼：《彼特拉克》，江力译，中国社会科学出版社，1992 年，第 34 页。

特权。彼特拉克凭借自己渊博的学识指出这份文献在修辞、用典等多个方面都存在问题，确定其为伪造文献。[①] 由此，大师凭借着自己的渊博学识化解了一次外交纷争。

此外，晚年的彼特拉克交友甚广，大师所到之处总会遇到慕名而来的追随者。在这段时间里，他结识了比他小九岁的文坛巨匠薄伽丘（Boccaccio）。当时的佛罗伦萨政府为了化解他们驱逐彼特拉克父亲的恩怨，派遣薄伽丘将此前没收的彼特拉克父亲的祖产归还给彼特拉克。自此彼特拉克与薄伽丘也结下了深厚的友谊。

在彼特拉克的晚年生活中，文学创作仍然是他生活的重心。前文提到，他于十三世纪四十年代开始创作《田园歌集》《秘密》《论隐居》《论宗教的闲适》等作品，而这些作品的创作过程大多持续了十年以上，有些作品一直到他去世时还未完成。此外，在晚年时期他还创作了《两种命运的救赎》（*De Remediis Utriusque Fourtune*）、《老年集》（*Epistolae Seniles*）等作品，并将自己的各类书信编辑成册，提名《致友人》（*Familiares*）。

1374 年 7 月 19 日，领先于整个时代的大师终于停下了他的脚步，彼特拉克在意大利帕多瓦（Padua）附近的一个小村庄里逝世。当人们发现他时，他的手里仍然拿着一本维吉尔的著作。

---

① 这段历史在彼特拉克的《老年》当中被记载下来，本文转引自［英］尼古拉斯·曼：《彼特拉克》，江力译，中国社会科学出版社，1992 年，第 45 页。

彼特拉克墓①

## 二、人文主义情怀

### （一）自我意识的崛起

彼特拉克被后人誉为"人文主义之父"。国际学界普遍认为文艺复兴时期的人文主义思潮萌发于但丁，而真正开启这一思潮的正是彼特拉克。但是目前国内学界对于彼特拉克的研究仍显薄弱。在彼特拉克的众多著作中，只有《秘密》《歌集》以及一些零散的信件被译成中文。而他所创作的其他拉丁语著作大多没有中文译本。这可能与国内学界鲜有通晓拉丁语的翻译工作者有关。

---

① 图片来源网址：https：//commons. wikimedia. org/wiki/Francesco_Petrarca#/media/File：Petrarca_Tomb_（Arqua）. JPG.

此外，彼特拉克的作品大部分是极具文学特色的诗歌，体例工整、用典频繁、韵脚严谨，这些都为翻译工作带来了很大的困难。

由于国内学界对于彼特拉克著作译介较少，这在很大程度上阻碍了我们对彼特拉克的认识。我们可能对彼特拉克的名字非常熟悉，但是彼特拉克为何被称为"人文主义之父"？他与文艺复兴有着什么样的联系？在文艺复兴思潮兴起的过程中，这位学者到底扮演着一个什么样的角色？这些问题仍然困扰着许多人。而本节的一部分内容试图为这些问题提供一个答案。

彼特拉克之所以被称为"人文主义之父"，这主要是因为他对文艺复兴时期人文主义的兴起有着三方面的贡献：第一，他通过搜集整理古希腊、古罗马的史籍、文献向人们展示了古希腊、古罗马兴衰的历史。这为人们了解古希腊、古罗马文明打开了一个新的通道。此后整个时代对古希腊、古罗马文化的阐释与弘扬正是自他而始。第二，在了解到古希腊、古罗马鲜活的英雄人物与发展历史之后，彼特拉克开始认识到中世纪思辨哲学的陈腐与僵化，他开始对思辨哲学陈腐的辩论提出质疑、进行批判。而这些批判进一步推动了当时西方学界对于形而上学的反思。第三，在彼特拉克对古代英雄与历史进行了深入研究以后，古代与当代、理想与现实之间的差距在彼特拉克的头脑当中发生了激烈的碰撞，由此他陷入了深深的矛盾与冲突之中，他开始追寻自我、人性与至善。而这些正意味着"自我"的重新崛起，亦即"人"学的复兴。对此，我们在下文当中将逐一进行分析与阐释：

第一，彼特拉克对于古典文明的阐释与弘扬。在介绍人物生平之时我们已经提到，彼特拉克自幼对古希腊、古罗马文化表现出了极大的兴趣。自青少年时代而起，他将大部分时间用于搜集和阅读古典文献，这使他迅速成长为了一名古历史专家、古文献专家。青年彼特拉克曾经花费大量时间阅读、整理维吉尔的长篇史诗《埃涅阿斯纪》。《埃涅阿斯纪》以特洛伊战争为起点，记述了特洛伊战败以后，英雄埃涅阿斯带领他的臣民来到罗马，创建古罗马城邦的历史。此外，青年彼特拉克曾经在几年时间内先后寻找到第三、第一、第四部李维撰写的《罗马史》。李维《罗马史》记述了自古罗马建城到奥古斯都时代罗马发展近八百年的历史。彼特拉克对《罗马史》残稿进行了细致的排序、校勘、注解与整理。正是他付出的这些努力使得我们现在可以看到李维《罗马史》的大体内容，而在此之前，《罗马史》第一卷所记载的大部分内容已经被人们遗忘。另外，彼特拉克通过自己的搜寻还得到了西塞罗的一些信稿。这使得后世对西塞罗的政治思想有了比较全面的认识。在彼特拉克的努力之下，西塞罗的政治家身份得以复原，而在此之前人们大多将西塞罗视为一位文学家。

彼特拉克对古典文化的寻求使得当时的人们看到了越来越多的关于古希腊、古罗马的史料。当时的人们开始更多地了解那段几近被湮没的古代历史与那些鲜活的英雄人物。而文艺复兴前进的脚步正是从掌握这些史料开始的。然而彼特拉克对于文艺复兴思潮的贡献不仅限于搜集史料。彼特拉克在《埃涅阿斯纪》《罗马史》等历史资料的基础之上，对罗马发展的历史进行了细致的梳理，创作了《名人传》《大事集》两部史书。这对当时的人们了解古罗马历史起到了很大的推动作用。此外，他还仿照维吉尔的创作方式创作了史诗《阿非利加》，这部史诗记述了古罗马统帅西庇阿（Scipio）战胜汉尼拔（Hannibal）的历史过程。彼特拉克在搜集到西塞罗的书信以后，他自己的书信创作也开始仿照西塞罗的方式书写。由此，彼特拉克掀起了一股文学创作的复古风潮。

然而彼特拉克对文艺复兴思潮的贡献并不仅限于他对古罗马创作方式的模仿。在他研读古典文献的过程当中，维吉尔与西塞罗的思想也对彼特拉克产生了深远的影响。对此，我们在后文当中还会进一步论述。

第二，彼特拉克对中世纪思辨哲学的批判。在彼特拉克研读西塞罗与维吉尔著作的过程当中，这两个人的思想对彼特拉克产生了很深的影响。彼特拉克曾经表示他通过研习西塞罗的作品而"以西塞罗为师"[1]。伦理学在西塞罗的思想当中占有很大比重，西塞罗对于至善的不懈追求让彼特拉克钦佩不已。[2] 而在维吉尔的作品当中，诗人一方面在称颂古罗马英雄的勇敢、坚强、机智、仁慈等高尚人格的同时，另一方面又在苦苦追寻人生的意义与价值，即"为了罗马创业，流浪、失去亲人、战争、死亡种种牺牲，这些所谓英雄行为值得吗？"[3] 这种维吉尔式的悲怆与诘问与彼特拉克作品当中流露出的感情极为相似。

无论是西塞罗对于至善的探索，还是维吉尔对于人生意义与价值的追寻，古罗马学者对于"人"本身的关注与思考都深深地震撼着彼特拉克。而此时的经院哲学仍然深陷于唯名论与实在论的争辩之中，哲学家们还在激情澎湃地探讨着共相与个别事物哪

---

① ［意］彼特拉克：《秘密》，方匡国译，广西师范大学出版社，2008 年，第 9 页。

② 西塞罗对于"善"的探讨可参见：《西塞罗三论》，徐奕春译，商务印书馆，2003 年，第 95 页。

③ ［古罗马］维吉尔：《埃涅阿斯纪》，杨周翰译，译林出版社，1999 年，第 10 页。

个更实在。彼特拉克非常厌烦实在论关于共相、精神实体的论说，相比之下他更倾向于唯名论关注个体的做法，但他同样不赞成唯名论者过于抽象的论证方式。他曾经说道："唠叨的论证学家是从不会停止的。他们满脑子简单的定义和足以夸耀的材料，进行无边际的争论。然而，他们通常不知道自己谈论的究竟是什么。"①

在彼特拉克看来，哲学家们应该像古罗马学者一样更多地关注现实人生，关注人生存的价值和意义，而不是让自己陷于概念争辩的泥淖之中。因此，在他的作品当中，我们时常可以看到他对中世纪思辨哲学的批判，他斥责这些思辨学者"不察觉真相而耗费生命在文字世界里"②，斥责他们的推理过程是"童稚的胡言乱语"③。而他所关注的正是现实人生以及人生的真正价值和意义。诚然，彼特拉克对于中世纪思辨哲学的批判并没有形成理论系统，他的批判更像是一种出自文人的深刻的讽刺。但他仍不失为一位承前启后的转折性人物，从他的言论当中我们可以看到其后学反思中世纪形而上学的萌芽。

第三，彼特拉克"自我意识"的重新崛起。在彼特拉克生活的时代，仍然有许多学者沉浸于唯名论与实在论的争辩，他们用自己的逻辑来判断共相与别相孰轻孰重，推论着上帝与天国的抽象本质。然而此时他却在古罗马的著作中发现了古代学者对于"人"本身及其存在价值的深度思考。在这些著作中，历史中的英雄人物是如此的生动鲜活，诗人对他们的人格和功勋进行了毫无掩饰的赞美，并且借由他们的功绩探寻着人类存在的意义。相

---

① ［意］彼特拉克：《秘密》，方匡国译，广西师范大学出版社，2008年，第30页。
②③ 同上，第31页。

较之下，彼特拉克认为我们应当避免中世纪思辨哲学那些"似是而非的论述，（而应该）全然真诚的寻找真理"①。

在彼特拉克看来，虽然当时的许多学者也在谈论人性与至善，但他们的理论过于抽象而几近空洞。对于逻辑形式的过度追求已经使这些讨论流于形式，在他们的理论当中我们难以看到对生命的真切关怀与热爱。在这一背景下，彼特拉克提出，学者们对于"人"及其价值的探讨应当"扎入你的内心"②。学者们应当扪心自问、深度挖掘自我之后再演说自己的理论，而并非置身事外地泛泛而谈。在对中世纪思辨哲学进行批判以后，我们可以明显看到，在彼特拉克的学说当中，这位领潮的学者开始将对人的探讨引向对"自我"的重新发现。

彼特拉克说道："如果探天究地、涉海寻星、逐草凿石，明白自然的奥秘之后，你还不能了解自我，那么有再多的知识又能如何？"③ 在《秘密》一书中，他开篇便开始寻找"人的定义"④。在追寻人生意义的过程当中，他一再强调我们应该让自己的心智"专属于自我而非外物"⑤，我们应当"调整自己回到人类的本性，听从它的指引而不为众人所影响"⑥。即便是在诗歌创作的过程中，这位诗人对于自然的赞美也是"要通过对这些自然美的倾慕把自己和人们引向内心的省视，引向人生哲理的领悟，引向一种

①　［意］彼特拉克：《秘密》，方匡国译，广西师范大学出版社，2008 年，第 20 页。
②　同上，第 32 页。
③　同上，第 48 页。
④　同上，第 31 页。
⑤　同上，第 14 页。
⑥　同上，第 63 页。

自我认识"①。

从上述引文中我们可以看出，在古希腊、古罗马伦理学的影响之下，彼特拉克率先击碎了中世纪思辨哲学业已僵化的理论外壳，重新将人类自我置身于广袤无垠的宇宙天地之间，强调人们要重新认识自我、回归自我、回到人类的本性。伴随着自我意识的崛起，随之而来的便是人们前所未有的个体自由，他说："听从美德的指引，无畏王侯们皆为之屈服的命运。最终你会知道自己已摆脱它的桎梏，自己将获得自由。从此以后，你不再需要屈从于谁，你将成为一位真正的有权力、全然快乐的王者。"②

正是因为彼特拉克倡导重新认识自我、回归自我、做自己的主人，因此有许多当代学者将彼特拉克视为西方个人主义的开创者。③ 然而当彼特拉克打破了思辨哲学对于人和生命僵化的系缚以后，当他宣称要依靠自我、独立而行之时，这也意味着他抛弃了传统的信仰，失去了宗教与哲理上的任何依靠。自由从来不是用来享受的，而是需要忍受的。伴随着自由而来的，是彼特拉克极度的困惑与迷茫。对死亡的思考、对衰老的感慨、对生命意义的追寻，这些问题一直拷问着彼特拉克的心灵，而对于这些主题的探讨我们在彼特拉克的大部分作品当中都能看到。

小结：

对于文艺复兴时期人文主义思潮的兴起，彼特拉克在三个方

---

① ［英］尼古拉斯·曼：《彼特拉克》，江力译，中国社会科学出版社，1992 年，第 10 页。

② ［意］彼特拉克：《秘密》，方匡国译，广西师范大学出版社，2008 年，第 63 页。

③ See Michael Allen, *Petrarch and the Invention of Individuality*, *Theological Origins of Modernity*, University of Chicago Press, 2008, p. 59.

面起着至关重要的作用。首先，他努力搜集、整理古典文献，自此人们更多地了解了那个时代，看到了那个时代所闪耀的历史光芒。彼特拉克在他的作品当中竭力称叹古代文明，提倡恢复古代制度，重新振兴古代文化。整个文艺复兴思潮正是发轫于此。其次，在古罗马伦理思想的冲击之下，彼特拉克看到了思辨哲学正在逐渐走向陈腐与僵化，于是他开始对中世纪以降的思辨传统进行批判。而他的这一行为正是在为文艺复兴后期的发展拆除障碍。最后，在对思辨哲学进行批判以后，彼特拉克汲取了西塞罗、维吉尔等人的思想精华，将学术关注的焦点转向了自我与人本身。人类自身及其存在价值成为他创作的核心议题。他倡导人们要了解自我、回归自我，甚至超越自我。在彼特拉克的作品当中我们可以看到自我意识的重新崛起。这位划时代的哲人以他惊人的智慧和洞察力揭开了欧洲人文主义思潮发展的序幕。正是基于以上三点，他才被后人称为"人文主义之父"。

### （二）矛盾与冲突

如前所述，在彼特拉克探寻、钻研古典文献的同时，古罗马学者对于人生及其意义的追寻与探讨对他产生了深深的影响。维吉尔对于古罗马英雄美德的赞美、西塞罗对于道德至善的追求都深深地震撼着他的心灵。自此，他开始与当时日益僵化的思辨哲学分道扬镳，独自走上了寻求自我以及自我价值的道路。

然而一个人要斩断自身与其时代的联系谈何容易！彼特拉克对思辨哲学的批判意味着他抛弃了传统的、普遍的理论信仰，独自走上了寻找自我与真理的道路。在寻找自我价值的道路上，彼特拉克陷入了深深的矛盾、冲突、痛苦与迷茫。他说："我的愿望变化不定，我的欲望相互冲突，这些将我搞得心魂不宁。一个人的外在追求就是这样与他的内心欲望相互斗争着。"① "天呵，我还要忍受什么样的苦难啊！为什么无情的命运又将我降至人间？我看见时光在世界衰落中匆匆前去，我看见周围众多的青年、老人一命归天，世上似乎没有安全的福地，也没有避风的安全港可去，我向往的解救众生之道更是难以寻觅。"②

引文当中表现的矛盾、痛苦与迷茫在彼特拉克的作品当中俯拾即是。在探寻人生价值与意义的过程当中，彼特拉克感慨生命的有限、时光的流逝、世事的无常，探讨人的理性、欲望、衰老以及死亡。这些议题都是彼特拉克作品当中探讨的核心内容，后人更是将这种情绪上的矛盾与迷茫称为"彼特拉克病"。

彼特拉克内心的矛盾与冲突在《两种命运的救赎》以及《秘密》当中表现得尤为明显。这两部著作都以对话体的形式写就。在《秘密》一书中，两位对话的主人公分别是弗朗西斯科与圣·奥古斯丁，其中弗朗西斯科代表着人们对世俗欲望的追求，包括快乐、爱情、成功等；而圣·奥古斯丁则代表着圣人对于凡俗生活的超越。在这本书里，彼特拉克把这两种截然对立的观点同时呈现在人们面前，在表达他自己内心矛盾的同时诘问着人们的心灵。而《两种命运的救赎》对话的主体分别是欢乐、理性与痛苦。这本书同样把两种截然不同的价值选择摆在人们面前，如当

---

① 转引自［英］尼古拉斯·曼：《彼特拉克》，江力译，中国社会科学出版社，1992年，第90页。

② 同上，第72页。

人们陷入爱情之时，"欢乐：我沉浸在爱的激情当中。理性：你将会陷入爱的圈套。欢乐：爱的火焰正在我心中燃烧。理性：你说爱在燃烧是对的，因为爱是一把看不见的火，一个带有快感的伤口，一种甜蜜的痛苦，一种美好的疾病，一种惬意的折磨，一次魅人的死亡"①。

总之，在彼特拉克的作品当中充斥着一种强烈的矛盾与冲突。诗人由此陷入了深深的痛苦与迷茫之中。而这些激烈的个人情感看似杂乱无章，但通过梳理，我们仍能发现其中隐藏的理论根底。对此，我们要指出的是：彼特拉克心灵中流露出的矛盾与冲突，实际上是古罗马文化与基督教文化在其心中相互碰撞产生的结果。而这种矛盾与冲突集中表现在他对人生的世俗性与超越性的抉择之上。

1. 矛盾与冲突：古罗马文化与基督教文化之差异

彼特拉克可谓文艺复兴时期最早接触古罗马文献的学者。青年彼特拉克对古罗马文化的热爱已经到了如痴如醉的地步。他热爱古罗马的历史与文学，极力赞美古罗马英雄的丰功伟绩，倡导恢复古罗马的制度和律法，进而实现意大利的统一。自青年时代起，古罗马文化如涓涓细流般滋润着彼特拉克的心灵，影响着他的一举一动。但与此同时，古罗马文化与基督教文化之间的矛盾也在他的心中发生着激烈的碰撞与冲突，这一矛盾深深地折磨着他的内心世界。

古罗马文化的源头可以一直追溯到古希腊。当时的罗马人除

---

① 转引自［英］尼古拉斯·曼：《彼特拉克》，江力译，中国社会科学出版社，1992 年，第 104 页。

了在法律和共和制两个方面有新的建树以外，其文化的大部分内容都承袭于古希腊文化，包括他们的哲学、自然科学、教育甚至神话体系。而与基督教文化相比，古希腊文化最大的特点就是肯定自我、肯定人们的现实人生、肯定个人对于人生价值的追求。苏格拉底的一句名言"认识你自己"可谓翻开了古希腊哲学发展的新篇章。它代表着那时的人们已经开始在理性的指导下探寻自我。柏拉图和亚里士多德也都肯定人们对于"善"的追求。尽管他们的理论思路不同，但他们都认为幸福正是源自于人们对至善的追求与实践。

古希腊的伊壁鸠鲁（Epicurus）学派、斯多葛（stoic）学派对于古罗马文化的影响更深。伊壁鸠鲁认为，快乐是人们生活的起点与归宿。快乐本身就是善，对快乐的追求就是对善的追求。而所谓"德行"只是调节人们在追求快乐时不要走偏的一个工具。虽然斯多葛学派与伊壁鸠鲁学派的旨趣不同，但他们同样肯定现实人生的价值。他们认为人生的价值在于践行自然运行的法则，即逻格斯。

前文提到，彼特拉克的思想深受西塞罗的影响。文艺复兴很大程度上是对西塞罗的复兴。而西塞罗本人的伦理思想很多都来自于斯多葛学派。同时维吉尔诗歌当中对于古罗马英雄的赞美，对于人生价值的追寻，同样体现着古罗马学者对于人性与自我的关注。这些思想都深深地震撼着彼特拉克的心灵。

然而针对上文提到的内容，基督教文化却体现出了截然相反的理论态度：他们倾向于否定现实人生的价值，而鼓励人们对彼岸世界的追求。这一点集中体现在基督教的原罪说之中。

原罪说是基督教的基础教义之一。基督教传统文化认为人类的祖先亚当和夏娃因为偷食了禁果而被逐出伊甸园，他们的后人都背负着祖先犯下的罪责。人生来就是有罪的，只有通过信仰上帝，他们的灵魂才能得到拯救。诚然，在基督教后来的发展过程中，亚当与夏娃的传说更多的具有一种象征意义，"原罪"代表着人们对于尘世种种欲望的留恋，"救赎"则代表着人们对于世俗生活的超越。总之，与古罗马文化相比，基督教文化否定了人们现实生活的价值，而肯定了人们对于彼岸世界的追求。

在彼特拉克时代，这位先哲比其他人更早、更深地接触到了古罗马文化，与此同时，他又被当时占有主导地位的基督教文化所包围。一方面，古罗马文化肯定现实人生的价值，这唤醒了彼特拉克的自我意识，鼓励他在现实人生当中实现自我价值；另一方面，基督教文化否定现实人生的价值，斥责彼特拉克对于爱情和成功的追求，引导他走向脱离凡俗的彼岸世界。正是由于受到这两种文化之间的冲突的影响，我们才可以从彼特拉克作品当中看到无尽的矛盾、冲突与迷茫。而这种二元的知识结构，进一步逼迫彼特拉克形成强大的自我意识，进而在这二者之间作出自由、自主的抉择。

2. 矛盾与冲突：世俗性与超越性之抉择

古罗马文化与基督教文化之间的矛盾与冲突在彼特拉克心中持续摩擦、碰撞、发酵，由此他陷入了深深的矛盾与纠结之中。这集中表现为他深深地纠结于人生的世俗性与超越性之间。他面临着一个关于人生价值的艰难抉择：追寻现实人生的愿望和理想，亦或甩脱这一切，去追寻灵魂的宁静与自由。

一方面，彼特拉克肯定人们的世俗追求，即便他知道追求到的结果必将随着时间而腐朽，他也矢志不渝。他说："我并不想变作神祇，拥有永恒的生命或拥抱天堂和大地，人类的荣耀对我来说已然足够，作为凡人，我渴望凡俗之事。"① "我想依凡俗之事原本的价值来使用它们，不愿因渴望超越人类的极限刻意为之。因此我追求世间的荣耀，同时知道自己和那荣耀都将腐朽。"②

彼特拉克认为，上帝和天堂对他来说总是显得非常遥远，对于人们来说，实现此生的价值似乎比追求彼岸世界的幸福显得更加实际，也更符合人的本性。因此，他赞美古罗马英雄的功绩，自己也追索着学术上的荣耀与成功。此外，彼特拉克对于世俗价值的追求还体现在他对爱情以及劳拉的赞美之中。

他在诗中写道："我常常因为没有能够用自己的诗篇去赞美您的容貌而感到愧疚和羞惭，记得我第一次目睹您的芳颜的那一天，您是那样的容光焕发，令群芳称羡！"③ "于是我无奈了，被您的芳名诱引，赞美您，颂扬您，呼唤您，啊，崇敬，荣耀，您当之无愧！"④

由于教堂里的一次邂逅，彼特拉克坠入情网。尽管他与少女劳拉并没有确立恋爱关系，但彼特拉克花费了几十年的时间陆续为她创作了三百多首诗歌。在这些诗歌里，彼特拉克赞叹劳拉之美，倾吐着爱情带给他的痛苦与甜蜜，立誓要用一生来坚守这份纯洁的爱情。

---

① ［意］彼特拉克：《秘密》，方匡国译，广西师范大学出版社，2008 年，第 139 页。
② 同上，第 140 页。
③ ［意］彼特拉克：《歌集》，李庆国、王行人译，花城出版社，2001 年，第 20 页。
④ 同上，第 5 页。

从这些内容当中我们可以看出，彼特拉克肯定人们的世俗情感，他赞美爱情、赞美英雄的伟业。诚如他自己所说，作为凡人，他渴望着爱情的滋润、事业的成功、他人的赞美。然而这仅仅是彼特拉克精神的一个侧面。

另一方面，彼特拉克又否定人们的世俗情感。他将爱情、荣誉、成功皆视为俗事，将这些世俗理想、世俗欲望视为阻碍他获得精神解脱的枷锁。他在《秘密》一书中借由奥古斯丁之口批判自己道："你对锁链不是淡然视之，而是为它们的美丽感到喜悦，将它们当作至宝；如同前面所述，你像那人一样，为黄金的光芒迷惑，而被镣铐缚住了手脚。你清楚地看见绑住你的锁链却未将之视为锁链。这是多么盲目！你因把你拖向死亡的锁链而欢欣，以此为荣，真是可悲至极……（问：）您说的锁链为何物？（答：）爱情与荣誉。"①

彼特拉克认为，阻碍人们获得心灵解脱的两副枷锁：一个是爱情，一个是荣誉。这些世俗情感犹如黄金锁链一般捆绑着人们的灵魂，它们是一切烦恼和痛苦产生的根源。然而人们往往被锁链闪烁的金色光芒所迷惑。他们追逐爱情、渴望名誉，期盼着并赞美着那捆绑心灵的锁链。

从上述对比中可以看出，对于爱情、荣誉等世俗追求，彼特拉克有着两种截然相反的态度。一方面，他赞美爱情，颂扬古罗马英雄的功绩，就连他自己也在乐此不疲地追求着学术上的种种成就。这些观点和行为都深受古罗马人文精神的影响，是他的心

① ［意］彼特拉克：《秘密》，方匡国译，广西师范大学出版社，2008年，第92页。

灵受到古罗马文化滋养以后结出的理论果实。另一方面，彼特拉克将爱情、荣誉、成功皆视为世俗之事。他认为这些世俗欲望是一切烦恼和痛苦的根源。彼岸世界、精神自由才是人生的最高追求。这明显是受到了基督教文化的影响。

小结：

彼特拉克的作品流露着一种激烈的冲突。通过梳理我们便可发现，这种矛盾产生的根基是古罗马文化与基督教文化之间的差异。两种文化对于人的现实价值、世俗追求存在着两种截然相反的态度：古罗马文化肯定现实人生及其价值，而基督教则持否定态度。彼特拉克作为文艺复兴的先驱，他最先接触到了古罗马文化。这一冲突最先表现在他的作品当中，这是顺理成章的事。这一矛盾集中体现在彼特拉克对于人生价值的世俗性与超越性的抉择之中。因此，时代的发展再次呼吁自我意识的重新崛起，因为彼特拉克必须培养出强大的自我意识才能自主、自由地作出这一选择。

## （三）矛盾双方的转化

在彼特拉克的思想中存在着相互矛盾的两个方面。一方面，古罗马文化驱使他追求现实人生的价值，实现自己的愿望与理想，去创造新的伟业；另一方面，基督教文化试图说服他弃绝一切世俗欲念，离开这喧嚣的凡尘，去追寻精神的绝对宁静与自由。这两种文化都深深地敲打着彼特拉克的内心世界，由此他陷入了极度的痛苦与迷茫。然而在此我们想要指出的是，这矛盾的两个方面看似水火不容、决然对立，但通过对彼特拉克的文献进行梳理，我们仍然能看到矛盾双方的相通之处。

青年彼特拉克曾经致力于搜集整理古罗马文献，那时的他深深地被古罗马精神所感染。他在自己的诗歌中赞美古罗马时代，赞美英雄们的高尚品格与盖世功勋。激情澎湃的彼特拉克追求着自己的理想，他渴望将自己的诗歌创作、学术研究推向新的高峰。然而彼特拉克的这一想法在他晚年的时候发生了转变。晚年彼特拉克曾经表示他懊悔自己对古罗马文献投入了过多的时间和精力，因为这使他忽视了对于基督教哲学的关注。晚年彼特拉克表现出了对于基督教哲学的青睐。总体来看，青年彼特拉克倾向于选择实现现实人生的价值，而晚年彼特拉克则更倾向于甩脱世俗理想的羁绊，进而实现精神上的绝对自由。

彼特拉克的这一思想转变过程在他的爱情观中展现得淋漓尽致。在此，我们以彼特拉克的爱情演进过程为例，尝试着依此揭示出彼特拉克由入世到出世的思想转变过程，揭示其思想演化的逻辑。通过资料整理，我们可以将这一逻辑过程划分为四个步骤。

第一步，坠入爱河，被爱掌控。自与少女劳拉邂逅之日起，彼特拉克便坠入了爱河，他自己沉醉于对劳拉的爱慕与赞美之中。在诗歌中，他赞美劳拉道："绿色、红色、紫色的衣裳，哪一个美人穿上也不能像她那样，跟金发盘成的辫子构成统一的美好形象；她娇艳、秀丽，使我忘掉了一切，陷入感情而不能拔出自己的脚掌；她吸引着我，使我再也无心去爱慕其她的姑娘。"[1] "她

---

① ［意］彼特拉克：《歌集》，李庆国、王行人译，花城出版社，2001 年，第 41 页。

是一位清新脱俗、虔诚向往天国的女子，千真万确的是这女子的脸庞闪耀着圣洁的美，她的性情正是完美贞洁的写照。"①

从这些诗句中可以看出，彼特拉克对于劳拉的爱真挚而浓烈，可以说已经到了无法自拔的地步。然而当我们陷入爱情这种世俗情感之时，随即我们便会被恋人以及爱情本身所掌控，进而失去自我。此时的爱情犹如一条被诅咒过的锁链，爱的越浓烈，这条锁链对于自我的捆绑就越拢紧。因此，在坠入爱河之时，彼特拉克已经变成了被爱情囚禁的囚徒。

第二步，被爱掌控，失去自我。坠入情网的彼特拉克迅速地失去了自我，他辗转反侧，彻夜难眠，思念劳拉成为了他生活的唯一内容。至此，彼特拉克的自我被爱情深深地系缚，他成了爱情的囚徒。这一点在他的诗中亦有明确的体现，他说："夫人，您那美丽的眼睛射出的无形视线，将我捆绑起来，如同囚犯一般。"② 在《秘密》一书中，他借由别人之口客观描述道："她每一个神情变化，都使你心情震颤，你的喜怒皆随她的心情而异。简单来说，你的整个生活都围她而转。"③

在世俗情感的驱使之下，彼特拉克将自我交给了他的恋人。此时的彼特拉克已经不再是他自己，而是劳拉的附属品。对此，他亦有深刻的认识。他在诗中说道："您不喜欢的东西，我自然也应蔑视，这样下去，我知道我的心将不再属于本人。"④

总之，跌入爱情的深渊以后，彼特拉克之"自我"已经被异

① ［意］彼特拉克：《秘密》，方匡国译，广西师范大学出版社，2008 年，第 97 页。
② ［意］彼特拉克：《歌集》，李庆国、王行人译，花城出版社，2001 年，第 3 页。
③ ［意］彼特拉克：《秘密》，方匡国译，广西师范大学出版社，2008 年，第 111 页。
④ ［意］彼特拉克：《歌集》，李庆国、王行人译，花城出版社，2001 年，第 21 页。

化。此时的诗人已经成为了爱情的奴隶，世俗情感的附庸。对于一个追求自由的灵魂来说，这必将导致他的极大痛苦。

第三步，失去自我，极度痛苦。失去自我的彼特拉克陷入了极端的痛苦与迷茫之中。此时的彼特拉克丝毫不受自我的控制，他不由自主地思念劳拉，臆想她的一举一动。他在诗歌中向世人肆意倾吐着这种迷茫与不幸："我是她的俘虏，她却不把我放入囚图；她不放我走，不让我自由行动，她不处死我，为我打开锁链；也不让我活，拯救我的苦难心灵。"①"爱神折磨了我二十一年，我喜气洋洋地被情火燃烧，又在痛苦中获得希望；我的圣母连同我的心一起升入天堂（暗指劳拉去世），我又为她哭泣了整整十年岁月和时光。"②

从引文当中可以看出，彼特拉克在获得爱情的同时，他的自我与灵魂被这份世俗情感紧紧地系缚。他由此陷入了极度的痛苦与迷茫之中。对于爱情的追寻不能遂愿，加之劳拉的去世，极端的痛苦让彼特拉克不堪重负。最终，这些痛苦在他的思想当中发生了蜕变，晚年他开始寻找精神上的彻底自由与解脱。

第四步，极度痛苦，寻求自由与解脱。在经历了爱情的折磨以后，彼特拉克深深地意识到，对于世俗情感的留恋无异于将自我丢弃于荒郊野外，使心灵肆意遭受狂风暴雨的摧残。而爱情并非它物，它仅仅是捆绑灵魂的锁链。彼特拉克在其晚年的诗歌中写道："我为我失去的岁月而哭泣和悲伤，我为爱一个美丽的血肉之躯而消磨了时光；我本来可以为世人做出高尚的榜样，我曾

---

① ［意］彼特拉克：《歌集》，李庆国、王行人译，花城出版社，2001年，第200页。
② 同上，第478页。

有翱翔的翅膀，但我没能飞到天上。"① "如今我已疲惫，我指责我自己一生中做了不少错事，不可原谅。几乎使我的善性窒息而死，如今我要把我的残生献给上帝，而避开追逐不息的欲望。"②

从引文中可以看出，彼特拉克随着年龄的增长而体会到生命的有限。他越来越深刻地意识到，一个自由的灵魂不应被外物所系缚，亦不应被世俗情感所牵绊。最终他将人生的价值归结于对精神自由的追求。他立誓要甩脱世俗欲望的种种羁绊，把自己的"残生交给上帝"，在彼岸世界里享受精神的自由与宁静。至此，彼特拉克完成了他由追寻入世价值到追寻出世价值的转变。这一转变，同样表现为晚年彼特拉克对于基督教哲学的青睐。

在此，我们仍然要指出的是，爱情以及其它世俗情感对于晚年的彼特拉克并非毫无影响。在追求精神解脱的过程中，彼特拉克仍然显得举棋不定、犹豫不决。对于他晚年获得的精神自由，他描述道："我逃离了伤害我又医治我的爱神之手，不再受它长时间无情的折磨，然而我得到的自由却也甜蜜浓烈而又苦涩难尝。"③

小结：

至此，我们以彼特拉克的爱情演进过程为例，揭示出了彼特拉克由追寻入世价值到追寻出世价值的思想转变过程。这一转变过程可以基本概括为：将入世情感（爱情、荣誉等）确立为人生价值→世俗情感凌驾于自我之上→自我被系缚之后极端痛苦→由痛苦而寻求出世的解脱。这一变化过程也体现为：青年彼特拉克

---

① ② ③　［意］彼特拉克：《歌集》，李庆国、王行人译，花城出版社，2001 年，第 478 页。

偏爱充满人文精神的古罗马文化，而晚年彼特拉克偏爱追求精神自由的基督教文化。

## （四）宗教观

通过前文的介绍我们可以看出，彼特拉克的学术生涯有一个由古罗马哲学转入基督教哲学的过程。或者从基督教的角度来说，他早年忽视了基督教哲学，晚年对其越来越关注。但这仅仅是在理论层面上对于彼特拉克思想脉络的分析。事实上，彼特拉克生活在一个基督教文化占主导地位的时代，他本人的生活也与基督教存在着千丝万缕的联系。

早在青年时期，彼特拉克就开始在教堂供职。当时的彼特拉克结识了很多从事宗教事业的朋友，他的这些朋友大部分在教廷都有着很大的权势。而彼特拉克的生活支出主要依靠这些朋友的支持和赞助。彼特拉克一生都与宗教人士有着频繁的交往，在交往的过程中，一方面，他可以获得教廷的资助；另一方面，教廷也想借用彼特拉克"桂冠诗人"的称号扩大自己的影响范围。

但是作为一个具有高度自我意识的学者，彼特拉克并没有完全屈从于教廷的权势。在他与教廷的频繁接触中，彼特拉克看到了教廷的陈腐与堕落，并且对其进行了无情的批判。他在诗中写道："贪婪的阿维尼翁城（当时的教廷所在地）就像一个袋囊，装满了耻辱、荒淫、奢侈和上天的怒惘，瞬时之间就会被撑开和胀破。它崇尚的不是正义和智慧而是奢侈和淫荡。"[1] "噢，你刮

---

[1] ［意］彼特拉克：《歌集》，李庆国、王行人译，花城出版社，2001年，第201页。

尽了民脂民膏、民血民精，榨干了别人的骨髓，养肥了自己的体型，怒火将从天界降临到你头上，因为罄尽南山之竹也难书你的罪恶满盈；你在欺诈的巢穴中所做的种种罪行，今天已在世界各地传播得嗡嗡嘤嘤，你们狂饮暴食，寻欢作乐，荒淫无耻，挥霍无度已达到了极限和顶峰。"①

在彼特拉克生活的时代，基督教与它的原始教义渐行渐远，当时的教廷确实存在着种种流弊。一方面，基督教教义原本斥责人们沉溺于各种世俗欲望，倡导人们追求彼岸世界的精神自由。然而当时有很多神职人员都沉溺于声色犬马的欢愉，甚至连教皇都会有多个私生子，这对于宗教精神的纯洁性和超越性都造成了极大的危害。另一方面，基督教与政治权力紧紧地缠绕在一起，这使得教廷内部更加污浊不堪。当时的教皇克莱蒙五世（Clement V）就是因为受到了法国国王腓力四世（Philippe IV）的资助才得以当选教皇，而作为回报他将教廷毅然决然地由罗马迁到了阿维尼翁。此时的教廷内部充满着各种权力斗争、权钱交易，教士们更是弃人们的疾苦于不顾，利用各种宗教仪式搜刮民脂民膏。

有些学者认为，彼特拉克对于宗教的态度是相互矛盾的：一方面他批判着教廷的腐败，另一方面他又追寻着天国的自由。而事实并非如此。彼特拉克对教廷的批判并不等同于他对基督教的批判，相反，这正意味着他对于基督教原始教义的维护。彼特拉克对于现实教廷的批判并不是一个愤青发出的满腹牢骚。在他看来，教廷之所以可憎可恶是因为它阻碍了人们获得精神自由。这

---

① ［意］彼特拉克：《歌集》，李庆国、王行人译，花城出版社，2001 年，第 206 页。

一点在他的诗歌中亦有体现："罪恶的阿维尼翁教会内什么都干，它完全不知羞耻、不辨善良……我将弃它而去，为了死后的心灵不受污染。"①

> 罗马的神圣如今成了阿城的伪善，为此，人们在哭泣，叹息和感伤……正义在此死去，邪恶在此孕育生长，你成了人间地狱，如果耶稣不暴怒，那将是天下最大的奇思怪想。②

从引文中可以看出，彼特拉克批判教廷的原因是它失去了慈悲和正义，违背了耶稣的教诲。而他要离开阿维尼翁的原因是因为那里污染了他纯洁的心灵。由此可见，彼特拉克对于教廷的批判并不代表他否定了基督教，相反，这正是他维护基督教纯洁性、超越性的一种表现。

真正影响彼特拉克宗教观形成的两大因素在前面我们已经谈到，一个是彼特拉克的个人经历，另一个则是奥古斯丁的影响。彼特拉克在晚年时候逐渐发现，他苦苦追寻一生的爱情带给他的只有无尽的痛苦，而世间众人赋予他的美名与赞誉也并没有带给他快乐。各种世俗情感如锁链般紧紧地束缚着他的灵魂，他几乎快要窒息。而此时他回忆起了奥古斯丁，基督教哲学为他打开了精神自由的大门。这种情感在他较晚的诗作中表现得非常明显：

> 天主，凡人看不见，永恒的主啊，你看见了我可耻的行

---

① ［意］彼特拉克：《歌集》，李庆国、王行人译，花城出版社，2001年，第159页。

② 同上，第208页。

为和不应有的十足迷惘，快来拯救我迷途、脆弱的灵魂，用你的恩典弥补我的过失与失当。①

我只求我最后一声哭泣能忠于上帝……我的主，赐予我灵魂永恒的宁谧与安详。②

由此可见，由于受到欲望的炙烤、情感的折磨，晚年的彼特拉克最终倾向于将精神自由作为人生的最高价值。也就是说，他开始越来越厌弃世俗的追求，而倾向于赞同基督教的价值观。但在此我们仍要指出，这仅仅是一种倾向，而绝非最终的抉择。彼特拉克在这一点上一直表现的犹豫不决，而这种犹豫又代表着自我意识的崛起。因为人们只有在犹豫之时，他才是自我的主人。犹豫代表他可以凭借自我的力量作出自由自主的判断。而正是这自我意识的逐步崛起最终引发了席卷欧洲的人文主义浪潮。

小结：

彼特拉克一方面批判现实教廷的堕落腐败，另一方面又维护人们对于上帝和天国的追求。这看似矛盾的双方其实是一致的，它们统一于彼特拉克对于精神自由的追求。正是因为教廷的所做所为阻碍了人们对于彼岸世界的追求，因此彼特拉克才对它进行了无情的批判。值得我们注意的是，彼特拉克的价值取向与基督教并不完全一致。晚年彼特拉克青睐出世的宗教，但他又摇摆于入世与出世之间。事实上，正是这种摇摆代表着自我意识与人文

---

① ［意］彼特拉克：《歌集》，李庆国、王行人译，花城出版社，2001 年，第 478 页。

② 同上，第 479 页。

精神的真正崛起。

## （五）名言选辑

［1］仔细检查你的心灵吧，你会发现和你极大的无知比起来，你那全部的已知就像夏日干涸的溪涧之于大海。①

［2］人类的灵魂，生自上天，本质如此高贵，但却无视崇高的一切，贬低自身，追求泥土中的金属，这是多么奇怪的错觉，多么可悲的盲目。②

［3］凡人放弃了许多俗事，不是因为不屑而是因为不能。希望和欲望相互刺激，所以其中一个冷却，另一个便熄灭；但若一个暖和起来，另一个便会再次沸腾。③

［4］凡人不受理性的控制——极端的快乐便是一例——那么从同等的高度坠落时，会比那些受理性控制的人更为危险。④

［5］怀有错误的想法显示了你的无知，而继续公然宣称它则表现出你的愚昧与傲慢。⑤

［6］满意于肤浅的外表，你就不可能看得更远。即使其他所有的迹象都不能让你信服美丽必将枯萎消逝，那么正是那每日消磨你的、令人不安的时间流逝可令你不再怀疑。⑥

［7］（讽刺贪财者）你之所以这么做（贪财）是因为你更想

---

① ［意］彼特拉克：《秘密》，方匡国译，广西师范大学出版社，2008 年，第 31 页。
② 同上，第 60 页。
③ 同上，第 64 页。
④ 同上，第 37 页。
⑤ 同上，第 102 页。
⑥ 同上，第 51 页。

死在华丽的裹尸布里，埋在大理石的墓碑下，虽不是活着享用这些财宝，但让后人为丰厚的遗产相互争斗。①

[8] 有时正当灵魂刚刚从苦难中幸存下来，哪怕最轻微的事物亦能使其跌回深渊。②

[9] 我从未建议你毫无追求地活着，只是同时提醒你勿偏爱荣耀甚于美德，你要知道荣耀只是美德的影子。③

[10] 旅行对一个没有准备好的灵魂来说，没有任何好处。然而对于一个准备好的灵魂，却有治愈之功效，并能保卫它的健康。④

[11] 凡人总是为了明天祈祷，而忘了今朝。⑤

## 三、后世影响

### （一）时代的先驱

作为一个时代的先驱，彼特拉克用他那极其敏锐的洞察力把握到了时代跳动的脉搏，察觉到了时代发展的方向。与此同时，他亦将自身投掷到历史发展的洪流之中，成为一个新时代的开拓者，为后人指引着前进的方向。在这一过程中，彼特拉克犹如一位导师，引领着后人发现古希腊罗马文化的辉煌与成就；同时为

---

① ［意］彼特拉克：《秘密》，方匡国译，广西师范大学出版社，2008 年，第 57 页。
② 同上，第 122 页。
③ 同上，第 146 页。
④ 同上，第 120 页。
⑤ 同上，第 69 页。

他的后学灌注着人文主义——这一驱动历史发展的新的精神力量。

在兴趣爱好的指引之下，青年彼特拉克毅然弃法从文，一心钻研古典文献。他花费大量时间和精力收集古典文献，发现并整理出了李维、西塞罗和维吉尔的多篇著作，为后人留下了丰厚的精神财富与物质遗产。至今我们仍难想象，如果没有彼特拉克付出的这些努力，西塞罗的政治思想很有可能被大家逐渐淡忘。而关于李维所记载的部分古罗马城邦历史将被时间永远地尘封、湮没。正是因为彼特拉克系统地整理出了李维的《罗马史》，其后学马基雅维利才能根据这部著作撰写出《论李维〈罗马史〉》，而马基雅维利的这本著作影响了欧洲政治学以及政治制度发展的整个进程！彼特拉克堪称用他的发现改变了人类历史演进的过程！

然而彼特拉克对于文艺复兴的贡献绝不限于收集这些古典资料。他的一生还致力于复兴古罗马文化。尽管他在晚年逐渐改变了这一努力方向，但他所获得的成果仍然不容小觑。他通过撰写史籍来梳理整个古罗马发展的历史，通过撰写诗歌赞美古罗马英雄的成就。他在自己的演说中弘扬古罗马精神，在政治实践中倡导恢复古罗马制度。此外，他还模仿古罗马的体例格式撰写诗歌、信件，让人们直观地领略古代文学的风韵。由他改造的意大利体十四行诗在很短的时间内传入法国、德国、英国，进而风靡了整个欧洲。这种诗歌体例被后人称为"彼特拉克体"，它为欧洲抒情诗的发展开辟了新的道路，最终被文坛巨匠莎士比亚推向高峰。

彼特拉克对古罗马的追寻与赞美暗示着一个新时代的到来——文艺复兴。他对古罗马文化的阐释与弘扬犹如推开了一扇大门，让人们看到了古典文化散发的熠熠光芒。此后，对于古典文化的研究成了那个时代的风潮。文艺复兴先驱的名号，彼特拉克当之无愧。

## （二）"自我"的苏醒

在彼特拉克生活的时代，中世纪思辨哲学的流弊日益加深。哲学家们开始逐渐抛弃对于真理和至善的追寻，而更关注理论的形式与逻辑。他们用自己的方式换算着上帝和天堂的本质，而逐渐失去了对人本身的关怀。在这种情况之下，思辨哲学逐渐演变成了一个空洞的、僵化的、毫无内容的理论外壳。在这种思想的裹挟之下，人们的精神世界亦变得浑浑噩噩、陈腐不堪。

在研究古典文献的过程中，古罗马的人文精神深深地震撼着彼特拉克的心灵。那时的彼特拉克看到，人们关注人与自我本身，他们赞美人的高尚品德，肯定人们对于人生价值的追寻。正是这些因素逐渐唤醒了彼特拉克的自我意识，他开始将自己关注的焦点集中于人类及其自我价值。

此时的彼特拉克犹如一位先知，在那个昏沉的时代，他率先苏醒。然而率先苏醒的人注定是痛苦的。因为获得重生的自我意识，必须要甩脱前人的一切成见，独立自主地探寻真理。因为只有这样，他才能维护住专属于自我的自由，才能使自己不再沦为外物或者他人的奴隶。

此外，彼特拉克那倔强、顽强的自我意识还体现在他对于入世与出世的抉择上。在其晚年，彼特拉克逐渐发现，他用一生的时间和精力追逐着世间的爱情与荣誉。但这些世俗欲望犹如一条条锁链，再次捆绑住了他那原本自由的灵魂。对于外物的迷恋使彼特拉克逐渐失去了自我，而这位先哲明确地意识到了这一点。因此，为了维护自我的自由，彼特拉克转向宗教。他试图用基督教之刃打开那系缚心灵的枷锁，进而维护他那倔强的自我与自由。

作为时代的先驱，彼特拉克的一生注定是痛苦的。这犹如一粒种子，最早舒展开的嫩芽必定最先遭受风雨的洗礼。也只有在洗礼过后，幼苗才能长成苍天大树。彼特拉克用自己的痛苦维持着这份率先崛起的自我意识，保持着它的自由。最终这种自我意识席卷了整个欧洲文艺界，这就是其后的人文主义思潮。而彼特拉克也因此被称为"第一个现代人"。

### （三）开启对现实人生的关注

事实上，彼特拉克的文学作品在他生前就已经声名远播、流布甚广。阅读彼特拉克曾经成为一种时尚和风潮。而其后文艺复兴时期的大部分学者都阅读过他的诗歌，薄伽丘、马基雅维利、莎士比亚等人还曾经仿照着彼特拉克的模式创作诗歌。

彼特拉克对于欧洲学界的另外一个重要影响就是他将学者们的目光从天堂转向了人间。在前彼特拉克的时代，神学与哲学研究演变得越来越抽象、越来越刻板，学者们用自己的方式推论着上帝的本质，而忽略了现实人生的意义和价值。彼特拉克自己也曾深陷出世价值与入世价值的矛盾抉择之中。但是这位诗人对于人本身以及人生价值的关注唤醒了那个时代的许多学人。历史最终为彼特拉克的抉择提供了答案：关注人间。由此，这股人文主义思潮慢慢铺展开来，逐渐席卷了欧洲文化的方方面面。

在文学方面，薄伽丘接过了彼特拉克的旗帜，明确提出了

"幸福在人间"的口号，而这一口号一直被视为人文主义的新宣言。薄伽丘沿着彼特拉克的脚步，继续从古罗马文学当中汲取营养、寻找灵感。他在自己的文学作品中揭露着教廷的腐败，批判日渐僵化的神学思想对人类自由的钳制，歌颂着人们对于世间幸福的追求。

在艺术创作方面，达·芬奇发时代之先声，他倡导艺术家们应当把观察的焦点转向自然世界。他认为，艺术是一种科学，是一面反映自然世界的镜子。优秀的艺术家应当以自然为师。他应当通过向自然学习而掌握足够多的科学知识，再将这些知识运用到绘画创作中去，依此表现出自然本身之美。

在政治学方面，马基雅维利也将政治从天国带到了人间。在文艺复兴以前，学者们往往是在宗教或神学的框架之下研究政治。此时的国家是上帝创造的产物，政治是神学的附庸。当文艺复兴的清流浇灭了人们对于神学的执迷与狂热之时，马基雅维利率先发现，政治只不过是人们之间权力争夺的战争，而很大程度上宗教只不过是人们获取权力的一个工具。

总之，在彼特拉克的影响下，学者们越来越多地将研究的重点转向自然世界与现实人生。由此，文艺复兴的浪潮在欧洲文化的方方面面铺展开来，从而取得了一系列的研究成果。在文艺复兴早期，彼特拉克用他惊人的智慧塑造着人类文明发展的历史，历史也必将永远铭记他那闪烁不息的智慧之光。

## 四、带给后人的启示

### (一) 探寻人生的意义和价值

当我们回顾彼特拉克的生平之时，便会发现，彼特拉克终其一生都在寻找着人生的价值和意义。在青少年时代，彼特拉克的人生价值被规定为学习法律，成为一名律师。但这种价值并不是他自由自主的选择，而是他的父亲强行赋予他的。因此，彼特拉克毅然放弃了这种被他人赋予的价值，踏上了自己寻找人生价值的道路。

在这条道路上行走谈何容易！作为一个自由的灵魂，如果他想要作出符合自己本性的判断，那么他必须抛弃前人的一切成见，时时省视自己的内心，扪心自问：到底什么才是人生的最终意义？什么才是这灵魂的真正所需？

青年彼特拉克寻找到了答案：人生的意义在于获得真挚的爱情与成功的荣耀。于是他开始孜孜不倦地研究古罗马文献，进行史书与诗歌创作。他沉浸于对劳拉真挚而浓烈的爱情；他享受着"桂冠诗人"的美誉。

然而在彼特拉克心中崛起的自由意志并未就此罢休，它不断地拷问着彼特拉克的心灵：爱情与美誉到底是不是自我的真正需求，是不是人生的终极意义。对于这个问题，晚年的彼特拉克得到了否定的答案。

在步入晚年之后，彼特拉克发现，爱情带给他的除了失落与痛苦之外别无它物；而世人的美誉与他的精神自由并无多大关联。

正是出于这种反省，彼特拉克最终尝试着将自己的人生价值摆脱世俗的纷扰，进而将其送往自由的天国。

　　总之，彼特拉克对于人生意义与价值的探寻贯穿了他的一生。他的这种探寻人生价值的精神是非常值得我们学习的。因为我们只有时刻关注人生的价值和意义，才能避免陷入庸碌无为的人生。对此可能有人会反驳道：关于人生意义这个议题，彼特拉克终其一生都没能找到确定的答案，而他却为此付出了极大的代价，痛苦、迷茫、纠结地度过了一生。对此，我们只想说，为了肉体和情绪的逸乐而放弃追求人生的价值和意义，这正是我们人生如此庸碌平凡的关键所在。

### （二）自由需要忍受

　　有很多人渴望自由，然而在大多数情况下，大家期待的"自由"仅仅是一种感性欲望的绝对实现，它与哲学上的辩证的自由有着很大差异。真正的自由不是用来享受的，而是需要忍受的。彼特拉克的经历恰恰说明了这一点。

　　我们可以拿我们对凡尘自由的追求来说明这一观点：我们实现凡尘自由的两个基本条件：一是去除俗务的纷扰，二是拥有充裕的时间。试想，当我们获得了这两个基本条件之后，继而我们会有什么样的行为和表现？作为普通人，我们大多会率先满足我们的一些感性欲望或世俗欲望，比如旅行、娱乐等。我们当然会因此获得快乐和满足，然而这种快感并非来自自由本身，而是来自于感性欲望的短暂满足。换句话说，我们不可能永远沉溺于这种简单的快乐。那么接下来会有两种情况出现：一方面，如果我们的感性欲望被持续、频繁、反复地满足，我们会因此感觉到厌倦、空虚和迷茫；另一方面，如果我们没有这种空虚和迷茫，反而一直执迷于这种感性欲望的满足，那么我们会再次沦为欲望的奴隶。举例来说，如果当下我们获得了充足的时间，可能有些人会选择网络游戏进行娱乐。在获得这种"自由"的初始阶段，他的感情欲望得到了满足，他会因此而感到快乐。但是如果我们让他用自己的余生都来做这件事情，那么他要么会因此而厌倦，要么会一生执迷于此，进而再次沦为游戏的奴隶。

通过以上论述我们可以发现，我们平时所期待的世俗自由实际上并不是真正的自由。真正的自由是对于精神自我的一种自主地维持，它可以保证我们作出自由自主的判断，做自己的主人，选择自己的人生。

彼特拉克的一生都在维护着自己的这种自由。当他将自己的人生价值规定为爱情和荣誉以后，他逐渐发现在追索这种价值的过程当中，他慢慢地沦为了爱情和荣誉的奴隶。他的灵魂被这两副枷锁死死地扣住。为了维护自我的自由，他再次挣脱了世俗的锁链，重新将自我抛掷到自由的狂风骤雨之中。彼特拉克这种追求自由的精神，值得我们学习和赞美！

## （三）过多的欲望是捆绑心灵的枷锁

在彼特拉克生活的时代，许多人都盲目地追逐着自己的感性欲望。他们贪婪地积累着自己的金钱与财富，满足于自己的口腹之欲，追逐着世间的功名利禄。而在彼特拉克追寻人生价值的过程中，他将贪婪的欲望视为捆绑心灵的枷锁，视为一切烦恼与痛苦的来源。

他用犀利的言辞评判人们对于金钱的渴望："你之所以这么做（贪求财富）是因为你更想死在华丽的裹尸布里，埋在大理石的墓碑下，虽不是活着享用这些财宝，但让后人为丰厚的遗产相互争斗。"①

彼特拉克不仅斥责人们对于金钱的贪婪，他认为对于爱情和荣誉的过度渴求同样会束缚住人们的灵魂。他将爱情和荣誉比喻为黄金做成的锁链。人们往往沉醉于欣赏它那金色的光芒，而丝毫没有察觉它们同样会造成痛苦与烦恼，束缚住人们那本应自由的灵魂。对于这一点，泰戈尔那著名的比喻与此有着异曲同工之妙：当鸟儿的翅膀被系上黄金，那么它将再也无法在天空中自由翱翔。

当下的我们生活在一个信息爆炸的时代，各式各样的欲望经常会以新的方式诱惑我们的心灵。我们不希求每一个人都脱离世俗的纷扰，追寻出世的自由，但彼特拉克对于感性欲望的评判仍然值得我们借鉴和思考。


结束语：

彼特拉克被后人称为"人文主义之父""第一个现代人"。他曾经致力于阐释和弘扬古罗马文化，批判中世纪经院哲学的僵化与陈腐。他试图以此唤醒人们沉睡的心灵，唤醒人们对于人本身及其存在价值的关注。彼特拉克的一生都在寻找人生的价值。受

---

① ［意］彼特拉克：《秘密》，方匡国译，广西师范大学出版社，2008年，第57页。

古罗马文化的影响，他早年曾经一心追求事业的成功。但在其晚年，他开始感觉到对于成功的追求带给他无限的烦恼与痛苦，他开始转而研究基督教文化。在彼特拉克的内心深处一直存在着一种激烈的矛盾与冲突。这种矛盾是古罗马入世精神与基督教出世精神在他心灵深处不断碰撞产生的结果。彼特拉克的一生都在入世与出世的抉择之间左右摇摆。在这左右摇摆之间，他的自我意识得到了成长与锻炼。在这自我意识的引领之下，人文主义思潮正在欧洲文化的各个方面铺展开来。

## 五、术语解读与语篇精粹

### （一）个人主义（Individuality）

术语解读

对彼特拉克而言，自我总是处于世界之中，总是属于世界。它并不是一个与广延的东西（res estensa）相对立的思想着的东西（res cogitans），它总是与世界进行抗争，但世界并不是一个陌生的他者。

彼特拉克在面对中世纪晚期文明危机的时候，找到了一种解答，即把人设想成能够自我掌控和自我完善的有限个体。在他看来，这样一种自我掌控只有在政治生活之外才是可能的。从根本上说，现代个人观念和当前时代都带有强烈的私人性和非政治性。

按照彼特拉克的说法，人生尤其会受斗争困扰。其中一个原因在于事物的本性，但更大的原因是发生在我们灵魂内部的斗争。

对人造成威胁的不仅是自然或命运，而且还有人本身。这首先源自人生所特有的对卓越的追求，驱策这种追求的是对名声的渴望以及嫉妒和怨恨的执拗运作。即使在和平时期，我们也仍然被自己的激情所困扰，被"（我们）心灵中看不见的主人"所困扰，它源自"人的起源中所潜藏的一种秘密毒药"。与和平相伴的是放纵和欲望。因此，要想获得和维持自由，人就必须永远与诱惑战斗。

### 语篇精粹 A

In order to understand what ends I ought to oursye it is thus necessary for me to understand what I am, for I am not just another member of the human species who has certain essential defining characteristics and a certain set of moral duties but an absolute particular, an individual created immediately and uniquely by God. To understand what I ought to do, I thus have to understand what I am in and myself. For Petrarch, all moral questions thus go back to self-knowledge, and all human history is a study of human biography.

This pathway to virtue, however, lies not in a scholastic investigation of man's place in the natural order of things but in an introspective examination of the individual self. This examination, at least in My Secret, is achieved through an inner, imaginary dialogue with a spiritual mentor, in this case a friend that Petrarch knew only from books but in Petrarch's mind a friend nonetheless. The self is thus understood not immediately but through dialogue or discussion. Self-knowledge thus comes about through seeing oneself through the eyes of another, but another who is also in some sense another self. As Petrarch later remarks in the Remedies, such talk "will discover you unto yourself", who seeing all things, see not yourself. The purpose of such a discovery is not merely self-understanding but self-improvement and self-perfection. [①]

### 译文参考 A

要想知道我追求什么，就必须理解我是谁，因为我并不只是人这个物种当中的另一个成员，具有某些本质的规定性特征和特定的道德义务，而是一个绝对的个体，一个由神直接创造的独一无二的个体。因此，要想理解我应当做什么，就必须理解自在自为的我是什么。所以对彼特拉克而言，所有道德问题都回到了自我认识，所有人类历史都是对人物传记的研究。

但是这种获得美德之路不在于对人在万物自然秩序中的位置作一种经院哲学式的考察，而在于对个体自我作内省审视。这种审视，至少在《我的秘密》中是通过与一位精神导师作一种内心的、假想的对话而实现的。这里的精神导师是彼特拉克仅从书中知道的一位朋友，但在他看来仍然是朋友。于是，自我不是直接被理解，而是通过对话或讨论得到理解。获得自我认识的方式是透过另一个人的目光来看自己，而另一个人在某种意义上也是另一个自我。彼特拉克后来在《两种命运的补救方法》中指出，这种谈话"将使你发现真正的自己，这个你能够看到所有东西，却独独看不到自己"。这种发现的目的并不仅仅是自我理解，而且

---

① Gillespie, Michael Allen, *Theological Origins of Modernity*, University of Chicago Press, 2008.

也是自我改进和自我完善。

### 语篇精粹 B

Petrarch is a witness for a new understanding of the meaning of the individual as an irreplaceable personality. His own self-presentation in his written work is an example of the unfolding and expression of character that Petrarch has in mind. To know how one ought to live, it is essential to know who one is. He thus does not seek to lay down a rule for others but only to expose the principles of his own mind. His life appeals to him as supremely desirable, but he does not therefore recommended it for general imitation. It is crucial that each man decide according to his own preferences, for it is impossible that a single road should suit all men. Petrarch does not mean that everyone should simply follow his whims: "Each man must seriously take into account the disposition with which nature has endowed him and the best which by habit or training he has developed. " In the plan to reform oue lives, we should be guided not by idle wishes but by our character and predisposition. It is thus necessary for man to be particularly honest and exacting in passing judgment on himself and to avoid temptations of eye and ear. This is only to say that each man should undergo the kind of self-examination undertaken in the *My Secret*. Once one has come to the bottom of oneself and grasped one's peculiar nature, warts and all, he or she should follow the path that this nature demands. As Petrarch puts it, "Each person, whether saint, soldier, or philosopher follows some irresistible call of his nature. "①

### 译文参考 B

彼特拉克见证了一种对个人含义的新的理解，即把个人理解成一种不可替代的个性。他本人在书中的自我展示便例证了他所设想的个性的展现和表达。要想知道应当如何生活，就必须知道他是谁。因此，人并不试图为他人制定规则，而只是显示他自己心中的原则。虽然他的生活在他看来是极为可取的，但他并不因此建议人们都来效仿。每个人都应按照自己的偏好作决定，这是至关重要的，因为不可能有单一的道路适合所有人。彼特拉克并不是说每个人都应当随心所欲："每个人都必须认真思考自然赋予他的性情，思考通过习惯或训练而发展出来的最好的东西。"在计划改变生活时，我们应当遵循自己的性格和倾向，而不是异想天开。这只是说，每个人都应当进行《我的秘密》中的那种自我审视。一旦人潜入到自己的最深处，把握住了他的特殊本性，毫不掩饰缺点，那么他就应当沿着这种本性所要求的道路走下去。正如彼特拉克所言："每个人，无论是圣人、士兵还是哲学家，都应听从自己本性的不可抗拒的召唤。"

### 语篇精粹 C

Petrarch asserts unequivocally in *The Solitary Life* that public life is incompatible with virtue. At the heart of this claim is his conviction that social life is dominated by the opinions and values of the multitude, who are invariably slaves to their passions. Man in society is thus

---

① Gillespie, Michael Allen, *Theological Origins of Modernity*, University of Chicago Press, 2008.

not a free being who seeks his own good but a slave who desires the praise and fears the blame of others and who consequently wants only what others want. Those engaged in public affairs, are ruled by the power of another man's nod and learn what they must do from another man's look. They claim nothing as their own. Their house, their sleep, their food, is not their own, and what is even more serious, their mind is not their own, their countenance is not their own. They do not weep and laugh at the promptings of their own nature but discard their own e-motions to put on those of another. In sum, they tansact another man's business, think another man's thoughts, live by another man's grace. The multitude thus merely follow one another, which is to say, they are dominated by the lowest desires and turn the satisfaction of these desires into objects of praise. It is only in private life, only in what Petrarch calls solitude or retirement, that man can be true to himself and enjoy his own individuality. ①

### 译文参考 C

在《论孤独的生活》中，彼特拉克明确断言公共生活与美德不相容。这种说法的核心是这样一种信念，即社会生活由众人的意见和评价所主导，而众人总是受自己激情的奴役。因此，社会中的人并不是一个寻求自身的善的自由存在者，而是一个奴隶，他渴望赞美，害怕责备，只想要他人想要的东西。那些忙于公共事务的人受制于他人的权力，要看别人的脸色行事。他们不要求

①  Gillespie, *Michael Allen*, *Theological Origins of Modernity*, University of Chicago Press, 2008.

任何东西是自己的。他们的房子、睡眠、食物都不是自己的，更严重的是，连他们的心灵和表情都不是自己的。他们的哭泣和欢笑都不是发自内心，而是迁就于他人的情绪。总之，他们办理别人的事情，想别人的想法，靠别人的恩惠过活。因此，众人只是随波逐流，彼此盲从，也就是说，他们受制于最低级的欲望，并把这些欲望的满足变成了赞美的对象。只有在私人生活中，只有在彼特拉克所谓的孤独或退隐中，人才可能忠实于自己，享受其自身的个体性。

## （二）伦理（Ethics）

### 术语解读

彼特拉克说："我不想变成上帝，或居住在永恒之中，或者把天地抱在怀里，属于人的那种光荣对我就够了，我自己是凡人，我只要求人的幸福。这正是我所祈求的一切，我自己是凡人，我只要求凡人的一切。"

彼特拉克作品的伦理性就在于，他能够把一个尘世中的心灵净化与自我完善结合在一起描述：既追求人生与事业的成功和写作带来的荣誉感，同时也在追求人性的道德良知与道德的自我完善，其中表达出深刻的自我反省意识。彼特拉克指责经院哲学总是准备告诉我们那些对于丰富我们的生活"没有任何贡献的东西，即使它们是正确的"，而对"人的本性，我们生活的目的，以及我们走向哪里去"这样至关重要的问题却不加理会。

在彼特拉克看来，人应当依据理智和自由意志去识别现实中的善与恶，而不能无所作为，为个人带来高贵与荣耀的不是显赫的权势，而是高贵的人性。

## 语篇精粹 A

The text he composes, as Petrarch states, is important to himself more than to his readers: unlike the preachers who speak and do not listen to what they themselves preach, he hopes to listen to himself and be inspired and moved by his topic. Through the act of writing about noble matters, he therefore argues, the author himself is transformed, becoming like the object of his meditation.

This assertion of the value of the act of writing as a practice of care of the self—allowing the author to advance on the road to virtue—is central to Petrarch's Latin writings. I have already mentioned Petrarch's statement in Fam. 1.9—following his declaration that "the care of the soul" (cura animi) is the true goal of the philosopher—that his own eloquent writings assist him more than anything else in caring for his own self, providing him with remedies that are geared specifically to his own ailments. Moreover, in the discussion mentioned earlier from Book 2 of the Secretum in which Augustinus admonishes Franciscus of the need to shape the inner self by means of the salutary precepts contained in his readings, it is in fact the act of writing that facilitates, according to Augustinus, the metaphorical inscription of such precepts on the soul. [1]

---

[1] Gur Zak, *Petrarch's Humanism and the Care of the Self*, p. 97.

**译文参考 A**

彼特拉克认为，比起读者，自己的创作对自己来说更为重要：与那些言行相悖的传教士不同的是，彼特拉克更希望听从自己的声音，希望从自己的话题中得到鼓舞和感动。通过记叙重大事件，他认为作者本身应该改变，要变得像他沉思的对象一样。

这种写作行为的价值主张与自我关怀的实践相同，允许作者通往一条美德之路，这也是他著作的中心思想。我之前提及过，彼特拉克在通信集中表示他自己更具有说服力的著作更能在自我关怀的这方面帮助自己，向他提供适合他自己的精神治疗。他觉得"自我关怀"（cura animi）是哲学家的真正目标。此外，在对三部剧的第二部之前的讨论中，奥古斯丁告诫弗朗西斯需要他在阅读中通过磨炼自我的戒律来塑造内在的自我，按照奥古斯丁所说，这在实际中可以促进写作，这种隐喻的铭文是来自于自己的心灵深处。

**语篇精粹 B**

As we shall see, the variety of ways in which Petrarch employed the practice of writing as a spiritual exercise, as well as the dominant role he gave to these uses in his overall project of caring for the self, turn his ethics of care of the self in a fundamental way into an ethics of writing.

One central way in which Petrarch uses writing as a spiritual technique in his letters is the composing of "Senecan" letters of consolation to friends, the aim of which is to train both the author and his addressee (as well as his other readers) to accept the blows of fortune with equanimity. In the previous section of this chapter, we encountered Petrarch's letters of consolation to the exiled Severo (Fam. 2. 3 – 4), which are modeled on Seneca's De consolatione ad Helviam and in which he attempts to persuade Severo that the true remedy to his physical exile resides in ending his spiritual exile from virtue, replacing the twisted views of the multitude that dominate his mind with the rational precepts contained in ancient texts. Nonetheless, in the following letter, as we have seen, Petrarch ironically goes on to describe his own exile from virtue, his own inability to control his grief and distress because of the absence of his friend and patron Giovanni Colonna. His attempts to console Severo and train him to endure his exile virtuously, we therefore learn, are aimed to cure his own malaise as well, to cultivate his own inner virtue. [1]

### 译文参考 B

众所周知，彼特拉克用多种方式进行写作练习也是一种精神锻炼，同时也在他自我关怀的整体规划中起了主导作用。这些方式将他自我关怀的伦理以一种基本的方式转换成写作的伦理。

在他的心中，彼特拉克把写作当作一种精神技术的核心方法之一是使用"塞涅卡式"的字母组合给予友人安慰，目的是训练作者和收信人（也就是读者）学会平静地接受命运的不幸。本章前面的部分，我们看到了彼特拉克安慰放逐的塞维罗的信件，这被塞涅卡所效仿。彼特拉克试图说服对塞维罗肉体上的放逐终止

---

① Gur Zak, *Petrarch's Humanism and the Care of the Self*, p. 98.

于精神放逐的美德，以此取代支配他思想的许多扭曲的观点，以及古籍中合理的认知。尽管如此，正如我们所见，在接下来的信中，颇具讽刺意味的是，彼特拉克继续描述他放逐的美德，自己无法控制自己的悲伤和痛苦，因为他的朋友和赞助人乔凡尼一家不在。彼特拉克试图安慰塞维罗，并且让他可以善良地忍耐放逐，因此这种方法可以治愈彼特拉克自身的不适，培养他自己的内在美德。

### 语篇精粹 C

The entire Secretum, as a result, should be regarded as a spiritual exercise for which the aim is the examination of conscience through the mutual acts of writing and internal reading, an examination that in turn is supposed to shape and transform the person writing according to the discoveries made in the process of writing.

Both the Secretum and the collections of letters therefore present us with a plethora of ways in which writing serves Petrarch as a spiritual exercise, allowing him to cultivate his inner virtue. Through the act of writing, Petrarch inscribes on his soul the precepts contained in his readings, consoles and trains himself to accept with equanimity the blows of fortune, kindles his desire to imitate outstanding men, educates and reminds himself of the lessons learned from his own experience, and conducts an internal examination of conscience—an examination for which the aim is not only to allow him to know and profess his own shortcomings but also to actively shape and reform who he is. In these efforts to cultivate the self by means of writing, as we have seen, Petrarch often revives ancient uses of writing that were common in the Stoic tradition, among them the writing of letters of consolation and the conducting of an examination of conscience in letters to friends. The practice of writing, in sum, plays a crucial role for Petrarch in his philosophical project of caring for the self, and the revival of ancient uses of writing as a spiritual exercise—in addition to the ancient idea of "care of the self" in general—thus become a defining feature of his humanism. [1]

## 译文参考 C

因此，整个三部剧话剧，应该被看作一种精神锻炼，目的是通过写作与内部阅读的共同行为产生对良心的审察，也是根据一个人在写作过程中的感悟来塑造和改变他写作方式的办法。

三部剧和通信集给我们展现了彼特拉克在精神锻炼方面使用的大量的写作方式，他用这些方法培养自己的内在美德。通过写作，彼特拉克将他阅读时得到的训诫铭记于心，让他自己平静地接受生活的不幸，激发自己模仿优秀的人的欲望，对自我良知的内省不仅是为了使自己知道并承认自己的短处，而且是为了塑造和改变自己的为人。正如我们所见，在通过各种写作方法培养自己的努力下，彼特拉克在给朋友的信中建立起自我良知的内省，在这些信中他重视古籍中使用的禁欲主义的传统。总的来说，写作练习在彼特拉克自我关怀的哲学之路上扮演了一个重要角色，复兴古代写作也是一种精神锻炼，除此之外，古代"自我关怀"

---

[1] Gur Zak, *Petrarch's Humanism and the Care of the Self*, pp. 108 – 109.

的思想也成为他人文主义思想中最典型的特点。

## （三）宗教（Religion）

术语解读

彼特拉克长期在教廷供职，面对教会种种的丑恶现象，彼特拉克毫不留情地、言辞犀利地展开了批判。但是彼特拉克批判的矛头并不是整个基督教会，他的批判主要集中在教会的某些不良行为以及某些教士的恶行上。

与此同时，彼特拉克极力维护教会的存在、维护早期基督教教义，同宗教界人士长期保持密切交往，是个虔诚的基督教徒。就他而言，宗教信仰和宗教虔诚在他的思想和著作中居于核心地位。

彼特拉克在他的文章《论无知》中说，"我的心灵的最深处是与基督教在一起的"，"当这颗心灵思考或谈到宗教时，即在思考和谈到最高真理、真正幸福和永恒的灵魂的拯救时，我肯定不是西塞罗主义或柏拉图主义，而是基督徒"。

此外，与彼特拉克通信的教会人士有三十多位，与宗教界各个阶层人士的交往成了他生活的重要组成部分，这也展示了作为一名基督教徒的他对宗教的虔诚。[①]

**语篇精粹 A**

The soul whose gentleness is all from God,

---

① 参见梁飞飞：《彼特拉克的宗教观念》，复旦大学博士学位论文，2009 年。

since such grace could come from nowhere else,

holds a virtue like that of its maker:

it grants pardon, and never wearies,

to him of humble face and heart,

whatever sins he comes to mercy with.

And if contrary to its nature it suffers

being prayed to often, it mirrors Him,

and so makes the sin more fearful:

for he does not truly repent

who prepares for one sin with another.

So my lady moved by pity

deigned to look down on me, and seeing

I revealed a punishment matched to the sin,

she kindly returned me to my first state.

But there's nothing a man can trust to in this world:

praying to her still, I felt my bone and nerves

turn to hard flint: and only a voice shaken

from my former being remained,

calling on Death, and calling her by name. [①]

### 译文参考 A

善良的灵魂由上帝创造，

这种赏赐只有天主才能恩典，

---

① Petrarch, *Canzoniere*, translated by A. S. Kline, p. 23.

人们的行为要遵照上帝的意志，

因为神灵对善良、谦恭

以及受过伤害的人

从不小气，从不吝然。

如果违背神的意志，

那就快点醒悟，

想想神使你恐惧的忠言

对自己的罪过快点忏悔，

免得罪上加罪，再犯新的罪愆。

在夫人重新对我怜悯之后，

也曾垂顾过我两眼，

她看到惩罚我的罪过已经相称，

于是又仁慈地把我拉回人间。

世间的聪明人不敢轻信，

当我再次向她提出求爱时，

我的身躯立即又变成了石岩，

只剩下微弱的声音将死神呼唤，

将她的名字呼唤，一遍又一遍……①

### 语篇精粹 B

Since you and I have seen how our hope

has, so many times, turned to disappointment,

raise your heart to a happier state,

---

① ［意］彼特拉克：《歌集》，李国庆、王行人译，花城出版社，2000年，第29页。

towards that great good that never cheats us.

This earthly life's like a meadow, where
a snake hides among the grass and flowers：
and if anything is pleasing to the eye,
it leaves the spirit more entangled.

So you, who've always sought a mind
at peace, before the final day,
follow the few, and not the common crowd.

Though you could well say to me："Brother
you show the way to others, from which
You've often strayed, and now more than ever."①

### 译文参考 B

我与你都不止一次地经历过这样的事情，
狂热的希望欺骗了我们炽烈的心灵；
让我们抖擞精神，跟着上帝一起同行，
我们的心愿就永远不会失望，不会迷蒙。

大地好像一块无限广阔的绿色草地，
而修长的蛇蟒常常躲在深深的花草丛中；

---

① Petrarch, *Canzoniere*, translated by A. S. Kline, p. 99.

世间如果有什么能诱惑我们的眼睛，

那一定是为了使我们的灵魂落入陷阱。


如果你想在离开人世之前，

心灵之中有一方纯洁之土，

那就效仿崇高、远离奸佞。


你可以对我说："兄弟，你总给别人指路，

而你自己，无论是过去还是现在，

却都常常迷路，东西南北都分不清。"①

### 语篇精粹 C

Lovely Virgin, who, clothed in glory,

crowned with stars, so pleased

the high Sun, that he hid his light in you,

love urges me to speak of you:

but I cannot begin without your help,

and His, who lovingly was set in you.

I call on her who always replies truly

to those who call to her with faith:

Virgin, if the final

misery of human life can forever

turn to you for mercy, bow down to hear my prayer,

---

① ［意］彼特拉克：《歌集》，李国庆、王行人译，花城出版社，2000 年，第 141 页。

and help me in this, my war,

though I am earth, and you the queen of heaven.


Wisest Virgin, and of that lovely number

one of the virgins blessed with prudence,

rather the first of them, and with the brightest lamp:

O solid shield for the oppressed peoples

against the blows of Death and Fortune,

under whom we triumph, not just escape:

O coolness for blind heat that flares

among foolish mortals here:

Virgin, turn those lovely eyes,

that saw in sadness the pitiless wounds

in the sweet limbs of your dear Son,

on my uncertain state,

who, without counsel, come to you for counsel.


Virgin, pure, perfect in every way,

daughter and mother to your noble Son,

you who illuminate this life, adorn the other,

through you that Son of the highest Father,

O highest shining window of heaven,

came to save us in these latter days:

and from all the other earthly wombs

you alone were chosen,

Virgin, so blessed,

that Eve's weeping turned to happiness.

Make me, as you can, worthy of His grace,

O forever blessed,

already crowned in the highest kingdom. [1]

**译文参考 C**

美丽的圣母，身披霞光，

头戴星星缀饰的花环丽裳，

上帝最爱你，你的怀里抱着圣子，

爱启示我为你写诗赞扬，

为了人类，圣子曾在你身上投胎，没有你

和耶稣帮助，我不知从何处开始这一篇章。

我呼唤你，是因为凡是信仰你的人

都请求你，你也总是答应出力相帮。

圣母，如果人间的灾难

能打动你慈善的心肠，

那么，请你俯下身子听我说：

"帮我在尘世俗念的战争中取胜，

只要我还是凡人，你是天上的女王。"


颖慧的圣母，最持重

---

① Petrarch, *Canzoniere*, translated by A. S. Kline, p. 336.

最聪明和神圣之母，

为人间带来光明的母后女皇！

受折磨的人那坚实的盾牌

正在抵抗着死神和命运的杀伤，

不仅能得救，最后还能成为胜方；

啊，如同一缕洁馨吹进浑浊世间

盲目的欲望点燃起来的耀眼火光；

圣母，你的美目曾悲恸地看着

你亲生儿子的四肢和身上那惨不忍睹

而血流不止的深深创伤，

现在也请看看我的处境，我无人指引，

我要听从你的教诲，求你相帮。


纯洁的圣母，你使儿子、爱女和母亲，

义魂和肉体如同一个整体那样，

你照亮了人间的生命，

又为天国的灵魂增添了荣光；

你的圣子和圣父在人类的最后一站

拯救了人间，来到了世上，

在人间所有的女性中

他只选择了你，把你看上

万福的圣母，你把夏娃赦免，

将她的哭声变成了欣喜若狂。

让我无愧于上帝的恩典！

啊，你永远幸福，你早已在天堂被加冕和封赏……①

## （四）欲望（Desire）

彼特拉克的意大利语代表作《歌集》跳出旧抒情诗的框框，开始冲破禁欲主义的束缚。他笔下的劳拉已经不再是抽象的天使，而是一位有血有肉、有形有色、容貌俊秀的少女。彼特拉克采用了生动具体的语言，以丰富多彩的色调，描绘劳拉的形体之美：美丽的金发、闪亮的眼睛、乌黑的睫毛、细嫩的小手等。他还在其它的诗中描写劳拉有"妖娆的身躯，艳丽的裙衫，天使般的腹胸"等。诗人以细致入微的笔触刻画自己复杂的思想感情和内心活动，在劳拉身上寄托他关于美和精神品质的理想。诗人把自己对劳拉的爱变成一种建立在人的自然本性基础上的对美的欲望，从而既超越了那种原始的肉欲享乐的低级感情，又避免了光是精神之恋的贫血苍白。他大胆歌颂爱情，表达对幸福的渴望。

**语篇精粹 A**

The desire for Laura, according to Franciscus, wakened his half-sleeping soul (semisopitum animum, recalling l' anima grave of poem 63) and led him to the pursuit of virtue, transforming (transformarer) him into the character of his beloved. It is the desire for an outside object functioning as an ideal mirror reflection of the self that allows Franciscus to attain selfhood, and as we have seen in canzone 71, it is the

---

① ［意］彼特拉克：《歌集》，李国庆、王行人译，花城出版社，2000 年，第 480 ~ 481 页。

act of writing about this ideal object of desire that facilitates the trans-
formation. [1]

> *Because this life is short,*
> *and thought trembles at the high enterprise,*
> *I place little of my trust in either:*
> *but hope that the sorrow*
> *I cry silently might be accepted*
> *where I long for, and where it ought to be.*
> *Lovely eyes where Love has made his nest,*
> *I direct my weak verse towards you,*
> *of itself slow, but spurred by great delight:*
> *and he who speaks of you*
> *takes a noble subject as his theme,*
> *which lifts him on loving wings*
> *far from all base thought.*
> *Now on these wings I fly to speak*
> *of what I've long carried hidden in my heart.*
>
> *Not that I'm blind*
> *as to how my praise might harm you:*
> *but my great passion cannot be opposed,*

---

[1] *Petrarch's Humanism and the Care of the Self*, The Hebrew University of Jerusalem, p. 34.

*that which was born in me*

*when I saw that which is beyond all thought*

*beyond what others have spoken, or myself.*

*This cause of my sweet bitter state*

*none can understand as well as you.*

*When I melt like snow in the hot sun,*

*your gentle disdain*

*is perhaps because my unworthiness offends.*

*Oh, if that fear*

*did not quench the flame where I burn,*

*how blessed I'd be! For in your presence*

*it's sweeter to die than live without you.* ①

**译文参考 A**

彼特拉克对劳拉的欲望唤醒了他麻木的灵魂，引导他去追求美德，将他改变成他心爱的角色。对外在对象的欲望让诗人拥有了自我检视的能力，这使彼特拉克去追求自我，就像《歌集》中第 71 首诗说的一样，以对理想中的客体为对象的欲望进行的创作让诗人发生了改变。

*由于人生短暂，我的才华在歌颂*

*她的美目面前显得心有余而力不从，*

*使我怀疑我的天才和生命行不行；*

*但是我希望我的痛苦能被理解，*

---

① Petrarch, *The Complete Canzoniere*, translated by A. S. Kline.

而且别人也应该理解我的痛不欲生，

为此，我一面叫喊，一面又默不作声。

美丽的眸子，你是爱神的栖息地，

我要为你献上我微不足道的歌咏，

它虽无力，却被强烈的欲望激励不停。

只要有人谈起你，

便会从你那里得到回敬，

用爱的激烈情绪去

离弃低俗不堪的思绪与感情；

在爱情翅膀的带动下，我说出了

深藏在内心多年的隐密之情。


不是我没有发现我的颂扬使你不快，

而是我无法抗拒我这强烈的欲望和感情；

美丽的眸子，自从我看到你之后，

你的美，不仅使我和别人

都无法用语言来陈述与表明，

而且即使我的相思也表达不了我的感情。

是你使我第一次感到幸福和痛苦，

我知道，只有你能理解我的苦甜交融。

当我像雪一样在你的光芒下融化，

也许就在这时，我不配你的目光，

致使造成你不失礼貌的愤怒举动。

但我这种担心无法平静

也无法平息我心中燃烧的烈火，

我宁死而无憾，因为在你面前死去

比看不见你而活着更为令人珍视和看重。

**语篇精粹 B**

The portrayal of the poet's transformation into the laurel in canzone

23 also begins to direct our attention to the duality inherent in the poet's sense of identity, and thus also in the impact of writing and desire on the self. For as the canzone shows, although desire and writing provide the poet with a stable and unchanging self, it is in fact the birth of desire—which is also the birth of writing as the ultimate object of desire—that is the cause of the poet's fall into temporality and change in the first place. [1]

*I'll sing of the sweet time of my first youth,*

*that saw the birth and the first leafing*

*of fierce desire that blossomed to my hurt,*

*since grief is rendered less bitter by being sung:*

*I'll sing of when I lived in liberty,*

*while Love was disdained in my house.*

*Then follow it with how I scorned him*

*too deeply, and say what came of it,*

*of how I was made an example to many men:*

*even though my harsh ruin*

*is written of elsewhere, so that a thousand pens*

*are not yet weary of it, and almost every valley*

*echoes again to the sound of my deep sighs*

*that add credence to my painful life.*

---

[1] Gur Zak, *Petrarch's Humanism and the Care of the Self*, p. 35.

*And if memory does not aid me*

*as it once did，blame my sufferings，*

*and one thought which is anguished*

*it makes me turn my back on every other，*

*and by the same light makes me forget myself：*

*ruling what is inside me，I the shell.* ①

**译文参考 B**

诗人在《歌集》第 23 首诗中对劳拉的描绘将我们的注意力引向诗人认同感的二重性上，同时引向自身的写作和欲望。如同《诗集》所示，虽然欲望和写作将诗人变成了一个固执不变的个体，但是在面对欲望的初生时，也是以欲望对象为创作灵感的初始时，诗人陷入到了暂时性的改变中。

这是我尚未成年时的一段情缘，

那时我年轻稚嫩，乳臭未干，

爱情的欲火却早已将我周身燃遍。

都说吟诗能够驱逐痛苦，

我便在这电倾吐起初我如何自由自在，无挂无牵，

直至我的无情无义将爱神怠慢……

于是爱神恼怒了，大发威严，

将我惩戒，给我折磨，

让我成了以儆效尤的罪犯。

我的心受伤了，创痕斑斑，

这都早已写进昔日那些别的诗篇，

---

① Petrarch, *The Complete Canzoniere*, translated by A. S. Kline.

而我的笔也早已变得疲惫，几乎在
每一个诗句里都留下了深沉的哀叹，
渗透了我生活的艰辛、酸楚和苦难。
如果此时记忆忘却了我，
我将不再痛苦，就像往常一样，
但是事与愿违，相思却来纠缠，
并把别的思绪挤压、驱赶，
使我不能自已，因为她
统治了我的整个灵魂和情感。

### 语篇精粹 C

Poem 6, one of the first poems in the collection to establish the myth of Apollo and Daphne as the basis of the poet's experience in the work, provides an ample demonstration of the inevitable sense of exile and flux that accompanies the writing of poetry of desire.

*My passion's folly is so led astray*
*by following what turns and flees,*
*and flies from Love's light supple noose*
*in front of my slow pace,*

*that the more I recall its steps*
*to the safe road, the less it hears me:*
*nor does spurring on help me, or turning about,*
*resisting what Love does by nature.*

*And then if the bit gathers me to him by force,*

*I remain in his sovereign power,*
*so that my state carries me sadly towards death:*


*only to come to the laurel from which is culled*
*bitter fruit, whose taste is a worse wound*
*for others, whom it does not solace.*


Pursuing the beloved in the manner of Apollo, Petrarch dramatizes here how the object of desire is always one step ahead, always fleeing, leaving desire constantly in expectation of fulfillment. This ongoing perpetuation of desire is in turn emphasized by the paradox of the restio, its restive nature: the only steadfast aspect about the poet is his constant longing, his perpetual lack of rest. In fact, it is the attempt to rein in the desire, to lead it back to the right path of reason (la secura strada), that only intensifies it and leads the poet further into death and longing. [①]

## 译文参考 C

第六首诗是诗集中最早使用阿波罗和达芙妮神话故事的一首诗，诗人以自身感受为基础，充分证明了在为欲望而创作诗歌的过程中，被放逐和改变的感觉是不可避免的。


*我那迷途的欲念执着而又疯狂*
*正在追逐她那飘忽不定的形象，*

---

① Gur Zak, *Petrarch's Humanism and the Care of the Self*, pp. 39 – 40.

她轻盈自如而又无拘无束，
不停地在我踯躅的脚步前跳荡。

我劝告我的欲望不要胡追乱撞，
但它不听我的劝阻，一味任性倔犟。
看来规劝是徒劳无益的，
因为爱神的本性向来富有反抗。

它把羁绊的缰绳猛然夺去，
反而让我听从它的摆布，
我无能为力了，尝到了死亡般的痛创！
它把我带到月桂树下捡拾苦涩之果，
虽然是别人丢弃的，却让我吃，
我品尝着，少的是慰藉，多的是悲伤。

彼特拉克以阿波罗的方式去追求自身所爱，这首诗戏剧化地体现出欲望的对象总是先行一步，一直在逃避，让不绝的欲望有实现的希望。Restio 的悖论强调不断延续的欲望，以及不定的自然环境：唯一确定的是诗人不变的渴望和他从不停歇的欲望。事实上，驾驭欲望是一种尝试，是为了将这种欲望引回正确的道路，这种尝试是让欲望变得更加强烈，让诗人远离死亡和渴望。

## （五）政府（Government）

### 术语解读

彼特拉克把解决民生问题放到了首位，视其为政府行政的最重要职责。国家履行公共利益、保护人民的福祉，人民和统治者根据政府为人民提供多少帮助来进行互动，意味着中世纪的私人政治（领主附庸关系）向近代早期的公共政治（政府和臣民关系）的转变。这里的要素是：崇尚公民积极参与国家管理；政府需要呈现一定的透明度；民心的向背是关系政权能否建立的关键。在共同利益的观念下，尽管统治者仍然是大权在握，却无法在政治上专断独行，而必须要根据民意，把解决民生问题纳入到公共生活的结构中去。由此可见，民众服从于国家、政府保障民众利益，只有这样的互动，才能保障城邦的安宁和秩序。这种统治者和人民的合作似乎可以通过发扬美德来加以实现。彼特拉克要求统治者心中拥有最好的美德的火焰，发挥自己的聪明才智，维护国家的主权，保卫人们的安全，保障人民的生活。彼特拉克要求统治者服膺于公共的善，不为一己私利做出背离道德的事情。[①]

**语篇精粹 A**

And now the years and experience in government have so matured you that you are esteemed as an outstanding lord, not only by your own citizens but also by the lords of many other cities, who hold you up as a model. As a result, I have often heard neighboring peoples express the wish that they could be governed by you and nurture envy for your subjects. You have never devoted yourself to either the arrogance of pompous display or to the idleness of pleasure, but you have devoted yourself to just rule so that everyone acknowledges that you are peaceful

---

① 朱孝远：《公民参政思想变化新论——文艺复兴时期人文主义者参政思想浅析》，《世界历史》，2008 年第 6 期。

without being feckless and dignified without being prideful. As a result, modesty coexists with magnanimity in your character. You are thus full of dignity. Although, because of your incredible humanity, you permit easy access to yourself even to the most humble, still one of your most understanding acts is to have at the same time contracted for your daughters very advantageous marriages with noble families in distant lands. And you have been, above all other rulers, a lover of public order and peace—a peace that was never thought possible by the citizen—body when Padua was ruled by a communal regime or by any of your family, no matter how long they held the power—you alone constructed many strong fortresses at suitable points along the Paduan frontiers. Thus you acted in every way so that the citizens felt free and secure with you as a ruler, and no innocent blood was spilled. [①]

**译文参考 A**

政府里的年头和经验已经让您得心应手，您不但被自己的市民们认为是杰出的领主，而且许多其他城市的领主们也有同样的看法，把您当作典范。正因为这样，周边的民众嫉妒羡慕您的国民，希望自己也是您的子民。您从不让自己骄奢淫逸，也不享受闲散之乐，您只是兢兢业业地统治，而所有人都认为您平和而不软弱，威严而不傲慢。因此，您既谦逊又宽宏，同时很有威严。由于您那异常的仁慈，使得最卑微的人也很容易和您接近。您同

---

① Francesco Petrarch, How a Ruler Out to Govern His State, Benjamin G. Kohl and Ronald G. Witt, eds., *The Earthly Republic Italian*, *Humanists on Government and Society*, University of Pennsylvania Press, 1978, pp. 38 - 39.

时还让女儿们与遥远土地上的贵族家庭缔结了有利的政治婚姻，这乃是您最卓越的作为之一。您已经成为那些热爱公共秩序与和平的统治者之一。在帕多瓦实行公社政体或者您家族中任何一位成员统治帕多瓦的时候，不论他们掌权多久，市民们从未认为这种和平是可能的——您一个人便在帕多瓦边境的合适之地建筑了许多坚实的堡垒。因此，作为统治者，您在方方面面都让市民们感受到自由和安全，并且没有人会无辜地流血。

### 语篇精粹 B

I am not saying that you must love each of your subjects as much as you do one of your own children, but you should love each subject in the same way you do your child. For God, the supreme lawgiver, did not say: "Love your neighbor as much as you love yourself," but "as yourself". This means love sincerely, without deceit, without seeking advantages or rewards, and in a spirit of pure love and freely-given goodwill. I am, moreover, of the opinion (without disputing the opinions of others) that you ought to love not each individual citizen but the whole citizen body at the same time, not so much as you love a child or a parent, but as you love yourself. Whereas in the case of individuals there are individuals feelings for each one, in the case of the state all feelings are involved. Therefore, you ought to love your citizens as you do your children, or rather (if I may put it this way) as a member of your own body or as a part of your soul. For the state is one body and you are its heart. Moreover, this act is to be manifested by kind words, especially in righteous actions, and above all (as I was already saying) with justice and devotion to duty. For who could not love someone who has always pleasant, just, helpful, and always showed himself to be a friend? And if we add to these fine qualities the material benefits that good lords are accustomed to bestow on their subjects, then surely there develops an incredible fund of goodwill among the citizens that will serve as a firm and handsome foundation for a lasting government. [①]

### 译文参考 B

我并不是让您必须给予您的每一个国民的爱像给予您孩子的同样多，但是您应该用爱您孩子的方式去爱您的每一个国民。一个总是令人愉快的、公正的、乐于助人的、总是以朋友身份出现的人，谁能够不爱他呢？对于至高的立法者上帝来说，他并不是要求"您爱邻居与爱自我一样多"，而是"与爱自我一样"。这意味着要真诚地、不欺骗地去爱一个人，这种爱不追求利益和奖赏，而是一种纯粹的，包含无偿善意的爱。此外，我的观点（没有反驳别人的意见）是：你爱的不是每个公民个体，而是公民本体，并不像是你爱孩子或父母，而是像你爱你自己一样。而国家中的每个公民都有自己的个人情感，所以统治者要像爱自己孩子一样去爱您的公民，或者（如果我可以这么说）把公民视为您自己的一部分，要像爱自己的身体、灵魂那样来爱公民。整个国家是一个身体，而您就是它的心脏。此外，这种行为体现出赞美，尤其是公义的行为，最重要的是（正如我之前所说）正义和敬业。一

---

① Francesco Petrarch, How a Ruler Out to Govern His State, Benjamin G. Kohl and Ronald G. Witt, eds., *The Earthly Republic Italian*, *Humanists on Government and Society*, University of Pennsylvania Press, 1978, pp. 45 – 46.

个总是让人愉快的人、一个公正的人、一个乐于助人的人、一个总是以朋友身份出现的人，谁能够不爱他呢？如果我们把这些优秀品质看作物质利益，那么优秀的统治者们习惯给予国民们馈赠，在公民中间，自然而然地就会积累一笔巨大的善意的储备，能够为一个持久的政府提供有力客观的基础。

## 语篇精粹 C

Now this concern over the grain supply is so much a part of a prince's duty that even evil and feckless leaders cannot avoid it altogether. Hence, good princes ought to be especially diligent in seeing the grain is provided. It is true that from such preoccupations you have been released by God and by nature since the regions over which you rule are so fertile that you are far more accustomed to selling a surplus of grain from your district to others than to importing grain. Nonetheless, I would advise you that even in time of good harvests you should prepare yourself for scarcity, so that you may predict by cautious consideration not what is available now but what the future may hold, thus protecting yourself and your state from unexpected changes of fortune.

Now when a ruler has decreed that his people are to burdened with some new tax, which he will never want to do unless in times of public need, he should make all understand that he is struggling with necessity and does it against his will. In short, he should argue that, except for the fact that events compelled him to levy the tax, he would gladly have done without it. It will also redound to his good reputation if he will have contributed some of his own money to the new tax. Thus he will show that he, the head of the people, is but one among them, and at the same time he will demonstrate his great moderation. ①

**译文参考 C**

关注粮食的供应是统治者最重要的职责，这是个连邪恶和不负责的统治者也不能避免的问题。因此，一个好的统治者应该极力保证粮食的供应。你的当务之急是保证你管辖的地区土地肥沃，使你更习惯于向别的地区出售过剩的粮食，而不是从别的地区进口粮食。不过，我建议你即使在丰收的时候也做好粮食缺乏的准备，因为经过谨慎的考虑之后，你也许能预测到现在需要什么，但是未来情况尚不明朗，因此要避免你自己和国家的财富从意想不到的变化中遭受损失。

同样，如果一位统治者下令让他的人民负担某种新的赋税，这种赋税如果不是为了公共的需要，他永远也不会想要征收，他得让所有人明白，他是在进行必要的努力，而且这是违背他的意愿的。简言之，他应该说服大家，除非因为实际情况迫使他征收赋税，否则他自己其实不愿意去征收它。如果他能把自己的钱投入一部分到新税中，一定有助于他获得好的名声。这表明他在身为一个统治者的同时也是国民中的一员。

① Francesco Petrarch, How a Ruler Out to Govern His State, Benjamin G. Kohl and Ronald G. Witt, eds., *The Earthly Republic Italian*, *Humanists on Government and Society*, University of Pennsylvania Press, 1978, pp. 56 – 57.

## （六）暂时性（Temporality）

### 术语解读

诗人通过写作和欲望的相互作用，努力地完全废除时间。诗集还表达出另一种暂时性的问题——诗人在重述时注重时间的变迁和起落。与无视时间不同的是，这种方法认为经常产生变化的意义在于允许一个人克服放逐与崩溃的经历，而这种变化不可避免地伴随着时间的变迁。

在所有诗歌中和诗集题目引用的片段中，时间永远是当下，诗人却被时间不存在和失去时间的这种感觉所支配。

#### 语篇精粹 A

*You who hear the sound, in scattered rhymes,*
*of those sighs on which I fed my heart,*
*in my first vagrant youthfulness,*
*when I was partly other than I am,*

*I hope to find pity, and forgiveness,*
*for all the modes in which I talk and weep,*
*between vain hope and vain sadness,*
*in those who understand love through its trials.*

*Yet I see clearly now I have become*
*an old tale amongst all these people, so that*

*it often makes me ashamed of myself;*


*and shame is the fruit of my vanities,*

*and remorse, and the clearest knowledge*

*of how the world's delight is a brief dream.* [1]


The poem is written from the vantage point of an undefined present moment in which the poet is looking back at his past—his giovenile errore (youthful error)—as it is reflected in the poems he wrote through the years. His development in time—his history and change—that brought him to the present moment of writing is thus a major concern of the collection. Nonetheless, as the poet warns us, what we are about to hear is not a unified whole, a coherent narrative of his development in time, but rather rime sparse (scattered rhymes)—the fragments alluded to in the title of the work—that are gathered together to form a collection, a gathering that is apparently unable to transcend the scattered nature of its parts. His existence in time, the poet therefore implies, is fragmentary, dismembered, and thus in itself a source of anguish and suffering. In the final line of the sonnet, however, time emerges as a source of suffering in one further sense. As the poet laments, everything that is pleasing in the world is no more than breve sogno (a brief dream)—a mirage—and the use of the adjective breve indicates that it

---

[1]　Petrarch, *The Complete Canzoniere*, translated by A. S. Kline, p. 1.

is the swift flight of time that renders all these delights—and indeed all existing objects—vain and worthless. ①

译文参考 A

从这些零散的诗句中，

诸君可以听到我心灵的哀叹，

那是我青春时期的幼稚之举，

自然与现在的我不能等同一般。

在期盼与痛苦之中，

我徒劳地哭泣，思绪缠绵，

有过体验的人都说这是爱情，

我希望得到理解，而不仅仅为我惜惋。

但是很快我就发现，很长时间

我成了人们嘲讽的笑料，为此

在心灵深处我为自己感到羞愧难言。

徒劳地追求得到的结果只是难堪，

它使我悔恨，也使我清醒地意识到

世俗的欲念之乐只是稍纵即逝的梦魇！

　　在这首诗中，作者是在一个尚未定义的当下时间点去回顾他的过去，他年轻时候的错误，如同他在这些年创作的诗句反映出来的一样。随着时间的流逝，他的历史和改变也在一点点发展，而把他带到当下写作的时间点是对诗集的重点关注。虽然如此，诗人告诉我们，我们即将听到的不是一个统一的整体，随着时间的发展，他连贯的叙述变得韵脚散乱，这也在他作品的题目中有

---

① Gur Zak, *Petrarch's Humanism and the Care of the Self*, p. 24.

所体现。这些散乱的韵脚聚集成一组，却显然无法超越自然形成的部分。因此，诗人通过这首诗表现出他存在的时间是散乱的、分隔开的，于是这成为他自身痛苦和苦难的来源。在本诗的最后一行，在更深远的层次上，时间成为一种痛苦的源头。正如诗人所悲叹，愉悦世人的所有都是一个短暂的梦，是妄想。使用简洁的形容词也表明飞速流逝的时间使得这些存在着，可以愉悦心情的客体都是徒劳且毫无价值的。

### 语篇精粹 B

*My sixteenth year of sighs is left behind,*

*and I travel on towards my end:*

*and yet it seems but yesterday*

*the beginning of such great distress.*


*Bitter is sweet to me, and pain is gain,*

*and life is burdensome: and I pray it overcomes*

*ill Fortune, and I fear lest Death should close,*

*before then, those lovely eyes that make me speak.*


*Alas, I am here now, and would be elsewhere:*

*and wish to wish for more, and wish no more:*

*and because I can't do more, do what I can:*


*and fresh tears from old desire*

*show that I'm what I have always been,*

*no different yet despite a thousand changes.* [1]

Poem 118 therefore demonstrates that the meaning of the circularity brought about by writing and desire is in itself highly ambiguous, the mark of both the transcendence of time and entrapment within it. The impact of writing and desire on the self, we discover yet again, is essentially indefinite, making the poet both beyond time and within time, both absent and present to himself. Yet, as the allusion to Augustine in the poem makes clear, it is precisely the positive aspect of his writing and desire, the fact that they provide him with at least some form of transcendence through the circularity and steadfastness inherent in them, that makes it impossible for Petrarch to part from them altogether. [2]

## 译文参考 B

从我第一次发出叹息到今时今节，
时间已经过去了十六个春花秋月；
现在我痛苦依旧，直到生命终止，
而痛苦之始仿佛就在昨日昨夜。

我的生活不再安宁，不再平静，
似乎痛苦中也有甘甜和爱的愉悦；
我希望不行的生命能够延续更久，因为
一旦死亡我就再也看不到她那美目闪灼。

---

[1]  Petrarch, *The Complete Canzoniere*, translated by A. S. Kline.

[2]  Gur Zak, *Petrarch's Humanism and the Care of the Self*, p. 47.

*目前我身在此地，心却想着彼处，*

*欲念时时冒起，却又不得不强行按捺，*

*此情此境，我想摆脱却又无法摆脱；*

*旧情带来的泪水证明我*

*还是昔日那般痴情如故，*

*虽然外界变化已经太大太多……*

第118首诗表明，写作和欲望带来的循环意义本身就是模棱两可的，时间的超越和圈套也包含在其中。我们可以再次发现，写作和欲望带来的影响都是不确定的，这种影响让诗人既在时间之内，又脱离了时间，对他自己来说，时间既存在又不存在。然而正如奥古斯丁在诗中表明的一样，正是他的写作和欲望的积极方面，使事实至少为他提供了某种形式的方法，可以超越时间固有的循环和既定，这让彼特拉克无法完全从它们中分离出来。

### 语篇精粹 C

As long as he can hold his mind fixed on the first thought of love, as he tells us, he can completely forget his own existence in time and put his wavering mind to a halt. Nevertheless, although celebrating again his blissful forgetfulness, this portrayal of the poet's oblio in canzone 129 also begins to direct our attention to the danger and ambiguity inherent in it, one we could sense all along. As the use of error in line 37 and the reference to the dependence of this error on temporality—se l'error durasse (l. 39) —demonstrate, the poet is constantly aware of the illusory nature of his presence, of the fact that it is built on an absence, a phantasm, a memory of an image that does not exist any-more and that hence might dissolve at any given moment and lead to complete disintegration:

> Then, when the truth dispels that sweet deception,
> right there in the same place I sit down,
> cold, a dead stone on the living rock,
> like a man who thinks and weeps and writes.

The attempt to establish his being on the memory of an earthly object, the poem thus demonstrates, is bound to lead to frustration. As time—indicated by the temporal adverbs Poi quando that open line 49—passes by, the poet is bound to wake up from the illusion and to realize that in the process of "weeping, thinking, writing" (pensi et pianga et scriva) that led to this blissful forgetfulness he in fact was transformed into the object of his meditation—became an empty and lifeless image—in guisa d'uom—just like it. [1]

## 译文参考 C

彼特拉克告诉我们，只要他把他把最初的思想固定在爱情上，他就能完全忘记他的存在，停下他摇摆不定的心。尽管如此，这种可喜的遗忘也出现在歌集的第 129 首诗中，这首诗将我们的注意力引向其中固有的危险和未知。37 行的错误，以及 39 行关于

_____

[1] Gur Zak, *Petrarch's Humanism and the Care of the Self*, pp. 48 – 49.

暂时性的错误证明了诗人不断地意识到自身存在的错觉本质，意识到自身存在是建立在一个虚无的、幻想出的、记忆中的影像，这种影像根本不存在，因此可能会在任意时候消融，导致诗人完全崩溃：

当甜蜜的幻觉被现实驱散，

我顿时感到自己变成了冰冷的石岩，

坐在山野的石头上，如同一座石雕，

在那里相思，啜泣，撰写诗篇。

　　这种将回忆寄托于世俗客体上的尝试肯定会给诗人带来沮丧。随着时间的流逝（诗人用时间副词表达），诗人从幻想中醒来，开始相思，啜泣，写诗的过程，事实上，就像诗中表现得那样，这种可喜的遗忘过程变成了诗人的冥想，成就了一幅空白无生命迹象的画面。

# 第三章 达·芬奇：博学 多才的艺术大师

我知道，许多人认为这著作是毫无用处的……人们要求的只不过是物质财富，而极其缺乏理智，理智是精神食粮，是唯一的真正的精神财富。正如灵魂远比躯体高尚，灵魂的财富远比躯体的财富更高贵。每当我看到这些人中的某个人手捧此著作，连鼻子也未曾靠近，就像猴子那样，或者问我：这是不是好吃的东西。对此，我感到异常惊奇。

——列奥纳多·达·芬奇

I know that many will call this useless work… Men who desire nothing but material riches are absolutely devoid of that of wisdom, which is the food and only true riches of the mind. For so much more worthy as the soul is than the body, so much more noble are the possessions of the soul than those of the body. And often, when I see one of these men take this work in his hand, I wonder that he does

not put it to his nose, like a monkey, or ask me if
it is something good to eat.

——Leonardo da Vinci

# 一、英雄不问出处

## （一）失落的"留守儿童"

达·芬奇肖像①

　　在佛罗伦萨西郊有一条公路，这条公路通往一个静谧、祥和的意大利小镇。这是一座美丽的小镇，它的周围有绵延起伏的山

---

　　①　图片来源网址：https：//commons.wikimedia.org/wiki/Leonardo_da_Vinci#/media/File：Leonardo_da_Vinci_-_presumed_self-portrait_-_WGA12798.jpg.

丘，路边有成片的葡萄园和橄榄树林，古朴的房屋错落其间，勤劳的人们过着简朴而规律的生活。同时这也是一座平凡的小镇，它既不是商贸中心，也不是军事要塞，远离城市喧嚣的生活仿佛让这里的时间静止。若不是一位著名人物的诞生，人们或许永远不会记得它的名字——芬奇镇（Vinci）。

列奥纳多·达·芬奇（1452 年 4 月 15 日—1519 年 5 月 2 日），出生于芬奇镇。可能至今仍然有人存在这样的误解：芬奇镇是以达·芬奇命名的。但事实并非如此，芬奇镇的存在要远早于达·芬奇的诞生。从意大利人的姓名结构来看，"列奥纳多"才是达·芬奇的名字；"皮耶罗"是达·芬奇父亲的名字，代表他来自于哪个家族；而"达·芬奇"意为"来自芬奇镇"，表明了他的家乡。

达·芬奇祖上几代都是佛罗伦萨有名的法律公证人，家境相当不错。他的祖父安东尼奥（Antonio）厌烦了祖传的事业，岁至中年便回到了位于佛罗伦萨西郊的故乡——芬奇镇，并开始过上了悠闲惬意的农庄生活。达·芬奇的父亲皮耶罗（Piero）继承了家族的传统职业，二十几岁的他已经是佛罗伦萨有名的一位法律公证人。年轻气盛的皮耶罗经常出入佛罗伦萨的各种社交场合，当然他也会时常回到芬奇镇探望自己的父亲。

在芬奇镇探望、陪伴父亲的过程中，皮耶罗结识了一位当地的农家女孩——卡特瑞娜（Caterina）。两人渐渐萌生爱意，开始了花前月下式的交往。两个人的关系进展很快，在没有婚约的情况之下，卡特瑞娜怀孕了。肚子里的这个孩子正是达·芬奇。

皮耶罗和卡特瑞娜的爱情故事并没有按照有情人终成眷属的

圆满结局发展。皮耶罗考虑到自己在佛罗伦萨蒸蒸日上的事业，考虑到卡特瑞娜农家女孩的出身，最终抛弃了她。1452年4月15日①，被抛弃的卡特瑞娜在悲痛中生下了达·芬奇，"私生子"是这个婴儿来到世间的第一个称谓，并深深影响了他的一生。

达·芬奇降生几个月后，他的父亲皮耶罗在佛罗伦萨举行了婚礼，新娘奥碧拉（Albiera）同样来自于一个公证人家庭。这对皮耶罗的事业是一个很大的帮助。时隔不久，这对新婚夫妇又有了自己的、合法的婚生子女。达·芬奇的生母卡特瑞娜最终决定嫁给邻村的一位农夫，并将达·芬奇留给了他的祖父母。很快，卡特瑞娜与农夫也有了自己的孩子。至此，达·芬奇成了一名由祖父母照料的"留守儿童"②。他的父亲时常带着礼物从佛罗伦萨回到芬奇镇看望达·芬奇。而他的母亲卡特瑞娜，虽然生活在不远的邻村，但因为她有了自己新的家庭和生活，便很少再与达·芬奇家族来往。缺失的母爱与偶尔才能体验到的父爱，为达·芬奇的童年蒙上了灰色的阴影。许多学者认为，正是这失落的童年导致了达·芬奇性格多疑并且终身未婚。

幸运的是，达·芬奇的爷爷并没有因为这个孩子是私生子而减少对他的关心与疼爱。达·芬奇为人熟知的形象是一个年迈的老者，但多数达·芬奇传记都记载，少年达·芬奇"英俊潇洒，

---

① 达·芬奇出生的准确时间是由他的爷爷安东尼奥记录下来的，参见 Serge Bramly, *Leonardo: Discovering the Life of Leonardo da Vinci*, Edward Burlingame Books, 1991, p. 37。

② 参见 Rachel A. Koestler-Grack, *Leonardo da Vinci: Artist, Inventor, and Renaissance Man*, Chelsea House Publisher, 2005, p. 13。

风度翩翩"①，是一个名副其实的美少年。年幼的达·芬奇深受爷爷和叔叔弗朗西斯科（Francesco）的喜爱。

当达·芬奇同父异母的兄弟姐妹接受佛罗伦萨正统教育的同时，达·芬奇只能就读村子里的小学，这导致他左撇子的书写习惯一直维持到老。虽然达·芬奇不能像其他兄弟姐妹一样接受正统的教育，享受优渥、便利的城市生活，但农村里的童年生活也给他带来了别样的乐趣。

芬奇镇远离城市的喧闹，童年达·芬奇一直享受着小村庄特有的清新与宁静。年幼的达·芬奇在学习知识之余，经常跑到野外田间，捕鸟捉虫。这位少年极愿亲近大自然，对大自然里的每一株草、每一只昆虫、每一缕阳光都充满了好奇。面对一件令他着迷的事物，他可以呆呆地看上半天。童年达·芬奇表露出来的对于自然的极度热爱与迷恋，对他的思想的形成产生了深远的影响。

当童年达·芬奇在树林里、田埂间静静地观察那些令他着迷的小昆虫与小植物时，他并不知道，一股名叫文艺复兴的思潮正在他父亲生活的城市慢慢铺展开来。他也不会想到，自己将成为这股思潮当中最耀眼的一颗明星。

## （二）佛罗伦萨学艺生涯

1465 年左右②，13 岁的达·芬奇离开了芬奇镇，他的父亲皮

---

① ［意］乔尔乔·瓦萨里：《巨人的时代》，刘耀春等译，湖北美术出版社、长江文艺出版社，2003 年，第 1 页。

② 另一说法是 1469 年左右，达·芬奇离开芬奇镇。对于这一点的考证详见：［美］麦克·怀特：《达·芬奇：科学第一人》，许琳英、王晶译，中国人民大学出版社，2011 年，第 33 页。

耶罗将他送到了佛罗伦萨的一个画坊当学徒，达·芬奇正式开始学习绘画。达·芬奇的老师是当时在佛罗伦萨已经很有名气的画家韦罗基奥（Verrochio）。当时佛罗伦萨的画坊并不像现在的画廊一样高雅清幽。狭窄的阁楼兼具教室、卧室、工作室、店铺等多种功能。韦罗基奥和十几名学徒在这狭小的空间里一起工作、生活。他们承接各种雕刻金银器皿、制作房屋装饰品以及绘画的工作。韦罗基奥在工作过程中将各种绘画和雕刻技巧传授给学徒。

来到佛罗伦萨以后，达·芬奇对于绘画、雕刻、机械制造都展露出了极大的兴趣。他俊朗的外表和杰出的才华很快赢得了周围人的关注。没过多久，达·芬奇便成为众多学徒中的佼佼者。根据瓦萨里的记载，韦罗基奥曾经受邀创作一幅名为"约翰基督受洗"的图画，韦罗基奥试着让达·芬奇负责绘制一位手托长袍的天使。当韦罗基奥看到这位天使逼真的表情和细腻的皮肤线条时，自叹不如，并戏称"从此再也不碰颜料了"①。

达·芬奇在韦罗基奥画坊发生的另外一件逸事也经常被人称道，同样也能证明达·芬奇有着杰出的绘画天赋：当时达·芬奇的父亲皮耶罗雇用了几个农夫。其中一位农夫在伐木的过程中捡到一块木材，并自己制成了一个粗糙的盾牌。他委托皮耶罗将这个盾牌带到佛罗伦萨，找人帮他做一些装饰。于是皮耶罗把它带给了达·芬奇，让他随便画一些图案。达·芬奇收到这个盾牌以后，对它进行了细致地抛光、打磨，并决定在上面画一幅令人望而生畏的怪兽脸谱。于是他开始寻找各种可怕的元素，如尖牙、

---

① ［意］乔尔乔·瓦萨里：《巨人的时代》，刘耀春等译，湖北美术出版社、长江文艺出版社，2003 年，第 3 页。

利爪、火舌、毒液，并开始专注地创作。不久，他完成了这幅作品。当他揭开幕布向皮耶罗展示盾牌的那一刻，皮耶罗被吓得拔腿就跑，以为是真的怪物出现了。

天才的世界往往不能被世人所理解。有时候在世俗人眼中，天才的某些行径与他们的才华一样令人讶异。为了积蓄创作源泉，达·芬奇对每一张长相独特的面孔都表现出浓厚的兴趣，他会花上一天的时间观察他们的表情，并把他们描摹出来。至今在保存下来的达·芬奇笔记里，我们还可以看到穿插其间的一些表情奇特的人的头像。为了画出最恐怖的妖魔，达·芬奇会去捕捉蛇、蜥蜴、蝗虫等小动物，细细观察他们的眼睛和毒牙。[①] 了解了这段经历，我们便不难理解达·芬奇会为了描绘肌肉线条而热衷于解剖学这件事了。

1476 年，24 岁的达·芬奇遇到了一件麻烦事：他和三名男子被指控犯有鸡奸罪。这在当时并不算稀奇。因为当时的佛罗伦萨为了保证人们自由监督的权利，可以通过投递信件的方式控告任何一个值得怀疑的人。当然这一制度也制造了一系列的诬告事件。达·芬奇的好友、著名的政治学家马基雅维利也曾被控告犯有鸡奸罪。虽然最终控告达·芬奇的案件被撤销，达·芬奇没有被定罪，但从此达·芬奇被打上了同性恋的标签。

达·芬奇在韦罗基奥画坊的生活可谓喜忧参半。在这里，他的天赋与才华开始绽放光芒，受到了别人的关注；同时关于达·芬奇的各种流言蜚语也开始流布市井。很遗憾，我们很难找到相

---

① 参见［意］乔尔乔·瓦萨里：《巨人的时代》，刘耀春等译，湖北美术出版社、长江文艺出版社，2003 年，第 4 页。

关资料来探秘达·芬奇当时的心情。但我们坚信，当这位天才醉心于艺术创作之时，一切流言都化为乌有。达·芬奇杰出的才华为他赢来了一封来自米兰的邀请函，这封邀请函即将带他去开辟一番新的伟大事业。

## （三）米兰扬名

1478年，达·芬奇离开了画坊并开始成为一名独立的艺术家。[①] 在其后的几年时间里，他承接各种工作以维持生计，其中包括工程设计、机械设计、武器设计、乐器制造以及绘画等。不过这位特立独行的艺术家并不专注于赚钱和履行合约。他经常沉迷于设计中进而将履约的期限抛之脑后。他的兴趣爱好如此广泛以至于很少能完成别人交给的一项任务。事实上，达·芬奇的大部分作品都是没有完成的半成品。这也足以证明他是多么地不在乎世俗的眼光。

由于达·芬奇的放荡不羁，在他刚刚离开画坊的几年里，他的艺术事业进展得并不顺利。这主要是因为他经常沉醉于自己的艺术创作而不能如期履行合约。这给他带来了很多损失与麻烦。但是他的才华还是引起了别人的关注——米兰公爵向达·芬奇发出了邀请函。

1482年，应米兰公爵鲁多维科·斯弗尔扎（Ludovico Sforza）的邀请，达·芬奇拿着自己自制的一把马头琴来到米兰。米兰公爵非常喜欢弦乐。达·芬奇用这把自制马头琴演奏出来的音乐一

---

① See Rachel A. Koestler - Grack, *Leonardo da Vinci: Artist, Inventor, and Renaissance Man*, Chelsea House Publisher, 2005, p. 174.

下征服了整个米兰宫廷。他的才华开始受到米兰达官贵族们的青睐。经过一段时间的接触，贵族们发现达·芬奇的才华不仅限于制作和演奏乐器，他还有着惊人的绘画天赋，并且善于建筑设计与机械制造。于是，各种邀请与订单开始源源不断地流入达·芬奇的手中。这些订单包括留存至今的《岩间圣母》（Virgin of the Rocks）和《抱貂的女子》（Lady with an Ermine）。此时的达·芬奇也开始着迷于解剖学和建筑设计，并且承接了一些典礼的设计工作。这些工作进一步扩大了他的声誉。

1489 年，达·芬奇赢来了他艺术事业的又一个巅峰。鲁多维科公爵决意要为他的父亲弗朗西斯科·斯弗尔扎（Francesco Sforza）打造一尊巨大的骑马青铜像。这项任务最终交给了达·芬奇。当时许多同行都认为这是一项不可能完成的任务。因为按照公爵的要求，这匹马只有两只后蹄着地，前蹄腾空，仰天嘶鸣，背上还坐着神武的弗朗西斯科。受限于当时的科学发展水平和技术水平，想要让这座身形庞大的青铜像稳稳地站在那里难度很大。

1493 年，达·芬奇经历了四年的细心研究，最终制成了与青铜像同比例的泥塑模型。泥塑模型的揭幕仪式轰动了整个米兰城，这座两层楼高的巨大雕像不仅稳稳地站在那里，而且线条流畅、生动威武。达·芬奇一时成为米兰城里的明星。虽然这座模型最终并没有被锻造成青铜塑像，但它无疑使达·芬奇的名字传遍了米兰的大街小巷。

1496 年前后，达·芬奇与格拉吉圣母修道院（Santa Maria Delle Grazie）签订契约，要为他们创作一幅壁画。这幅壁画就是现在誉满全球的《最后的晚餐》。

此时的达·芬奇虽然已经是一位声名远播的艺术大师，但他桀骜不驯的行事风格丝毫没有改变。在创作《最后的晚餐》的过程中，他又将履约期限抛之脑后，开始了认真而缓慢的创作过程。在创作过程中，有时候他会废寝忘食地连续工作几天；有时候则只是呆坐在壁画前面，几天也不描上一笔；有时候他会整日游走于大街小巷，目的是要找到一张合适的面孔作为人物原型。

在这段时间里还发生了一件趣事：由于达·芬奇创作壁画的工期过于拖沓，虽然修道院副院长不断地反复催促达·芬奇尽快完成壁画，但达·芬奇却不为所动。副院长终于受不了了，写信给鲁多维科公爵，要求他敦促达·芬奇完成壁画。于是鲁多维科召见了达·芬奇，询问他拖延工期的原因。达·芬奇解释称，之所以迟迟没有完成壁画是因为他苦苦寻觅却仍然找不到合适的模特作为叛徒犹大的原型。达·芬奇表示，如果公爵同样催促他尽快完成壁画的话，他也无需对自己要求过于严苛，"这个喋喋不休、愚昧无知的修道院副院长的头像便是现成的原型"①。这位天才适时的幽默博得了公爵的欢欣，并允许达·芬奇继续创作他的壁画。

来到米兰的达·芬奇一直过着这样顺风顺水的生活。在米兰，他成为名噪一时的艺术明星。他的才华在米兰绽放光芒，并得到了世人的称许和赞扬。虽然达·芬奇是一个桀骜不驯、特立独行的艺术家，但他的现实命运仍然难以摆脱世事的操控，随着法国与米兰之间战争的爆发，达·芬奇的命运也同样发生了变化。

---

① ［意］乔尔乔·瓦萨里：《巨人的时代》，刘耀春等译，湖北美术出版社、长江文艺出版社，2003年，第7页。

## （四）漂泊的晚年生活

1498 年，法王路易十二即位。路易十二所在的家族与鲁多维科家族一向不睦。这位法王即位后的第一件事就是谋划着攻打米兰。1499 年，由法国、佛罗伦萨、威尼斯组成的联军攻入米兰，米兰城里的民众也发生了暴乱。鲁多维科趁乱逃跑，整个米兰陷入了混乱脱序的状态。达·芬奇决定变卖家产，离开米兰。

此后的一年时间里，达·芬奇辗转意大利各个城邦，如曼图亚（Mantua）、威尼斯（Venice）。1500 年，他再次回到了佛罗伦萨。在此期间，他仍然承接各种绘画、建筑设计乃至军事工程等任务。达·芬奇的名望并没有受到战争的影响，当时的贵妇们仍然以拥有达·芬奇的作品为傲。但达·芬奇桀骜不驯的性格却愈演愈烈，求画的贵妇们往往穷尽自己的人脉网也很难找到他的行踪。

1503 年 10 月，达·芬奇承接了一项非常特别的任务：为佛罗伦萨议会大厅绘制大型壁画《安吉亚里之战》（Battle of Anghiari）。正当达·芬奇准备绘制壁画时，米开朗基罗在议会大厅的另一面墙前搭起了梯子。执政团委托米开朗基罗在这面墙上绘制《卡西纳之战》（Battle of Cascina）。两位美术大师的巅峰对决就此展开。

米开朗基罗出身贵族，受过良好的正统教育。他的性格略显乖僻，做事极为小心谨慎、一丝不苟，是一个名副其实的工作狂。这当然使他看不上达·芬奇放荡不羁的行事风格。两个人在绘制壁画的过程中开始暗自较量。在绘制壁画期间，嘈杂的生活并没有放过达·芬奇，各种恼人的事情牵扯着大师的精力。1504 年，达·芬奇的父亲去世，在遗产分配的过程中压根没有提到达·芬奇的名字。三年后，他挚爱的叔叔弗朗西斯科去世，弗朗西斯科在遗嘱中声明要将所有遗产都留给达·芬奇。这对达·芬奇本应是一个极大的安慰，但时隔不久，他同父异母的兄弟也来争夺这份微薄的遗产，并闹上了法庭。生活琐事正在无情地吞噬着这位艺术大师残存的时间与生命。在这段时间里，达·芬奇写道："我一直在探寻如何活着，实际上我是在探寻如何死去。"①

蒙娜丽莎②

① Charles Nicholl, *Leonardo da Vinci: Flights of the Mind*, Penguin Books, 2005, p. 498.

② 图片来源网址：https://commons.wikimedia.org/wiki/Leonardo_da_Vinci#/media/File:Mona_Lisa.jpg.

与此同时，法王路易十二通过各种外交手段敦促达·芬奇回到米兰，当然，他的目的就是让达·芬奇为他作画。1508年，达·芬奇迫于法王的压力，最终放弃了《安吉亚里之战》，再次回到了米兰。回到米兰以后，达·芬奇在应承路易十二之余开始醉心于解剖学，并且开始着手整理自己卷帙浩繁的笔记。在此期间，他还创作了一系列著名作品，如《施洗者圣约翰》（John the Baptist）以及神秘的《蒙娜丽莎》（Mona Lisa）。

晚年达·芬奇名声在外，同时他的命运也越来越深地受到了政治与战争的裹挟。1512年，米兰再次陷入战乱，法国人被赶出米兰，斯弗尔扎家族再次接管米兰。次年9月，达·芬奇离开米兰前往罗马，开始为教皇服务。1515年，路易十二逝世，弗朗索瓦一世即位，这位年轻的法王再度攻陷米兰。次年8月，达·芬奇应法王邀请来到他人生的最后一站——法国。

法王对达·芬奇甚为礼遇，为他提供了宽阔的住所和优厚的待遇。此时的达·芬奇已经是一个年迈的老者，深邃的双眸时时闪烁着智慧的光芒。弗朗索瓦一世被达·芬奇惊人的艺术作品和幽深的智慧深深吸引，达·芬奇成了国王的良师益友。他曾经称赞道："没有任何一个人像列奥纳多这样博学。"[1] 身在法国的达·芬奇似乎知道自己大限将至，在与疾病、衰老斗争的同时，他开始加紧整理自己庞杂浩繁的笔记。达·芬奇所撰笔记之浩瀚与其生命所剩时间之短促让他感到有生之年很难完成笔记的整理工作，这进一步加剧了他的焦虑。1519年5月2日，达·芬奇病

---

[1]　Jay Williams, *Leonardo da Vinci*, American Heritage Publishing Company, 1965, p. 135.

逝，留给了后人他传奇的一生与无限的神秘。

## 二、哲思与艺术

### （一）经验论

在众多文艺复兴学者当中，没有人比达·芬奇拥有更多的头衔。他是一位画家、音乐家、力学家、建筑学家、工程学家、机械学家、光学家、水利学家、天文学家、解剖学家乃至哲学家。达·芬奇一生的兴趣爱好极为广泛，有时候他会热衷于一门辅助性的学问而忘掉了自己研究它的初衷。我们不能责怪大师三心二意，因为他是如此痴迷于研究对象的奥秘之中，以至于到了物我两忘的境地。达·芬奇对于自己探究到的秘密随手就写在自己的笔记本里，这就是流传至今的卷帙浩繁的《达·芬奇笔记》。这些笔记涵盖哲学、艺术、物理、天文、医学等方方面面的知识，内容庞杂又相对凌乱。但透过这些纷繁复杂的论述，我们仍可以看到达·芬奇哲学智慧的关键词：经验。

13 世纪以降，越来越多的哲人开始厌烦经院哲学关于天国的理论思辨。他们认为，哲学应当更加关注可观可感的自然界，而不是无休止地讨论一个针尖上可以站立多少个天使。罗吉尔·培根（Roger Bacon）极力倡导将哲学、科学与神学区分开来，并将自然界作为哲学与科学研究的对象。邓斯·司各脱（Duns Scotus）在此基础之上大加推崇经验的作用和地位，认为感觉和经验才是认识真理的有效途径。将哲学、科学从神学思辨的藩篱当中解脱出来，这是当时整个时代发出的声音。

### 文艺复兴时期哲学家的智慧

随着文艺复兴思潮的展开，越来越多的哲人开始质疑传统经院哲学的思辨与空想，他们开始将目光转向了可观可感的经验世界与自然世界，并试图借此揭示关于哲学和科学的真理。达·芬奇便是其中之一。

在达·芬奇的笔记中，他时常会流露出对于教士们空谈天国与真理的厌倦与不满，他说："如果我们怀疑感觉器官检验的事物的确定性，不是更应该怀疑那些与感觉器官相背离的许多知识吗？例如，长期争论不休的关于上帝的本质、灵魂以及诸如此类的问题。"① 在达·芬奇看来，类似于上帝本质、灵魂本质这样的神学思辨，与我们的经验世界毫无关系。如果我们怀疑从经验世界当中获得的知识，那么这些无法用经验印证的知识更值得怀疑。与其每天争论这些毫无意义的问题，倒不如将自己的目光和精力都转向美妙的自然和待发现的真理，他说："读者想想，他们（思辨神学家）试图规定什么是灵魂和生命，这是难以证明的。其实许多世纪以来，那些一目了然的且已经被经验证明了的事情却不被人认识或遭到误解。"② 在此，达·芬奇明确指出，需要我们关注的是经验世界当中隐藏着的真理以及等待我们更正的谬误，而并非那些与现实无关的、难以证明的神学思辨问题。将研究的目光从遥远的天国转向多彩的人间，达·芬奇的这一观点与文艺复兴时期的主流观点相契合，这也正是造就这位艺术大师非凡成就的起点。

---

① ［英］艾玛·阿·里斯特编著：《莱奥纳多·达·芬奇笔记》，郑福洁译，生活·读书·新知三联书店，1998年，第8页。

② 同上，第5页。

　　当达·芬奇将自己研究的目光投向现实世界之时，他看到的第一把衡量一切知识与真理的标尺即是经验。达·芬奇极力推崇经验在获取知识过程中的作用。他对于经验的论述，我们可以从以下几个方面进行系统地阐释。

　　第一，一切知识都来源于经验。在达·芬奇看来，当我们破除了各种已有的成见以后，假如我们想要独立地获得真正的知识和真理，我们必须依靠现实经验。他说："我认为，经验是所有确实性的母亲，凡是不产生于经验的一切科学都是虚假的完全错误的。"[①]"智慧是经验的产儿。"[②]

　　自古以来知识的来源问题一直是西方哲学探讨的核心话题之一。对此，古老的哲学家大致持有三种观点：一是认为知识源于感觉经验，二是知识源于天赋的理性，三是世界本身是不可知的。比如，拿"太阳从东方升起"这一命题来说，经验论者认为这一知识源自于人们的经验观察，唯理论者认为它来自于天赋的理性。这两种说法都有自己的合理之处，同时也都存在着各自的弊端。因为经验论者难以给出知识的确定性，即经验观察总是不能确保明天太阳还能从东方升起；而唯理论者又往往将理性的所有权笼统地归属于上帝。诚然，达·芬奇之前的哲学家大多是对认识形成的过程进行朴素地阐释。一直到 16 世纪，近代西方哲学才将认识论确立为哲学研究的中心议题，由此也产生了经验论与唯理论两大思想流派。而达·芬奇正是这样一位承上启下的人物，同时

───────────────

　　① ［英］艾玛·阿·里斯特编著：《莱奥纳多·达·芬奇笔记》，郑福洁译，生活·读书·新知三联书店，1998 年，第 8 页。

　　② 北京大学哲学系外国哲学史教研室编译：《西方哲学原著选读》，商务印书馆，1981 年，第 309 页。

我们也可以将其视为经验论的先驱之一。

达·芬奇指出，如果想要获得真正的知识，那么我们必须从观察自然开始，必须从经验出发。只有这样我们才能破除前人的、可能是谬误的成见，独立获得真正的知识与真理。"经验能使你从谬误中获得真理，它将引导人们只寻求可能的事情。"①

在达·芬奇看来，真正的知识应当源自于我们的经验观察，而不是道听途说。在获得真理的过程中，经验拥有着至高无上的权威。达·芬奇在他的笔记中曾经写道："我很明白，由于我不是舞文弄墨的文人，可能使那些自以为是的人们贬低我是不学无术的。他们才是一群真正的蠢人！……他们还会指责我没读过书，不能正确表达自己的思想——可是，他们不了解，我对他们说明的是经验而不是别人的言词。不管是谁写得多么好，经验才是最高的权威，我在任何情况下都要引用这权威。"②"虽然我不能像他们那样引经据典，我依靠的是确实更坚实而有价值的东西——经验，一切教师的教师。"③

从引文中可以看出，达·芬奇非常厌恶那些对前人知识不加考证、拿来便用的所谓的博学者。这些"博学者"很有可能在谬误的道路上越走越远。达·芬奇虽然由于其私生子身份而没有接受过正统教育，但他却一直将自然与经验当作自己的老师。这也是他能破除谬误，获得一系列艺术、科学成就的重要原因。

第二，知识源于感觉能力。在达·芬奇提出知识源于经验这一命题以后，他并没有止步于此。达·芬奇进一步将经验具象化

---

①②③ ［英］艾玛·阿·里斯特编著：《莱奥纳多·达·芬奇笔记》，郑福洁译，生活·读书·新知三联书店，1998 年，第 6 页。

为感官感受，并认为一切知识都源自于人们的感觉。他说："我们的一切知识，全都来自我们的感觉能力。"①

感官感受是我们各种经验的直接来源，当达·芬奇将知识的来源归结于经验之时，也注定他必将会让知识的来源进一步追溯为感觉。这既是经验论深入发展的必然结论，同时也是达·芬奇作为一名画家特有的职业敏感。达·芬奇用自己的感官认识世界、探寻真理，并试图将自己的所知所感通过绘画的形式再次呈现给人们的感官，尤其是视觉系统。达·芬奇重视视觉在人们感知世界过程中的作用，他说："被称为人类灵魂之窗的眼睛，是人类最充分最完满地认识自然无限作品的主要传感器官。"②达·芬奇对于视觉的重视无疑与他画家的身份有关。毕竟画家主要是靠视觉观察世界，并将其作品再次呈献给人们的眼睛。

值得注意的是，达·芬奇对于经验、感觉乃至视觉的重视与其所取得的艺术成就有着密不可分的联系。达·芬奇的艺术成就可以说是经验论深入发展至艺术领域而取得的伟大成就，其中包括《最后的晚餐》与《蒙娜丽莎》。达·芬奇最初认为知识源于经验——进而将经验确定为感官感觉——再进而将感觉集中表述为视觉。因此，在达·芬奇看来，绘画不仅仅是一门艺术，它更是一门科学。如果一位画家想要描绘出优秀的艺术作品，那么他必须认真钻研光学、物理学；如果想要描绘出生动的人物形象，那么他必须研究人体骨骼、解剖学；如果想要描绘出动感十足的

---

① 北京大学哲学系外国哲学史教研室编译：《西方哲学原著选读》，商务印书馆，1981 年，第 309 页。

② ［英］艾玛·阿·里斯特编著：《莱奥纳多·达·芬奇笔记》，郑福洁译，生活·读书·新知三联书店，1998 年，第 8 页。

画面，那么他必须研究人体肌肉以及力学，等等。这样一来，从达·芬奇经验论的哲学立场来看，他研究范围之广、艺术成就之高也就不难解释了。

第三，真正的知识可以承受经验和感觉的验证。在达·芬奇看来，知识的可靠性、确定性不仅仅是来源于经验、来源于感觉，真正的知识一定可以经受住经验与感觉的检验，得到经验的印证。他曾经表示："世界上所有真正的科学都是人们感官感受的经验结果，（一旦其得到印证）它们使能言善辩者张口结舌。"① 达·芬奇认为，我们应当从经验出发来假设一个真理判断，如果这个判断同样能得到经验或者实验的反复印证，那么我们可以确定它的真实性。真理的获得过程应当是一个从经验出发，到命题假设，再到经验印证的循环过程。

达·芬奇指出，如果我们在探寻真理的过程当中，发现自己的结论与经验相悖，那么我们必须对自己的观点作出反思和调整。他说："经验是没有错误的；犯错误的只是我们的判断，它会让经验去办超出能力范围的事情。人们错误地大声反对经验，严厉地斥责经验骗人。放过经验吧，应该抱怨自己的无知；是无知使你被虚妄狂热的欲望迷住了心窍，你才指望经验作出超出能力范围的事情！"②

第四，在探求真知的过程当中，我们应当将经验与理性相结合。前文指出，达·芬奇认为知识源于经验，正确的知识必须可

---

① ［英］艾玛·阿·里斯特编著：《莱奥纳多·达·芬奇笔记》，郑福洁译，生活·读书·新知三联书店，1998 年，第 9 页。
② 北京大学哲学系外国哲学史教研室编译：《西方哲学原著选读》，商务印书馆，1981 年，第 309 页。

以经受经验的检验。在探求真知的过程中，达·芬奇非常推重经验的地位和作用。但与此同时他也并没有忽视探究真理的另一个重要角色——理性。

达·芬奇反对人们脱离现实世界而完全依靠理性思辨来探求真知，他说："如果你说那些从头到尾都在理性中的科学才有真理性，那是我们不能同意的，我们有很多理由否定这个说法，最重要的一条理由就是这种理性探讨里毫无经验，离开了经验是谈不到什么可靠性的。"① 引文中达·芬奇所指的"理性"更多地是指神学家所运用的僵化、陈腐、片面的思辨方式，例如神学家推论上帝本质的过程。在达·芬奇看来，这种理性思辨无异于空谈，因为它与经验世界丝毫无关。

达·芬奇并不否定理性的存在，他曾表示："自然界不会损毁其法则；自然遵循其固有法则的逻辑必然性。"② 理性确实存在，这是毋庸置疑的。而问题的关键在于我们不能让理性脱离经验，而是要运用理性整理、分析我们获得的经验材料，并由此通达真理。他指出："经验，这位赋予自然界和人类之间的解释者指出，自然作品中，受必然性约束的人类只能按照理性行事，理性是指引工作方向的舵。"③ 在达·芬奇看来，经验是沟通人类与自然的桥梁，它为我们通达科学与真理提供了广泛的资源。然而在我们通往真理的道路上，仍然需要理性为我们指引方向。

---

① 北京大学哲学系外国哲学史教研室编译：《西方哲学原著选读》，商务印书馆，1981 年，第 311 页。

②③ ［英］艾玛·阿·里斯特编著：《莱奥纳多·达·芬奇笔记》，郑福洁译，生活·读书·新知三联书店，1998 年，第 10 页。

小结：

在文艺复兴时期，诸位哲学家开始倡导将哲学、科学与神学区分开来，并将研究的焦点从天国转向了人间。达·芬奇在这一历史背景之下提出了自己的经验论哲学。达·芬奇将经验视为一切知识的源泉，进而认为一切知识源于感觉。正是由于达·芬奇对于感官知识尤其是视觉知识的悉心钻研，才使得他在绘画过程当中可以出神入化地运用光影与色彩，才使得他能够创作出一幅又一幅震惊世界的画作。在达·芬奇看来，绘画不仅是一门艺术，更是一门科学。他对光学、人类视觉知识的钻研在同时代处于领先水平。因此我们可以说，达·芬奇的艺术成就根植于他的经验哲学，是经验哲学率先深入艺术领域所取得的巨大成就。在提出知识源于经验、感觉的同时，达·芬奇还指出：真正的知识可以承受经验与感觉的检验；在探求真理的过程中要将经验与理性相结合。诚然，受限于当时的理论发展水平，我们不能期冀达·芬奇像洛克那样对经验进行细致地考辨与分类，但在经验哲学发展的过程当中，达·芬奇无疑是承上启下的关键人物之一。

### （二）自然观

正如前文所述，达·芬奇与其同时代的众多哲人已经厌倦了中世纪关于天国的空谈，他们不约而同地将自己的研究目光投向了现实当中的人与自然界。作为一名充满怀疑精神的思想家、一名极具观察能力的艺术家，达·芬奇对于自然有着自己独到的见解和看法。

达·芬奇的自然观深受古希腊哲学的影响，尤其受恩培多克勒（Empedocles）元素说影响尤甚。达·芬奇认为，自然界当中存在着土、水、气、火四种元素，并且整个自然界就是由这四种元素构成。四种元素排列的顺序是：土在最里层，土的外面包裹着水，其次是气，最外层是火。达·芬奇在笔记中写道："水包围着的土地……水和地之间并没有真空产生，而且空气包围着水层。"① "空气区表面与火素区相毗邻。"②

从引文中可以看出，达·芬奇认为自然界是由从中心到外围依次为土、水、气、火的四种元素构成的。而这一顺序并不单单是源于朴素的观察。达·芬奇认为，土、水、气、火的次序是由四种元素的重量决定的。土元素最重，因此处在最里层；相反火元素最轻，因此处在最外层。

在四种元素中，达·芬奇尤为看重水元素的作用，他认为"水是自然的推动者"③。达·芬奇认为，水依靠自身的热能变化而产生各种运动，如山洪、暴雨、海潮等。并且水通过自身的运动塑造着土地的形态与样貌。气元素与水类似，它也是依靠自身的热能而产生运动，即风。而达·芬奇所说的火元素更像我们现在所说的热能，它是离太阳最近的一个元素层。

在达·芬奇看来，四个元素层虽然有着自身的排列次序，但它们之间又不是决然隔别的。他写道："某一元素最轻最薄的部分必定与它更轻的另一种元素相接触，其较重的部分则靠近比它

---

① ［英］艾玛·阿·里斯特编著：《莱奥纳多·达·芬奇笔记》，郑福洁译，生活·读书·新知三联书店，1998 年，第 19 页。

② 同上，第 43 页。

③ 同上，第 21 页。

更重的元素。"① 四种元素相互接触、相互作用，并由此形成了千变万化的世界。

以上是达·芬奇元素说的主要内容，其中大部分内容与恩培多克勒的元素说类似。对于这一点，达·芬奇并不讳言。在他的笔记中有时候也会摘抄恩培多克勒的一些观点。在上述观点中，我们很难厘清哪些属于达·芬奇，哪些属于恩培多克勒。但达·芬奇对于四元素说的赏识和赞许是毋庸讳言的。或者说，至少他承认四元素说具有真理性。

虽然达·芬奇的四元素说与恩培多克勒多有一致之处，但他的元素说也有着自己的特点——达·芬奇认为每一种元素都有自己的灵魂。达·芬奇的思想由此体现出了浓厚的泛神论色彩。

达·芬奇将灵魂定义为"一种与物体相结合的能量"②。这种"能量"既"不会有声音，也无形体，更无力"③，但它却明确地存在于四种元素之中（spirit amid the elements）。④

达·芬奇对于灵魂的描述着墨不多。他只是点名了灵魂是存在于元素之中的一种能量，并没有详细、系统地论证灵魂的具体功能和来源。对此，我们只能从其它的只言片语中进行寻找。

达·芬奇把"灵魂"定义为一种"能量"，由此看来，灵魂必定具有一定的功能和作用。那么这种功能到底是什么呢？达·芬奇曾经写道："这种宇宙理智的灵魂无所不在……它的光照耀

① ［英］艾玛·阿·里斯特编著：《莱奥纳多·达·芬奇笔记》，郑福洁译，生活·读书·新知三联书店，1998 年，第 10 页。

②④ Irma A. Richter, *Leonardo Da Vinci Notebook*, Oxford University Press, 2008, p. 47.

③ ［英］艾玛·阿·里斯特编著：《莱奥纳多·达·芬奇笔记》，郑福洁译，生活·读书·新知三联书店，1998 年，第 51 页。

着所有的星球，它的光线笼罩着宇宙，一切生灵都从它那里得到热。"① 从这段引文中可以看出，达·芬奇所谓的"灵魂"更像是产生、支配着整个宇宙运动的动力和准则。灵魂推动着一切，其给予宇宙运动的力量让整个宇宙按照特定的准则运行。此即达·芬奇所谓"灵魂"的基本功能。

那么宇宙的"灵魂"又来自何处呢？达·芬奇给出的答案是：上帝。他说："神圣的理智已活生生地被灌注在自然界中。"② "尽管人类能够依靠智慧使用各种器械进行种种发明创造以满足共同的需要，但是这些发明创造远不如上帝所创造的精美、简单和直接；上帝的创作极其完美、超群。"③

在达·芬奇看来，正是上帝将灵魂赋予了整个自然。上帝为万物的存在创造了条件，并将灵魂灌注于一切存在，让自然界中的万事万物都按照特定的法则运转。在这位画家看来，上帝同时也赋予了各种事物最合理、最优美的形态与线条，以供他们来描摹和赞颂。但是人类无论花费多少心血与巧思，都难以企及上帝的创造。从达·芬奇的话语中我们也可以看出，他所论述的上帝并不是一个人格神，而更像是自然本身所具有的神性。

小结：

达·芬奇认为自然界是由四种基本元素构成的。这四种元素由内到外依次是：地、水、风、火。这一顺序是由四种元素的重

---

①② ［意］加林：《意大利人文主义》，李玉成译，生活·读书·新知三联书店，1998年，第180页。

③ ［英］艾玛·阿·里斯特编著：《莱奥纳多·达·芬奇笔记》，郑福洁译，生活·读书·新知三联书店，1998年，第137页。

量决定的。四种元素并非彼此隔别，他们由于重量作用彼此接触、相互作用，由此形成千变万化的自然世界。达·芬奇认为，四种元素都有灵魂灌注其中。他所谓的灵魂，实际上是指上帝赋予的、产生并支配整个宇宙的一种能量。此即达·芬奇自然观与泛神论的主要内容。

### （三）美学思想

达·芬奇的美学思想是在其经验论和自然观的基础之上发展起来的。一方面，受其经验论的影响，达·芬奇认为，绘画艺术应当专注于揭示经验世界之美、自然界之美。与此同时，我们要通过经验观察获取各种科学知识，将这些知识运用于艺术创作。另一方面，受其泛神论的自然观影响，达·芬奇认为绘画之美应当可以揭示事物的思想和灵魂。可以说，达·芬奇美学思想是以其经验论和自然观为基础的自然主义与科学主义的完美结合。

首先，达·芬奇认为，艺术之美在于完美地呈现自然。绘画艺术所描绘的对象应当是自然世界，它应当完美地呈现自然的原貌。对此，达·芬奇写道："绘画是自然界一切可见事物的模仿者……绘画的确是一门科学，并且是自然的合法的女儿，因为它是从自然产生的。"[①] 在达·芬奇看来，真正的绘画艺术是源于自然的，它应当兼具自然与真实两个特性。绘画之美就在于它可以模仿自然界一切可见的事物，"可以让人在一瞥间的同时见到一幅和谐匀称的景象，如同自然本身一般"[②]。

---

① 《芬奇论绘画》，戴勉编译，人民美术出版社，1979 年，第 17 页。
② 同上，第 24 页。

一个好的画师所需要做的工作就是观察自然、模仿自然，并将自然之美呈现在观众面前。那么这种模仿应当达到一种什么程度呢？对此，达·芬奇经常用镜子作比喻，他说："镜子是画家之师。"① 他还说道，一幅好的绘画作品"应当像镜子那样，如实反映安放在镜前的各种物体的许多色彩。做到这一点，他仿佛就是第二自然"②。

从上述引文中可以看出，达·芬奇认为，绘画艺术描绘的对象应当是自然世界。一位真正的画家不应该埋首于故纸堆去临摹别人的作品，也不应当专注于描绘自己的一些主观臆想，而是要放眼自然、观察自然、描绘自然。画家对于自然的描绘与模仿，应当像镜子一样，如实地反映自然的原貌。绘画之美就在于它可以完美地呈现自然的原貌。由此我们可以看出，达·芬奇美学的两条重要标准即是自然与真实。而达·芬奇的"镜子"比喻也被后人概括为"镜子说"（Speculum）。

其次，艺术之美在于它可以呈现自然的灵魂。承上所述，达·芬奇"镜子说"是指画家应当以自然为对象，并原原本本地呈现自然的原貌。但这仅仅是达·芬奇镜子说的一个方面。镜子说的另外一个层面的含义是指画家要呈现出自然所包含的灵魂，或者说是自然当中所蕴含的神性。达·芬奇还说道："画家与自然竞赛，并胜过自然。"③ "一个好的画家应画好两个主要的东西，即

---

① 《芬奇论绘画》，戴勉编译，人民美术出版社，1979年，第51页。
② 同上，第41页。
③ 同上，第42页。

人和人的心灵意向。"①

在达·芬奇看来，一个好的绘画作品不单单是机械、刻板、僵化地呈现自然的外貌，更重要的是它还要呈现出自然中所蕴含的神性。或者说，艺术作品之美在于它可以呈现出自然，而这一"自然"不仅仅包括它由光影、色彩组成的外壳，还包括它的精神和心灵。对此，达·芬奇也做出了许多努力。比如，他刻苦钻研运动力学，力图在自己的画作中呈现出自然运动的趋势，进而使画面具有动态感。他还说："绘画中最重要的事是每个人物的体态应该表现他的内心境界，如期望、鄙视、愤怒和同情等。"②这也正是他研究解剖学的原因：了解每一块肌肉的运动结构，依次呈现出每种生物的内心世界。

总之，如果我们将达·芬奇的美学思想冠以"镜子说"之名，那么这面镜子照鉴的不仅仅是自然的外貌，它还包括自然的内在精神与灵魂，或者说是自然的神性。由此我们也可以概括出达·芬奇美学的第二条标准：灵魂与神性。

最后，科学知识是通达艺术之美的必要手段。达·芬奇认为，一幅优秀的绘画作品应当既可以原原本本地呈现出自然的外貌，又可以呈现出自然当中所蕴含的的神性。那么一名画家要如何达到这一境界呢？这就涉及达·芬奇美学的另外一个重要组成部分：科学。达·芬奇在自己的笔记当中反复提到，绘画不是一门主观臆想的技艺，而是一门科学。③

---

① ［英］艾玛·阿·里斯特编著：《莱奥纳多·达·芬奇笔记》，郑福洁译，生活·读书·新知三联书店，1998 年，第 170 页。

② 同上，第 171 页。

③ 参见《芬奇论绘画》，戴勉编译，人民美术出版社，1979 年，第 17 页。

艺术是一门科学，这是达·芬奇美学理论的一个重要观念。这也正是达·芬奇研究数学、力学、运动、光学以及解剖学等自然学科的原因。在达·芬奇看来，一位优秀的画家在创作过程中决不应该是跟着感觉走，感觉怎么好就怎么画，而是应该利用大量的数据、比例以及各种科学知识来支撑起整幅画作。他说："美感完全建立在各部分之间神圣的比例关系上，各特征必须同时作用，才能产生能令观者往往如醉如痴的和谐比例。"① "正确的理解来自以可靠的准则为依据的理性……亦即一切科学与艺术之母的女儿。"②

由此可见，达·芬奇认为，科学是艺术的重要组成部分，艺术之美需要科学知识作为支撑。由此，我们也可以得出达·芬奇美学的第三条标准：科学。以上提到的这三条标准基本可以涵盖达·芬奇审美意趣的主要内容。

小结：

在达·芬奇看来，绘画艺术之美在于它既可以呈现自然的外貌，又可以呈现自然的精神与神性。而企及艺术之美的方法就是要掌握尽可能多的、相关的科学知识。与此相应，达·芬奇衡量"美"的标准主要有三条：第一，自然与真实，即好的艺术作品应当以自然为对象，真实地呈现自然原貌；第二，灵魂与神性，即艺术作品应当呈现出自然中蕴含的精神与神性；第三，科学，即艺术作品应当以尽可能多的科学知识作为支撑。达·芬奇在他

---

① 《芬奇论绘画》，戴勉编译，人民美术出版社，1979年，第28页。
② 同上，第52页。

的艺术创作中将这三者完美结合，将自然、神性、科学同时赋予其中，由此我们才可以看见《蒙娜丽莎》那神秘而醉人的微笑。

## （四）科学方法论

达·芬奇认为好的艺术作品应当有尽可能多的科学知识作为支撑。为了创作出优秀的画作，达·芬奇广泛研究光学、力学、生物学、解剖学等诸多方面的知识，并取得了一系列的研究成果。那么达·芬奇是凭借怎样的研究方法才取得了如此高的成就呢？笔者将达·芬奇进行科学研究的方法总结为四个步骤，下面将逐一作出介绍。

第一，通达科学真理的第一步是观察自然。达·芬奇首先把科学研究的对象确定为自然世界，而并非中世纪热捧的实体世界或者天国。接下来，达·芬奇通达科学真理的第一步就是对自然进行细致入微的观察。在达·芬奇看来，在我们已有的成见当中其实隐藏着许多谬误，同时在许多习以为常的事情当中其实都蕴藏着未知的知识与真理。我们只有通过细致的观察才能剔除隐藏的谬误、发现未知的真理。

达·芬奇说："我们的一切知识，全都来自我们的感觉能力。"[1] 如果我们想要获得知识就必须运用自己的感官感觉自然、观察自然，并探寻自然当中蕴含的奥秘与神性。那么达·芬奇观察自然细致到什么程度呢？举例来说，达·芬奇曾经用大量时间观察鸟儿眨眼的过程，并将这一过程记录下来："鸟在闭上它的

---

① 北京大学哲学系外国哲学史教研室编译：《西方哲学原著选读》，商务印书馆，1981年，第309页。

双层眼皮时，先从泪管侧向外眼角闭上第二层眼皮，再自下而上地闭上外眼皮，这种运动交叉进行。鸟之所以先从泪管方向合眼，是因为它已看清前下方都安全，为了预防从后上方降临的危险，才只留眼睛的上部。"① 达·芬奇对鸟儿眨眼的过程观察得如此详细，并且提出了眨眼方式形成的原因。我们可以说，正是这细致的观察，才造就了大师辉煌的艺术成就！

第二，提出假设并进行反复试验。达·芬奇认为，当我们通过仔细观察，发现了隐藏在常识当中的谬误或者发现了新的知识时，我们便可以对其进行命题假设。然后再针对这一假设进行反复的实验。他说："实验应重复多次，以减少偶然误差影响证明，实验是否错误，取决于研究者是否误解。"② 达·芬奇认为，如果多次实验的结果与假设一致，那么命题便成立，反之亦然。

在达·芬奇的科学方法论中，经验占有非常重要的地位和作用，这与他的经验论观点是一致的。在他看来，一个新的观点必须得到足够的经验反复验证，才能确保其可靠性、正确性。而经验本身是不会出错的，他说："经验决不错，可能的错误不是实验造成的，而只是你的判断。"③ 也就是说，当我们发现实验的结果与自己的预期相悖时，那么我们需要重新怀疑我们的假设与判断。

第三，理论是通达科学真理的必要手段。如前所述，达·芬奇在探寻科学知识的过程当中非常重视经验的作用，但这并不代表他忽略了理性。在达·芬奇看来，探寻真理的过程需要理论作

---

① ［英］艾玛·阿·里斯特编著：《莱奥纳多·达·芬奇笔记》，郑福洁译，生活·读书·新知三联书店，1998 年，第 161 页。

② 同上，第 12 页。

③ 同上，第 8 页。

为指导，他说："热衷于实践而不要理论的人好像一个水手上了一只没有舵和罗盘的船，拿不稳该往哪里航行。实践永远应当建立在正确的理论之上。"① 意思是说，虽然我们的假设来自于对经验世界的观察、我们的知识需要得到经验的检验，但是我们的整个实践过程都要接受理性的指导。没有理性指导的实践注定会走向混乱与失败。

第四，具有确定性的知识可以经受住经验的检验。达·芬奇认为，经验是检验真理的唯一标准，一切具有确定性的知识都可以得到经验的印证与检验。他说："我以为，经验是所有确定性的母亲，凡是不产生于经验，并经受经验检验的一切科学都是虚假的完全错误的。"②

达·芬奇认为，将一个命题确立为具有真理性的新知识的唯一方式是用经验对其进行检验。这里所谓的经验有两层含义：一方面是指可以得到实验的反复验证，另一方面是指可以在现实世界中得到经验的验证。如果我们的假设没有得到经验的验证，那么我们应该反省自己的判断，而不是质疑经验。他说："别怨恨经验，责备你自己的无知吧，正是由于你的虚荣和愚蠢的愿望，臆想从经验获得超出她的能力以外的事，才使你离开正道。"③

小结：

综上所述，我们可以将达·芬奇的科学方法论作出如下概括：

---

① 北京大学哲学系外国哲学史教研室编译：《西方哲学原著选读》，商务印书馆，1981 年，第 311 页。

②③ ［英］艾玛·阿·里斯特编著：《莱奥纳多·达·芬奇笔记》，郑福洁译，生活·读书·新知三联书店，1998 年，第 8 页。

首先，我们要明确科学研究的对象即是经验世界、自然世界。确定这一对象以后，我们要对自然进行细致入微地观察。因为只有这样我们才能发现自然世界当中隐藏的真理与奥秘。接下来，我们要大胆地提出自己的假设、判断，并用实验反复对其进行验证。经验是检验真理的唯一标准，它为一切科学知识提供确定性。如果我们的假设可以得到实验与经验的反复验证，那么我们可以确定它具有可靠性。如果得不到经验的验证，我们则要对自己的判断进行反思、修改，进而再假设、再验证。

或许生活在今天的我们认为达·芬奇的科学方法论并没有太多的过人之处。但我们不能用今天的历史条件去衡量古人。在达·芬奇生活的时代，大多数学者仍然沉醉于中世纪关于天堂的美梦。而达·芬奇率先将研究的视野投向了自然，并提出了一系列研究科学的具体方法，这无疑具有划时代的意义。要知道，达·芬奇方法论的提出比被誉为"现代实验科学始祖"的弗朗西斯·培根（Francis Bacon）早了半个世纪！最后，让我们用达·芬奇的一段话结束本小节："啊，万事的空谈家，请谦虚地遵照事物的本原特性吧，当你获得那些事物的预期结果时，该会多么欢快呀！"[1]

## （五）科学成就

达·芬奇认为艺术是一门科学，一幅优秀的绘画作品应当以科学知识作为支撑。为了描绘出最好的艺术作品，达·芬奇研究光学，以了解色彩和光影的变化；研究解剖学，以了解人体的肌

---

[1]　［英］艾玛·阿·里斯特编著：《莱奥纳多·达·芬奇笔记》，郑福洁译，生活·读书·新知三联书店，1998 年，第 13 页。

肉和骨骼结构；研究人体运动，借此使画作呈现动态感等。达·芬奇对于科学知识的研究同样让他如痴如醉，有时候他甚至忘了自己是为了绘画而钻研这些知识。有许多学者认为，达·芬奇是历史上第一位科学家。

达·芬奇所涉猎的科学领域非常广泛，由于篇幅限制，我们只能选择一些主要领域予以介绍。在此，我们主要介绍一下达·芬奇在光学、机械学以及解剖学领域所获得的成就。这三个领域基本上囊括了达·芬奇科学研究的核心内容。

1. 光学

出于绘画创作的需要，达·芬奇对光线进行了细致全面的研究。他在笔记中将光线分为普通光、特殊光、反射光、透射光四类，[1] 并且全面地研究了光的强度、对比、反射、折射、传导等诸多现象。在达·芬奇的众多光学研究成果中，最突出的一个成就是：他开始觉察到，光的本质是一种波，而非微粒。

对于光的微粒说，我们可以追溯到古希腊时期的哲学家恩培多克勒。恩培多克勒在他的认识论中指出，人们之所以能够感受到客观事物的存在，是因为客观事物会持续流射出细小的微粒。不同的流射物可以进入不同的感官通道，与感官发生作用。由此，我们便可以感受到客观事物的存在。恩培多克勒的这一学说被称为流射说。德谟克利特（Democritus）将流射说与原子说相结合，认为物体表面会持续放射出原子，这些原子构成了各种影像，并对眼睛产生作用，因而形成各种视觉上的画面。德谟克利特的这

---

① 《达·芬奇笔记》，杜莉编译，金城出版社，2011年，第36页。

一学说被称为影像说。

受流射说与影像说的影响，在达·芬奇的时代，人们普遍认为光的本质是一种微粒。通过对光线的观察和研究，达·芬奇开始察觉到光的本质可能是一种波。在达·芬奇的笔记中，他曾经详细地记录下自己的这一想法，他说："若将两个小石头同时掷向一潭静止湖水，会发现他们形成两个相冲突的圆形，最后逐渐扩大、相互渗透并融合为一，但它们却分别维持原先由石头所造成的中心点。"① 达·芬奇通过观察发现，在这一过程当中，水本身并没有发生运动或者移动，而只是在上下震动。为了验证这一说法，他给出了具体的验证方式："为了要了解我的意思，你可以观察稻草的叶身，因为它轻如鸿毛，所以可以漂浮在水面上，不管水波如何因漩涡流转，它也不会离开原先位置。"②

通过这样的观察和实验，达·芬奇开始认识到声音和光线的传导都与这种水波类似，他说："宇宙中的每件事物都是靠波传导的。"③ 由此可见，当时的达·芬奇已经察觉到了光的类波性质。而直到一百多年以后，惠更斯（Huygens）才开始发表论文论述光波理论，而惠更斯往往被认为是光波理论的开创者。达·芬奇虽然没有进一步对光波理论展开研究和论述，但其对光波理论的开拓性发现是不容我们忽视的。

除此之外，达·芬奇在对光线进行研究的过程中还提出了光速有限、光的折射规律等一系列观点。这些观点既是大师通过不

---

①② 转引自［美］麦克·怀特：《达·芬奇：科学第一人》，许琳英译，中国人民大学出版社，2011年，第165页。

③ 同上，第166页。

懈努力所取得的科学成就，同时也是辅助他创作出优秀画作的重要工具。

## 2. 机械制造

达·芬奇一生都非常热衷于制造各种灵巧的机械，他认为机械制造实际上是利用数学和几何学知识对自然法则进行的模仿。早在15世纪70年代，二十多岁的达·芬奇就开始着迷于设计各种机械和军事武器，比如弓弩、机械车、降落伞等。达·芬奇一生都非常热衷于对水进行观察和研究。在他设计的机械里有许多与水有关，其中包括运输水的机械装置、灌溉设备以及早期的潜水衣。

此外，达·芬奇还热衷于制造各种飞行器械。在他的笔记中有一种飞行器被他命名为"空中飞船"。这种空中飞船的头顶有四个巨大的翅膀，这四个翅膀作为螺旋桨提升整个飞行器起飞。人坐在中间操控飞行器。与此同时，在起飞和飞行过程中，飞行员要用双脚努力地踩踏踏板，以此来带动螺旋桨的转动，为飞机提供动力。出于对飞行员安全的考虑，达·芬奇还设计了降落伞。他说："如果一个人有一个帐篷，那个帐篷有十二尺宽、十二尺长，那么他可以从任意高度跳下去而不会受伤。"①

达·芬奇设计的飞行器大多是由人体活动提供动能。而由于人体不能提供持续、足够的动能，因此达·芬奇所设计的飞行器实际上很难真的起飞。但不可否认，正是因为有像达·芬奇这样一代又一代人的飞行梦想，才最终带着人类飞向了苍穹乃至太空！

---

① Irma A. Richter, *Leonardo Da Vinci Notebook*, Oxford University Press, 2008, p. 99.

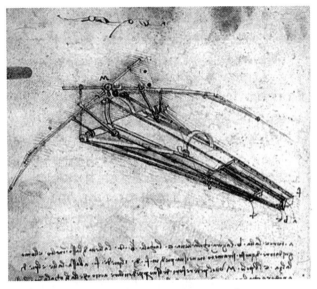

达·芬奇绘制的飞行器结构图①

3. 解剖学

晚年的达·芬奇曾经花费非常多的精力用于人体解剖。在他的笔记中留下了大量的、精致的手绘解剖图。达·芬奇从事人体解剖的原因是为了使自己的人物绘画更具表现力，对此他说道："对筋腱、肌肉的性质具有一定知识的画家，能透彻了解肢体运动时有多少条筋腱，是哪些筋腱在起作用，哪些肌肉的隆起造成筋腱的收缩……这样，画家才能借助于人物的各种姿势，多方面地显示各种各样的肌肉。"②

即使是现在，非医学专业的人员仍会觉得人体解剖是一件令

---

①　图片来源网址：https：//commons. wikimedia. org/wiki/Leonardo_da_Vinci#/media/File：Design_for_a_Flying_Machine. jpg.

②　［英］艾玛·阿·里斯特编著：《莱奥纳多·达·芬奇笔记》，郑福洁译，生活·读书·新知三联书店，1998 年，第 148 页。

人毛骨悚然的事情。更何况达·芬奇生活在宗教氛围异常浓厚的15世纪。在达·芬奇晚年的一段时间里，他每天昼伏夜出，白天呆在家里，晚上到工作室对各种尸体进行细致地解剖。从他的记录中我们可以看到他对待这项工作的认真态度以及他的艰辛经历："我为了获得这些血管的真正的完整的知识，解剖了十多具尸体，剖析了各种器官，剔除了粘附在这些血管上的所有最微小的肉屑，除了毛细血管看不见的出血外，未曾引起任何流血……我常常重复地做，借以找出它们（不同尸体）的差别。即使你爱好解剖，也可能被熏人的臭气所阻止；如果这恶臭阻止不了你，也许你不敢彻夜摆弄这些割得支离破碎、剥了皮的尸体。"[1]

不过达·芬奇的努力也没有白费，他在解剖学领域有着同样杰出的成就。受限于当时的科学发展水平，众多学者们并没有明确给出大脑与眼睛、视觉体统之间存在联系的论断。而这一任务正是由达·芬奇完成的。达·芬奇通过解剖人的头颅发现，人的眼睛后方的视觉神经与大脑相连，并且在自己的笔记中描绘出了这一连接方式，这进一步明确了人的视觉系统与大脑有着密不可分的联系。达·芬奇通过解剖还发现，人的神经系统由大脑延伸至骨髓，由骨髓分布于四肢。他说道："树状的神经从大脑与颈背向下延伸，沿着骨髓分布到手臂和脚上。"[2]

此外，肌肉与骨骼的连接方式、面部表情与肌肉之间的关系、人体的生殖系统以及心血管系统等，对于这些问题达·芬奇在自

---

① ［英］艾玛·阿·里斯特编著：《莱奥纳多·达·芬奇笔记》，郑福洁译，生活·读书·新知三联书店，1998年，第46页。

② 转引自［美］麦克·怀特：《达·芬奇：科学第一人》，许琳英译，中国人民大学出版社，2011年，第244页。

己的笔记中都进行了详细的介绍和描绘。这对于绘画艺术与医学发展来说，都是极其宝贵的资料。

通过对人体的解剖观察，达·芬奇发现人体是一部非常精密、神奇的机器。他在赞美人体的构造时说："旁观这具人类机器的人，不要为这幅素描来自于他人的死亡而感到忧伤，要为上帝以他的才智成就这个工具的完美而欣喜。"[①]达·芬奇认为，人体的这种精密设计来自于上帝，是上帝将神性赋予了人类。达·芬奇的这一说法与其泛神论的哲学观点一致。对此，达·芬奇进一步发挥到："古人把人称为小宇宙，这名称很恰切。若认为人体由土、水、气和火组成，则人体与地球相似。人体内部骨骼是肌肉的固定支架，岩石则是地的支柱；人体内部有血库并以肺的扩张和收缩进行呼吸。地球的海洋以每六小时涨落一次的海潮进行呼吸，像血库以血液遍布人体，海洋也以无数河川布满大地。"[②]

从引文中可以看出，通过对人体的细致解剖，达·芬奇认为人体是被上帝赋予神性的一部精密仪器。这与他的泛神论思想有关。不仅如此，达·芬奇还认为人体的构成元素与自然界相同。人体的每一个部分都可以在自然界当中找到相应的对应物。我们可以把达·芬奇的这一观点称为自然与人体的同构说。而达·芬奇的这一学说是其解剖学研究与其泛神论、自然观思想的融合。

---

① 转引自［美］麦克·怀特：《达·芬奇：科学第一人》，许琳英译，中国人民大学出版社，2011年，第253页。

② ［英］艾玛·阿·里斯特编著：《莱奥纳多·达·芬奇笔记》，郑福洁译，生活·读书·新知三联书店，1998年，第147页。

小结：

本着艺术是一门科学的基本观点，达·芬奇花费了大量的时间和精力进行科学研究。达·芬奇研究科学的初衷是为绘画提供技术支撑。他在研究科学的过程当中，好奇心和兴趣带他在科学的高峰上越攀越高，同时也取得了异常卓著的成就。达·芬奇首次阐释了光的类波性质，发明了各种精巧的机械装置，包括弓弩、机械车、潜水衣、降落伞等，还用自己的巧手绘制了大量的解剖图片。达·芬奇的这些成就，足以担得起"科学家"的称谓。

## （六）名言选辑

［1］对某事物的爱好产生于对该事物的理解。理解越透彻，爱好越热烈。理解的透彻性来源于对事物各组成部分的全面认识，事物的各组成部分本应受到重视。①

For the love of anything is the offspring of knowledge, love being more fervent in proportion as knowledge is more certain. And this certainty springs from a complete knowledge of all the parts which united compose the whole of the thing which ought to be loved. ②

［2］如果为了简略而删掉事物中能提供全面信息的部分，这样的简略又有何用。性急真是愚蠢的母亲，她赞成简略，就好像这些人没有充裕的时间来掌握一个像人体那样简单的问题似的。③

Of what use, then, is he who in order to abridge the part of the

---

①③　［英］艾玛·阿·里斯特编著：《莱奥纳多·达·芬奇笔记》，郑福洁译，生活·读书·新知三联书店，1998年，第7页。

②　Irma A. Richter, *Leonardo Da Vinci Notebook*, Oxford University Press, 2008, p. 5.

things of which he professes to give complete information leaves out the greater part of the things of which the whole is composed. True it is that impatience, the mother of folly, is she who praises brevity, as if such persons had not life long enough to acquires a complete knowledge of one single subject, such as the human body. ①

［3］我以为，习惯不良的粗鲁人和理智不清的人不应该有思想高尚、能力强的人所具备的那么精细的器官和种类繁多的组织，他们只不过是一个接纳食物的袋子，食物由此通过。②

It seems to me that coarse men of bad habits and little power of reason do not deserve so fine an instrument or so great a variety of mechanism as those endowed with ideas and great reasoning power, but merely a sack where food is received and whence it passes. ③

［4］欢乐与痛苦像孪生子，没有欢乐则没有痛苦，两者缺一不可，彼此相辅相成，仿佛两者背靠背地站在一起似的。如果你挑选了欢乐，就应知道欢乐后面将给你带来的艰辛与悔恨。④

Pleasure and pain are represented as twins, since there never is one without the other; and as if they were joined together back to back since they are contrary to each other. If you choose pleasure, know that he has behind him one who will deal you tribulation and repentance. ⑤

---

① Irma A. Richter, *Leonardo Da Vinci Notebook*, Oxford University Press, 2008, p. 5.

② ［英］艾玛·阿·里斯特编著：《莱奥纳多·达·芬奇笔记》，郑福洁译，生活·读书·新知三联书店，1998 年，第 266 页。

③ Irma A. Richter, *Leonardo Da Vinci Notebook*, Oxford University Press, 2008, p. 263.

④ ［英］艾玛·阿·里斯特编著：《莱奥纳多·达·芬奇笔记》，郑福洁译，生活·读书·新知三联书店，1998 年，第 264 页。

⑤ Irma A. Richter, *Leonardo Da Vinci Notebook*, Oxford University Press, 2008, p. 244.

［5］任性放肆的人与禽兽无异，开头的邪恶总比结尾的邪恶容易克服，你对你自己有相当的支配权。①

The man who does not restrain wantonness, allies himself with beasts. It is easier to contend with evil at the beginning than at the end. You can have no greater and no smaller dominion than that over youself. ②

［6］为财富斗争，对金钱的贪婪是一个基本的社会罪恶。③

The struggle for property and the greed for money are shown to be a basic social evil. ④

［7］我以为我在学习如何生活，实际上我在学习如何死去。⑤

While I thought that I was learning how to live, I have been learning how to die. ⑥

［8］乐极生悲，聪明过头产生愚蠢。⑦

The highest happiness becomes the cause of unhappiness, and the fullness of wisdom the cause of folly. ⑧

---

① ［英］艾玛·阿·里斯特编著：《莱奥纳多·达·芬奇笔记》，郑福洁译，生活·读书·新知三联书店，1998 年，第 267 页。

② Irma A. Richter, *Leonardo Da Vinci Notebook*, Oxford University Press, 2008, p. 264.

③ ［英］艾玛·阿·里斯特编著：《莱奥纳多·达·芬奇笔记》，郑福洁译，生活·读书·新知三联书店，1998 年，第 239 页。

④ Irma A. Richter, *Leonardo Da Vinci Notebook*, Oxford University Press, 2008, p. 237.

⑤ ［英］艾玛·阿·里斯特编著：《莱奥纳多·达·芬奇笔记》，郑福洁译，生活·读书·新知三联书店，1998 年，第 261 页。

⑥ Irma A. Richter, *Leonardo Da Vinci Notebook*, Oxford University Press, 2008, p. 256.

⑦ ［英］艾玛·阿·里斯特编著：《莱奥纳多·达·芬奇笔记》，郑福洁译，生活·读书·新知三联书店，1998 年，第 268 页。

⑧ Irma A. Richter, *Leonardo Da Vinci Notebook*, Oxford University Press, 2008, p. 244.

［9］私下规劝你的朋友，公开场合则赞扬他。[1]

Reprove your friend in secret and praise him openly. [2]

## 三、后世影响

### （一）科学与艺术的转折和融合

在文艺复兴时期，整个社会已经被经院哲学关于形而上学的纯思辨弄得疲惫不堪、昏昏欲睡。每一个学者都在用人间的逻辑推论着上帝与天堂的本质，却一次又一次地被他人质疑。而此时的达·芬奇倡导人们将研究的目光转向自然，去发现自然世界当中隐藏的美丽与奥秘。这犹如在昏昏欲睡的课堂上吹进了一阵凉风，让人们感到了欢欣鼓舞的新意。随之而来的，是大师创作的一系列哲学、科学和艺术的全新成果。

在达·芬奇将目光转向自然世界之后，经验成为他哲学思想当中关注的焦点。达·芬奇认为，我们的一切知识都源自于经验。我们应当从经验当中发现过去的谬误、探寻新的知识，而不是埋首关于天国的空谈。达·芬奇进一步将知识的来源追溯至人的感觉，在此我们已经可以看到近代哲学经验论的基本雏形。

而达·芬奇的经验论并没有止步于空洞的理论论述。他将自己的经验论思想贯彻于科学研究当中，在光学、力学、机械学、

---

① ［英］艾玛·阿·里斯特编著：《莱奥纳多·达·芬奇笔记》，郑福洁译，生活·读书·新知三联书店，1998 年，第 270 页。

② Irma A. Richter, *Leonardo Da Vinci Notebook*, Oxford University Press, 2008, p. 266.

解剖学等多个领域都取得了新的研究成果。达·芬奇将自己所获得的科学知识运用于绘画领域，由此我们才能看到《最后的晚餐》《蒙娜丽莎》这样惊人的创作。

本着经验哲学这样一个基本视角，达·芬奇认为艺术创作同样是一门经验科学。真正的艺术应当关注人与自然，一幅好的绘画作品应当有大量的数学、力学、物理学、生物学、解剖学知识作为支撑。也正是如此，时至今日我们仍然在破解达·芬奇绘画当中隐藏的各种自然法则与密码。

达·芬奇将研究目光转向自然的倡议及其经验论的基本视角为科学研究和艺术创作带来了新的生机与活力。此时的科学与艺术不再为神学服务，他们开始逐渐摆脱传统神学的束缚，从而焕发出新的光彩。正是达·芬奇将科学灌注于艺术的基本做法才造就了他不朽的艺术功绩。因此我们可以说，达·芬奇的绘画成就其实是经验哲学在艺术领域铺展开来的最初成果。诚然，达·芬奇的经验论不如洛克的经验哲学完整、严密；其科学方法论也没有培根的方法论系统、完善。但同样不可否认，洛克和培根的理论正是沿着达·芬奇的思路逐渐深入发展起来的。这位艺术大师的哲学智慧犹如深夜当中的一道闪电，虽然没能照亮整个世界，却为光明埋下了最初的种子。

## （二）对绘画艺术的深远影响

达·芬奇在其绘画创作当中师法自然，将许多科学知识运用于绘画创作，这些新的理念都将西方绘画艺术推向了一个新的高潮。作为一名不朽的艺术大师，达·芬奇在绘画技法以及美学理论方面深深地影响了西方艺术的发展。

在达·芬奇之前，维泰罗（Witelo）已经开始研究透视理论。阿尔贝蒂（Alberti）也开始将透视理论运用到绘画创作当中。但此时的透视法大多局限于直线透视，即阐明事物近大远小的透视原则。而达·芬奇将透视理论进一步发展。他将透视理论细分为三种，即缩形透视、空气透视与隐没透视。缩形透视研究的是物体远离视线而逐渐变小的原则，空气透视研究的是物体远离视线时色彩发生变化的原则，隐没透视研究的是物体远离视线而逐渐模糊的原则。达·芬奇通过自己的研究不仅发展了西方的透视理论，并且将这些透视理论运用于绘画创作，使西方绘画告别了两千多年来依靠线条进行创作的基本手法，使绘画艺术具有充分的立体感和动态感。

在美学理论方面，达·芬奇提出了"镜子说"。达·芬奇认为，绘画艺术之美在于绘画可以如镜子般呈现自然之美。一名优秀的画家要学会如何以自然为师，观察自然、描摹自然。受其泛神论思想的影响，达·芬奇认为绘画这面"镜子"不仅要照鉴到自然的外在形态，更要描摹出事物本身所具有的灵魂与神性。在绘画实践当中，达·芬奇正是运用广泛的科学知识力描摹出了自然的美丽形态与高尚灵魂。运用科学的知识和理论描摹事物的内心与灵魂，一时成为欧洲美术艺术追求的最高境界。

达·芬奇对于欧洲艺术的贡献不仅仅局限于此，他对于物体比例、绘画构图、人物描摹等方面的真知灼见都成为了西方美术界学习的主要对象。可以说，这位艺术大师是欧洲美术史上最耀眼的一颗明星，至今散播着熠熠星辉，照耀着后世之人。

### （三）留给后世的谜题

时至今日，达·芬奇的艺术成就影响地不仅仅是艺术领域，也不仅仅是整个欧洲。达·芬奇本人及其艺术作品更像是一个文化符号，深深地影响着整个世界。他的绘画作品自诞生以来便吸引了世人的目光。由于达·芬奇在绘画作品当中融贯了数学、力学、光学、解剖学等多种知识法则，因此人们坚信在其画作的背后一定隐藏着种种诸如数学公式一般严密的规则与密码。因此，人们在唏嘘赞叹这些艺术作品的精美、生动之余，一直在探寻这些伟大艺术作品背后隐藏的秘密。

可以说，历史上没有哪一位艺术家拥有比达·芬奇更多的赞美和争议。仅拿《蒙娜丽莎》这一幅画作来说，人们对她的关注和赞美未曾退热过。仅是《蒙娜丽莎》人物原型这一个问题就一直引发学界热议。瓦萨里认为蒙娜丽莎的原型是丽莎·吉拉蒂尼（Lisa del Gherardini）。因为在意大利《蒙娜丽莎》又被称为《吉奥孔达夫人》（La Gionconda），而丽莎·吉拉蒂尼是吉奥孔达的第三任妻子。此后有学者指出，达·芬奇确实曾为吉奥孔达夫人创作肖像画，但并非是《蒙娜丽莎》这幅作品。蒙娜丽莎可能是达·芬奇的一位赞助商——弗兰卡维莉女士（Francavilla）。弗洛伊德则力排众议，认为《蒙娜丽莎》是达·芬奇母亲的肖像，或者说是他理想中的母亲的肖像。近年来，有些学者提出了更为惊人的想法：蒙娜丽莎的原型正是达·芬奇本人。

蒙娜丽莎那迷人的微笑所引发的争议就更多了。几百年来，蒙娜丽莎的微笑一直被人们视为最迷人的微笑。无论从哪个角度看，这位神秘的女子都在对你微笑。而从她的微笑当中，有人看到了温情，有人看到了喜悦，有人甚至看到了悲伤、失落、鄙视、嘲笑等种种神情。对于这种表情变化产生的原因，有些学者认为是来自周围光线的变化。哈佛大学的神经学专家玛格丽特·利文斯通（Margaret Livingstone）认为这种变化产生于我们的眼睛在接受光线、颜色等信息时视觉焦点的转移。

总之，作为一位艺术大师，达·芬奇不仅仅改变了他的时代，而且给后人留下了丰厚的文化遗产。在人们破解达·芬奇所留下的谜题的同时，达·芬奇及其艺术作品逐渐演变成了一个重要的符号，这个符号代表的正是欧洲艺术的最高峰。

## 四、带给后人的启示

### （一）英雄不问出处

对于达·芬奇而言，命运并没有给他过多的眷顾。他以私生子的名义降临到这个世间，随后父亲和母亲相继离去，各自成立了自己的家庭，而他只能跟随祖父母和叔叔一起生活。当同父异母的兄弟姐妹在大城市接受正规教育的同时，他只能留在乡村简陋的学校里读书。达·芬奇的一生从没有接受过正统教育，而他的大部分知识都是自学而来，并且他的学问曾经饱受乡野之学的质疑。

成年后的达·芬奇曾经被无故地卷进鸡奸案，他的父亲在临终时没有留给他任何财产，这代表连他的父亲都未曾将达·芬奇视为自己的合法后裔。当他得知他的叔叔将全部遗产留给他时，他得到了一些心理上的慰藉，但紧接着又陷入了同胞兄弟与自己争夺遗产的亲情危机。

达·芬奇可谓在逆境中降生，他的人生曾经一次又一次陷入亲情危机。这些困境有理由使他成为一个满腹仇恨的负面人物。可是我们在他的作品当中看到的却是对自然无限的赞美与崇敬。达·芬奇的一生告诉我们，成大事者无需为自己的贫寒出身而感到卑微，更无需被世俗的困境而懊恼、抱怨。因为真正能与他们对话的对象不是那些斤斤计较的世俗之人，而是那慈爱、美丽、神秘的上帝与自然。

### （二）自学亦能成才

达·芬奇一生都没有接受过正统教育，但他却能够成为一名成就卓著的大师，在艺术和科学领域都取得了丰硕的成果。因此，我们有必要了解一下达·芬奇自学成才的一些基本方法。

在达·芬奇看来，世界上最好的老师即是经验与自然。达·芬奇曾一再表示，知识源于我们的经验。如果我们想要获得这些知识，那么我们就要对自然进行最为细致的观察，从中发现自然的法则和规律。当自己的同行们仍然在临摹先人画作的时候，达·芬奇开始拜自然为师，通过观察，在自然当中捕获知识与灵感。

达·芬奇认为，我们只有通过仔细观察才能发现已有知识当中存在的谬误，才能发现新的知识。达·芬奇对自然的观察可谓细致到极点。比如，他曾经用大量的时间观察鸟儿眨眼的过程、不同布料造成的衣服褶皱、不同动作牵引的肌肉群等。正是这些细致的观察才使他的绘画作品极具生命力和动态感。通过细致观察向自然学习，这是达·芬奇自学成才的另外一个关键点。

达·芬奇自学成才的另外一个重要因素是勤奋。而达·芬奇的勤奋则来自于他对自然的热爱，对一切事物的浓厚兴趣与好奇。达·芬奇的兴趣爱好十分广泛，任何一个细小的事物都可能激发起他强烈的好奇心。他为了描绘人体而学习解剖，当他发现人体当中隐藏着如此多的科学奥秘之时，他是如此的痴迷，以至于忘记了自己学习解剖的初衷。浓厚的兴趣与强烈的好奇心引导着这位艺术大师乐此不疲地追寻科学的奥秘，并且取得了非凡的成就。诚如达·芬奇所言，上帝从来不曾吝惜将他的珍宝交给我们。而需要我们付出的就是自己的勤奋与努力。

### （三）美在于真实和自然

达·芬奇认为，真正的美在于真实和自然。他由此提出了"镜子理论"，认为绘画艺术之美在于它可以模仿自然。一幅好的绘画作品不仅能反映自然那多姿多彩的外貌，还能反映出自然当中蕴藏的神性。

时至今日，达·芬奇的这一美学观点仍不过时，它对我们当代社会的发展仍然具有非常大的价值。随着当代社会信息的爆炸式传播、各项技术的迅猛发展，我们整个社会的审美标准开始变得凌乱不堪。这种审美标准的混乱在大众文化当中表现得尤为明显，比如电影屏幕上充斥着各种电脑特效而丝毫看不到故事发展的基本脉络；年轻的少男少女手术整容蔚然成风，他们毅然抛弃了自然的创造而欣然接受一张人造的假脸。

在倡导自由与个性的当今社会，当我们享受着宽松的社会环境的同时，也承担着自由所带来的困惑与迷惘。而审美标准的杂乱正是其表现之一。在人们疯狂追求人工制造与电脑特效的同时，我们的大众审美需要一种新的呼唤：美在于真实和自然。

结束语：

文艺复兴时期，达·芬奇凭借自己的惊人天赋和卓越智慧在艺术和科学领域都取得了非凡的成就。他一再呼唤世人不要再执迷于有关天国的空谈与幻想，而是要放眼自然世界、探索自然世界，发现经验世界当中隐藏的知识与美。在探索自然世界的过程当中，他为近代经验论和科学方法论开创了先河，为近代哲学的繁荣发展播下了希望的种子。他将自己的经验论与科学方法论贯彻于科学研究之中，取得了一系列的科学成就；他将自己的自然观与泛神论思想贯彻于艺术创作之中，在更新西方美学理论的同时创作出大量的、不朽的艺术作品。时至今日，他的作品仍然是人类艺术宝库当中最耀眼的那颗明星。历史必定永远铭记这个名字——列奥纳多·达·芬奇。

## 五、术语解读与语篇精粹

### (一) 经验 (Experience)

术语解读

从词源上说，"经验"一词源自希腊文"empirie"和拉丁文"experiential"，意思是与纯粹思想的东西或根据权威和传统被接受的东西相对。在哲学中，经验一般是指通过感官所知觉到的东西（感觉经验），指我们从他人那里学到的东西，或凡是从外部或内部反省而来的东西，就此而言，经验是与观察和实验联系在一起的。经验主义主张一切知识都来源于人们的感觉经验，可能的感觉经验的范围就是可能的知识的范围。[①]

在文艺复兴时期，诸位哲学家开始倡导将哲学、科学与神学区分开来，并将研究的焦点从天国转向了人间。达·芬奇在这一历史背景之下提出了自己的经验论哲学。达·芬奇将经验视为一切知识的源泉，进而认为一切知识源于感觉。正是由于达·芬奇对于感官知识尤其是视觉知识的悉心钻研，才使得他在绘画过程当中可以出神入化地运用光影与色彩，才使得他能够创作出一幅又一幅震惊世界的画作。在达·芬奇看来，绘画不仅是一门艺术，更是一门科学。他对光学、人类视觉知识的钻研在同时代处于领先水平。因此我们可以说，达·芬奇的艺术成就根植于他的经验哲学，是经验哲学率先深入艺术领域所取得的巨大成就。在提出知识源于经验、感觉的同时，达·芬奇还指出：真正的知识可以承受经验与感觉的检验；在探求真理的过程中要将经验与理性相结合。诚然，受限于当时的理论发展水平，我们不能期冀达·芬奇像洛克那样对经验进行细致的考辨与分类，但在经验哲学发展的过程当中，达·芬奇无疑是承上启下的关键人物之一。

---

① 参见张能为：《现代经验主义的解读与新路径》，《安徽大学学报》（哲学社会科学版），2010 年第 3 期。

## 文艺复兴时期哲学家的智慧

### 语篇精粹 A

Consider now, O reader! what trust can we place in the ancients, who tried to define what the Soul and Life are—which are beyond proof—whereas those things which can at any time be clearly known and proved by experience remained for many centuries unknown or falsely understood.

Many will think that they can with reason blame me, alleging that my proofs are contrary to the authority of certain men held in great reverence by their inexperienced judgements, not considering that my works are the issue of simple and plain experience which is the true mistress.

These rules enable you to know the true from the false—and this induces men to look only for things that are possible and with due moderation—and they forbid you to use a cloak of ignorance, which will bring about that you attain to no result and in despair abandon yourself to melancholy.

I am fully aware that the fact of my not being a man of letters may cause certain presumptuous persons to think that they may with reason blame me, alleging that I am a man without learning. Foolish folk! Do they not know that I might retort by saying, as did Marius to the Roman Patricians: 'They who adorn themselves in the labours of others will not permit me my own. ' They will say that because I have no book learning, I cannot properly express what I desire to treat of—but they do not know that my subjects require for their exposition experience rather than the words of others. Experience has been the mistress of whoever has written well; and so as mistress I will cite her in all cases. [1]

**译文参考 A**

读者想想，我们能完全依赖古人吗？他们试图规定什么是灵魂和生命——这是难以证明的——其实，许多世纪以来，那些一目了然的且已被经验证明了的事情却一直不被人认识或遭到误解。

有些人自以为有充分理由责难我，他们断言我的观点与某些受人尊敬的人士的权威见解相反，而这些见解是脱离实际经验的。他们未曾想到，我的作品正是出自于简明易懂的经验，出自于真正的权威。经验能使你从谬误中获得真理——它将引导人们只寻求可能的事情——禁止你使用无知的托辞，无知将使你一无所获，也容易陷入悲观失望。

我很明白，由于我不是舞文弄墨的文人，可能使那些自以为是的人贬低我是不学无术的。他们才是一群真正的蠢人！他们可曾料到，我可用马里乌斯对罗马贵族说的话回敬他们："你们拿别人的劳动成果装扮自己，却不允许我享受我自己的果实。"他们还会指责我没读过书，不能正确表达自己的思想——可是，他们不了解，我对他们说明的是经验而不是别人的言词。不管是谁写得多么好，经验才是最高的权威，我在任何情况下都要引用这权威。[2]

---

① Leonardo da Vinci, *Leonardo da Vinci Notebooks*, Irma. A. Richter selected, Oxford University Press, 2008, p. 3.

② [英] 艾玛·阿·里斯特编著：《莱奥纳多·达·芬奇笔记》，郑福洁译，生活·读书·新知三联书店，1998年，第5页。

## 语篇精粹 B

Though I have no power to quote from authors as they have, I shall rely on a far bigger and more worthy thing—on experience, the instructress of their masters. They strut about puffed up and pompous, decked out and adorned not with their own labours, but by those of others, and they will not even allow me my own. And if they despise me who am an inventor, how much more should they be blamed who are not inventors but trumpeters and reciters of the works of others.

Those who are inventors and interpreters between Nature and Man as compared with the reciters and trumpeters of the works of others, are to be regarded simply as is an object in front of a mirror in comparison with its image seen in the mirror, the one being something in itself, the other nothing: people whose debt to nature is small, since they are only by chance invested with the human form, and but for this, I might class them with the herds of beasts.

Seeing that I cannot find any subject of great utility or pleasure, because the men who have come before me have taken for their own all useful and necessary themes, I will do like one who, because of his poverty, is the last to arrive at the fair, and not being able otherwise to provide for himself, takes all the things which others have already seen and not taken but refused as being of little value; I will load my modest pack with these despised and rejected wares, the leavings of many buyers; and will go about distributing, not indeed in great cities, but in the poor hamlets, taking such reward as the thing I give may be worth. ①

**译文参考 B**

　　虽然我不能像他们那样引经据典，但我依靠的却是更坚实而有价值的东西——经验——一切教师的教师。他们趾高气扬、华而不实地自吹自擂，拿别人的劳动成果装扮自己，他们甚至不容许我享受我自己的成果。如果他们轻视我这个发明者，那么不是更应鄙视那些不是发明者而只不过是别人作品的背诵者和鼓吹者吗？

　　自然和人类间的解释者和发明者与那些只是别人作品的背诵者和鼓吹者相对比，就像简单地把镜子前面的实物同镜子所成的像相对比一样，前者是事物本身的实在，后者只不过是虚幻的像：人于自然的债务微不足道，因为他们只是偶然被赋予人的形体，只是靠这一点，我能把他们同兽群区别开来。

　　因为比我先来的人已经给他们自己挑选了所有有用和必要的课题，我再也找不到任何很有价值的课题，只能像迟到集市的穷人那样，别无选择地弄些别人已挑剔过的且认为毫无价值的东西，把这些被购买者丢弃的剩余货物装入我的不大的包裹里，远离大城市，奔波于穷乡僻壤，倘若我给的东西被认为是有价值的，那就是对我的最好报酬。②

**语篇精粹 C**

To me it seems that all sciences are vain and full of errors that are

------

　　① Leonardo da Vinci, *Leonardo da Vinci Notebooks*, Irma. A. Richter selected, Oxford University Press, 2008, p. 4.

　　② ［英］艾玛·阿·里斯特编著：《莱奥纳多·达·芬奇笔记》，郑福洁译，生活·读书·新知三联书店，1998 年，第 6 页。

not born of Experience, mother of all certainty, and that are not tested by Experience; that is to say, that do not at their origin, middle, or end, pass through any of the five senses. For if we are doubtful about the certainty of things that pass through the senses how much more should we question the many things against which these senses rebel, such as the nature of God and the soul and the like, about which there are endless disputes and controversies. And truly it so happens that where reason is not, its place is taken by clamour. This never occurs when things are certain. Therefore, where there are quarrels, there true science is not; because truth can only end one way—wherever it is known controversy is silenced for all time, and should controversy nevertheless again arise, then our conclusions must have been uncertain and confused and not truth reborn.

All true sciences are the result of Experience which has passed through our senses, thus silencing the tongues of litigants. Experience does not feed investigators on dreams, but always proceeds from accurately determined first principles, step by step in true sequences to the end; as can be seen in the elements of mathematics... Here no one argues as to whether twice three is more or less than six or whether the angles of a triangle are less than two right angles. Here all arguments are ended by eternal silence and these sciences can be enjoyed by their devotees in peace. This the deceptive purely speculative sciences cannot achieve. Beware of the teaching of these speculators, because their reasoning is not confirmed by Experience. ①

**译文参考 C**

我以为，经验是所有确实性的母亲，凡是不产生于经验并受经验检验的一切科学都是虚假的、完全错误的；也就是说，虚伪的科学在其形成过程中，无论在起始、中途或末尾都没经历任何感觉器官。如果我们怀疑经感觉器官检验的事物的确实性，不是更应当怀疑那些与感觉器官相背离的许多知识吗？例如，长期争论不休的关于上帝的本质、灵魂以及诸如此类的问题。缺乏理性的地方总是争长论短的，理真则服众。所以哪里有争论，哪里就没有真正的科学；因为真理只能有一种结论——真理一旦被理解，争论就永远停息，倘若争论再起，则结论必模糊不清，真理还未被发现。

世界上所有真正的科学都是人们感官感受的经验结果，它使能言善辩者张口结舌。经验不以梦幻教养研究者，而总从确定了的第一原理出发，按照逻辑的程序逐步推得可靠的结论；正如初等数学那样……在这里，从来不发生二乘三大于或小于六，或一个三角形三角之和是大于或小于两个直角的争论。在这里，一切争论都被永恒的沉默所代替。热爱科学者可尽情地享受真科学的成果，骗人的纯思辨的科学则做不到这一点。认清这些思辨家的说教，因为他们的理论未被经验证实。②

---

① Leonardo da Vinci, *Leonardo da Vinci Notebooks*, Irma. A. Richter selected, Oxford University Press, 2008, p. 6.

② ［英］艾玛·阿·里斯特编著：《莱奥纳多·达·芬奇笔记》，郑福洁译，生活·读书·新知三联书店，1998 年，第 8 页。

## （二）四元素（The Four Elements）

### 术语解读

四元素说是古希腊关于世界的物质组成的学说。这四种元素是土、气、水、火。这种观点在相当长的一段时间内影响着人类科学的发展。水元素：西方第一位哲学家泰勒斯（Thales，约公元前625年—公元前547年），认为宇宙万物都是由水这种基本元素构成的。气元素：泰勒斯的学生阿那克西曼德（Anaximander，约公元前610年—公元前546年）认为基本元素不可能是水，而是某种不明确的无限物质。阿那克西曼德的学生阿那克西美尼（Anaximenes，约公元前585年—公元前525年）进一步解析到基本元素是气，气稀释成了火，浓缩成了风，风浓缩成了云，云浓缩成了水，水浓缩成了石头，然后由这一切构成了万物。火元素：赫拉克利特（约公元前535年—公元前475年）认为万物由火而生，所以永远处于变化之中。恩培多克勒（约公元前490年—公元元前430年），综合了前人的看法，再添加"土"，遂有了水、气、火、土四元素。

四元素形象化（象数派）：柏拉图（公元前427年—公元前347年）将四元素形象化，用几何观点看待，认为组成四元素的原子形状分别是体现其性质的一种正多面体。正多面体共有5种，还剩下1种正十二面体没有元素可与之对应，柏拉图说它是神用来排列天空的星座的。

四元素说的发展：柏拉图的学生亚里士多德（公元前384年—公元前322年）认为组成天体的元素与地球不同，是纯粹的

"以太"，是第五元素，对应于正十二面体。亚里士多德在他老师四元素几何化的基础上，将四元素说发展成为一种体系。这个思想体系有效地支撑了地心说。

随着时代的进步和科学的昌明，人们开始认真地质疑四元素学说。英国化学家波义耳（1627—1691）在1661年发表《怀疑派的化学家》，对古代元素学说进行了批判，认为它们都不是真正的元素。他提出，元素应该是指既不能由其他物质生成，也不能相互转换，且无法再分解的某种原始、简单的东西。他提出，元素的种类有很多，什么东西算是元素，要用实验来确定。对古代元素学说的否定，被视为近现代化学创建的一个标志。但四元素说仍被星相术当成理论依据之一，在现代科学观中仍有人将四种物质形态的象征——土、水、气、火分别对应着固态、液体、气态、等离子态的看法。

达·芬奇对于四元素的想法与观点见解独到，值得精读，请欣赏语篇精粹与译文参考。

### 语篇精粹 A

Everything comes from everything, and everything is made from everything, and everything can be turned into everything else; because that which exists in the elements is composed of those elements. Of the configuration of the elements; and first against those who deny the opinion of Plato, saying that if these elements invest one another in the forms which Plato attributed to them a vacuum would be caused between one and the other. I say this is not true, and I here prove it, but first I desire to propound some conclusions. It is not necessary that the elements which invest one another be of corresponding size in all the parts that invest and are invested. We see that the sphere of the water is manifestly of varying depth from its surface to its bottom; and that it not only would invest the earth when that was in the form of a cube, that is, of eight angles, as Plato will have it; but that it invests the earth which has innumerable angles of rocks and various prominencies and concavities, and yet no vacuum is generated between the earth and the water; again, the air invests the sphere of water together with the mountains and valleys which rise above that sphere, and no vacuum remains between the earth and the air, so that anyone who says that a vacuum is there generated speaks foolishly.

To Plato I would reply that the surfaces of the figures which the elements would have according to him could not exist. Every flexible and liquid element has of necessity its spherical surface. This is proved with the sphere of water. Let me begin by setting forth certain conceptions and conclusions. That thing is higher which is more remote from the centre of the world, and that is lower which is nearer to the centre. Water does not move of itself unless it descends and in moving it descends. These four conceptions, linked two by two, serve to prove that water that does not move of itself has its surface equidistant to the centre of the world, speaking of the great masses and not of drops or other small quantities that attract one another as the steel its filings. [①]

## 译文参考 A

　　万物相生相克，相互转化，万物都是由同类素的离合组成的。关于元素的形状问题，我首先反对那些否定柏拉图见解的人的说法。他们说，这些元素如照柏拉图所赋予的形式相互包围着，则在各元素间将产生真空。我认为这是不正确的，我将证明这一点，但我想先提出一些结论。相互包围着的元素，无论是包围或被包围的一切部分的大小并不一定非相等不可。我们知道，水层从顶到底深度的变化尤为明显，水包围着的土地不仅具有柏拉图式的八角六面立方形，而且是千岩万壑的，在水和地之间并没有真空产生，而且空气包围着水层，连同突出水面的高山和峡谷，在地和空气之间也不存在真空。因此，谁要是说那里存在真空，他就愚蠢万分。

　　我想谈谈对柏拉图有关元素表面形状的看法，他所设想的元素表面形状是不可能存在的。各种柔性液体表面必然呈球形，这已为水球的实际情况所证实。现在，我们开始陈述某些概念和结论。越高的物体离世界中心越远，越低的物体离世界中心越近。若无落差或倾斜水不会自行流动的。这四个概念，两两结合，用来证明由于水面与世界中心等距离，所以水不会自行流动。我们这里指的是大量的水而不是小水滴，像能相互吸引的小量钢屑。[②]

---

① Leonardo da Vinci, *Leonardo da Vinci Notebooks*, Irma. A. Richter selected, Oxford University Press, 2008, p. 15 页

② ［英］艾玛·阿·里斯特编著：《莱奥纳多·达·芬奇笔记》，郑福洁译，生活·读书·新知三联书店，1998 年，第 18 页。

## 语篇精粹 B

The bodies of the elements are united and in them there is neither gravity nor lightness. Gravity and lightness are produced in the mixture of the elements. Why does not the weight remain in its place? It does not remain because it has no support. Where will it move to? It will move towards the centre. And why by no other lines? Because a weight which has no support falls by the shortest road to the lowest point, which is the centre of the world. And why does the weight know how to find it by so short a line? Because it does not go like a senseless thing and does not move about in various directions.

The watery element will be pent up within the raised banks of the rivers and the shores of the sea. Hence the encircling air will have to envelop and circumscribe an increased and more complicated structure of earth; and this great mass of earth suspended between the element of water and fire will be hampered and deprived of the necessary supply of moisture. Hence the rivers will remain without their waters; the fertile earth will put forth no more garlands of leaves; the fields will no more be decked with waving corn; all the animals, finding no fresh grass for pasture, will perish; food will be lacking to the ravening lions and wolves and other beasts of prey; and men after many desperate shifts will be forced to abandon their life, and the human race will cease to be. In this way the fertile and fruitful earth being deserted will be left arid and sterile; but owing to the water being confined in its womb, and owing to the activity of nature, it will continue for a little while in its law of growth, until the cold and rarefied air has disappeared. Then the earth will be forced to close with the element of fire and its surface will be burnt to cinders, and this will be the end of all terrestrial nature. [1]

## 译文参考 B

各元素体是统一的，其中无轻重。重和轻产生于元素的混合中。何以重物不留在该处？（此处原书未附图）因为没有支撑物，所以重物就不能留在该处。它将移向何处？它将移向世界中心。何以不走别的路线？因为没支撑的重物将以最短路程移向最低点，即移向世界中心。重物怎么知道沿这么短的路线可以找到世界中心？由于它不像无感觉的东西那样行动，也不乱窜。

水元素被隆起的河岸和海岸拦住。因此，周围的空气包围着一个升高的结构更复杂的土地；停留在火元素和水元素之间的大量土地得不到必需的水分供应，所以河流干涸，沃土荒芜，田野没有摆动的稻穗，牲口找不到新鲜的草场而濒临死亡；凶猛的狮子和狼豺及其它食肉动物也没有吃的，人们几经辗转和挣扎也难免一死，人类面临毁灭。过去肥沃和丰产的良田变成不毛之地；靠着源头储蓄的水及自然的机能，它将顺着生长的规律维持到寒冷和稀薄的气体消失为止。接着，土地将被迫靠近火元素，其表面被烧成灰烬，地上的一切全遭毁灭。[2]

---

[1]　Leonardo da Vinci, *Leonardo da Vinci Notebooks*, Irma. A. Richter selected, Oxford University Press, 2008, p. 16.

[2]　［英］艾玛·阿·里斯特编著：《莱奥纳多·达·芬奇笔记》，郑福洁译，生活·读书·新知三联书店，1998 年，第 19 页。

## 语篇精粹 C

The elements are changed one into another, and when the air is changed into water by the contact it has with its cold region this then attracts to itself with fury all the surrounding air which moves furiously to fill up the place vacated by the air that has escaped; and so one mass moves in succession behind another, until they have in part equalized the space from which the air has been separated, and this is the wind. But if the water is changed to air, then the air which first occupied the space into which the aforesaid increase flows must needs yield place in speed and impetus to the air which has been produced, and this is the wind.

The cloud or vapour that is in the wind is produced by heat and it is smitten and banished by the cold, which drives it before it, and where it has been ousted the warmth is left cold. And because the cloud which is driven cannot rise because the cold presses it down and cannot descend because the heat raises it, it therefore must proceed across; and I consider that it has no movement of itself, for as the said powers are equal they confine the substance that is between them equally, and should it chance to escape the fugitive is dispersed and scattered in every direction just as with a sponge filled with water which is squeezed so that the water escapes out of the centre of the sponge in every direction. So therefore does the northern wind become the origin of all the winds at one and the same time.[1]

**译文参考 C**

各元素可相互转换。空气遇冷收缩凝结成水时，强烈地吸引着周围的空气，周围的空气迅猛地填补着移走的部分空气所形成的真空；这样，一部分接着一部分移动，逐步补偿着空气分离的空间而形成风。若水变成气，则原先在空中的空气迅速填入上升气流产生的空间，给已产生的空气以冲击，这就形成风。

风中的云团受热产生的水汽遇冷而放出热量，在放出热量的地方留下寒冷。云团受到冷气被往下压，受到热气被往上抬，被挤得只能横向运动，我认为，像处于平衡力间的物体维持不动那样，云团本身不能移动，只能向四方散射，就像含水的海绵受压挤，水从海绵中心向四方喷射一样。所以，北风同时成为所有风的风源。[2]

## （三）生命（Life）

*术语解读*

达·芬奇在《达·芬奇笔记》一书中认为：生命的存在包括躯体和精神，精神主而躯体次。躯体的生命在于不断地死亡和再生，随着新陈代谢的进行，能量伴随着物质在躯体的生命中流淌。自然是平衡的，躯体的生命也是平衡的。躯体的生命过程，就是

---

[1] Leonardo da Vinci, *Leonardo da Vinci Notebooks*, Irma. A. Richter selected, Oxford University Press, 2008, p. 38.

[2] ［英］艾玛·阿·里斯特编著：《莱奥纳多·达·芬奇笔记》，郑福洁译，生活·读书·新知三联书店，1998 年，第 41 页。

一个不断汲取和消耗的过程，在周而复始、循环往复中滋补不断，也死灭继续，直至躯体的生命平衡被打破，如烛火油尽灯枯般寂灭，自然的平衡则永恒存在，生生不息。动物的情绪推动着躯体生命的动作，也维持着生活、传代和死亡的延续。理智的思想及由此延伸形成的规律性行为成为了判定高尚人群的标尺。精神生活的体现在于克制，精神依附于躯体而高于躯体存在，精神活动通过躯体来体现。能力有四种：记忆和智力，能力和性欲，前两种为理性，后两种则为感性。精神中最优秀的品质是聪明理智，而优秀的人生性好。正如精神高于躯体，精神的富足远高于一切，因此应常使精神愉快地吸收营养不断充实。虚泛的夸赞与褒扬、嫉妒的非难与污蔑都是不适当的，公正需要能力、洞察力和意志来维持。因为生命，谎言与真实也由此相对存在，就像是光明与黑暗、梦境与现实。谎言是最大的罪恶，真实是最高尚的赞美诗。人类应该在精神与才智间寻求守恒，罪恶终将被发现，而善意也会得到善意来回应。

**语篇精粹 A**

I obey thee, Lord, first for the love which I ought reasonably to bear thee; secondly, because thou canst shorten or prolong the lives of men.

In rivers, the water that you touch is the last of what has passed and the first of that which comes: so with time present. Life if well spent is long.

The age as it flies glides secretly and deceives one and another;

nothing is more fleeting than the years, but he who sows virtue reaps honour.

In youth acquire that which may restore the damage of old age; and if you are mindful that old age has wisdom for its food, you will so exert yourself in youth, that your old age will not lack sustenance.

While I thought that I was learning how to live, I have been learning how to die.

To the ambitious, whom neither the boon of life, nor the beauty of the world suffice to content, it comes as penance that life with them is squandered, and that they possess neither the benefits nor the beauty of the world.

As a day well spent brings happy sleep, so a life well used brings happy death.

Every evil leaves a sorrow in the memory, except the supreme evil, death, which destroys this memory together with life.

Wrongfully do men lament the flight of time, accusing it of being too swift, and not perceiving that its period is sufficient. But good memory wherewith nature has endowed us causes everything long past to seem present.

Our judgement does not reckon in their exact and proper order things which have come to pass at different periods of time; for many things which happened many years ago will seem nearly related to the present, and many things that are recent will seem ancient, extending back to the far – off period of our youth. And so it is with the eye, with regard to distant things, which when illumined by the sun seem near to the eye, while many things which are near seem far off. ①

### 译文参考 A

主呀！我崇敬你，首先是由于爱，我应当真诚地拥护你；其次，因为你左右着人的寿命的长短。

在河流中，你接触到的流水是流过的最后部分，流来的最前部分。时间的流逝也是这样，不浪费时光的生命是长久的。

年华悄悄地相继流逝，飞逝的只不过是年纪，却播种德行，收获荣誉。

年轻时应获得补偿老年苦楚的能力，如果你注意到老年需要营养的才智，就会在少壮时加倍努力，以免老年时有所短缺。

我以为我是在学习生活时，学到的却是死。

抱负不凡的人既不满足于生活的欢乐，也不满足于世间的美好，他来到人世间，生活只是赎罪的苦行，既不占有幸福，也不占有人世间的美。

正如日子在甜睡中飞逝，生命总在死亡中度过。

每个灾难都在记忆中留下苦楚，唯有死亡这个最大的灾难使记忆中的苦楚与生命一同毁灭。

人们错误地叹息时光的流逝，责备时间过得太快，不认为时间是充裕的，自然赐给我们以好的记忆，使一切事物经历的时间比实际存在的时间还要长久。

我们对于不同时期出现的事物的判断，常常没按照事物原本

---

① Leonardo da Vinci, *Leonardo da Vinci Notebooks*, Irma. A. Richter selected, Oxford University Press, 2008, p. 258.

的顺序，许多发生在早年的事仿佛就在眼前，许多新近的事却又像是发生在遥远的年轻时代。眼睛观察事物也会发生类似情况，受阳光照射的远物好像近在眼前，而近物却显得远。

**语篇精粹 B**

Why nature did not ordain that one animal should not live by the death of another.

Nature being inconstant and taking pleasure in creating and making continually new lives and forms, because she knows that they augment her terrestrial substance, is more ready and swift in creating than time is in destroying; and therefore she has ordained that many animals shall serve as food one for the other; and as this does not suffice for her desire she frequently sends forth certain poisonous and pestilential vapours and continual plagues upon the vast accumulations and herds of animals; and most of all upon men, who increase rapidly because other animals do not feed upon them; and if the causes are removed the effects would cease.

This earth therefore seeks to lose its life while desiring continual reproduction for the reason brought forward and demonstrated by you; effects often resemble their causes. The animals serve as a type of the life of the world.

Here nature appears rather to have been a cruel stepmother to many animals instead of a mother; and to some not a stepmother but a most tender mother.

Our life is made by the death of others. In dead matter insensible life remains, which reunited to the stomachs of living beings, resumes life, both sensual and intellectual.

Man and animals are really the passage and conduit of food, the sepulchre of animals and resting – place of the dead, making life out of the death of the other (taking pleasure in the misery of others), making themselves the covering for corruption. [①]

### 译文参考 B

自然为什么不规定一种动物的生命不该建立在其他动物的死亡之上？

自然界总以无限的快乐来不断创造新的生命和新的形体。她明白在扩大地球上的事物时，从时间的角度看，创造的比毁灭的还要快速。因此，自然有意安排，让这些动物作为那些动物的食粮，更有甚者，自然界常常降下毒气和瘟疫，降下天灾到动物群聚的地方，尤其是人类聚集的地方。因为人类不受其他动物的侵害，增长迅速。若原因被排除，则后果将消失。

因此，正如你提出的理由，地球在不断再生生命的同时，也在消灭生命。后果出于原因，动物是世界生命的一种形式。

这里，自然界对一些动物像一个残暴的继母，对另外一些动物则像个慈爱的亲母。

我们的生命是建立在其他动物的死亡上面。在死的物类中，仍保留着失去知觉的生命，它们在活着的物类的胃里重新组合，重造生命，包括肉体的和智慧的。

---

① Leonardo da Vinci, *Leonardo da Vinci Notebooks*, Irma. A. Richter selected, Oxford University Press, 2008, p. 261.

人和动物确实是互相吞噬，彼此互为葬身的坟墓、死亡的安息地。从别人的死亡中创造生命（在别人的痛苦中获取欢乐），他们自己则成为腐烂物的包囊。

### 语篇精粹 C

And thou, man, who in this work of mine dost look upon the wonderful works of nature, if thou judgest it to be a criminal thing to destroy it, reflect how much more criminal it is to take the life of man; and if this external form appears to thee marvellously constructed, remember that it is as nothing compared with the soul that dwells in that structure; and in truth, whatever this may be, it is a thing divine. Leave it then to dwell in its work at its good pleasure, and let not thy rage and malice destroy such a life—for in truth he who values it not does not deserve it.

For we part from the body with extreme reluctance, and I indeed believe that its grief and lamentation are not without cause.

The potencies are four: memory and intellect, appetite and concupiscence. The two first are of the reason, the others of the senses.

The man who does not restrain wantonness, allies himself with beasts. It is easier to contend with evil at the beginning than at the end. You can have no greater and no smaller dominion than that over yourself.

Ask advice of him who governs himself well.

If you governed your body by the rules of virtue you would have no desire in this world.

Good culture is born of a good disposition; and since the cause is more to be praised than the effect, you will rather praise a good disposition without culture, than good culture without the disposition.

Where there is most feeling there is the greatest martyrdom.

The highest happiness becomes the cause of unhappiness, and the fullness of wisdom the cause of folly. [①]

## 译文参考 C

在我的著作中，把你这个人作为自然界的精巧作品。如果你认为这是件可耻的事而毁坏它，这就显示出人的生命该有多少恶行；无论这个外形结构对你来说是多么的精巧，与寓于这结构中的灵魂不能比拟。事实上，无论它怎么样，它总是非凡的，只要它乐意，总可以留在这外形之中，切勿由于你的狂怒和怨恨毁坏这生命——事实上，它并不重视这个外形，也不值得重视。

我不情愿与躯体分离，我深信，其忧伤与悲悯不是没有原因的。

能力有四种：记忆和智力，食欲和性欲。前二种为理性，后二种则属于感性。

任性放肆的人与禽兽无异，开头的邪恶比结尾的邪恶容易克服，你对你自己有相当的支配权。

劝告他，好好克制自己。

如果你按照品德的标准约束自身，你对世界将无过分的希求。

良好的修养产生于优良的气质；由于原因比后果更受人赞美，

---

① Leonardo da Vinci, *Leonardo da Vinci Notebooks*, Irma. A. Richter selected, Oxford University Press, 2008, p. 253.

与其赞美没有气质的修养，倒不如赞美没有教养的好气质。

最富有同情的地方一定有最深重的苦楚。

乐极生悲，聪明过头产生愚蠢。

## （四）象征（Symbolism）

*术语解读*

迦达默尔（Hans-GeorgGadamer）提出象征（symbol）一词初源于希腊语（symbolon），意思是纪念用的碎陶片，主客各留一半碎片，日后双方把两半拼在一起而相认。而象征（symbol）是西方史论中运用特别广泛、含义极其丰富驳杂的一个重要概念。简单地说，象征就是用具体的事物表现某种特殊的意义。19 世纪中后期，西方现代社会形态普遍形成，资本主义在为社会带来巨大财富的同时，也带来了不少社会问题，加上世纪末情绪影响，隐寓、暗示的象征主义在一部分艺术家那里就成为他们超越现实最理想的工具。起源于法国的象征主义思潮在意大利文艺复兴时期延伸到了美学领域，在达·芬奇的作品中，"象征"随处可见。由此，象征性作为绘画的重要审美特征得到了广泛弘扬。

在整个西方美术史的发展过程中，"象征"作为一种重要的艺术表现手法，具有"超越性""含蓄性""不确定性""抽象性"等审美特征，它始终贯穿于西方绘画的各个时期中，充当着画家与欣赏者之间情感和思想交流的媒介，以达·芬奇、夏凡纳（Puvis de Chavannes）为代表。20 世纪，象征突破了既有的理论维度，同时成为文化学、精神分析学、人类学等多种学科关注的对象。诚如《美学史》（*Aesthetic History*，K. Gilbert，H. Kuhn，1989，

735）所言，"在 1925 年左右，象征这个概念开始成为人们注意的中心，它时而同人类学与人文科学联系在一起，时而同数理逻辑和逻辑实证主义联系在一起，亦有时与心理学联系在一起，或者重新与宗教联系在一起"①。

## 语篇精粹 A

### Mythological themes, allegories and designs

For someone of an Aristotelian frame of mind – one actively seeking to follow effects back to their causes in the laws that underpin the physical world—it was inevitable that Leonardo saw those causes as manifesting themselves in all that he contemplated. He explored these manifestations mathematically, scientifically and artistically, and perceived everything as part of a connected and unified whole: the outer form manifested the inner principle. This is true for the composition of his paintings and it is also abundantly evident when Leonardo came to explore and portray symbolism and metaphorical subject matter.

Religious symbolism was of central concern in medieval art, and with the rebirth of classical learning a whole new symbolic vocabulary was discovered. Although Leonardo was an empiricist, taking nature as his subject, the power of symbolism could not be avoided and it may be that the interplay of light and dark for which Leonardo was renowned as a painter, and about which he wrote so extensively, had a symbolic

---

① ［美］吉尔伯特、［联邦德国］库恩：《美学史》，夏乾丰译，上海译文出版社，1989 年，第 735 页。

significance.

The Vitruvian Man, is the image that seems to sum up everything Leonardo stood for, and is to be found in a variety of traditions as a portrait of the 'Celestial Man of Light'—the ultimate goal of humanity, balanced and in perfect harmony, a conscious being. Light is the hallmark of consciousness, and if there was any painter most conscious of, and skilled at portraying, the glowing beauty of the worlds outer expression and its inner causes, it was Leonardo.

Whether in his religious paintings, his interior design or in designs for court entertainment, symbolic imagery was either an overt or implied presence. Again, Leonardo was acutely aware of the inner qualities that everything possessed and was intent on portraying the interplay of these qualities. [1]

**译文参考 A**

## 神话题材，寓言与设计

对亚里士多德学派的人来说——那些在物质世界规则中积极遵循结果，追究本因的人——莱昂纳多必然会视那些本因都将按照他预期的那样自我诠释。他用科学、系统又极具艺术的手法探讨这些诠释，认为所有一切都是一个关联又统一的整体的一部分：外在形式展示了内在原则。这对他的绘画创作来说确实是如此，特别是当其在探索和描绘象征和隐喻的主题时，就显得更加明显。

宗教象征是中世纪艺术的中心，且随着古典文学的复兴，出

---

① Barrington Barber, *Through the Eyes of Leonardo da vinci*, Arcturus Publishing Limited, London, p. 162.

现了大量新式象征词汇。尽管莱昂纳多是个经验主义者，以大自然为主题，但是象征的力量还是不可避免地出现在他的画作中，致使莱昂纳多作为一个画家出名的光与影的相互作用及其所大肆撰写的主题均具有象征意义。

《维特鲁威人》（*Vitruvian Man*）这幅画作似乎涵盖了莱昂纳多所支持的一切，这可在大量的传统作品中发现，如 Celestial Man of Light（《光之天人》）的肖像——人类的终极目标，平衡又完美的和谐，一个有意识的个体。光明是意识的标志，如果有哪位画家能够最清楚地意识到展现于外部世界的光明美及其内部本因，且擅长人物肖像，那非莱昂纳多莫属。

不管是宗教绘画、室内设计或王宫娱乐设计，象征意义总是以明示或暗含的形式出现。莱昂纳多再次清楚地意识到万物所赋予的内部品质，并坚持描绘这些品质的相互作用。

### 语篇精粹 B

### Pleasure and pain

Pleasure and pain are represented as twins, since there never is one without the other; and as if they were joined together back to back since they are contrary to each other. If you choose pleasure, know that he has behind him one who will deal you tribulation and repentance.

This is pleasure together with pain and they are represented as twins because one is never apart from the other. They are made with their backs turned to each other because they are contrary to one another; they exist in one and the same body because they have one and the same foundation, for the origin of pleasure is labour with pain, and the origins of pain are vain and wanton pleasures. And therefore it is represented here with a reed in his right hand, which is useless and without strength, and the wounds made with it are poisoned. In Tuscany reeds are placed to support beds, to signify that here vain dreams come and here a great part of life is consumed, here much useful time is wasted, namely that of the morning, when the mind is composed and rested and the body therefore is fitted to resume new labours. Here also many vain pleasures are taken, both with the mind imagining impossible things, and with the body taking those pleasures which are often the cause of the failing of life. [1]

**译文参考B**

## 欢乐与痛苦

欢乐与痛苦像孪生子，没有欢乐则没有痛苦，两者缺一不可，彼此相辅相成，仿佛两者背靠背地站在一起似的。如果你挑选了欢乐，就应知道欢乐后面将给你带来艰辛和悔恨。

欢乐联结着痛苦，像孪生兄弟一样，这是因为两者不相分离，彼此相反，背靠着背，它们存在于同一躯体上是因为它们有共同的基础，劳苦是欢乐的源泉，痛苦来源于空虚和放荡的欢乐。因此，就像右手握着一根无用和脆弱的芦苇一样，由它造成的损伤会引起中毒。在托斯卡纳，芦苇用来垫床，它意味着梦幻的降临，生命的大部分消耗在这上面，多少有用的时间就此消磨掉。在清

---

① Leonardo da Vinci, *Leonardo da Vinci Notebooks*, Irma. A. Richter selected, Oxford University Press, 2008, p. 244.

晨，头脑清醒，静静地躺着，积蓄着新的劳力。这里同样产生许多虚泛的欢乐，头脑里出现许多虚无缥缈的事物，身体的欢乐常常是生命衰退的原因。[①]

## 语篇精粹 C

### Truth and falsehood

Fire destroys falsehood, that is sophistry, and restores truth, driving out darkness. Fire is to be put for the destroyer of every sophistry, as the discoverer and demonstrator of truth; because it is light, the banisher of darkness, which is the concealer of all essential things.

Truth

Fire destroys all sophistry, that is deceit; and maintains truth alone, that is gold. Truth in the end cannot be hidden. Dissimulation is useless, Dissimulation is frustrated before so great a judge.

Falsehood puts on a mask.

Nothing is hidden under the sun.

Fire is put for truth because it destroys all sophistry and lies; and the mask is for falsehood and lying, the concealer of truth.

Truth was the only daughter of Time.

[With a drawing of two figures, one pursuing the other with bow and arrow.]

A body may sooner be without its shadow than virtue without envy.

When Fortune comes, seize her in front with a sure hand, because

---

① ［英］艾玛·阿·里斯特编著：《莱奥纳多·达·芬奇笔记》，郑福洁译，生活·读书·新知三联书店，1998 年，第 246 页。

behind she is bald.

Just as iron rusts from disuse, and stagnant water putrefies, or when cold turns to ice, so our intellect wastes unless it is kept in use.

[With a drawing of butterflies fluttering round a flame.]

Blind ignorance misleads us thus and delights with the results of lascivious joys.

Because it does not know the true light.

Because it does not know what the true light is.

Vain splendour takes from us the power of being… Behold how owing to the glare of the fire we walk where blind ignorance leads us.

O wretched mortal, open your eyes!

[With drawings of compass and plough.]

He turns not back who is bound to a star.

Obstacles do not bend me.

Every obstacle yields to stern resolve. ①

### 译文参考 C

### 真实和虚伪

火驱除虚伪，这是诡辩。火恢复真实，驱赶黑暗。火是作为每个诡辩的毁坏者而存在，是作为真实的发现者和说明者；因为火是光明，是黑暗的驱除者。黑暗则是一切实在事物的隐匿者。

真实

说火驱除一切诡辩，那是欺诈；说火坚持真实，那是金玉良

---

① Leonardo da Vinci, *Leonardo da Vinci Notebooks*, Irma. A. Richter selected, Oxford University Press, 2008, p. 245.

言。真实终归隐藏不了，伪装是无用的，伪装在伟大的判官前一败涂地。

虚伪戴着假面具。

在光天化日之下，一切事物暴露无遗。

火是为真实而存在的，因为它驱除一切诡辩和谎言，假面具是虚伪和伪善的，是真实的隐匿者。

真实是时间的唯一女儿。

〔画两张素描，箭和弓彼此追逐〕物体一旦失其阴影，则德行失其忌妒。

幸运一旦来临，就用实在的手抓住她的前胸，因为她后面是赤裸裸的。

正如铁不使用会生锈，死水会腐烂发臭，天冷水结冰，我们的才智不用将衰退。

〔画一张飞蛾扑火图〕盲目无知把我们引入歧途，把摇荡的乐趣当作欢乐。

因为它不知道真正的光明。

因为它不懂得什么是真正的光明。

虚泛的光辉消磨我们一生的能力……

在盲目无知引导我们的时候，应注视火的闪光。

啊，不幸的凡人，睁开你的双眼！

〔画圆规和犁〕他飞向星空不回头。

困难不能使我屈服。

每种障碍引起严格的旋转。①

## （五）光影（Light and Shade）

*术语解读*

达·芬奇认为，对绘画艺术而言，物体表面的描绘通过空间几何来表达，物体的颜色和位置由光线来显示。绘画的科学是由点及线，由线及面，最后由面构成形体。点是一切的开始，而体是极限，一个物体的极限面是另一物体的初始，这就是边界。物体的边界是边线，在绘画上是一种颜色到另一种颜色的突然过渡，是不明显的存在。固、液的边界是为两者所共有的，液、气亦然，表面是不可分的，是虚无使这里的物体相互分开。几何与算术中从一个规则几何构型到下一个不会引起混乱，但无法涉及美和光影的本质。在透视学的世界里，光使用示范的方法进行阐明，绚丽多彩的亮光诠释了万物的美。

真正的绘画应首先明确颜色、形体、姿态、位置、远近和动静的意义，最大的规则是明确光、物体和眼睛的位置关系。原生阴影是光的遮断，光的强弱表现阴影的明暗。派生阴影发源于别的阴影，由原生阴影的暗线漫射而成。阴影是光明的减少，也是黑暗的减少，是光明和黑暗的混合。阴影有深浅，游走于光明和黑暗之间，可无限衰减或无限增强。阴影因不透明物体的遮断引起光的减少，是不透明物体的光线投影。单向光比漫反射光更易

---

① ［英］艾玛·阿·里斯特编著：《莱奥纳多·达·芬奇笔记》，郑福洁译，生活·读书·新知三联书店，1998 年，第247 页。

呈现物体的层次感。光与阴影呈现出鲜明的对比，发光体越光明，被照物的投影就越深。物体对照射光可在双眼中呈现不同的色彩，一切固体都被光明和黑暗包裹，眼睛与物体的距离决定了光影的衰减。光越强，明亮空间中的颜色就越深；光越暗，阴影越深，色彩可显示的种类就越少。最简单的颜色有白、黄、绿、蓝、红、黑六种，颜色之间相互混合干涉形成泛色，增强或削减对其他各种颜色的描绘。白色本身并非颜色，是其他颜色的呈现体，可被它色晕染自身，也可衬托它色使之增强。因此，如何描绘白色是一个严肃的问题，它的体现在于其它颜色的烘托。画家能通过对色彩的描绘显示不同物体间的距离。树的描画、日出日落时风和水的不同都通过光影和色彩的相互晕染来体现不同。

**语篇精粹 A**

Shadow is the obstruction of light. Shadows appear to me to be of supreme importance in perspective, because without them opaque and solid bodies will be ill defined; that which is contained within its outlines and the outlines themselves will be ill understood unless it is shown against a background of a different tone. Therefore, I state as my first proposition concerning shadows that every opaque body is surrounded and its whole surface enveloped in shadow and light. And to this I shall devote the first book.

Moreover these shadows are of varying degrees of darkness, because they have been abandoned by a varying quantity of luminous rays; and these I call primary shadows, because they are the first shadows to form a covering to the bodies concerned. And to this I shall devote the second book.

From these primary shadows there issue certain dark rays, which are diffused through the air and vary in intensity according to the density of the primary shadows from which they are derived; and consequently I shall call these shadows derived shadows, because they have their origin in other shadows. And of this I will make the third book.

Moreover these derived shadows in striking upon anything create as many different effects as there are different places where they strike; and of this I will make the fourth book. ?

And since where the derived shadow strikes, it is always surrounded by the striking of the luminous rays, it leaps back with these in a reflex stream towards its source and mingles with and becomes changed into it altering thereby somewhat of its nature; and to this I shall devote the fifth book.

In addition to this I will make a sixth book to contain an investigation of the many different varieties of the rebound of the reflected rays, which modifies the primary shadow by as many different colours as there are different points from whence these luminous reflected rays proceed.

Furthermore, I will make the seventh book treat of the various distances that may exist between the point where each reflected ray strikes and the point whence it proceeds, and of the various different shades of colour which it acquires in striking against opaque bodies. [1]

### 译文参考 A

阴影是光的遮断。我觉得阴影在透视里是非常重要的，没有阴影则不透明的固体界线模糊，要不是以别的色调作背景，则界线以内及界线本身也不易看清。因此，我关于阴影的第一命题表述为：每个不透明的物体被光和影包围着，其整个表面也被光和影包裹着。我将在书的第一卷中专门论述这个命题。

由于阴影中光线强弱不等，其明暗程度也不同；因为这些阴影是覆盖着物体表面的最初阴影，我就称这类阴影为原生阴影。我将在第二卷中论述这个问题。

由原生阴影发出的一些暗线在空中漫射，其强度随发出这些暗线的原生阴影的浓度而变化，因为它发源于别的阴影，所以我称这类阴影为派生阴影。对于这类阴影我将在第三卷中说明。

还有，这些派生阴影投射到任何物体上时，产生多少不同的效果取决于它们投射的位置的多少。我要在第四卷中讨论这点。

由于派生阴影投射到的地方也常被光线所包围，所以派生阴影与光线一起形成射向源头的反射线，这反射线与原生阴影混合变成原生阴影，并多少改变其性质。我将在第五卷中专门讨论这些内容。

此外，我将在第六卷中编入对反射光线各种反射情况的研究，这些明亮的反射光线有多少个发射点就有多少颜色改变原生阴影。

最后，我将在第七卷中讨论每一条反射光线的发射点与入射

---

① Leonardo da Vinci, *Leonardo da Vinci Notebooks*, Irma. A. Richter selected, Oxford University Press, 2008, p. 123.

点之间可能存在的不同距离，讨论反射光线投射到不透明物体上时获得的各种阴影的深浅。

## 语篇精粹 B

Shadow is the diminution alike of light and of darkness, and stands between light and darkness.

A shadow may be infinitely dark, and also of infinite degrees of absence of darkness.

The beginnings and ends of shadow lie between the light and the darkness and may be infinitely diminished and infinitely increased.

Shadow is the diminution of light by the intervention of an opaque body, shadow is the counterpart of the luminous rays which are cut off by an opaque body.

What is the difference between [light] and the lustre [highlight] which appears on the polished surface of opaque bodies? The lights that are on the polished surface of opaque bodies will be stationary even if the eye which sees them moves. But the reflected light on those same objects will appear in as many different places on the surface as different positions are taken by the eye.

The highlight or lustre on an object is not necessarily situated in the middle of the illuminated part, but moves as the eye moves in looking at it.

Lustre or [highlight] does not partake of the colours but is a sensation of white as derived from the surface of wet bodies; light partakes of the colours of the object which reflects it.

A single and distinct luminous body causes stronger relief in the object than a diffused light; as may be seen by comparing one side of a landscape illuminated by the sun, and one overshadowed by clouds, and illuminated only by the diffused light of the atmosphere.

In an object in light and shade, the side which faces the light transmits the images of its details more distinctly and immediately to the eye than the side which is in shadow.

The more brilliant the light of a luminous body, the deeper the shadows cast by the illuminated object.

If the rays of light proceed, as experience shows, from a single point, and are diffused in a sphere round this point, radiating and dispersed through the air, the further they spread the wider they spread; and an object placed between the light and a wall is always imaged larger in its shadow, because the rays that strike it will have spread by the time they have reached the wall. [1]

### 译文参考 B

阴影略带通常事物的性质。所有这类事物开头总是较强壮的，越接近尽头越微弱。这所指的开头，丝毫不是它们的形状或条件，也无论它们是可见的或不可见的。

这并不像小的橡子长成大的橡树那样，从小渐渐地长成很大的。情况恰恰相反，高大的橡树从地上长出的茎起初是最粗壮的。那么黑暗是阴影最深，光明就是阴影最浅。因此，画家呀，你应

---

[1] Leonardo da Vinci, *Leonardo da Vinci Notebooks*, Irma. A. Richter selected, Oxford University Press, 2008, p. 125.

该将靠近物体的阴影画得深些，而让阴影渐渐地过渡到光明，仿佛没有明显的尽头。

阴影是光明的减少，同样也是黑暗的减少，是光明和黑暗的混合。

阴影可能非常深，也可能非常浅。

阴影的起止处于光明与黑暗之间，可能无限减弱或无限增强。

阴影是因不透明物体的插入而引起光的缺少，阴影是被不透明物体遮断的光线的对应物。

不透明物体的磨光表面呈现的光泽〔高光〕与〔反射〕光之间有什么区别？观察不透明物体磨光表面的眼睛纵然移动，表面上的光泽也固定不动，但在同一物体上的反射光则随着眼睛观察位置的变动而改变。

物体上的高光或光泽并非一定处于受光部分的中央，它随着眼睛观察位置的移动而移动。

光和光泽的区别，光泽〔高光〕不带色只给人以白的感觉，好像从乳白色物体派生出来似的，反射光则略带反射体的颜色。

明显的单向光线比漫射光更能引起物体的浮雕感。野外的风景中被阳光照射的一边与被云影笼罩而且只受大气漫射光线照明的一边相比较，就能有这种感觉。

处于光和影中的物体，向光的一边比在阴影中的一边更清楚迅速地呈现出其细部的像。

发光体的光愈明亮，被照物体投下的阴影愈深。

经验表明，若光线从一点射出，就以这点为球心向四周放射，在空中散射和辐射，射得越远光线散得越开。若在光源与墙之间放置物体，墙上就出现一个较大的阴影，因为照射物体的光线到达墙上时已散开了。

### 语篇精粹 C

The accidental colours of the leaves of trees are four, namely shadow, light, lustre, and transparency.

The accidental parts of the leaves of plants will at a great distance become a mixture, in which the colour of the most extensive part will predominate.

Landscapes are of a more beautiful azure when in fine weather the sun is at noon, than at any other time of the day, because the air is free from moisture; and viewing them under such conditions you see the trees of a beautiful green towards their extremities and the shadows dark towards the centre; and in the farther distance the atmosphere which is interposed between you and them looks more beautiful when there is something dark beyond, and so the azure is most beautiful.

Objects seen from the side on which the sun is shining will not show you their shadows. But if you are lower than the sun you can see what is not seen by the sun, and that will be all in shadow.

The leaves of the tree which are between you and the sun are of three principal colours, namely a green most beautiful shining and serving as a mirror for the atmosphere which lights up objects that cannot be seen by the sun, and the parts in shadow that only face the earth, and those darkest parts which are surrounded by something other than darkness.

The trees in a landscape which are between you and the sun are far more beautiful than those which have you between the sun and themselves; and this is so because those which are in the same direction as the sun show their leaves transparent towards their extremities and the parts that are not transparent, that is at the tips are shining; and the shadows are dark because they are not covered by anything. The trees, when you place yourself between them and the sun, will only display their light and natural colour, which in itself is not very strong, and besides this certain reflected lights which, owing to their not being against a background that offers a strong contrast to their brightness, are but little in evidence. And if you are situated lower down than they such parts of them may be visible as are not exposed to the sun, and these will be dark. [①]

**译文参考 C**

树叶的偶生色有四种，即阴影、亮光、光泽和透明。

远方植物叶子的偶生色部分相互混合，以其中最强的偶生色为主色。

在晴朗天气太阳当空时，空中水分稀少，野外风光显得比日间任何时刻更加迷人。在此情况下鉴赏风景，你可看到树木愈向树梢愈秀丽青翠，愈向中心树影愈暗。远方介于你和景物之间的大气在暗黑背景中，天色更其蔚蓝。

从太阳照射着的一面看，你看不到物体的阴影。如果你比太

---

① Leonardo da Vinci, *Leonardo da Vinci Notebooks*, Irma. A. Richter selected, Oxford University Press, 2008, p. 134.

阳低，就能看到太阳照不到的一切都在阴影中。

处于你和太阳之间的树叶呈现三种主要颜色，即反映着大气（它像镜子一样照亮着不见阳光的物体）光辉的最美丽的绿色；只对地面的阴影部分和被较淡的阴影包围着的最暗部分。

风景中的树木若在你和太阳之间，看起来比你处于太阳和树之间时更悦目，这是因为对着太阳的那一部分树叶，愈向树梢愈显得透明，而不透明部分的树叶只在叶尖闪光，阴影是黑的，因为它们不受任何东西遮挡。如果你站在太阳与树之间，只能看到树叶所受的光和树叶本身不太强的本色以及一些反射光线，由于没有强烈的亮度对比背景，这些反射光线不太明显。如果你处于下方，可能看到不见太阳的黑暗部分。

## （六）飞行（Flight）

### 术语解读

《达·芬奇笔记》中提到飞行是鸟类和其他物种的一种奇妙属性，达·芬奇欣羡鸟的飞翔，剖析飞行与其他介质发生的结合，翅膀和尾翼的结构以及在转向时的协调动作，激发出灵感的源泉。机械的科学是自然界中最宏伟的一种，因为机械产生了运动，对鸟类而言，机械的运动诞生了飞翔。鸟在空中/飞行的奥秘，可以在同为流体的水的运动中获得答案。鸟的振翅飞行、借助风力的飞行、飞行物种的一般飞行和游移、风中翅膀和尾翼的能力，是鸟飞行理论中四个最重要的课题。飞行依赖冲力，冲力的产生源于和空气的相对运动，空气自飞行体表面流过，因飞行体表面形状的不同，产生局部真空填补速率的不同，因而飞行体表面施加了冲力的作用。冲力简单而又复杂，复杂的运动对冲量进行维持以保持运动的方向。

对鸟翼构造的解剖分析，破解了飞行的奥秘。鸟类强有力的肌腱，特别是胸部的部分，是特殊情况下超额力量输出的保证，但在一般情况下，鸟类只需要依靠微小的力量以维持飞行和平衡。鸟翼和尾翼及其中每一部分的结构，都为飞行提供力量以使动作完成，人类也从中不断获取灵感。游泳是分析飞行的最好方法，在水中游泳的人了解鸟在空中飞行。由于水的密度远大于空气，水比空气更难填补物体运动留下的真空，因此水中前行的速度远低于飞行。潜水艇的构想，使人类长时间在水中生活变为可能。鸟类通过两翼、尾翼和其他部位的调整，可以对飞行高度和姿态进行控制，两翼对空气的切割和拍击对风产生变化，使躯体在空中得以维持，提供飞行所需的升力。但是对鸟类而言，顺风飞行往往比逆风飞行更难。人的聪明才智让人可以仿照鸟的结构设计机械，只要拥有动力维持飞行、巨大的飞翼克服空气阻力、尾翼控制方向并使重心可以维持，人类也能在空中飞行。蝙蝠翅膀的结构对飞行器更具借鉴性。

**语篇精粹 A**

The feathers that offer a feeble resistance are set beneath those that offer a strong resistance, and their extremities are turned towards the tail of the bird; because the air underneath flying things is thicker than it is above them, and thicker in front than it is behind; and the necessity of flight requires that these lateral extremities of the wings are not found by the stroke of the wind because they would immediately be spread out and separated, and would be instantly penetrated by the wind. Therefore, the resistances are so placed that the parts with a convex curve are turned towards the sky so that the more they are struck by the wind the more they lower themselves drawing closer to the lower resistances underneath them and so preventing the entry of the wind beneath the front.

The wing of the bird is always concave in its lower part extending from the elbow to the shoulder, and the rest is convex. In the concave part of the wing the air is whirled round, and in the convex it is pressed and condensed.

The longest feathers of the wings will be flexible since they are not covered by other feathers from their centre to their tip.

The helms placed on the shoulders of wings are extremely necessary for they keep the bird poised and motionless in the air as it faces the course of the wind.

This helm is placed near where the feathers of the wings bend, and because of its strength it bends but little or not at all, being situated in a very strong place and supplied with powerful sinews and being of hard bone and covered with very strong feathers, protecting and supporting one another.

Birds with short tails have very wide wings; which by their width take the place of the tail; and they make considerable use of the helms set on the shoulders when they wish to turn to any spot.

Why the sinews beneath the birds' wings are more powerful than those above. It is done for the movement. The shoulder, being the helm of the wing, is hollow below like a spoon; and being concave below, it is convex above. It is fashioned thus in order that the process of going up may be easy, and that of going down difficult and meeting with resistance; and it is especially adapted for going forward drawing itself back in the manner of a file.

The helms formed on the shoulders of the wings of birds are provided by resourceful nature as a convenient means of deflecting the direct impetus, which often takes place during their headlong flight. For a bird finds it much more convenient to bend by direct force one of the smallest parts of the wings than the whole of them; and the reason why their feathers are made very small and very strong is that they may serve as cover for one another and in doing so arm and fortify each other with marvelous power. And these feathers are based in small and very strong bones, which are moved and bent over the massive joints of these wings by sinews. [1]

**译文参考 A**

下部的羽毛阻力较小，阻力大的羽毛尖端指向鸟的尾部，因为在飞行物体下面的空气比上面的稠密，前面的比后面的稠密；由于飞行的需要，要求翅膀的侧端不受风的冲击，以便立即伸展，穿风飞行。因此，阻力是这样安排的，翅膀的突出部分朝向天空。

---

① Leonardo da Vinci, *Leonardo da Vinci Notebooks*, Irma. A. Richter selected, Oxford University Press, 2008, p. 88.

于是，当它们受到越大的风力冲击时，翅膀越合得拢，使自身更靠近底下阻力较小的地方，以避免下前方的风灌入。

鸟翼从肘到肩的低部总是凹的，其余部分则是凸的。在翼的凹部空气回旋，在凸部空气被压缩。

翼的最长的羽毛是柔韧的，从这些羽毛的中心到尖端没有别的羽毛覆盖。

翼肩上的舵轮，对于鸟在空中迎着风保持平衡和静止是极其需要的。

这舵轮位于翼毛弯曲处附近，因为结实，不易弯或根本不弯。舵轮所处位置非常牢固，还长着坚韧的筋腱和硬骨，覆盖着壮实的羽毛，相互支撑保护着。

尾短的鸟有很宽的翼，翼宽弥补尾短，当鸟转向时，肩上的舵轮起到相当大的作用。

在鸟翼下面的筋腱何以比它上面的坚韧有力，这是适应运动的需要。肩、翼舵像汤匙一样下凹上凸，这种结构形式使鸟上升容易降落并能汇合阻力；当它合成锉刀形时尤其便于向前飞行。

鸟翼肩上的舵以其机敏的特点而被当作一个方便的偏转装置的直接动力，鸟在向前飞行时常常要转向的。对于飞行的鸟用翼上最小部分的直接力量转弯比用全部的力量转弯容易；鸟的羽毛细小且坚实的道理在于它们能彼此遮盖以相互增强其神奇的能力。这些羽毛根植于小而坚硬的骨头上，通过连结翼的结实关节的筋腱控制骨头的移动和弯曲。

## 语篇精粹 B

Swimming illustrates the method of flying and shows that the largest weight finds most resistance in the air.

Observe the goose's foot: if it were always open or always closed the creature would not be able to make any kind of movement. While with the curve of the foot outwards it has more perception of the water in going forward than the foot would have as it is drawn back; this shows that the same weight the wider it is the slower is its movement. Observe the goose moving through the water, how as it moves its foot forward it closes it occupying but little water and consequently acquiring speed; and as it pushes it back it spreads it out and so makes itself slower, and then the part of the body that has contact with the air becomes swifter.

Why is the fish in the water swifter than the bird in the air when it ought to be the contrary since the water is heavier and thicker than the air and the fish is heavier and has smaller wings than the bird? For this reason the fish is not moved from its place by the swift currents of the water as is the bird by the fury of the winds amid the air; also we may see the fish speeding upwards on the very course down which the water has fallen abruptly with very rapid movement like lightning amid incessant clouds, which seems a marvellous thing. And this is caused by the immense speed with which it moves which so exceeds the movement of the water as to cause it to seem motionless in comparison with the movement of the fish...

This happens because the water is of itself thicker than the air and consequently heavier, and it is therefore swifter in filling the vacuum which the fish leaves behind it in the place whence it departs; and also the water which it strikes ahead is not compressed as is the air in front of the bird, but rather makes a wave that by its movement prepares the way and increases the movement of the fish; and therefore it is swifter than the bird which has to meet compressed air ahead. [①]

## 译文参考 B

游泳显示飞行的方法，说明最重的物体在空中遇到的阻力最大。

观察鹅足：如果鹅足总是张着或合着，它就怎么也动不了。若足向外弯，在向前游时，感受到的水多于足往回抽时，这表明重量相同的物体，较宽大的物体动得较慢。观察鹅在水上游动的情况，当它把足往前移时，足合拢，以减少水的阻力而获得速度；当足往后划时，足张开，使自身减慢速度，于是，身体与空气的接触部分就快些。

水中的鱼游得比空中的鸟飞得快，这是为什么？照理情况应相反，因为水比空气重，且鱼比鸟重，鱼翅比鸟翼小，所以鱼不像鸟在空中被骤风吹走那样，会被快速的流水从其所在位置被带走。我们也可能看到，在飞落的流水中，鱼非常迅速地向上游动，就像飞驰云团中的闪电那样。这情景似乎很神奇。这是由于鱼的巨大游速造成的，鱼的运动速度远远地超过流水的速度，看起来好像水是不动的。

这种情况的发生是因为水比空气浓且重，因此能比较迅速地

---

① Leonardo da Vinci, *Leonardo da Vinci Notebooks*, Irma. A. Richter selected, Oxford University Press, 2008, p. 91.

充填鱼游离时在身后留下的真空，而且鱼所冲击的前头的水不像鸟前头的空气那样被压缩，或者更确切地说，在鱼头前激起一个波，为运动开辟道路以增强鱼的运动。因此，鱼在水中游得比鸟在空中飞得快，鸟在前头会遇到压缩的空气。

## 语篇精粹 C

Remember that your bird must imitate no other than the bat, because its membranes serve as framework or rather as a means of connecting the framework, that is the frame of the wings.

If you imitate the wings of feathered birds these are more powerful in structure because they are penetrable, that is their feathers are separate and the air passes through them. But the bat is aided by its membrane which binds the whole and is not penetrated by the air.

Dissect the bat, and concentrate on this, and on this model arrange the machine.

Suppose that there is a body suspended, which resembles that of a bird, and that its tail is twisted to an angle of different degrees; you will be able by means of this to deduce a general rule as to the various twists and turns in the movements of birds occasioned by the bending of their tails. In all the various movements the heaviest part of the body which moves becomes the guide of the movement.

When the mover of a body has power divisible in four through its four chief ministering members, it will be able to employ them equally and unequally, and also all equally and all unequally, according to the dictates of the various movements of the flying body.

If they are all moved equally the flying body will be in regular movement.

If they are used unequally in continuous proportion, the flying body will be in circling movement.

The bird I have described ought by the help of the wind to rise to a great height and this will be its safety; since even if all the above—mentioned revolutions were to befall it it would still have time to regain a position of equilibrium provided that its parts have a great resistance; so that they can safely withstand the fury and impetus of the descent by aid of the defences which I have mentioned, and of its joints made of strong tanned leather and its rigging made of cords of very strong raw silk; and let no one encumber himself with iron bands for these are very soon broken at the joints and they become worn out; and for this reason it is well not to encumber oneself with them. ①

### 译文参考 C

请记住，你设计的鸟应模仿蝙蝠，因为蝙蝠的薄膜可作为骨架，或者说作为骨架的连结，也就是翅膀的骨架。

倘若你模仿有羽毛的鸟翼，这在结构上更加强而有力，因为这样的飞翼能穿风，也就是羽毛被分开让风穿过。蝙蝠则用薄膜把飞翼连成一体，空气无法穿过。

解剖蝙蝠，仔细研究，照蝙蝠的模型设计飞行机。

假定有一个像鸟的物体停在空中，它的尾翼可转过不同的角

---

① Leonardo da Vinci, *Leonardo da Vinci Notebooks*, Irma. A. Richter selected, Oxford University Press, 2008, p. 100.

度，你可据此推导出一条普遍的规律，像鸟那样由尾翼的偏转引起鸟的各种盘旋运动。在各种运动中，运动物体的最重部分常是动的先导。

根据飞行体的四个主要功能部件，将它的原动机的机能分成四种，按照飞行体各种运动的支配，原动机的四种机能可同等或不同等运用，也可完全同等地运用，或完全不同等地运用。

若四种机能同等地运用，则飞行体作规则运动。

若四种机能连续均衡地不同等运用，则飞行体作盘旋运动。

我所描述的这架飞行机须得风力才能安全地飞上高空。即使发生我上面所说的各种旋转运动，只要各部分有足够大的阻力，它仍来得及重新回到平衡位置。所以这架飞行机在我说过的防护措施的帮助下，能确实地抵消坠落的猛烈冲击。飞行机的各个关节由鞣过的皮革制成，传动装置则由结实的生丝绳制成，保证在关节磨损而突然损坏时，人不受钢带的损伤。由此可见，如果人不受罪，那么飞行机就很理想。

# 第四章　马基雅维利：政治哲学的转折

　　人们实际上怎样生活同人们应当怎样生活，其距离是如此之大，以致一个人要是为了应该怎样办而把实际上是怎么回事置诸脑后，那么他不但不能保存自己，反而会导致自我毁灭。因为一个人如果在一切事情上都想发誓以善良自持，那么他厕身于许多不善良的人当中定会遭到毁灭。

——尼可罗·马基雅维利

For there is such a distance between how one lives and how one ought to live, that anyone who abandons what is done for what ought to be done achieves his downfall rather than his preservation. A man who wishes to profess goodness at all times will come to ruin among so many who are not good.

——Niccolo di Bernardo dei Machiavelli

## 一、时势锻造的英雄

### （一）文艺复兴时代的佛罗伦萨

尼可罗·马基雅维利（Niccolo Machiavelli，1469—1527）出生于佛罗伦萨（Firenze），在马基雅维利生活的时代，文艺复兴的浪潮正逐渐在佛罗伦萨社会生活的各个领域铺展开来。在当时的佛罗伦萨，学者们在大学校园里系统地讲授拉丁文、罗马文学、史学、修辞学、诗歌、法学等关涉古希腊、古罗马文明的各类知识。从事古典研究的学生日益增多，诸多学者热衷于寻找失传的古典资料抄本。他们都力图通过掌握更多的古典资料来破解古希腊、古罗马文明繁盛的密码，并由此来佐助现实的发展。各类学者、商人、政治家、艺术家、教士、医生、律师等活跃于各种沙龙、学术团体和座谈会。在那里，你既可以看到地位显赫的官员、富甲一方的商人，也可以找到激情澎湃的诗人与贫穷潦倒的艺术家。他们交流的话题大到古罗马兴衰的原因，小到制作一道菜的诀窍。① 总之，当时佛罗伦萨的文化氛围非常开放、宽容，同时颇为活跃、热烈。

在马基雅维利生活的时代，故去的但丁（Dante）、彼特拉克

---

① 佛罗伦萨国家中心图书馆（Biblioteca Nazionale Centrale di Firenze）录有文艺复兴时期的菜谱、烹饪技巧等抄本资料。

（Petrarca）、薄伽丘（Boccaccio）已经成为声名远播的文学巨匠。大学里已经开始讲授但丁的文学作品；彼特拉克的十四行诗正在引领诗歌界的新风潮；薄伽丘的《十日谈》已经被翻译为英、法等多国语言。在艺术方面，多纳泰罗（Donatello）通过研究古希腊技法塑造出了大卫青铜像；马萨乔（Masaccio）开始运用透视原理与人体比例进行绘画创作；由布鲁内列斯基（Brunelleschi）设计的圣母百花大教堂（Basilica di Santa Maria del Fiore）刚刚竣工不久。

圣母百花大教堂①

① 图片来源网址：https：//commons. wikimedia. org/w/index. php？search = Basilica + di + Santa + Maria + del + Fiore&title = Special：Search&go = Go&uselang = zh － cn&searchToken = 187g4u52tijmvbxh 5c9s9eto7#/media/File：Firenze_ － _Veduta_dal_Piazzale_Michelangelo. jpg.

　　马基雅维利与达·芬奇、米开朗基罗生活在同一个时代。达·芬奇比马基雅维利年长 17 岁；而米开朗基罗较马基雅维利年轻 6 岁。据史料记载，达·芬奇与马基雅维利彼此相识，1504 年马基雅维利负责管理一项政府的运河改道项目，而这一项目正是由达·芬奇负责设计的。同年 1 月，在米开朗基罗刚刚完成的大卫雕像被安置在佛罗伦萨市政广场（Piazza della Signoria）之时，当时的马基雅维利正是一个经常出入市政厅（Palazzo Vecchio）春风得意的政府官员。

　　与繁荣、开放的文化氛围相比，在马基雅维利生活的时代，佛罗伦萨的政治生活却处于飘摇动荡之中。马基雅维利起伏跌宕的人生与佛罗伦萨的政治命运紧紧地联系在一起。

　　当时的意大利处于四分五裂的状态。在意大利版图上存在着教皇国、佛罗伦萨共和国、威尼斯共和国、米兰公国、那不勒斯王国五个主要政权以及一些小的政权与附庸国。五个政权之间以及它们与法国、西班牙、德国之间存在着复杂的政治关系，它们彼此联系又互相牵制，战事时有发生。

　　早在 14 世纪上半叶，佛罗伦萨的共和体制已经基本确立，并且形成了一套与之相应的选举机制、立法机制、行政机制以及监督审判机制。当时，佛罗伦萨最高的行政机构是长老会议，长老会议由 9 位长老（Priors）组成。9 位长老由选举产生，任期 2 个月，他们总理佛罗伦萨内政外交等各项事务。另外，还有由 12 人组成的"辅政团"（Buonuomini）和 16 人组成的"旗手团"（Gonfalonieri）协助长老会议处理行政事务。此外，政府还成立了各种特别委员会（Balie）专职处理国防、外交等事务。长老会议有权修改法律，但必须交由立法大会投票通过。当时的立法大会主要包括人民会议与公社会议，大约由五百人组成，任期6个月。共和国的司法机构主要由督政官、人民队长和执行官组成，它们主要由外国贵族担任。当时的佛罗伦萨人认为，外国法官能更客观、公平地审判各种纠纷，因为他们与涉案人员较少存在亲属、朋友以及利益关系。

在文艺复兴中期，虽然佛罗伦萨的共和体制已经基本确立，但它却始终在贵族政治与民众政治之间左右徘徊，由此也引起了佛罗伦萨政治的摇摆沉浮。

15世纪30年代，以银行业起家的美第奇家族逐渐控制了佛罗伦萨政坛。他们利用自己手中掌握的货币资源招募门客、收买民心，并最终控制了佛罗伦萨的政权，开启了美第奇家族对于佛罗伦萨共和国长达60年的寡头政治统治。[①] 1494年，由于皮耶罗二世（Piero di Lorenzo de Medici，美第奇家族第四代领导人）军事判断失误，他将比萨城和三个海岸要塞拱手送给法国国王。皮耶罗二世的怯懦表现激起了佛罗伦萨人民的强烈不满。民众将美第奇家族赶出了佛罗伦萨，真正的共和制度开始重建。马基雅维利的政治生涯正是由此开始的。

---

① 在美第奇家族统治的时代，佛罗伦萨仍然保有"共和国"的形式，佛罗伦萨"一直没变成绝对专制，共和国也没被改变成一个君主专制国家"。参见［美］坚尼·布鲁克尔：《文艺复兴时期的佛罗伦萨》，朱龙华译，生活·读书·新知三联书店，1985年，第362页。

## （二）春风得意的政坛新星

马基雅维利肖像①

尼可罗·迪·贝纳尔多·德·马基雅维利1469 年 5 月 3 日出生于佛罗伦萨。马基雅维利家族曾经在佛罗伦萨政坛占据重要地位。尼可罗·马基雅维利的先辈好多都曾在政界身居要职。时至其父，马氏家族日渐萧落。马基雅维利的父亲是一名律师，在佛罗伦萨近郊有一座农场和一些田产。他的母亲也是受过良好教育的名门后裔。马基雅维利的父亲非常热爱读书，能用拉丁文进行文学创作。他还热衷于收集各种版本的古典作品、资料，对古典文学、历史和哲学有着浓厚的兴趣。这些都对马基雅维利产生了深远的影响。

马基雅维利 7 岁开始学习拉丁文，12 岁已能用拉丁文进行创

---

① 图片来源网址：https：//commons. wikimedia. org/wiki/Niccol% C3% B2 _Machiavelli#/media/File：Santi_di_Tito_ – _Niccolo_Machiavelli% 27s_portrait_headcrop. jpg.

作，后来曾就学于佛罗伦萨大学。在那里，他接受了专业的教育，系统学习了意大利古典文学、史学、哲学、诗歌、修辞学。这为他后来拟定外交文稿以及编撰著作打下了坚实的基础。

年轻的马基雅维利受到了佛罗伦萨文艺复兴风潮的熏陶，他热爱自由，热爱思考哲学与人生，经常出入一些学术沙龙与文艺聚会。同时，他也是一个风趣幽默、玩世不恭的浪子，经常出入酒肆与妓院。他"喜欢一种自由、随意的生活，热衷于萨佛纳罗拉修士禁止的所有奢侈品和无聊行为"[1]。

1498 年，29 岁的马基雅维利迎来了命运女神的眷顾。1494年，由于皮耶罗二世在对法战争中软弱无能，佛罗伦萨蒙受了巨大的损失与屈辱。佛罗伦萨民众将美第奇家族赶出佛罗伦萨。美第奇家族结束了其在佛罗伦萨长达 60 年的寡头政治统治。随后，美第奇家族的反对者萨佛纳罗拉修士（Girolamo Savonarola）及其门徒迅速占领政府主要官职。这同样引起了当地贵族的不满。1498 年夏天，萨佛纳罗拉修士被绞死，其执政团成员被免职。佛罗伦萨亟待一个新的执政团队来引导它的政治命运。29 岁的马基雅维利就成为了这个团队中的一员。

当时的佛罗伦萨最高行政机构是长老会议（也称执政团），长老会议共有 9 名成员，其中 1 位是正义旗手，8 位是长老。正义旗手是佛罗伦萨的最高官职。另外，设有各类委员会专职负责各类行政事务，如公安委员会；还有秘书厅，作为长老会议的智

---

① Roberto Ridolfi, *The Life of Niccolo Machiavelli*, University of Chicago Press, 1963, p. 12. 萨佛纳罗拉（Girolamo Savonarola）修士，美第奇家族的反对者。美第奇家族倒台以后，萨佛纳罗拉及其支持者迅速深入佛罗伦萨政坛。但随后遭到了残余贵族势力的反对，最终被处死。萨佛纳罗拉势力被清除以后，佛罗伦萨政坛人才流失严重，马基雅维利正是在此时步入佛罗伦萨政坛。

囊团。1498 年，29 岁的马基雅维利被选举为秘书团第二秘书，负责共和国外交事务，是"自由与和平委员会"的首席智囊。

　　值得一提的是，在马基雅维利从政初期，佛罗伦萨共和国并没有自己的军队。共和国的一切战事都要花钱去请雇佣兵。在交涉的过程中，马基雅维利深深体会到了雇佣军首领的阴险狡诈、消极厌战与唯利是图。1505 年，在马基雅维利的建议下，佛罗伦萨改革了军队制度。随后，马基雅维利组建了一支国民军队，并于 1509 年 5 月收复了比萨城。这是马基雅维利政坛生涯中最为荣耀辉煌的一刻。

　　马基雅维利头上的光环在带给他荣誉的同时也招来了别人的嫉恨。收复比萨城的同年底，有人检举马基雅维利的父亲涉嫌违法，因而他也不宜再担任公职。1510 年 5 月，马基雅维利还遭到了犯有鸡奸罪的匿名检举。

　　马基雅维利并不是一个悲观、刻板的人。他能巧妙地周旋于国王、政客与军阀之间并且游刃有余。他甚至会表露出对于那些诡计多端、不按常理出牌的军阀的"崇拜"。即使在被指控"鸡奸罪"的时候，他仍然玩世不恭地眠花卧柳，并以此自嘲。但马基雅维利的政治经历对他后来撰著《君主论》与《论李维罗马史》都产生了深远影响。

### （三）官场浮沉

　　1511 年，佛罗伦萨再次被卷入了法国与教皇神圣同盟的战争，而这次战争以后，命运女神没有再与马基雅维利站在一起。

　　1511 年秋，教皇与西班牙、英国、威尼斯缔结了神圣同盟以对抗法国，双方都要求佛罗伦萨站在自己一边。佛罗伦萨政府在法国与神圣同盟之间左右摇摆，而最终选择了支持法国。[①] 1512年，法国与神圣同盟进行了一次惨烈的交战，最终法国获得了胜利。

作为法国的盟友，法国的胜利本应该给佛罗伦萨带来好运。可是这时事情又发生了逆转。由于法军损失惨重，法王路易十二决定让法军撤离意大利。这样一来，受法军庇佑的佛罗伦萨成为了待宰的羔羊。遭遇战败的神圣同盟决定反击，要推翻佛罗伦萨的共和政府，重新扶植美第奇家族当政。马基雅维利的国民军队也没能阻挡住同盟军的脚步。1512年8月28日，西班牙军队攻陷普拉托（Prato），随后进入佛罗伦萨，当时的行政首脑索德里尼被流放。美第奇家族及其追随者很快组建了一个新的政府。

马基雅维利曾因美第奇家族倒台而谋得官职；此外，神圣同盟支持美第奇家族复辟，而马基雅维利的国民军曾与同盟军队作战交锋。因此，在美第奇家族成功复辟以后，等待马基雅维利的只有厄运。

在美第奇家族组建新一届政府以后，马基雅维利的国民军被解散，随后他也被解除公职。1512年11月，马基雅维利被限制出境；1513年2月，马基雅维利被捕入狱。罪名是参与谋害朱李亚诺·德·美第奇（当时的政府首脑）。马基雅维利在监狱中遭受到了酷刑的折磨。当时，有一种吊刑（Strappado），用绳子将人的手腕绑住，脚踝系上石头等重物，通过收紧滑轮将人吊起并

---

① 自1494年美第奇家族倒台以后，佛罗伦萨政府一直与法国关系比较亲密并以此寻求法国的庇护。

导致手臂等关节脱臼。马基雅维利曾遭受六次吊刑，但仍没有认罪。而且马基雅维利此时在监狱里还在写诗，玩世不恭地嘲笑自己的悲惨命运。①

1513 年 3 月，新一届教皇利奥十世（Giovanni di Lorenzo de-Medici）继位，大赦天下。马基雅维利因此获释。刚刚出狱的马基雅维利还曾对复出政坛抱有希望，但现实带给他的是一次又一次无情的打击。

### （四）农庄生活与步入文坛

出狱后的马基雅维利继续遭到美第奇家族的排挤，1513 年 4 月，他最终来到了佛罗伦萨近郊的一座农场，开始了远离尘嚣的隐居生活。这座农场位于佛罗伦萨七英里外的一个静谧的小村庄，这是他父亲留给他的家产，包括一间房屋和几亩薄田。

在那段日子里，马基雅维利早晨去森林里捕捉画眉，这不是出于文人的风雅，而是要以此维持生计。此外，他还要砍柴，做一些家务。下午，他会找当地的农夫、工人以及小店主消磨时光，他们在一起闲聊、说笑话、下棋、打牌。马基雅维利过上了农夫式的生活，或许他与一般农夫唯一的不同是他会在腋下夹着一本但丁或彼特拉克的诗集。这是他一个人闲来无事时的读物。

傍晚时分，夕阳西下，马基雅维利走进书房，这才是他一天真正开始的时候。密涅瓦的猫头鹰开始在天空自由翱翔。马基雅维利翻开历史典籍，此时的他穿越了时光隧道，步入了满是智者

---

① 诗歌全文参见 Allan Gilbert, Machiavelli, *The Chief Works and Others*, Duke University Press, 1965, Vol. 2, p. 1013。

与英雄的殿堂，并与他们欣喜地交流。

> 我伏案研究历史，步入了往昔的殿堂。那里的哲人和英
> 雄们由衷地欢迎我……我大胆地和他们交谈，向他们提出问
> 题，他们总是谦虚地为我解答。连续几个小时，我忘记了生
> 活的烦恼和苦闷，不担心穷困，不畏惧死亡，我完全被古人
> 的智慧迷住了。①

正是在这种情况下，马基雅维利完成了《君主论》。马基雅维
利试图让自己的朋友将这本书献给朱利亚诺·美第奇，并期望重
新得到任用。但这些期盼最后换来的都是无视与冷漠。

随着时间的推移，马基雅维利对于复出政坛不再抱有太多希
望。1517 年，他渐渐开始出入一些文艺聚会，并且开始创作一些
文学作品。这段时间里，他创作了戏谑诗歌《驴》、戏剧《曼陀
罗》。同时，马基雅维利《论李维罗马史》的著述工作也基本完
成，他在这些聚会中常会宣扬书中的一些观点。但是《君主论》
与《论李维罗马史》没有引起人们一丝一毫的关注，相反他的讽
刺戏剧《曼陀罗》倒为他的生活带来了转机。马基雅维利戏剧作
品的基调是戏谑与讽刺，荒诞幽默的故事情节中透露的是他多少
有些看破俗世、玩世不恭的生活态度。他创作的戏剧在当时颇受
追捧，当时马基雅维利出席一些聚会活动的身份是剧作家，而非
其它。马基雅维利曾试图凭借《君主论》重返政坛，但他失败

---

① James B. Atkins, David Sices, ed., *Machiavelli and His Friends：Their Personal Correspondence*, Northern Illinois University Press, 1996, p. 264.

了。命运就是如此变幻莫测。1520 年 2 月，戏剧《曼陀罗》进行了首演，此后教皇利奥十世表现出了对于这部戏剧的浓厚兴趣，并向马基雅维利投来了橄榄枝。

## （五）晚年生活

1920 年 3 月，佛罗伦萨主教朱利奥·德·美第奇（Giulio de Medici）召见了马基雅维利并且交给他了一项任务，即调查当时佛罗伦萨的政务。这是马基雅维利隐退乡村 7 年之后得到的第一份行政任务。9 月，教皇利奥十世乔瓦尼·德·美第奇（Giovanni de Medici）任命马基雅维利撰写一部佛罗伦萨史。

在 1520 年至 1525 年的 5 年时间里，马基雅维利埋头撰述《佛罗伦萨史》。同时他还协助政府处理一些外交事务，另外还创作了《兵法》和一部喜剧《克丽齐娅》，他的喜剧同样大受好评。

1525 年初，法国与神圣罗马帝国争夺意大利的战争再次打响。在这次战争中，出身于美第奇家族的教皇与法国缔结了秘密同盟。然而最终法国战败，意大利再次成为帝国刀俎上的鱼肉。在危难之间，当时的教皇克莱门特七世①决定启用马基雅维利负责佛罗伦萨的军事防御工作。1527 年 5 月，帝国大军攻克罗马城，并洗劫了这座城市。随后美第奇政府垮台，佛罗伦萨再次建立了新的共和政府。

在过去的十几年间，马基雅维利曾苦心经营他与美第奇家族的关系，试图以此得到重新任用。在他如愿以偿地谋得一官半职

---

① 克莱门特七世即朱利奥·德·美第奇，任佛罗伦萨主教时曾启用马基雅维利。

之后，美第奇政府却倒台了。他苦心经营的这段关系再次成为了捆绑他的镣铐。1527 年夏天，再次遭遇打击的马基雅维利一病不起，于夏至那天病逝，结束了他传奇的一生。

他的墓志铭写道：这位伟人的名字使任何墓志铭都显得多余（TANTONOMINI NVLLVM PAR ELOGIVM）。

马基雅维利墓①

---

① 图片来源网址：https：//commons. wikimedia. org/w/index. php?search = Machiavelli + tomb&title = Special：Search&go = Go&uselang = zh − cn&searchToken = becep3me41ugbcwj1jrx6kld1#/media/File：Niccol% C3% B2_Machiavelli_tomb. JPG.

## 二、权力与政治

### (一) 政治哲学的转折

马基雅维利最大的贡献在于他实现了政治哲学从天国到人间的转折。无论是古希腊的哲学家，还是中世纪的神学家，他们大多是从"善"或"上帝"那里寻找理想的政治理论和政治制度。他们从经验事实中抽象出国家、法律、公民等一般概念，并通过分析这些概念构建理想的政治制度。

柏拉图从理念世界探讨理想的政治形态。柏拉图认为在天国彼岸存在着各式各样完满、永恒的理念，"国家"理念即是其一。一个良好的国家制度是对于"国家"理念的模仿和复制，它应当体现至高的正义与善。亚里士多德同样认为政治学研究的目的就是实现城邦之善。而中世纪的神学家往往把国家存在的合法性归源于上帝。奥古斯丁从神学的角度研究国家，他认为国家权力是由上帝赋予的。托马斯·阿奎那也明确提出教权高于国家权力，国家的产生源于上帝的理性。

文艺复兴以前，从神学或者伦理学之"善"的角度出发，已经成为政治研究的一个基点。大家都在探讨理想的政治制度应该是个什么样子，它的合法性源于何处，它应当坚持与维护哪些基本原则。但这种理论研究是抽象的、概念性的，它专注于从理论上搭建一个理想的国家与制度，带有明显的理想化色彩。

马基雅维利曾经有 14 年的从政经历，他的命运与佛罗伦萨政治紧紧地联系在了一起。在这 14 年的从政经历中，他体验到了佛罗伦萨官员的怯懦拖沓，他们可能因为自己行会的利益而置国家命运于不顾；国家首领可以言而无信地撕毁盟约；阴险狡诈、两面三刀的政客可以营造出一个大义凛然、和蔼可亲的公众形象；心狠手辣、杀人如麻的雇佣军队长可以坐拥万贯家财。①

在亲眼目睹这些现实状况以后，马基雅维利认为我们再也不能从"上帝""善""正义"的理想层面来探讨政治问题。这种研究方式过于理想化而与现实的政治生活有着天壤之别。理想与现实的差距如此之大，以至于我们固守理想变得毫无意义乃至会走向灭亡。马基雅维利指出：

> 人们实际上怎样生活同人们应当怎样生活，其距离是如此之大，以至于一个人要是为了应该怎样办而把实际上是怎么回事置诸脑后，那么他不但不能保存自己，反而会导致自我毁灭。因为一个人如果在一切事情上都想发誓以善良自持，那么他厕身于许多不善良的人当中定会遭到毁灭。②

现实政治的腐化、伦理道德的沦丧导致当时的政治研究再也不能停滞于虚无缥缈的理想世界。马基雅维利直面世俗政治，毅然决然地斩断了政治与伦理学、神学的传统关系，将宗教与道德视为实现政治目的的工具与手段，将它们纳入到政治研究的框架之下。当代学界正是从这种意义上将马基雅维利视为现实主义政

---

① 参见［德］爱德华·傅克斯：《欧洲风化史》，侯焕闳译，辽宁教育出版社，2000年，第367页。

② ［意］马基雅维利：《君主论》，潘汉典译，商务印书馆，2014年，第73页。

治哲学的开创者，近代政治思想的奠基人。正如卡西尔所说：
"马基雅维利的思想犹如快刀斩乱麻一般，割断了前人栓系在人
类存在的有机整体之上的绳索。政治不仅失去了与宗教、形而上
学的联系，而且也失去了与人的道德生活和文化生活的一切其他
联系。"①

马基雅维利的政治思想集中体现于他的两本著作：《君主论》
与《论李维罗马史》。两本书的主旨有所差异。其中，《君主论》
的核心问题只有一个：君主如何获取和维持自己的权力。《论李
维罗马史》的核心问题是：如何构建一个繁荣、强大的共和国。
在论述以上问题的过程中，马基雅维利彻底摆脱了伦理道德和神
学的条条框框，抛弃了矫揉扭捏的论证方式，赤裸裸地揭示了丑
恶的政治现实，并给出了解决问题的具体方式。由此，马基雅维
利在我们面前铺展开了一张现实的、世俗的政治图画，在这张图
画中充满了残酷的争斗、欺诈与厮杀，但这无一不来自真实的历
史与生活。


小结：

马基雅维利切身经历了文艺复兴时期佛罗伦萨的政治境遇，
目睹了当时整个欧洲的政治现实，并且系统分析了自古罗马以降
的欧洲政治历史。综合以上素材之后，马基雅维利毅然抛弃了传
统的、以道德之善或者宗教为基本视角的政治研究模式，开始立
足于现实政治对政治进行分析和研究。在马氏看来，每个人都希

---

① ［德］恩斯特·卡西尔：《国家的神话》，范进译，华夏出版社，2003年，第173页。

望按照理想的道德和宗教准则行事，但是理想和现实的差距如此之大，以至于如果我们一味地坚持理想、忽略现实，势必会遭遇毁灭和挫败。正是基于这一观点，马基雅维利以最现实、最直观的文笔，揭示了一个纷繁复杂、美好与邪恶并存的政治图景。

## （二）君主权力

### 1. 《君主论》在马基雅维利政治学说中的地位

马基雅维利的政治主张集中体现在《君主论》与《论李维罗马史》之中，另有一些散见于《佛罗伦萨史》。然而《君主论》与《论李维罗马史》所体现的政治思想存在很大差异。《论李维罗马史》主要在探讨一个合理的政治体制应该如何建构，它研究的对象是共和制。而《君主论》一书集中探讨的是君主制，它更像一个君主治国手册，里面阐述了君主获取和维护统治权力的具体方法。

要想准确把握《君主论》的内容，我们首先要了解它在马基雅维利思想中的地位。《君主论》的核心问题是君主如何维护自己所掌控的国家权力以及如何缔造一个强大的君主集权国家。在这本书的论述中，马基雅维利将政治研究的出发点和落脚点都明确地规定为维护君主权利。但我们并不能因此将马基雅维利视为一个鼓吹君主政体的政治家。君主制并非马基雅维利的政治取向，《君主论》是马基雅维利政治思想的重要组成部分，但并非主导。其原因有三：

第一，从创作背景来看，《君主论》是马基雅维利献给美第奇家族的一本治国手册，他希望依此重返政坛。对于美第奇家族来说，他们并不关心什么样的政治体制是合理的，而更关心如何维护好自己手中掌控的权力。马基雅维利为了获得美第奇家族的好感，同时作为一个深谙世事的作家，他不得不顾及统治者的需求与感受。在《君主论》一书的致辞中，马基雅维利向小洛佐伦·美第奇写道："如果您认真地考虑和诵读它，您就会从中了解到我的热切愿望：祈望您达到命运之神和您的其他条件使您有希望达到的伟大地位。"① 因此，我们可以说，《君主论》并不能代表马基雅维利个人的政治取向，因为它的写作具有明确的目的性——献给当时的统治者。

第二，从理论架构上来看，共和制是马基雅维利政治研究的主体部分，君主制仅占次要地位。《论李维罗马史》的创作没有像《君主论》那样具有强烈的目的性。剥除了世俗功利的束缚以后，马基雅维利可以更自由地表达自己的政治观点。在这本书中，马基雅维利集中探讨了共和体制，他明确指出实现君主、贵族、平民三者权力制衡的共和体制才是理想的政治形态。② 由此可见，马基雅维利实际上倡导的是实现权力制衡的共和制而非君主制。《君主论》所探讨的君主体制仅仅是马基雅维利政治研究的一部分，虽然重要但并非是主体部分。

第三，马基雅维利认为，只有特定的人群才适合君主统治。当一个国家的民众已经具有了奴性，那么这个国家便很难再享受共和体制的自由，因而不得不恢复为君主统治。对此，马基雅维利有着一段精彩的论述："习惯君主统治的民族，如果是由于偶

---

① ［意］马基雅维利：《君主论》，潘汉典译，商务印书馆，2014 年，第 2 页。
② ［意］马基雅维利：《论李维罗马史》，吕健忠译，商务印书馆，2013 年，第 16 页。

发事故而得到自由……那么要在往后保存其自由有着无比的困难。此一困难有其道理，因为那样的民族只不过是一只野兽，虽然天性凶残，却一直在身处牢笼且与人为奴的处境中接受豢养。就算哪一天它被放生，因为不习惯自己觅食，也不晓得什么地方可以避难，只要想捕它回笼的人一出现，它又会成为笼中之物。"① 在马基雅维利看来，君主制绝不是最好的统治方式，但它是奴性民族自身所作出的唯一选择。

总之，在马基雅维利看来，理想的政治形态是君主、贵族、平民权力相互制衡的共和体制，而君主体制是现实世界迫于无奈的政治选择。既然君主制在现实世界中真实存在，那么我们就有必要对其进行研究与探讨，也有责任协助君主构建一个强大、繁荣的君主制国家。这正是马基雅维利撰写《君主论》的基本出发点。

2. 以维护君权为核心的政治学说——《君主论》

在了解到君主制在马基雅维利政治学说中的地位以后，我们再来看一下马基雅维利如何从权力的角度对君主制国家进行分析，以及他是如何向君主建言、如何协助君主掌控好自己的国家与权力的。

马基雅维利首先将君主国分为世袭君主国与新的君主国两种类型。世袭君主无疑更容易维持自己的权利，他们"只要不触犯他的皇宗皇祖的制度，如遇有意外事件则随机应变，这就足够了"②。对于一个新的君主国来说，君主维持自身权利所面临的困

① [意]马基雅维利：《论李维罗马史》，吕健忠译，商务印书馆，2013 年，第 61 页。
② [意]马基雅维利：《君主论》，潘汉典译，商务印书馆，2014 年，第 5 页。

难很多，情况也更为复杂。马基雅维利对新的君主国进行了系统地分类，并指出了君主权力在那里难以为继的原因和应对策略。

马基雅维利认为，新的君主国其君权之所以难以为继，其原因主要有三：第一，当君主占领一个新的国家或地区以后，你的敌人变成了你的臣民；第二，君主需要讨好那些曾经协助他获得政权的贵族、政客以及军队，因为君主"感到对他们负有恩义"①；第三，君主亟须获得当地人民的好感，否则当民众意识到新的君主并没有给他们的生活带来改善时，他们往往会再次推翻这个君主。

那么如何在新的君主国维持君主权力呢？马基雅维利认为，这应当具体问题具体分析。

首先，马基雅维利从地缘、文化的层面将新的君主国进行分类，并提出了维护其统治的办法。他认为，如果新的领地与原有领土属于同一地区、使用同一语言、有着相同的风俗习惯，那么新的君主维持其权力是比较容易的，他只需要注意两个方面："一方面就是要把它们的旧君的血统灭绝；另一方面就是既不能改变它们的法律，也不要改变它们的赋税。"② 这样，"人们就会安然地生活下去"③。如果被征服地区距离原有国家较远或者二者的语言、风俗相差甚远，那么有两个方法，一是让君主长期驻扎在被征服地区；二是将这个地区的重要地点改造为囤积军队的军营，或者向那里派遣移民。

其次，马基雅维利按照获得政权的方式将君主国家进行分类，

---

① ［意］马基雅维利：《君主论》，潘汉典译，商务印书馆，2014 年，第 6 页。
②③ 同上，第 8 页。

并提出了维护君主权力的方法。他认为，君主获取政权的方式大致有四种：依靠自己的军队和智慧、依靠他人的军队和幸运、依靠邪恶之道、依靠贵族或民众的拥戴。

马基雅维利认为，依靠自身的智慧和武装力量获取君权的人，他们夺取君权的过程是艰难的，但保持君权相对容易。他们需要时刻关注自己手中的军队和强制力。而"那些光靠幸运，从平民崛起成为君主的人们，在发迹时并不很辛苦劳瘁，但是保持其地位时就辛苦劳瘁了"①。这些人如果想维护自己的权力，那么必须具备极高的政治素养。他必须"争取朋友，依靠武力或者讹诈致胜，使人民对自己又爱戴又畏惧，使军队既服从又尊敬自己，把那些能够或者势必加害自己的人们消灭掉，采用新的办法把旧制度加以革新……摧毁不忠诚的军队，创建新的军队，要同各国国王和君主们保持友好"② 等等。

有些人通过卑劣的手段获得君权，并且维系住了自己的统治，这在历史上是一个不争的事实。对此，马基雅维利并不避谈。他认为这些君主之所以维护了自己的统治，是因为他们知道如何正确地运用"恶"，他们懂得如何妥善地运用残暴手段。"妥善使用的意思是说，为了自己安全的必要，可以偶尔使用残暴手段，除非它能为臣民谋利益，其后决不再使用。"③

此外，马基雅维利指出，一个人还可能是由于贵族或者人民的拥戴而获得君权。他认为，如果一位君主因贵族的拥戴而获得

①　［意］马基雅维利：《君主论》，潘汉典译，商务印书馆，2014年，第29页。

②　同上，第37页。

③　同上，第43页。

政权，那么他的君权维持起来更加困难，因为君主在获得统治地位之后"会发现自己周围有许多人自以为同他是平等的"①。而依靠人民的拥戴获得的政权更容易持久，因为"人民的目的比贵族的目的来得公正，前者只希望不受压迫而已，而后者却希望进行压迫"②。因此，因人民的拥戴而获得君权的君主所要做的是使人民免于压迫；而受贵族拥戴而获得君权的君主为了维护自身统治，他们必须拉拢人民。

　　综上所述，如何维护君主权力是《君主论》探讨的核心问题。马基雅维利将君主国进行细致的分门别类，并且为各类君主如何维系自己的统治提出了切实可行的意见。在分析的过程中，马基雅维利丝毫没有避讳现实政治生活中的丑恶现象，把它赤裸裸地展示在了人们面前，并分析了它产生的原因。在马基雅维利看来，现实政治的核心并不是正义与善，而是赤裸裸的权力。即使我们不赞成用卑劣的手段谋得权力，但现实并不会因此而有丝毫的改变。在世俗世界中，绝对的善与正义并不存在，相反，善的实现往往需要以恶作为手段。因此，我们说马基雅维利绝不是一个狡猾奸诈的政徒，他仅仅是对政治进行了最真实的表述与分析。也正是马基雅维利的这种视角，最终把政治从天国拖曳回了人间。


　　小结：
　　在《君主论》一书中，马基雅维利对君主如何维护自己的权力提出了切实可行的建议。比如，利用贵族与平民之间的矛盾实

①　[意]马基雅维利：《君主论》，潘汉典译，商务印书馆，2014年，第45页。
②　同上，第46页。

现他们之间的制衡、掌握军队等等。其中，不乏一些看似残忍、暴力的建议。在马基雅维利看来，善恶之间并不是决然二分的，善的实现往往需要以恶为手段。同时，马氏也认为，共和制不一定比君主制更好，因为习惯了君主制的奴性民族往往更适应君主统治。这是奴性民族自己的选择，因为他们往往难以承受共和制给普通民众带来的自由。

### （三）共和体制

虽然《君主论》的核心内容是维护君主权力，但君主制并不是马基雅维利心中理想的政治制度。它有特定的适用范围，是奴性民族自己的选择。在马基雅维利心目中，理想的政治制度是共和制。这一点，他在《论李维罗马史》中有明确的表述。在这本书中，马基雅维利利用李维所著《罗马史》的历史资料，详细地论证了共和制的优点与合理之处，并建言如何维持一个良好的共和政体。

1. 混合政体

在《论李维罗马史》中，马基雅维利表示，最理想的政府形态是"混合政体"。

在提出自己心中理想的政府形态以前，马基雅维利先分析了传统政体的局限性。首先，君主制容易变为个人专制。马基雅维利认为，君主制很大程度上仰赖统治者的个人素质。在这种制度下，一般建国初期的统治者在政权不稳的情况下会兢兢业业地管理自己的国家。但他们的子孙身处安逸的环境之中，往往都会走向腐化与堕落。他们开始目无法纪、滥用权力、挥霍财富，君主制由此变为个人滥用权力的专制。

其次，贵族政体容易变为寡头政治。当君主制变为个人专制，贵族精英就会开始谋划推翻专制政府，成立贵族集体统治的政府。但贵族统治的目的是为自己的家族谋得利益，经过几代人的优胜劣汰以后，常常是某个家族成了这个国家的实际统治者，由此贵族体制转变为寡头政治甚至个人专制。

最后，平民政体容易转变为暴民政体。在寡头政治或个人专制的统治之下，人们的生活往往苦不堪言。这样一来，普通民众就会拿起武器，推翻这些不合理的政治体制，从而成立平民政体。而平民阶层由于缺乏足够的统治经验，他们很容易肆意妄为、自行其是，平民政治由此变为暴民政治。在马基雅维利看来，政治体制存在着以上这样的历史循环。

接下来，马基雅维利提出了理想的政府形态，即混合政体。什么是混合政体呢？马基雅维利眼中的混合政体实际上是指君主、贵族、平民三者均掌握一部分国家权力，三者共同治理国家的一种政治形态。它实际上是君主、贵族、平民三者权力相互制衡的共和政体。"它（混合政体）比较能够长治久安，因为一个城市（城邦）同时具备君主、贵族与民主三种体制，彼此可以相互制衡。"①

由此可见，马基雅维利混合政体的核心是分权与制衡。将国

---

①　[意] 马基雅维利：《论李维罗马史》，吕健忠译，商务印书馆，2013 年，第 16 页。此处翻译似有不妥，英语译本为 "there are principality, the aristocrat, and the popular governments" 译为"具备君主、贵族与民主三种体制"并不准确。汉译文本容易给人一种错觉：三种制度并存或者交替使用。实际上"government"亦有管理、管辖的意思，译为"具备君主、贵族、民主三种管辖权力"更合适，也更符合全书的论证结构。

家权力分配给君主、贵族、平民三股势力，其中每一个群体在为自己谋得利益的同时不得不顾忌其余两个群体所掌控的权力，依此实现权力上的制衡。由权力的制衡实现利益分配的制衡，实现利益均沾。由此来构建一个稳定的共和制国家。

2. 共和政体的理想结构

君主、贵族、平民三者权力制衡是马基雅维利理想政府形态的核心。马基雅维利以古罗马的政治体制为例，系统论述了三者之间存在的张力及其制衡的基本架构。在古罗马的政治体制中，执政官扮演着君主角色、元老院扮演着贵族角色，另外还有代表并维护平民利益的护民官。他们都享有一定的权力，共同治理整个国家。

首先，马基雅维利认为，君主权力过度集中容易形成专制暴政，因此需要贵族与平民对他的权力进行监督和限制。其中贵族既可以成为君主的智囊，同时也可以避免君主在决策之时一意孤行。平民则可以通过护民官表达自己的诉求，使国家决策照顾到大多数人的利益，同时也可以对君主与贵族的权力进行指控与监督。

其次，由贵族掌权的国家极易造成权力的再度集中从而形成寡头政治，因此它需要君主对贵族进行牵制，需要人民对贵族进行监督。马基雅维利指出，在君主面前，贵族往往表现得非常恭顺谦卑，"流露出平民的精神"。而一旦君主垮台，贵族便会显露出凶恶的一面，"开始喷吐憋在胸中反对平民的怨气，又是为难，又是羞辱，无所不用其极"①。因此，有节制地保留君主权力可以

---

① ［意］马基雅维利：《论李维罗马史》，吕健忠译，商务印书馆，2013 年，第 19 页。

使贵族保持谦卑。此外，马基雅维利还指出，正是贵族与平民之间的敌意促成了古罗马政治制度的长期稳定，它是"获致罗马伟业所不可或缺的困扰"①。平民对贵族的敌意导致贵族在行使权力之时会照顾大多数平民的利益。在制定一项法律或者政策之时，贵族与平民的互相博弈与反复辩驳使得这项法律或政策可以考虑到多方面的利益，进而最大限度地维护公民的权益。与此同时，平民对于贵族的监督既可以有效地避免贵族统治再度走向集权，也可以避免贵族走上堕落淫逸的道路。

再次，虽然平民代表多数人的利益因而比较公正，但平民政治容易演变为暴民政治，因此它需要君主和贵族对它进行有效地控制与引导。马基雅维利对平民的评价具有两面性：一方面，平民代表多数人的利益，因而他们的意见往往比较公正。在政治生活中，平民的要求是免于被奴役，而君主与贵族的要求则是奴役他人。因此"人民比君主更谨慎、更稳重也更善于判断"，"人民的心声可以比拟上帝的心声"②。另一方面，平民也有盲目、软弱的一面，在他们获得统治权力以后，国家容易陷入脱序的混乱状态。在这里，马基雅维利有一段经典的描述：当一个国家或城邦的平民备受奴役而重获自由以后，"（平民）想起以往受到的伤害和奴隶待遇就急于报复，对象不只是公民所犯的错，甚至捕风捉影也在所不惜……人们恢复自由之后比保有自由的时候来得更可怕"③。此外，马基雅维利还认为平民具有软弱的一面。"（平民）

---

① ［意］马基雅维利：《论李维罗马史》，吕健忠译，商务印书馆，2013年，第30页。

② 同上，第165页。

③ 同上，第89页。

全体聚在一起是强大的，一旦各自想起自己的危险，他就变得懦弱又脆弱。"① 正是因为平民既有公正的一面，又有盲目、软弱的一面，因此让民众参与政治是绝对有必要的，但是把权力完全交给平民也并不是一种明智的选择。

马基雅维利认为，护民官的设置使古罗马的政治制度趋于完善。由平民选举产生的护民官既可以代表平民表达他们的诉求，又可以监督贵族手中的权力，协调两者之间的关系。"护民官被授予显赫的职权和威望，所以从此能够在平民与元老院之间担任仲裁。"② 作为自由国家的平民，他们必须时刻保持警觉，提防君主和贵族。他们不能被眼前利益所迷惑，因为君主或贵族任何一方投向平民的橄榄枝很可能是他们剪除异己的手段。比如，"（专制统治者）会在人民的拥护下俟机铲除贵族；他绝不会再铲除贵族之前着手压制人民，可是等到贵族被铲除的时候，人民看清自己的处境与奴隶没有两样，却已经没有退路"③。

最后，为了应对突发事件，一个国家或城邦有必要设置独裁官，但同时必须设定明确的任期和权限。君主、贵族、平民三者分权，共同治理国家，这无疑有助于国家的稳定。但也存在着弊端。当一个国家遭遇战争、瘟疫等突发事件时，由于决策者包含人数过多、涉及范围过大，这往往会导致决策时间过长，因而错失良机。因此，一个国家或城邦有必要设立独裁官，在危难时刻独掌杀伐决断的权力。独裁官的设置可以让政治体制更加机动灵

---

① ［意］马基雅维利：《论李维罗马史》，吕健忠译，商务印书馆，2013 年，第 161 页。

② 同上，第 20 页。

③ 同上，第 124 页。

活，以便更好地应对突发事件。但马基雅维利也一再强调，独裁官必须要"群众任命"，不能由个人任命，它必须"有任期，不是终身的，而且授权明确，仅限于任命时的应急事宜"①。

　　以上是马基雅维利理想政治形态的基本图示。它的基本架构是君主、贵族与平民三者分权，相互制衡，并且设置了灵活机动的独裁官以补充分权制度的不足。通过上文的描述可以看出，马基雅维利考量理想政治形态的立足点仍然是权力本身。这与《君主论》的论证立足点是一致的。只不过《君主论》探讨的是如何维护君主统治，《论李维罗马史》探讨的是如何通过分权建构理想、稳定的政治形态。我们之所以把马基雅维利称为政治学研究的转折性人物，就是因为他探讨政治的出发点不再是政治应该为何物，而是它在现实世界当中究竟是什么样子，我们如何从现实出发、利用现实权力建构一个理想的政治形态。正是从这一角度而言，我们说马基雅维利实现了政治研究由天国到人间的转折。

　　3. 法律

　　马基雅维利构建的理想政治形态是由国王、君主、平民分有权力的共和体制。在马基雅维利看来，只有以法律的形式将这种政治体制固定下来，才能达到政治上的稳定，才能实现一个国家的长治久安。只有"法律面面俱到，每遇危机都可以有因应之道，（否则）共和国永远称不上完美"②。

　　马基雅维利认为，法律是维护一个理想政治体制的不可缺少的工具，良好、稳定的共和体制必须由法律来维护。在对这一点

---

① ［意］马基雅维利：《论李维罗马史》，吕健忠译，商务印书馆，2013年，第104页。
② 同上，第105页。

进行论证时，马基雅维利仍然站在"权力"的角度上。在他看来，政局的动荡变故、政体的循环更迭很大程度上是因为权力的盲目扩张。因此要维护共和政体，就必须通过法律对权力本身进行明确的规定和限制。在一个稳定、健康的共和政体之中，任何一个行政官员的权限、任期、行事准则都需要有法律给予明确的规定。"没有设限的职权贻害无穷。"①

马基雅维利认为法律是权力妥协的产物，它应当是各个利益集体之间通过不断的政治妥协、斡旋而得到的，而并非是来自某个肆意妄为的统治者。在现实生活中，各个权力集体之间必然存在利益矛盾与冲突，这就需要他们彼此之间进行调节和斡旋，最终达成一定的准则，并以法律的形式固定下来。因此，可以说"好的法律正是源自许多人不分青红皂白妄加谴责的那些动乱"②。正是因为法律源自现实利益之间的冲突或者"动乱"，所以法律体系并不是固定、僵化的，它要随着现实情况的改变而不断优化升级。

马基雅维利一再表明，法律应当维护公众利益，而不是维护君王或者某个人的私利。在公众利益与个人私利发生冲突之时，我们应当选择维护公众利益，因为公众利益"完全是为公众而存在，它也许会伤害这人或那人，然而它的受益者如此之多，所以他们总是站在它这一边，反对少数受害者的偏见"③。

马基雅维利认为，一个制度健全的国家应当维护法律的尊严

---

① ［意］马基雅维利：《论李维罗马史》，吕健忠译，商务印书馆，2013年，第106页。

② 同上，第21页。

③ ［意］马基雅维利：《佛罗伦萨史》，李活译，商务印书馆，1982年，第213页。

与权威。他表示："我不认为共和国里头有比立法却不守法更恶的榜样，立法的人自己不守法尤其如此。"① 在法律面前每个人都是平等的，任何一个触犯法律的人不能因其地位显赫或者功勋卓著而获得赦免。马基雅维利特别指出："制度健全的城市绝不容许将功赎过。"② 在此，他举了一个事例：罗马人贺拉提乌斯（Horatius）因自己的勇猛与德性战胜了阿尔巴王国（Alba）。在此次战斗中贺拉提乌斯杀死了自己的妹夫，因为他的妹夫是一名阿尔巴勇士，是他的敌人。在凯旋以后，他看见自己日夜啼哭的妹妹，心中大为恼火，并杀死了自己的亲生妹妹。因此，贺拉提乌斯被送上了法律的审判台。贺拉提乌斯为罗马浴血奋战，刚刚取得了胜利，罗马人将他送上审判台多少显得有些过河拆桥。但是马基雅维利非常赞同依法审判贺拉提乌斯的罪行。马基雅维利认为，一个人行善应该得到奖赏，为恶就应当受到法律的惩罚，两者不能混为一谈。如果我们因为一个人的功绩而赦免了这个人的罪行，那么接下来这个人就会成为一个无法无天的独裁者。因此，我们必须维护法律的尊严，依法审判每个人的功过是非。

　　总之，马基雅维利认为，只有以法律的形式将共和体制固定下来，一个国家才能实现政治上的稳定。法律必须对每一项职权进行有效的限定，这样才能避免权力的盲目扩张伤害公众利益。同时，我们必须维护法律的绝对权威，使法律高于权力，这样才能避免再次陷入独裁统治的泥淖。

---

① ［意］马基雅维利：《论李维罗马史》，吕健忠译，商务印书馆，2013 年，第 130 页。
② 同上，第 79 页。

小结：

马基雅维利认为，混合政体是一种理想的政治形态。所谓混合政体是由君主、贵族、平民共同掌握国家政权的共和制政体。在这种政体之中，通过君主、贵族、平民三者分有国家权力而实现了彼此之间的权力制衡。因此，它是一种比较稳定的政治形态。在践行这种政治体制之时，我们应当把这种政治形态用法律的形式固定下来。在制定法律之时，我们应当假定人性是恶的，因为制定法律的一个主要目的是协调不同集体之间的利益纷争、权力纷争。在一个理想的共和制国家当中，法律应当享有最高的尊重。法律面前人人平等，即使是有恩于整个民族的将领、英雄犯罪，也应当受到公正的审判，而不应享有将功赎过的特权。

## （四）人性与"非道德主义"

马基雅维利的政治学说遭到后人诟病的一个重要原因是他往往被冠以"性恶论者"和"非道德主义"的恶名。《君主论》曾经被称为"恶棍守则"，被教会列为禁书。历史上有名的独裁者克伦威尔、拿破仑都曾经反复研读《君主论》，另外《君主论》也是希特勒的枕边书。"马基雅维利"这个名字曾经被视为是狡猾奸诈、丑恶阴谋的代名词。

但本书认为，马基雅维利并不是一个简单的性恶论者。在马基雅维利看来，人性是复杂的，它具有多重性质。这在他的著作当中有明确的体现：一方面，他表示民众是丑恶的、盲目的；另一方面，也表示民众是比较公正的。马基雅维利之所以把人性表述得如此多面、赤裸，是因为他揭示人性的立足点只有一个——

真实。

　　人们实际上怎样生活同人们应当怎样生活，其差距是如此之大，以致一个人要是为了应该怎样办而把实际上是怎么回事置诸脑后，那么他不但不能保存自己，反而会导致自我毁灭。因为一个人如果在一切事情上都想发誓以善良自持，那么，他厕身于许多不善良的人当中定会遭到毁灭。①

　　通过马基雅维利对于民众的表述，我们可以总结出马氏眼中的人性具有以下特征：

　　首先，人性是丑恶的。对此，马基雅维利表示："因为关于人类，一般地可以这样说：他们是忘恩负义、容易变心的，是伪装者、冒牌货，是逃避危难，追逐利益的。"② 马氏任何一段关于"性恶"的表述都不是毫无根据的发牢骚，这些论点都是基于一定的史实。引文内容是马基雅维利在论证这样一个观点：君主永远不要单纯地依靠受人尊敬、爱戴而维护自己的统治，而是要恩威并重，要有自己的武装力量。否则一旦民众面临险境或者自身利益受到损害，他们会完全置君主于不顾。再比如，在罗马的历史上，经常有某位大人物被民众表决处死，但在他死后，民众又会后悔当初的决定，希望他能起死回生。用李维的话来说："当他不再有危险，人民开始想念他。"③ "立法者需假定人性本恶……

　　① ［意］马基雅维利：《君主论》，潘汉典译，商务印书馆，2014 年，第 74 页。

　　② 同上，第 80 页。

　　③ ［意］马基雅维利：《论李维罗马史》，吕健忠译，商务印书馆，2013 年，第 162 页。

任谁缔造共和国并制定其法律都有必要预先假定人性本恶，一有自由的机会就本性毕露。"① 在这段文字中马基雅维利力图指明：立法者必须假定人性本恶。这样他才能全面考虑到现实生活中可能出现的争端，并根据法律进行裁决。由此可见，马氏确实认为人性有丑恶的一面，但这无一不是基于历史现实。因此，马基雅维利并不是一个牢骚满腹的性恶论者，他对于人性丑恶的表述是基于现实的，并且都是有的放矢地为了解决某个问题。

其次，民众是盲目的，是趋利避害的。马基雅维利认为，民众往往是盲目的，他们容易受人煽动、被人利用。他们往往被事情的表象所迷惑，在了解事情的真相之前就擅自作出决定，造成严重的后果。"群氓总是被外表和事物的结果所吸引，而这个世界里尽是群氓。"② 此外，民众还是趋利避害的。马氏建言，一个明智的统治者永远不要侵犯民众的财产，"因为人们忘记父亲之死比忘记遗产的丧失还来得快些"③。

再次，民众会因公众利益而团结成一股庞大力量，但是一旦考虑到私利就会变成一盘散沙。"聚在一起就勇猛无畏，一旦孤立则人人自危……这一句话一针见血指出群众在类似情况下的本质。"④ 马基雅维利指出，民众可能是为了正义，也可能是因为受到别人的煽动，他们可以形成一股强大的力量，骁勇善战、所向披靡。但当他们的激情退却以后，当他们考虑到自己的现实生活与个人利益时，他们会变得脆弱而怯懦。

---

① ［意］马基雅维利：《论李维罗马史》，吕健忠译，商务印书馆，2013年，第18页。
② ［意］马基雅维利：《君主论》，潘汉典译，商务印书馆，2014年，第86页。
③ 同上，第81页。
④ ［意］马基雅维利：《论李维罗马史》，吕健忠译，商务印书馆，2013年，第160页。

最后，民众是比较公正的群体。马基雅维利指出："人民的目的比贵族的目的来得公正。前者是希望不受压迫而已，而后者却希望进行压迫。"① 无论是国王还是贵族，他们治理国家的主要目的是维护自身的利益，维持自己在这个国家当中的优越地位，持续他们对于别人的压迫。然而平民则不然，他们向国家索要的只是免于被压迫。与此同时，因为民众手中的权力来之不易，所以他们往往更珍惜手中的权力，对待他们更加谨慎。从这个角度来说，民众也有他们公正的一面。

值得注意的是，马氏认为，丑恶也罢，盲目也罢，这些都不是平民独有的品质。君主和贵族往往也具有本性丑恶、武断盲目的特点。问题的关键在于是否有良好的法律制度对平民或者君主、贵族的行为进行规范。如果有良好的法律对其进行规范，人民也会是理性的、善良的，"掌握权力的人民如果受到恰当的规范，其稳重、谨慎与讲究情义无异于君主，说不定还胜过公认的明君。在另一方面，不受法律约束的君主会比人民更忘恩负义、更反复无常，也更厚颜无耻"②。

以上我们总结出了马基雅维利眼中平民所具有的一些基本特征。总体来说，他认为民众既有丑恶、盲目、趋利的一面，也有公正的一面。面对这样的民众，君主或者共和国应该对他们如何进行治理呢？在具体的治国原则上，马基雅维利表现出了"非道德主义"的基本立场。政治上的"非道德主义"是指统治者在进

---

① ［意］马基雅维利：《君主论》，潘汉典译，商务印书馆，2014 年，第 46 页。

② ［意］马基雅维利：《论李维罗马史》，吕健忠译，商务印书馆，2013 年，第 164 页。

行政治决策的过程中不考虑道德因素或者很少考虑道德因素的影响。

马基雅维利指出，任何人都希望君主通过种种美德治理国家。但现实往往与这一期望背道而驰：

> 任何人都认为，君主守信，立身行事，不使用诡计，而是一本正直，这是多么值得赞美呵！然而我们这个时代的经验表明：那些曾经建立丰功伟绩的君主们却不重视守信，而是懂得怎样运用诡计，使人们晕头转向，并且终于把那些一贯守信的人们征服了。①

马氏认为，在政治现实面前空谈美德治国是如此的乏力和迂腐。理想与现实的差距如此之大，以至于对美德的坚持会成为维护统治的负累和羁绊。"因为一个人如果在一切事情上都想发誓以善良自持，那么，他厕身于许多不善良的人当中定会遭到毁灭。"②

在马基雅维利看来，衡量政治决策的唯一准则是国家的发展与政权的稳定：

> 为祖国的安全尽心尽力的人不应该考虑正当或者不正当、慈悲或者残忍、值得赞扬或该受羞辱，而是应该把所有顾虑摆到一边，完全遵照可以求生保命和维系自由的策略。③

---

① ［意］马基雅维利：《君主论》，潘汉典译，商务印书馆，2014 年，第 83 页。
② 同上，第 74 页。
③ ［意］马基雅维利：《论李维罗马史》，吕健忠译，商务印书馆，2013 年，第 433 页。

当统治者为了国家利益、公众利益不得不作出一个不道德的决定之时，他无需因为违背道德准则而感到愧疚或者不安，他指出：

> 如果没有这些恶行，就难以挽救自己的国家的话，那么他也不必要因为对这些恶行的责备而感到不安，因为如果好好地考虑一下每一件事情，就会察觉某些事情看来好像是好事，可是如果君主照办着办就会自取灭亡，而另一些事情看来是恶行，可是如果照办了却会给他带来安全与福祉。①

我们习惯上将马基雅维利称为一名"非道德主义者"。但在马基雅维利为君主建言的过程中，他也没有完全排除道德因素对于政治的影响。马氏指出，在君主决策的过程中，他们要尊重道德形式上的道德。在《君主论》第十八章，马氏列举了君主应该具有的一系列美德。在列举完这些美德以后，他写道："对于一位君主说来，事实上没有必要具备我上面列举的全部品质，但是却很有必要显得具备这一切品质。"② "一位君主应当十分注意，千万不要从自己的口中溜出一言半语不是洋溢着上述五种美德的说话，并且注意使得那些看见君主和听到君主谈话的人都觉得君主是位非常慈悲为怀、笃守信义、讲究人道、虔敬信神的人。"③

正是由于类似的表述，马基雅维利经常被斥责为虚伪、奸诈、阴险。但在现实生活中，这些言语无一不揭示出独裁者丑恶的嘴

---

① [意]马基雅维利：《君主论》，潘汉典译，商务印书馆，2014年，第75页。

②③ 同上，第85页。

脸，并且任何一个试图进行独裁统治的人都必将奉行此道。我们不能简单地用善与恶对马基雅维利进行评判，或许正如伏尔泰对他的评价，马基雅维利实际上是"泄露了天机"。

小结：

马基雅维利认为人性是丑陋的，民众是一个盲目的、趋利的同时又是比较公正的复杂群体。马氏认为好的法律制度可以规范民众的行为，使他们成为一个善良、理性的群体。对于统治者而言，他们决策的最高准则应当是国家与政权的安危，而非道德准则。对于这些问题的论述，马基雅维利仍然是站在现实生活的基本立场之上。在现实生活中，鱼和熊掌难以兼得。正如马基雅维利向掌权者建言，为了国家的利益在必要之时可以背信弃义地撕毁合约，但他也说道："背信毁约不是光荣的事，虽然这种欺诈行为可能为你争取到政权和王国，却永远不可能带给你荣耀。"[1]

### （五）论宗教

在中世纪，众多学者对于政治的研究是基于宗教的。无论是奥古斯丁还是托马斯·阿奎那，他们都认为宗教高于国家、教权高于包括君权在内的一切世俗权力。阿奎那指出，现实的政治秩序是上帝的安排，是"天意要对一切事物贯彻一种秩序"[2]。这是当时人们对于宗教的普遍认知。

然而马基雅维利彻底打破了人们对于宗教与政治关系的传统

---

① ［意］马基雅维利：《论李维罗马史》，吕健忠译，商务印书馆，2013 年，第 431 页。

② 《阿奎那政治著作选》，马清怀译，商务印书馆，1982 年，第 99 页。

看法。他毅然斩断了宗教对于政治的种种系缚，将宗教置于政治之下，将宗教视为为政治服务的一种工具和手段。"在他（马基雅维利）的哲学里，宗教又如在古罗马时代一样，变成政治的附属品。"①

在马基雅维利的著作中，他对于宗教的论述完全是基于一种实用主义的基本态度，比如宗教对鼓舞军队士气、约束民众行为、维护社会稳定等方面的积极作用。在马氏著作的字里行间我们仍然可以看到他对宗教的崇拜和赞叹，但是这种崇敬并不是针对宗教本身，他是在慨叹宗教对于现实政治产生的巨大作用。他说：

> 想要打胜仗有必要灌输给战士不屈不挠的精神，而且在这方面没有比宗教更好的途径。②
>
> 研究罗马历史的人都明白宗教运用在指挥军队、激励平民、使人向善、使恶人知耻的功能有多大。③

从以上两句话可以看出，马基雅维利对于宗教的探讨更注重宗教的实用性。这样的表述在他的著作当中俯拾即是，并往往配以生动的历史事例。在《论李维罗马史》一书中，他曾经用一个生动的历史故事揭示出军队将领如何通过宗教信仰来操纵人心。

在古罗马时期，军队中流行着一种古老的禽卜制度。在军队作战之前，占卜官会通过一系列的宗教仪式给鸡喂食。如果鸡进

---

① ［美］威尔·杜兰：《世界文明史·文艺复兴》，幼狮文化公司译，东方出版社，1999年，第717页。

② ［意］马基雅维利：《论李维罗马史》，吕健忠译，商务印书馆，2013年，第59页。

③ 同上，第48页。

食，这是吉兆，预示着战争将会取得胜利，反之则预示着失败。当时古罗马的一位将领帕皮瑞乌斯（Papirius）准备率军攻打萨莫奈（Samnium）部族。在发动进攻之前，他让禽卜官员做了占卜。结果鸡没有进食，这预示着战争将会失败。当时的军队蓄势待发，士兵各个精神饱满。为了不影响军队的士气，禽卜人谎称是吉兆。但随即流言四起，军中开始传言鸡没有进食，禽卜人撒了谎。在这种情况下，帕皮瑞乌斯毅然决定发动进攻，但同时他作了一个巧妙的安排：把禽卜人员安排在战争第一线。他宣称，如果禽卜人员没有说谎，他们必定会取得战争的胜利；如果禽卜人员说了谎，那么他将代替整个军队受过。结果禽卜人员死于战争，但他们取得了战争的胜利。帕皮瑞乌斯利用宗教操纵军心的做法被马基雅维利大加赞赏，他说："卜兆象除了使战士信心饱满上战场之外，别无其他目的，而胜利几乎总是源自这样的信心。"①

马基雅维利将宗教置于政治之下，肯定宗教对于现实政治的积极作用。与此同时，他也主张国家首脑采用宗教的方式来管理国家和军队。他总结了历史上利用宗教取得成功的案例，并从中总结出可供执政者使用的经验和教训。他说："共和国和王国的君主应该维系他们所保有的宗教信仰的基础。如果这么做了，他们将会轻而易举就能维系共和国的宗教情操，随之而来的是敦厚的民情与团结的精神。"② 由此可见，马基雅维利仍然非常拥护宗教，肯定宗教存在的价值。但他肯定宗教的原因不是因为上帝的超越性，而是因为宗教对于政治具有不可忽视的巨大功用。

---

① ［意］马基雅维利：《论李维罗马史》，吕健忠译，商务印书馆，2013 年，第 49 页。
② 同上，第 52 页。

小结：

马基雅维利将政治置于宗教之上。在他看来，宗教是实现政治目的的一种工具和手段。马基雅维利的这一观点彻底割裂了宗教对于政治研究的束缚，使政治研究从天国走向了人间。在论述过程中，马基雅维利列举了许多依靠宗教力量操控军队、管理人民的事例。马氏认为，神祇和占卜可以鼓舞军队的士气，宗教守则可以使人们弃恶扬善，既然它们有这么好的功用，掌权者又有什么理由拒绝它们呢。

## （六）名言选辑

[1] 我把命运比作我们那些毁灭性的河流之一，当它怒吼的时候，淹没原野，拔树毁屋，把土地搬家；在洪水面前人人奔逃，屈服于它的暴虐之下，毫无能力抗拒它。事情尽管如此，但是我们不能因此得出结论说：当天气好的时候，人们不能够修筑堤坝与水渠做好防备，使将来水涨的时候，顺河道宣泄，水势不致毫无控制而泛滥成灾。①

I compare her to one of those destructive rivers that, when they become enraged, flood the plains, ruin the trees and buildings, raising the earth from one spot and dropping it onto another. Everyone flees before it; everyone yields to its impetus, unable to oppose it in any way. But although rivers are like this, it does not mean that we cannot take precautions with dikes and dams when the weather is calm, so that

---

① ［意］马基雅维利：《君主论》，潘汉典译，商务印书馆，2014年，第118页。

when they rise up again either the waters will be channeled off or their force will be neither so damaging nor so out of control. ①

[2] 习惯君主统治的民族，如果是由于偶发事故而得到自由，就像罗马人驱逐塔昆家族之后的情形，那么要在往后保存其自由有着无比的困难。此一困难有其道理，因为那样的民族只不过是一只野兽，虽然天性凶残，却一直在身处牢笼且与人为奴的处境中接受豢养。就算哪一天它被放生，因为不习惯自己觅食，也不晓得什么地方可以避难，只要想捕它回笼的人一出现，它又会成为笼中物。②

Infinite examples read in the remembrances of ancient histories demonstrate how much difficulty there is for a people used to living under a prince to preserve its freedom afterward, if by some accident it acquires it, as Rome acquired it after the expulsion of the Tarquins. Such difficulty is reasonable; for that people is nothing other than a brute animal that, although of a ferocious and feral nature, has always been nourished in prison and in servitude. Then, if it is left free in a field to its fate, it becomes the prey of the first one who seeks to re-chain it, not being used to feed itself and not knowing places where it may have to take refuge. ③

[3]（我们可以）妥善地使用或者恶劣地使用残暴手段。如

---

① Niccolo Machiavelli, *The Prince*, translated by Peter Bondanella, Oxford University Press, 2005, p. 84.

② [意] 马基雅维利：《论李维罗马史》，吕健忠译，商务印书馆，2013 年，第61 页。

③ Niccolo Machiavelli, Harvey C. Mansfield and Nathan Tarcov, *Discourses On Lily*, The University of Chicago Press, 1996, p. 44.

果可以把坏事称为好事的话，妥善使用的意思就是说为了自己安全的必要，可以偶尔使用残暴手段，除非它能为臣民谋利益，其后决不再使用。①

I believe that this depends on whether cruelty be badly or well used. Those cruelties are well used (if it is permitted to speak well of evil) that are carried out in a single stroke, done out of necessity to protect oneself, and then are not continued, but are instead converted into the greatest possible benefits for the subjects. ②

[4] 控诉对共和国有多大的助益，谣言就有多大的伤害。这两者的差别在于，谣言不需要证人，也不需要明确的事实陈述加以证明，因此人人都可能被此谣言中伤；但是不可能每一个人都受到指控，因为控诉得要有正确的事实陈述与情况说明以显示控诉的真相。③

For as much as accusations help republics, so much do calumnies hurt. Between one side and the other there is the difference that calumnies have need neither of witnesses nor of any other specific corroboration to prove them, so that everyone can be calumniated by everyone; but everyone cannot of course be accused, since accusations have need of true corroborations and of circumstances that show the truth of the

---

① ［意］马基雅维利：《君主论》，潘汉典译，商务印书馆，2014 年，第43 页。

② Niccolo Machiavelli, *The Prince*, translated by Peter Bondanella, Oxford University Press, 2005, p. 33.

③ ［意］马基雅维利：《论李维罗马史》，吕健忠译，商务印书馆，2013 年，第35 页。

accusation.①

[5] 改革者使所有在旧制度之下顺利的人们都成为了敌人，而使那些在新制度之下可能顺利的人们却成为半心半意的拥护者。②

For the one who introduces them (political orders) has as his enemies all those who profit from the old order, and he has only lukewarm defenders in all those who might profit from the new order. ③

[6] 举凡人类之事，细加检讨的人都明白这一点：不可能摆脱一个弊端而没有生出另一个弊端。④

In all human things he who examines well sees this: that one inconvenience can never be suppressed without another's cropping up. ⑤

[7] 在这里必须注意：善行如同恶行一样可以招致憎恨。⑥

One must note that hatred is acquired just as much through good actions as by sorry ones. ⑦

[8] 报仇比报恩容易，因为感恩是被当做负担而报复则是

---

① Niccolo Machiavelli, Harvey C. Mansfield and Nathan Tarcov, *Discourses On Lily*, The University of Chicago Press, 1996, p. 27.

② [意] 马基雅维利：《君主论》，潘汉典译，商务印书馆，2014 年，第 26 页。

③ Niccolo Machiavelli, *The Prince*, translated by Peter Bondanella, Oxford University Press, 2005, p. 22.

④ [意] 马基雅维利：《论李维罗马史》，吕健忠译，商务印书馆，2013 年，第 28 页。

⑤ Niccolo Machiavelli, Harvey C. Mansfield and Nathan Tarcov, *Discourses On Lily*, The University of Chicago Press, 1996, p. 21.

⑥ [意] 马基雅维利：《君主论》，潘汉典译，商务印书馆，2014 年，第 93 页。

⑦ Niccolo Machiavelli, *The Prince*, translated by Peter Bondanella, Oxford University Press, 2005, p. 67.

收益。①

One is more inclined to make return for an injury than for a bene-fit, because gratitude is held to be a burden and revenge a gain. ②

[9] 施加暴力的人得要比承受暴力的人更加强势才行得通。③

If one wishes to hold a thing with violence, whoever forces needs to be more powerful than whoever is forced. ④


## 三、后世影响

### （一）政治哲学的转折点

马基雅维利一直被视为西方政治学研究的转折性人物。文艺复兴之前的政治学家专注于探讨理想政治应该是什么样子。他们大多是从宗教或道德之"善"的角度出发，依靠抽象的哲学概念构建一个理论上的理想政治形态。马基雅维利则打破了这一传统的政治研究模式。他研究的核心是现实政治是什么样子，我们如何通过一些手段来对其进行改造。马基雅维利彻底割断了宗教对于政治的种种束缚，将宗教视为为政治服务的一种工具，赤裸裸地揭示出现实政治邪恶甚至荒谬的一面。

无论是《君主论》中对君主制的探讨还是《论李维罗马史》

---

① ［意］马基雅维利：《论李维罗马史》，吕健忠译，商务印书馆，2013 年，第 90 页。

② Niccolo Machiavelli, Harvey C. Mansfield and Nathan Tarcov, *Discourses On Lily*, The University of Chicago Press, 1996, p. 64.

③ ［意］马基雅维利：《论李维罗马史》，吕健忠译，商务印书馆，2013 年，第 125 页。

④ Niccolo Machiavelli, Harvey C. Mansfield and Nathan Tarcov, *Discourses On Lily*, The University of Chicago Press, 1996, p. 88.

中对共和制的探讨，马基雅维利研究政治的基本立足点是相通的，即二者皆立足于权力。在《君主论》当中，马基雅维利论述的重点是君主如何维护手中的权力、如何构建一个稳定强盛的君主制国家。在《论李维罗马史》当中，马基雅维利论述的重点则是如何通过君主、贵族和平民之间的权力制衡建构一个稳定的共和制国家。由此可见，马基雅维利对于两种政治制度的研究都是基于权力的，只不过一个是讲授如何做到大权独揽，另一个是讲授如何实现权力制衡。在马基雅维利看来，实现权力制衡的共和制国家是一种理想的政治形态，它更能实现国家的繁盛、政治的稳定、人民的自由。而君王大权独揽的君主制政体，则是奴性民族自己作出的选择。

此外，马基雅维利在对人性、法律、宗教等因素进行分析的时候，始终贯彻着这种现实主义的研究风格。马基雅维利认为在政治生活中人性是丑恶的、盲目的、趋利的，但它同时也有公正的一面。在经营政治和制定法律之时，我们必须假定人性为恶。马氏认为，制定法律的主要目的是调节人们之间的各种利益纷争。只有通过法律将共和体制的基本原则固定下来，才能实现共和国的长治久安。在对宗教进行论述之时，马基雅维利更是从他亲眼看到的政治现实出发，将宗教视为维护政治的一种工具和手段。

总之，在马基雅维利的著作中，政治失去了神的光环，展示出来的是一幅现实主义的政治图景。在这幅图景中，政治既展现出了它维护国家稳定、人民自由的魅力，又散发着权力争夺、利益纷争的浊臭。也正是从这一角度而言，我们说马基雅维利将政治从天国带到了人间，他实现了政治研究的转折，开启了政治研究的新纪元。

### （二）对霍布斯与洛克等人的影响

自马基雅维利之后，诸多西方学者逐渐摆脱了传统的抽象的政治研究方法，开始从现实的角度对政治进行分析和研究。政治研究的立足点逐渐从神的世界走向人的世界。托马斯·霍布斯（Thomas Hobbes）即是其中的一位代表人物。

受马基雅维利的影响，霍布斯从人的现实心理出发来构建他的政治哲学。霍布斯认为人性当中有欲望和厌恶两种基本的原始情感。凡是对个体生命有利的东西，在现实生活中人们就会表现出对它的欲望；凡是对个体生命有害的东西，则表现出对它的嫌恶。简而言之，在霍布斯看来人具有趋利避害的本性。这与马基雅维利对于人性的看法基本一致。但值得注意的是，霍布斯并不认为趋利避害就意味着人性是邪恶的。在他看来，保全自己的生命是每一个人的自然权利，并且每一个人都应当享有这份权利。

由此可见，霍布斯完全是从现实的角度对政治进行分析和研究，这无疑是继承了马基雅维利政治研究的基本立足点。霍布斯对于人性的分析更是与马基雅维利一脉相承，"霍布斯用心理学系统地发展和论证了马基雅维利的这种观点（人性学说），并使之成为了霍布斯的政治哲学"[①]。

此外，马基雅维利的权力制衡思想对于洛克也产生了很大影响。如前所述，马基雅维利从现实权力的角度出发，认为君主、

---

① ［美］乔治·霍兰·萨拜因：《政治学说史》（下册），刘山译，商务印书馆，1986 年，第398 页。

贵族、平民三者权力相互制衡的共和体制是一种理想的政治形态。马基雅维利肯定了派系斗争的积极作用，他认为通过不同派系之间的相互斗争和妥协可以防止单方面的权力扩张，依此可以形成一个相对稳定的政治体制。这一观点从理论与实践两个方面都对西方政治产生了深远的影响。

在马基雅维利权力制衡学说的影响之下，洛克率先系统地提出了三权分立学说，并有由孟德斯鸠进一步完善。洛克将国家权力划分为立法权、执行权、外交权三个类别。其中立法权是最高权力，它应当由人民委托的代表来行使。立法权与执行权应当分离，由不同的人行使，这样才能实现权力上的相互制衡。关于洛克的分权思想，实际上我们在马基雅维利的著作当中可以找到它最初的影子，马基雅维利曾指出："政体包含下列三个部分：人民、元老院、执政官、护民官的权限；延揽和任命司法行政官的程序；以及立法的程序。"① 只不过此时马氏将权力制衡的焦点聚集在人民、贵族与执政者之间，而没有明确提出立法权、执政权、外交权之间的相互制衡。由此可见，马基雅维利的权力制衡是西方三权分立思想的重要来源，正如培根所说："洛克、孟德斯鸠在某种程度上是他（马基雅维利）的学徒。"②

## （三）"马基雅维利主义"的负面影响

由于马基雅维利在他的著作中赤裸裸地揭示出了人性丑恶的一面，并且他在对政治进行分析和研究之时采取了一种非道德主

---

① ［意］马基雅维利：《论李维罗马史》，吕健忠译，商务印书馆，2013 年，第 70 页。
② ［英］弗朗西斯·培根：《学术的进展》，刘运同译，上海人民出版社，2007 年，第 222 页。

义的基本态度，因此马基雅维利的政治学说曾经遭到长时间的敌视与反对。人们把马基雅维利视为阴险狡诈的代名词，"马基雅维利主义"被阐释成为一种为达到政治目的而不择手段的政治思想。

诚然，马基雅维利的一些政治观点，尤其是他在《君主论》当中为君主提供的一些政治建议确实包含着狡诈血腥的因素。比如，马基雅维利在论述一个刚刚获得政权的君主如何巩固其政权时说道：

> 占领者在夺取一个国家的时候，应该审度自己必须从事的一切损害行为，并且要立即毕其功于一役，使自己以后不需要每时每日搞下去。这样一来，由于不需要一再从事侵害行为，他就能够重新使人感到安全，并且通过施恩布惠把他们争取过来。反之，如果一个人由于怯懦或者听从坏的建议不这样做，他的手里必须时时刻刻拿着钢剑，而且他永远不能够信赖他的老百姓，而由于他的新的继续损害，人民不可能感到安全。①

又如在谈到君主背信弃义的问题时，他说道：

> 人们是恶劣的，而且对你并不是守信不渝的，因此你也同样地无需对他们守信。一位君主总是不乏正当的理由为其

---

① ［意］马基雅维利：《君主论》，潘汉典译，商务印书馆，2014年，第43~44页。

　　背信弃义涂脂抹粉……但是君主必须深知怎样掩饰这种兽性，并且必须做一个伟大的伪装者和假好人。①

　　从以上两段文字中可以看出，在马基雅维利的论述中确实存在着一些阴险狡诈的伎俩。但同时我们也不可否认，他所表述的这些事情在历史现实中曾经不止一次地重演。马基雅维利也只不过是用犀利的文字把这些血腥的历史赤裸裸地展现在人们面前。如果我们要谴责，似乎更应该是谴责历史，让马基雅维利独自承担这些罪责多少显得有些不公。

　　马基雅维利的思想犹如一座充满奇珍异宝的宝藏，作为后人，我们既可以拿这些珍宝来琢磨、欣赏，救世利人；同样也可以拿这些宝藏来欺贫凌弱、肆意妄为。同时我们也不可否认，马基雅维利的思想确实曾经被许多反动政客利用，并产生了非常负面的影响。希特勒曾经表示，他一直把《君主论》放在枕边，并从中汲取力量，寻找解决现实问题的方法。墨索里尼曾经对人说："我认为，马基雅维利的《君主论》是政治家的最高指南，至今仍具有生命力。"② 但无论是希特勒也好，墨索里尼也罢，他们都只是看到了这些计谋，而没有看到马基雅维利运用这些计谋的真正宗旨和目的——国家的繁荣稳定与公众之善。

---

① ［意］马基雅维利：《君主论》，潘汉典译，商务印书馆，2014 年，第 84 页。
② ［美］罗伯特·唐斯：《影响世界历史的 16 本书》，缨军译，上海文化出版社，1986 年，第 5 页。

## 四、带给后人的启示

### （一）保有理想，面对现实

马基雅维利政治学说最大的特点是其现实主义的研究风格。马基雅维利从他眼中的真实世界出发，无论是面对人类智慧闪耀的光芒，还是面对人类恶行散发的腐臭，他都用最真实的文笔，最直观的语言把他们一并摆到了人们的眼前。

诚如马基雅维利所言，我们每个人都希望可以按照理想的方式在这个世界上生活。但是理想与现实的差距如此之大，以至于我们如果完全按照理想的方式来生活，很有可能会遭遇巨大的挫折、失败甚至自取灭亡。这一观点与中国古代老子的"揣而锐之，不可长保"有着异曲同工之妙。老子这句话的意思是说，如果我们把武器锻造得过于尖锐，那么它肯定也非常容易折断。正如我们如果一味地按理想行事而完全忽略现实，那么很有可能在达成理想之前就早已经被整个社会和时代所抛弃。

因此，一个人如果想要获得成功，首先必须面对现实。像马基雅维利一样，我们要从分析、解决现实问题入手，然后作出自己的评判与决策，依此逐步实现自己的理想。马基雅维利是一个现实主义者，但是他却没有止于现实主义。在马氏的著作中，他一直想要透过现实主义的手段和方法构建一个理想的社会形态，并且提出了一些非常具体、可行的方法。

一个人应当保有自己的理想，但实现理想的第一步是面对现实；一个人应当面对现实，但也不能做一个随波逐流的庸才。面对现实，我们应当对它进行认识和分析，作出决策，依此逐步实现自己的理想。这是马基雅维利智慧带给我们最大的启示。

### （二）抛弃名称的束缚

马基雅维利曾经指出，人们包括君王在现实生活中非常容易受到名称或者美誉的束缚，从而作出一些非常愚蠢的决定或者举措。比如一个人想要享有慷慨的美誉，那么他的行事过程多少就会有豪奢的特质，对自己的财富进行无意义的消耗。作为一位君王，他们的慷慨往往建立在加重人民赋税负担的基础之上。因此，作为一位君王，他对于吝啬之名就不应当有所介意。

此外，作为一名管理者，我们也不应当被别人的评论所牵制。人们习惯用"好"或者"坏"对一件事情作出简单的评价。然而事实上许多事情是不能以好或者坏作出简单评价的。马基雅维利指出："如果好好地考虑一下每一件事情，就会察觉某些事情看起来好像是好事，可是如果君主照着办就会自取灭亡，而另一些事情看来是恶行，可是如果照办了却会给他带来安全与福祉。"①

因此，如果我们想成为一名优秀的管理者，那么就必须摆脱名称和美誉的束缚，应当做到宠辱不惊。一名优秀的管理者应当是孤独的，他既可以享受别人的赞誉，也可以独自承受他人的责难和诽谤。或许只有决策者本人才知道，这项触及他人利益的决策，实际上有助于集体的长远利益。

---

① ［意］马基雅维利：《君主论》，潘汉典译，商务印书馆，2014 年，第 75 页。

### （三）如何获得好运

不可否认，一个人的成功很可能跟他的运气有着很大的关系。这种"运气"在哲学上我们称之为偶然性，在现实生活中我们将其视为"命运"。

马基雅维利认为，命运主宰着我们一半的人生，他说："命运是我们半个行动的主宰，但是它留下其余一半或者几乎一半归我们支配。"① 虽然马基雅维利认为命运对人生有着不可忽视的作用，但他也指出面对命运我们并非完全无能为力。面对命运的不可抗性因素，我们应当作好完全的准备，争取在与命运对抗的过程中获得好运。

一个人应当如何获得好运呢？答案是顺应时势的发展。一个人"如果他的做法符合时代的特征，他就会得心应手；同样地，如果他的行径同时代不协调，他就不顺利"②。因此，我们如果想获得好运，就必须面对现实、了解现实，认识到事情发展的趋势并依此作出决策。在这种情况之下，我们极有可能获得命运女神的眷顾。

虽然马基雅维利认为我们的人生与命运有很大关系，但他决然反对随波逐流、任由命运摆布的消极生活态度。他将命运之神比喻为一个女子，并认为命运女神更加眷顾那些富有斗志与阳刚之气的人。他说："命运之神是一个女子，你想要压倒她，就必须打她，冲击她。人们可以看到，她宁愿让那样行动的人们去征

---

① ［意］马基雅维利：《君主论》，潘汉典译，商务印书馆，2014年，第118页。
② 同上，第119页。

服她，胜过那些冷冰冰地进行工作的人们。"①

简而言之，马基雅维利认为，如果想要获得好运，我们必须做到两点：一是认清时势，二是努力拼搏。只有这样我们才能在现实生活中迎接命运女神的眷顾，才能使自己通往成功的道路更加平坦。


结束语：

尼可罗·马基雅维利，他曾经是一个踌躇满志的外交官、一个功勋卓著的军事家、一个名噪一时的戏剧家、一个晚年落魄的政府官员，但历史最终以政治学家的名义保留住了他熠熠发光的智慧。马基雅维利的政治学说，如同他传奇的人生一样，曾经备受争议。有人指责他是阴险狡诈的恶棍、不择手段的暴徒；也有人赞誉他是帝王之师，是近代政治的奠基人；也有人神秘地说，马基雅维利泄露了天机。不管别人如何评论，马基雅维利对于西方政治的影响是不可磨灭的。马氏以前的政治学说大多立足于理想的"善"或者上帝。马基雅维利基于自己丰富的参政经验和渊博的学识，最终抛弃了政治研究原有的视角。他以最写实的文笔披露政治现实，在人们面前描绘出了一幅现实版的政治图画。在这幅图画中，我们既可以看到人类智慧闪耀的光芒，也可以看到人类贪婪散发的浊臭。它可能给你带来震撼、疑问或者困惑，但是马基雅维利认为这就是最真实的政治。自马氏以后，越来越多的政治学家开始从人类本身出发对政治进行分析和研究。政治研

---

① ［意］马基雅维利：《君主论》，潘汉典译，商务印书馆，2014年，第121页。

究逐渐从理想走向现实。而实现这一转折的不是别人，正是尼可罗·马基雅维利。

## 五、术语解读与语篇精粹

### （一）马基雅维利主义（Machiavellianism）

术语解读

马基雅维利主义，即个体利用他人达成个人目标的一种行为倾向。该术语包含两层含义：第一层含义是指任何适应性的社会行为，根据生物进化论自然选择总是偏爱成功操控他人行为的个体，这种不断进化以适应社会互动的能力不考虑互动是合作性的还是剥削性的；第二层含义就是特指非合作的剥削性行为，其含义源自管理和领导力的"黑暗面"。Christie 和 Geis（1970）通过早期的政治研究和权力的历史观点，特别是那些在《君主论》和《论李维罗马史》中得到支持的观点，阐释了马基雅维利主义领导者的主要特征：第一，缺乏人际关系中的情感；第二，缺乏对传统道德的关注，对他人持功利性而不是道德观点；第三，对他人持工具性而不是理性观点；第四，关注事件的完成而不是长期目标。

一般而言，将马基雅维利主义分为高低两类，这两类个体在行为特征上存在的差异归纳总结如表 1 所示。①

_____

① 参见赵君、廖建桥：《马基雅维利主义研究综述》，《华东经济管理》，2013 年 4 月。

表1 马基雅维利主义的行为特征

| 高马基雅维利主义 | 低马基雅维利主义 |
| --- | --- |
| 抵制社会影响 | 易受他人意见影响 |
| 隐藏个人罪恶 | 显露内心的罪恶 |
| 有争议立即改变态度 | 坚持己见 |
| 拒绝承认 | 立即坦诚承认 |
| 阐述事实时具有较高的说服力 | 阐述事实时缺乏说服力 |
| 怀疑他人的动机 | 在表面上接受他人的动机 |
| 情境分析 | 对情境进行了大量的假设 |
| 不接受互惠主义 | 接受互惠主义 |
| 对他人可能行为的判断持保留态度 | 相信他人应该以"确定"的方式行动 |
| 能够随情境改变策略 | 局限自己的行为 |
| 说别人喜欢听的话 | 说实话 |
| 对他人的信息很敏感 | 对他人的影响很敏感 |
| 如果他人不能报复则尽可能多地剥削 | 不愿意去剥削他人 |
| 绝不明显地操控别人 | 操控别人时往往很明显 |
| 不容易脆弱到恳求屈从、合作或改变态度 | 以社会所期望的方式去反应 |
| 偏爱变动的环境 | 寻求稳定的环境 |

## 语篇精粹 A

## CHAPTER Ⅵ—CONCERNING NEW PRINCIPALITIES WHICH ARE ACQUIRED BY ONE'S OWN ARMS AND ABILITY

Let no one be surprised if, in speaking of entirely new principalities as I shall do, I adduce the highest examples both of prince and of state; because men, walking almost always in paths beaten by others, and following by imitation their deeds, are yet unable to keep entirely to the ways of others or attain to the power of those they imitate. A wise man ought always to follow the paths beaten by great men, and to imitate those who have been supreme, so that if his ability does not equal theirs, at least it will savour of it. Let him act like the clever archers who, designing to hit the mark which yet appears too far distant, and knowing the limits to which the strength of their bow attains, take aim much higher than the mark, not to reach by their strength or arrow to so great a height, but to be able with the aid of so high an aim to hit the mark they wish to reach.

I say, therefore, that in entirely new principalities, where there is a new prince, more or less difficulty is found in keeping them, accordingly as there is more or less ability in him who has acquired the state. Now, as the fact of becoming a prince from a private station presupposes either ability or fortune, it is clear that one or other of these things will mitigate in some degree many difficulties. Nevertheless, he who has relied least on fortune is established the strongest. Further, it facilitates matters when the prince, having no other state, is compelled to reside there in person. [①]

### 译文参考 A

### 第 6 章　论依靠自己的武力和能力获得的新君主国

当论述君主和国家都是全新的君主国的时候，我援引最重大的事例，任何人都不应该感到惊异。因为人们几乎常在他人走过

---

① Nicolo Machiavelli, *The Prince*, Translated by W. K. Marriott, http://www.en8848.com.cn/.

的道路上走，并且效法他人的事迹，虽然他们并不能够完完全全地沿着别人的道路或者不能够取得他们所效法的人的功效。然而一个明智的人总是应该追踪伟大人物所走过的道路的，并且效法那些已经成为最卓越的人们。这样一来，即使自己的能力达不到他们那样强，但是至少会带有几分气派。他要像那些聪明的射手那样行事，当他们察觉想要射击的目标看来距离太远，同时知道自己的弓力所能及的限度时，他们瞄准时会就比目标高一些，这并不是想把自己的箭头射到那样高的地方去，而是希望由于瞄准得那样高，就能够射中他想要射的目标。

因此，我断言，在一个全新的君主国里——那儿是新君主，为了保有这种国家而遇到的困难有大有小，这是按照获得这种国家的人的能力之大小而异的。由布衣一跃而为君主，就是以能力或者幸运为其前提条件，从而在这两者当中任何一者都会使得许多困难减轻几分，这是显而易见的。可是，最不倚靠幸运的人却是保持自己的地位最稳固的人。再说，如果君主没有其他领土而不得不亲身到那里驻扎下来的话，那就更为有利了。

## 语篇精粹 B

CHAPTER VII—CONCERNING NEW PRINCIPALITIES WHICH ARE ACQUIRED EITHER BY THE ARMS OF OTHERS OR BY GOOD FORTUNE

Those who solely by good fortune become princes from being private citizens have little trouble in rising, but much in keeping atop; they have not any difficulties on the way up, because they fly, but they have many when they reach the summit. Such are those to whom some state is given either for money or by the favour of him who bestows it; as happened to many in Greece, in the cities of Ionia and of the Hellespont, where princes were made by Darius, in order that they might hold the cities both for his security and his glory; as also were those emperors who, by the corruption of the soldiers, from being citizens came to empire. Such stand simply elevated upon the goodwill and the fortune of him who has elevated them—two most inconstant and unstable things. Neither have they the knowledge requisite for the position; because, unless they are men of great worth and ability, it is not reasonable to expect that they should know how to command, having always lived in a private condition; besides, they cannot hold it because they have not forces which they can keep friendly and faithful.

States that rise unexpectedly, then, like all other things in nature which are born and grow rapidly, cannot leave their foundations and correspondencies fixed in such a way that the first storm will not overthrow them; unless, as is said, those who unexpectedly become princes are men of so much ability that they know they have to be prepared at once to hold that which fortune has thrown into their laps, and that those foundations, which others have laid BEFORE they became princes, they must lay afterwards. ①

**译文参考 B**

# 第7章　论依靠他人的武力或者由于幸运而取得的新君主国

---

① Nicolo Machiavelli, *The Prince*, Translated by W. K. Marriott, http://www. en8848. com. cn/.

那些光靠幸运，从平民崛起成为君主的人们，在发迹时并不很辛苦劳瘁，但是保持其地位时就很艰辛了。当他们在途中的时候并没有任何困难，因为他们是在那里飞翔。可是等到他们落脚之后，一切困难就应运而生了。那些依靠金钱或者由于他人的恩惠赐予而获得某一国家的人们就是这样的人。在希腊的伊奥尼亚和赫莱斯蓬等城市，就有许多这样的事例。在这些城市里，他们是由大流士立为君主的，为的是使他们为着大流士的安全和荣誉而保有这些城市。还有那些依靠收买军队，从平民跃登宝座的皇帝们亦如此。

这些统治者都是单纯依靠别人承认自己掌权的好意和幸运。而这两者都是变化无常、毫不稳定的。这类人既不懂得怎样去保持，而且也不可能保持他们的地位。他们之所以不懂得，因为除非他们是具有卓越才智和能力的人，否则我们没有理由期望那些先前常常过着平民生活的人们懂得怎样发号施令；他们之所以不能够保有国家，因为他们不是拥有对自己友好的和忠诚的武力。再说，遽然勃兴的国家如同自然界迅速滋生长大的其他一切东西一样，不能够根深蒂固、枝桠交错，一旦遇到一场狂风暴雨就把它摧毁了。除非像刚才说过的，那些突然之间一跃而为君主的人们是很有能力的人，他们知道必须立即作好准备保住由幸运投到他们怀中之物，并且在当上国王以后奠定基础——这些基础在他人说来是在作为国王之前就已经奠定了的。

### 语篇精粹 C

CHAPTER VIII—CONCERNING THOSE WHO HAVE OBTAINED A PRINCIPALITY BY WICKEDNESS

Although a prince may rise from a private station in two ways, neither of which can be entirely attributed to fortune or genius, yet it is manifest to me that I must not be silent on them, although one could be more copiously treated when I discuss republics. These methods are when, either by some wicked or nefarious ways, one ascends to the principality, or when by the favour of his fellow—citizens a private person becomes the prince of his country. And speaking of the first method, it will be illustrated by two examples—one ancient, the other modern—and without entering further into the subject, I consider these two examples will suffice those who may be compelled to follow them.

Agathocles, the Sicilian[①], became King of Syracuse not only from a private but from a low and abject position. This man, the son of a potter, through all the changes in his fortunes always led an infamous life. Nevertheless, he accompanied his infamies with so much ability of mind and body that, having devoted himself to the military profession, he rose through its ranks to be Praetor of Syracuse. Being established in that position, and having deliberately resolved to make himself prince and to seize by violence, without obligation to others, that which had been conceded to him by assent, he came to an understanding for this purpose with Amilcar, the Carthaginian, who, with his army, was fighting in Sicily. One morning he assembled the people and the senate of Syracuse, as if he had to discuss with them things relating to the Re-

---

① Agathocles the Sicilian, born 361 B. C., died 289 B. C.

public, and at a given signal the soldiers killed all the senators and the richest of the people; these dead, he seized and held the princedom of that city without any civil commotion. And although he was twice routed by the Carthaginians, and ultimately besieged, yet not only was he able to defend his city, but leaving part of his men for its defence, with the others he attacked Africa, and in a short time raised the siege of Syracuse. The Carthaginians, reduced to extreme necessity, were compelled to come to terms with Agathocles, and, leaving Sicily to him, had to be content with the possession of Africa. [1]

**译文参考 C**

## 第 8 章 论以邪恶之道获得君权的人们

但是从平民的地位崛起，成为君主的方法还有其他两个——这两个方法都不能够完全归诸幸运或者能力，因此我觉得对于这两者不应该略而不谈，虽然其中一个方法，当我论述共和国的时候还可以更详尽地加以讨论。这两个方法就是：一个人依靠某种邪恶而卑鄙的方法登上统治地位，或者一个平民依靠他的同胞们的帮助，一跃而为祖国的君主。在讨论第一个方法的时候，我将举两个例子作为说明：一个是古代的，另一个是现代的。我认为，对于那些必须效法他们的人来说，这两个例子就足够了，无需更进一步探讨这种方法的功过。

西西里人阿加托克雷[2]不仅是从平民的地位，而且是从下等

---

① Nicolo Machiavelli, *The Prince*, Translated by W. K. Marriott, http://www.en8848.com.cn/.

② 阿加托克雷（Agatocle，公元前361—公元前289），西西里人，是锡拉库萨（Siracusa）的暴君（公元前316—公元前304）。

而卑贱的地位崛起，成为锡拉库萨国王的。这个人是一个陶工的
儿子，他一生都过着邪恶的生活。他的邪恶行径在身心两方面都
具有巨大的力量，因此当他投身军界之后，步步擢升为锡拉库萨
地方执政官。当他取得这个职位的时候，他就决心要当上国王，
并且打算依靠暴力而不依靠他人的帮助，保有大家同意给他的一
切。为此，他使迦太基人阿米尔卡雷对他这个计划有所理解——
当时阿米尔卡雷率领他的军队正在西西里作战。他在一个早上召
集了锡拉库萨的人民和元老院，似乎要同他们商讨关于共和国国
事似的，可是在他发出一个约定的信号后，他的士兵就把元老院
全体元老和最富豪的人们统统杀掉了。这些人死了，他没有遇到
市民的任何反抗，就夺得了并且继续保有这个城市的统治权。而
且虽然他被迦太基人打败了两次，该城市最后被围攻，可是他不
但能够保卫他的城市，而且除了留下一部分人马从事抵御围城之
外，又派其余兵力进攻非洲。这样一来，他在短期内就解除了锡
拉库萨之围，并且使迦太基人陷入极端窘境，被迫同阿加托克雷
讲和，迦太基人仅占有非洲就满足了，而把西西里让给了阿加托
克雷。

## （二）共和政体（Republic）

*术语解读*

共和制或称共和民主制（Republic），是人类社会的一种政
体，与神权政治及君主制在政权正当性的取得和政体形式上不同。
该政体下国家的最高执政者不是君主，而是依法律选出的最高执

政者；① 施行共和制的国家通常被称作"共和国"②。世界上的206个国家中，有135个国家的官方名称中包括"共和国"，而在东亚有一些共和制国家也以旧译"民国"为名。

古代及现代的共和制不论在意识形态或是组成上都有很大的变化。在欧洲古典时代及中古时期，许多国家都想建立罗马共和国的体制。意大利中古时期及文艺复兴时期的政治传统类似现在的"公民人文主义"，有时也用来表示直接从像撒路斯提乌斯及塔西陀等古罗马政治家传下来的制度。不过受希腊影响的罗马作家，例如波利比乌斯③及西塞罗有时也用这个词来翻译希腊文中的 politeia，这个词可能是指一般性的政体，但也可能是指不同于罗马共和制的特定政体，共和制不完全等同于雅典式民主的古典民主，不过有一些民主的意味在内。

共和制在19世纪初开始在欧洲盛行，最后取代了许多国家的君主专制。在现代的共和国中，政府是依宪法由人民选举产生的。孟德斯鸠将所有人民共同统治国家的民主，以及只有部分人统治国家的贵族政治及寡头政治都视为共和国的政体。④

大多数的共和国都是主权国家，不过也有一些半主权的政体被称为共和国。例如，美利坚合众国宪法第四条提到："保证本

---

① Daniel M. Weinstock, Christian Nadeau, *Republicanism: History, Theory, Practice*, Psychology Press, 2004; Philip Pettit, *Republicanism: Theory of Freedom and Government*, Oxford University Press, 1999.

② Jeffrey Anthony Kosiorek, Revolutionary Commemoration, Liberty, and Republicanism in Nineteenth-century America, ProQuest, 2006; Paul Anthony Rahe, *Republics Ancient and Modern: Classical Republicanism and the American Revolution*, University of North Carolina Press, 1992.

③ Everitt, Anthony, *The Rise of Rome*, Random House, 2012, p. 125.

④ Montesquieu, *Spirit of the Laws*, Bk. II, ch. 2–3.

联邦各州实行共和政体。"（Guarantee to Every State in this Union a Republican Form of Government）同样的，苏联宪法也将政体描述为由 15 个苏联加盟共和国组成的联邦，而且其中的乌克兰及白俄罗斯当时在联合国中就已有席次。

在政治思想上，共和主义指以共和体制来治国的意识形态。在现代国家兴起后，共和主义在各国的实践及理论发展上各异，但大多有一宪法确定人民基本的权利不受国家侵犯。国家权力是公有物，国家治理是所有公民的共同事业。

### 语篇精粹 A

### OF THE KINDS OF REPUBLICS THERE ARE, AND OF WHICH WAS THE ROMAN REPUBLIC

I want to place aside the discussion of those cities that had their beginning subject to others, and I will talk of those which have had their beginning far removed from any external servitude, but which (were) initially governed themselves through their own will, either as Republics or as Principalities; which have had (as diverse origins) diverse laws and institutions. For to some, at the beginning or very soon after, their laws were given to them by one (man) and all at one time, as those which were given to the Spartans by Lycurgus: Some have received them by chance, and at several times, according to events, as Rome did. So that a Republic can be called fortunate which by chance has a man so prudent, who gives her laws so ordered that without having need of correcting them, she can live securely under them. And it is seen that Sparta observed hers (laws) for more than eight hundred years without changing them and without any dangerous disturbance; and on the contrary that City has some degree of unhappiness which (not having fallen to a prudent lawmaker) is compelled to reorganize her laws by herself. And she also is more unhappy which has diverged more from her institutions; and that (Republic) is even further from them whose laws lead her away from perfect and true ends entirely outside of the right path; for to those who are in that condition it is almost impossible that by some incident they be set aright. Those others which do not have a perfect constitution, but had made a good beginning, are capable of becoming better, and can become perfect through the occurrence of events. It is very true, however, that they have never been reformed without danger, for the greater number of men never agree to a new law which contemplates a new order for the City, unless the necessity that needs be accomplished is shown to them; and as this necessity cannot arise without some peril, it is an easy thing for the Republic to be ruined before it can be brought to a more perfect constitution. The Republic of Florence gives a proof of this, which because of the incident of Arezzo in (the year) one thousand five hundred and two (1502) was reorganized, (and) it was disorganized by that of Prato in (the year) one thousand five hundred and twelve (1512). [①]

## 译文参考 A

## 共和国有几种类型，罗马共和国属于哪一种

---

① Nicolo Machiavelli, *Discourses On Livy*, http://www.en8848.com.cn/.

　　我想把对那些起源受制于他人的城邦的讨论搁置一边，我要谈论的是那些其起源远离各种外部奴役、按自身意志实行自治的，或者作为共和国或者作为君主国的城邦。正如它们有不同的起源一样，它们也有不同的法律和政制。因为对于有些城邦，或者在建立之初或者在建立后不久，其法律是由某个人一次性赋予的，如莱库古赋予斯巴达人的那些法律；有些城邦的法律是偶然地、多次地并且根据各种情势得到的，罗马就是如此。如果一个共和国注定有一个非常精明的人为它提供系统的法律，以至无需再修订这些法律，它就能够在这些法律之下平安地生活，那么可以说，这样的共和国是非常幸运的。我们看到，斯巴达遵守这些法律达800多年，既没有败坏它们，也没有发生任何危险的骚乱。相反，如果一个城邦由于没有遇到一位审慎的统治者，它必须自身进行改制，那么这个城邦多少有些不幸。而更为不幸的是那些更加缺乏秩序的城邦：这些城邦远离秩序，它的体制完全偏离了能够将它引向完美而正确目标的正道，这些城邦处于如此程度的无序，几乎不可能通过任何变革来进行整顿。而其他那些城邦，即便没有完美的体制，但如果它们开启了良好的并能够变得更好的开端，它们就能够因为事态的发展而变得完美。但是尽管如此，它们进行整顿也是有危险的，因为许多人绝不会对涉及城邦新秩序的某项新的法律持一致意见，除非某种必然性向他们表明必须这样做；没有危难，这种必然性就不可能产生，因此共和国在它实现完美秩序之前就可能毁灭了，这是很容易发生的事。佛罗伦萨共和国就可以充分证明这一点，它先因1502年阿雷佐事变而得到重整，后因1512年普拉托事变而陷入混乱。

## 语篇精粹 B

# HOW MUCH THE FACULTY OF ACCUSING (JUDICIARY) IS NECESSARY FOR A REPUBLIC FOR THE MAINTENANCE OF LIBERTY

No more useful and necessary authority can be given to those who are appointed in a City to guard its liberty, as is that of being able to accuse the citizen to the People or to any Magistrate or Council, if he should in any way transgress against the free state. This arrangement makes for two most useful effects for a Republic. The first is, that for fear of being accused, the citizens do not attempt anything against the state, and if they should (make an) attempt they are punished immediately and without regard (to person). The other is, that it provides a way for giving vent to those moods which in whatever way and against whatever citizens may arise in the City. And when these moods do not provide a means by which they may be vented, they ordinarily have recourse to extra ordinary means that cause the complete ruin of a Republic. And there is nothing which makes a Republic so stable and firm, as organizing it in such a way that changes in the moods which may agitate it have a way prescribed by law for venting themselves. This can be demonstrated by many examples, and especially by that of Coriolanus, which Titus Livius refers to, where he says that the Roman Nobility being irritated against the Plebs, because it seemed to them the Plebs had too much authority concerning the creation of the Tribunes who defended them, and Rome (as happened) experiencing a great scarcity of provisions, and the Senate having sent to Sicily for grain, Coriolanus, enemy of the popular faction, counselled that the time had come (to be able) to castigate the Plebs and take away authority which they had acquired and assumed to the prejudice of the Nobility, by keeping them famished and not distributing the grain: which proposition coming to the ears of the people, caused so great an indignation against Coriolanus, that on coming out of the Senate he would have been killed in a tumultuary way if the Tribunes had not summoned him to appear and defend his cause. From this incident there is to be noted that which was mentioned above, that it is useful and necessary for a Republic with its laws to provide a means of venting that ire which is generally conceived against a citizen, for if these ordinary means do not exist, they will have recourse to extraordinary ones, and without doubt these produce much worse effects that do the others. ①

### 译文参考 B

在一个共和国里指控权对于保持它的自由是多么的必要

对于那些在一个城邦中被指定守卫其自由的人来说，能够获得的最有用和最必要的权力莫过于，当一些公民在某件事上犯有反对自由政体之罪时，能够向人民或者任何一个官员或会议对这些公民提出指控的权力。这种安排对一个共和国来说会产生两个极其有用的效果：第一个效果是公民因害怕被指控而不试图做反对国家的事情，并且如果他们试图做这些事，他们会遭到立即的

---

① Nicolo Machiavelli, *Discourses On Livy*, http://www.en8848.com.cn/.

毫不留情的镇压。另一个效果是对于那些在各城邦里以任何一种方式针对任何一个公民而产生的怨恨情绪，它提供了一条据以发泄的出路；而当这些怨恨情绪没有合法的发泄渠道时，他们会诉诸非法的手段，而这些手段将使整个共和国毁灭。因此，使一个共和国稳固而坚实的方法，没有什么比得上把那个共和国规制到如此程度，以便那些扰乱它的怨恨情绪的骚动，有一条由法律规定的宣泄途径。这可以通过许多例子证明，尤其是提图斯·李维提出的科里奥拉努斯的例子。据李维说，罗马贵族对平民感到恼怒，因为他们认为平民因保护平民的保民官的创设而拥有太多的权力。当时，恰逢罗马遭遇严重的粮食匮乏，元老院派人去西西里购买粮食，平民派的敌人科里奥拉努斯建议说，对于元老院而言，时机到了，只要让平民挨饿，不发给他们粮食，就可以惩罚平民，并剥夺他们已经取得的对贵族有害的那种权力。当人民听到这种主张时，他们对科里奥拉努斯愤愤不平，若不是保民官已经传他出庭为指控他的案子辩护，他可能会在离开元老院时，由于民众的愤怒而被杀死。在这个事件上可以注意到上文所说的，即有用而且必要的是共和国利用其法律为人民对某个公民怀有的愤怒提供发泄途径，因为当没有这些合法的手段时，人们就会诉诸非法的方式，毫无疑问后者比前者会产生坏得多的后果。

## 语篇精粹 C

### AS MUCH AS ACCUSATIONS ARE USEFUL TO A REPUBLIC, SO MUCH SO ARE CALUMNIES PERNICIOUS

Notwithstanding that the virtu of Furius Camillus when he was liberating (Rome) from the oppression of the French (Gauls) had caused the Roman citizens to yield him (top honors) without appearing to them to have lost reputation or rank, none the less Manlius Capitolinus was not able to endure that so much honor and glory should be bestowed on him; for it seemed to him he had done as much for the welfare of Rome by having saved the Campidoglio (Capitol), he had merited as much as Camillus, and as for other warlike praises he was not inferior to him. So that filled with envy, he was not able to sow discord among the Fathers (Senators) he turned to the Plebs, sowing various sinister opinions among them. And among other things he said was, that the treasure which had been collected (together) to be given to the French (Gauls), and then was not given to them, had been usurped by private citizens: and if its should be recovered it could be converted to public usefulness, alleviating the plebs from tribute or from some private debt. These words greatly impressed the Plebs, so that Manlius begun to have concourse with them and at his instigation (created) many tumults in the City: This thing displeased the Senate and they deeming it of moment and perilous, created a Dictator who should take cognizance of the case and restrain the rashness of (Manlius); whereupon the Dictator had him summoned, and they met face to face in public, the Dictator in the midst of the Nobles and Manlius in the midst of the Plebs. Manlius was asked what he had to say concerning who obtained the treasure that he spoke about, for the Senate was as desirous of knowing about it as the Plebs: to which Manlius made no particular reply, but going on in an evasive manner he said, that it was not necessary to tell them that which they already knew, so that the Dictator had him put in prison. ①

## 译文参考 C

指控权对共和国多么有用，诬蔑对共和国就多么有害

孚里乌斯·卡米卢斯在把罗马从法兰西人的压迫下解放出来后，他的功德使全体罗马公民把名声和地位都赋予了他，而且他们丝毫不觉得自己的名声和地位被剥夺了。但尽管如此，曼利乌斯·卡皮托利努斯不能容忍赋予卡米卢斯如此大的尊贵和荣誉，认为他自己对于罗马的安全来说，通过拯救朱庇特神庙，立下了和卡米卢斯一样大的功劳，在其他战绩方面也不比他差。因此，他满怀妒忌，由于卡米卢斯所获的荣誉而不能平静下来，当他发现不能在元老们中间制造不和时，他便转向平民，在平民中间散布各种恶毒的言论。除了一些别的话之外，他说，收集起来要给法兰西人的财宝，后来并没有给他们，而是被一些公民个人私吞了；而如果可以收回这些财宝，就可以将之转用于公共福利，减轻平民的税负或某些私人债务。这些话在平民中产生了相当大的影响，致使平民开始聚集成群，随心所欲地在城内制造许多骚乱；由于这件事令元老院不高兴，并且在元老院看来，这是重大而危险的事件，所以元老院设立了一个独裁官，以便调查此事并制止曼利乌斯的狂躁。因此，独裁官立即叫人传唤他，并把他带到公众中间，两个人面对面，独裁官在贵族中间，曼利乌斯则在平民中间。有人要求曼利乌斯必须说明是谁得到了他所说的那批财宝，

---

① Nicolo Machiavelli, *Discourses On Livy*, http://www.en8848.com.cn/.

因为元老院和平民一样急需知道此事；对此，曼利乌斯没有明确答复，而是不断避开这个问题，说不需要告诉他们已经为人所知的事。因此，独裁官让人把他关进了监狱。

## （三）君主国（Principality，Princedom）

### 术语解读

君主国，是亲王（prince）或公主（princess）的封国。亲王是一个君主的称号，名义上或实质上统治一个主权国。亲王国的历史可以追溯至古罗马共和国，在中世纪封建制度时代曾有多个亲王国出现。

亲王国是欧洲封建制中的一种封地，拉丁文为 principatus，其统治者称为"亲王"，字义为"元首"。在某些国家，亲王是皇帝或国王的儿子，或是其爵位的世袭继承人。亲王国经常被译为公国，和 Duchy 或 Dukedom 混淆。

在一些国家，亲王仅为封号，而亲王国仅为名义上亲王的封土，但亲王并不居住于封土内，亦没有实质上统治封土的权力。例如，英国的储君（通常是国王或女王的长子）传统上被封为威尔士亲王，在 13 世纪至 16 世纪之间确实统领威尔士北部及西部的部分土地，1536 年的威尔士法案取消了这些土地的分界。今天的威尔士亲王并不统治威尔士，亦无任何属于亲王的土地，威尔士的国会亦不需要视威尔士亲王为名义上的国君。但威尔士亲王通常亦同时被封为康沃尔公爵，康沃尔公国现时仍然拥有德文郡 570 平方千米的土地。

现存的亲王国有摩纳哥亲王国（Principauté de Monaco，通常被译为摩纳哥公国）、安道尔亲王国（Principat d'Andorra，通常被译为安道尔公国）、列支敦士登亲王国（Fürstentum Liechtenstein，通常被译为列支敦士登公国）。

因语言不同，中欧和东欧的一些封国的译名在中文、英文既可译作"亲王国"也可译作"公国"。历史上的亲王国还有阿尔巴尼亚亲王国、班都斯亲王国、沿海克罗地亚亲王国（Principality of Littoral Croatia）等。一些近现代私人成立的未被普遍承认的国家也使用亲王国为名，如西兰亲王国、赫特河亲王国、塞波加亲王国、马尔堡亲王国、弗里多尼亚亲王国（Principality of Freedonia）。

土邦（Princely States）也是类似亲王国的主权国，是英国殖民地时期南亚和东南亚部分地区保存的土著王公领地的总称。其统治者称作王公（英文也译作亲王 Prince）。

### 语篇精粹 A

CHAPTER II—CONCERNING HEREDITARY PRINCIPALITIES

I will leave out all discussion on republics, in as much as in another place I have written of them at length, and will address myself only to principalities. In doing so I will keep to the order indicated above, and discuss how such principalities are to be ruled and preserved.

I say at once there are fewer difficulties in holding hereditary states, and those long accustomed to the family of their prince, than new ones; for it is sufficient only not to transgress the customs of his ancestors, and to deal prudently with circumstances as they arise, for a prince of average powers to maintain himself in his state, unless he be deprived of it by some extraordinary and excessive force; and if he should be so deprived of it, whenever anything sinister happens to the usurper, he will regain it.

We have in Italy, for example, the Duke of Ferrara, who could not have withstood the attacks of the Venetians in '84, nor those of Pope Julius in '10, unless he had been long established in his dominions. For the hereditary prince has less cause and less necessity to offend; hence it happens that he will be more loved; and unless extraordinary vices cause him to be hated, it is reasonable to expect that his subjects will be naturally well disposed towards him; and in the antiquity and duration of his rule the memories and motives that make for change are lost, for one change always leaves the toothing for another.①

**译文参考 A**

## 第 2 章　世袭君主国

这里，我想撇开共和国不予讨论，因为我在别的地方已经详尽地论述过了。我打算单独地转到君主国这方面来，并且按照前述的顺序，探讨这些君主国应该怎样进行统治和维持下去。

我认为，在人们已经习惯了在君主后裔统治下生活的世袭国里保持政权，比在新的国家里困难小得多。因为君主只要不触犯

---

① Nicolo Machiavelli, *The Prince*, Translated by W. K. Marriott, http://www.en8848.com.cn/.

他的皇宗皇祖的制度，如遇有意外事件，则随机应变，这就足够了。因此，一位君主如果具有通常的能力，依此方法，总是能够维持他的地位的，除非遇有某种异乎寻常的格外强大的力量，才可能被篡位。但是即使他被夺权了，当篡夺者一旦发生祸患的时候，他就能够光复旧物。

例如，在意大利我们就有费拉拉公爵。其之所以能够抵御 84 年威尼斯人的侵袭和 10 年教皇朱利奥的侵袭，就是因为在这个领地的统治已经历史悠久了，此外更无其他原因。因为世袭的君主得罪人民的原因和必要性都比较少，因此他自然会比较为人们所爱戴。除非他异常恶劣，惹人憎恨之外，他的臣民自然而然地向着他，这是顺理成章的。而且革新的记忆与原因，由于统治已经年代久远并且连绵不断而消失了；因为一次变革总是为另一次变革留下可以继续进行的条件的。

**语篇精粹 B**

CHAPTER III—CONCERNING MIXED PRINCIPALITIES

But the difficulties occur in a new principality. And firstly, if it be not entirely new, but is, as it were, a member of a state which, taken collectively, may be called composite, the changes arise chiefly from an inherent difficulty which there is in all new principalities; for men change their rulers willingly, hoping to better themselves, and this hope induces them to take up arms against him who rules: wherein they are deceived, because they afterwards find by experience they have gone from bad to worse. This follows also on another natural and common necessity, which always causes a new prince to burden those who have submitted to him with his soldiery and with infinite other hardships which he must put upon his new acquisition.

In this way you have enemies in all those whom you have injured in seizing that principality, and you are not able to keep those friends who put you there because of your not being able to satisfy them in the way they expected, and you cannot take strong measures against them, feeling bound to them. For, although one may be very strong in armed forces, yet in entering a province one has always need of the goodwill of the natives. ①

## 译文参考 B
### 第 3 章　混合君主国

但是在新君主国里就出现重重困难。首先，如果它不是全部是新的，而只是一部分是新的（从整个来说，它可以称为混合国），那里的变动主要是来源于一切新君主国所固有的困难。这就是人们因为希望改善自己的境遇，愿意更换他们的统治者，并且这种希望促使他们拿起武器来反对他们的统治者。可是在这件事情上，他们上当受骗了，因为后来经验告诉他们，他们的境遇比以前更恶劣了。这种情况是由于另一种自然的、通常是必然的情况造成的。这就是因为新的君主由于他的军队和新占领之后带来的无数的其他损害，常常不可避免地开罪于新的属民。

这样一来，当你占领这个国家领土的时候，所有受到你损害的人们都变成你的敌人了；而且你又不能够继续维护那些帮助你

---

① Nicolo Machiavelli, *The Prince*, Translated by W. K. Marriott, http://www.en8848.com.cn/.

取得那里统治权的朋友们，因为你既不能够依照他们的期望给予满足；你又不能够采取强有力的措施对付他们，因为你感到对他们负有恩义；还因为一个人纵使在武力上十分强大，可是在进入一个地方的时候，总是需要获得那个地方的人民的好感的。

语篇精粹 C

## CHAPTER IX—CONCERNING A CIVIL PRINCIPALITY

But coming to the other point—where a leading citizen becomes the prince of his country, not by wickedness or any intolerable violence, but by the favour of his fellow citizens—this may be called a civil principality: nor is genius or fortune altogether necessary to attain to it, but rather a happy shrewdness. I say then that such a principality is obtained either by the favour of the people or by the favour of the nobles. Because in all cities these two distinct parties are found, and from this it arises that the people do not wish to be ruled nor oppressed by the nobles, and the nobles wish to rule and oppress the people; and from these two opposite desires there arises in cities one of three results, either a principality, self-government, or anarchy.

A principality is created either by the people or by the nobles, accordingly as one or other of them has the opportunity; for the nobles, seeing they cannot withstand the people, begin to cry up the reputation of one of themselves, and they make him a prince, so that under his shadow they can give vent to their ambitions. The people, finding they cannot resist the nobles, also cry up the reputation of one of themselves, and make him a prince so as to be defended by his authority.

He who obtains sovereignty by the assistance of the nobles maintains himself with more difficulty than he who comes to it by the aid of the people, because the former finds himself with many around him who consider themselves his equals, and because of this he can neither rule nor manage them to his liking. But he who reaches sovereignty by popular favour finds himself alone, and has none around him, or few, who are not prepared to obey him. ①

### 译文参考 C

### 第 9 章　论市民的君主国

现在谈另一种情况：如果一个平民的市民，不是依靠罪恶之道或者其他难堪的凶暴行为，而是由于获得本土其他市民的赞助而成为本国的君主，那么这种国家可以称为市民的君主国。要取得这种地位，一个人既不完全依靠能力，也不完全依靠幸运，需要的倒是一种幸运的机灵（unaastuziafortunata）。我认为，取得这种君权，不是由于获得人民的赞助就是由于获得贵族的赞助，因为在每一个城市里都可以找到两个互相对立的党派；这是由于人民不愿意被贵族统治与压迫，而贵族则要求统治与压迫人民。由于这两种相反的愿望，于是在城市里就产生下述三种结果之一，不是君主权（principato），就是自主权（libertà），否则就是无政府状态（licenzia）。

君主政体不是由人民建立，就是由贵族建立，这要看在这两方当中哪一方获有机会。当贵族看见自己不能够抗拒人民的时候，

---

①　Nicolo Machiavelli, *The Prince*, Translated by W. K. Marriott, http://www.en8848.com.cn/.

他们就开始抬高他们当中某一个人的声望，并且使他当上君主，以便他们在他的庇荫下能够实现自己的愿望。另一方面，当人民察觉自己不能够抵抗贵族的时候，也抬高他们当中某一个人的声望，并且扶他做君主，以便能够依靠他的权力保卫他们。一个人依靠贵族的帮助而获得君权，比依靠人民的帮助而获得君权更难于继续保持其地位。因为君主发觉自己周围有许多人自以为同他是平等的，因此他不能够按照自己的意思随意指挥他们或者管理他们。但是如果一个人是由于人民的赞助而获得君权，他就会发觉自己是巍然独立的人，在自己周围并没有一个人不准备服从自己或者只有很少数人不准备服从自己的。

## （四）政体循环（Variation of Governments）

### 术语解读

西方对政体理论的系统阐释可以追溯到古希腊时期，在希罗多德的《历史》中，就讨论过独裁、寡头与民主三种政体的优劣。

当通过继承而不是通过选举产生首领的时候，继位者很快开始背离其先人，变得腐化堕落，并且放弃有德行的行为，认为君主要做的不是别的，只是在豪华奢侈、好色和所有其他放纵的品性方面超越别人；这导致君主开始遭人憎恨，由于这种憎恨，又生畏惧，很快从畏惧转到侵扰，由侵扰不久就产生专制。由此产生毁灭的源头和反对君主的阴谋和密谋的开端。密谋者不是胆小懦弱之人，而是在慷慨、豁达、富有和高贵方面超越他人的人，他们不能忍受君主的不正派的生活。因此，人们追随这些有权势的人的权威，武装自己反抗君主，并在君主灭亡后服从他们，如同服从他们的解放者一样。

由于憎恨一人独裁，他们建立起自己的政府。起初，他们念念不忘记忆犹新的专制统治的经历，根据由他们自己制定的法律来实行自治，把他们每一个人的利益放在公共利益之后，并且无论是对私事还是对公事，都以最大的勤勉来管理和维护。后来，这种管理传到他们的儿子手中，后者不懂命运的变化，从未感受过不幸，也不愿继续满足于公民的平等，而是转向贪婪、野心、夺人妻女，使得这个国家从一个贵族的政府转变为一个寡头统治，丝毫不尊重公民的共同生活；以致在短期内他们身上遭遇了和在暴君身上一样的事情，因为民众对他们的统治感到厌烦，对任何一个谋划不择手段侵害那些统治者的人，民众都会把他作为工具。这样，很快有人站起来，在民众的帮助下，消灭那些统治者。

由于对君主以及从君主那里所遭受的伤害仍然记忆犹新，在瓦解了寡头政体后，又不想重建君主国，因此人民转向了民主国；并且他们以如此的方式管理这个国家，使得少数有权势的人或者君主都不可能在其中有权威。由于所有国家在开始的时候不管怎么样总是享有威信，所以这种民治国可以维持一段时期，但不是很长时期，尤其是在创建了它的那一代人消失之后。因为他们很快就变得肆无忌惮，不惧怕任何私人或官员，以致由于每个人都自行其是，造成的损害不计其数；如此而导致因形势所迫，或者由于某个贤人的建议，为了避免这种放肆，重新又回到君主制，并且由君主制逐渐地又重新回到肆无忌惮，其方式和缘由如上所述。①

### 语篇精粹 A

And this is the circle in which all the Republics are governed and will eventually be governed; but rarely do they return to the same (original) governments: for almost no Republic can have so long a life as to be able often to pass through these changes and remain on its feet. But it may well happen that in the troubles besetting a Republic always lacking counsel and strength, it will become subject to a neighboring state which may be better organized than itself: but assuming this does not happen, a Republic would be apt to revolve indefinitely among these governments. I say therefore that all the (previously) mentioned forms are inferior because of the brevity of the existence of those three that are good, and of the malignity of those three that are bad. So that those who make laws prudently having recognized the defects of each, (and) avoiding every one of these forms by itself alone, they selected one (form) that should partake of all, they judging it to be more firm and stable, because when there is in the same City (government) a Principality, an Aristocracy, and a Popular Government (Democracy), one watches the other.

Among those who have merited more praise for having similar constitutions is Lycurgus, who so established his laws in Sparta, that in

---

① 参见 [意] 马基雅维利:《君主论·李维史论》, 潘汉典、薛军译, 吉林出版集团有限公司, 2013 年。

giving parts to the King, the Aristocracy, and the People, made a state that endured more than eight hundred years, with great praise to himself and tranquillity to that City. The contrary happened to Solon who established the laws in Athens, (and) who by establishing only the Popular (Democratic) state, he gave it such a brief existence that before he died he saw arise the tyranny of Pisistratus; and although after forty years his (the tyrants) heirs were driven out and liberty returned to Athens, for the Popular state was restored according to the ordinances of Solon, it did not last more than a hundred years, yet in order that it be maintained many conventions were made by which the insolence of the nobles and the general licentiousness were suppressed, which had not been considered by Solon; none the less because he did not mix it (Popular state) with the power of the Principate and with that of the Aristocracy, Athens lived a very short time as compared to Sparta. [1]

**译文参考 A**

这就是所有共和国以前和现在实行自治时都要在其中运转的循环：但是它们很少回到相同的政体，因为几乎没有哪个共和国能够有如此强的生命力，以致对这些变动能够经历许多次而仍然屹立不倒。很有可能发生的是，在蜕变时，某个共和国往往因为缺少政治精明和军事实力，故而屈从于一个比它治理得更好的邻邦。但假如不是这样，共和国就可能会永无止境地在这些政体形

---

[1]　Nicolo Machiavelli, *Discourses On Livy*, http://www.en8848.com.cn/.

式中变动。因此，我要说，上述方式全都是令人讨厌的，因为三种好的短命，而三种恶的则有害。因此，在那些精明地制定法律的人认识到这个不足之后，就会避开这些方式，而选择一种可以将它们全都包括在内的方式，认为它更加稳定而持久：因为当在同一城邦内兼行君主制、贵族制和民主制的时候，它们可以相互制衡。

在那些因为建立这样的政制而值得更多赞颂的人当中，有莱库古。他在斯巴达制定自己的法律，赋予国王、贵族和民众各自应得的那部分权力，结果他创造了一个持续800多年的国家，他本人得到极高的赞颂，城邦也得到安宁。与之相反的是梭伦的遭遇，他在雅典制定法律，只规定了民主制，结果使雅典如此短命，以致他生前便目睹了庇西特拉图的专制统治诞生于斯。虽然在40年后，庇西特拉图的继承人被放逐，雅典恢复了自由（根据梭伦的体制恢复了民主制），但是它维持这种民主制没有超过百年。尽管为了维持它，雅典制定了许多梭伦所没有考虑到的制度，据以压制大人物的傲慢无礼和民众的肆无忌惮。确实，由于雅典没有把它们与君主制的力量以及与贵族制的力量结合起来，故与斯巴达相比，雅典的寿命极其短暂。

### 语篇精粹 B

But let us come to Rome, which, notwithstanding that it did not have a Lycurgus who so established it in the beginning that she was not able to exist free for a long time, none the less so many were the incidents that arose in that City because of the disunion that existed between the Plebs and the Senate, so that what the legislator did not do,

chance did. For, if Rome did not attain top fortune, it attained the
second; if the first institutions were defective, none the less they did
not deviate from the straight path which would lead them to perfection,
for Romulus and all the other Kings made many and good laws, all con-
forming to a free existence. But because their objective was to found a
Kingdom and not a Republic, when that City became free she lacked
many things that were necessary to be established in favor of liberty,
which had not been established by those Kings. And although those
Kings lost their Empire for the reasons and in the manner discussed,
none the less those who drove them out quickly instituted two Consuls
who should be in the place of the King, (and) so it happened that
while the name (of King) was driven from Rome, the royal power was
not; so that the Consuls and the Senate existed in forms mentioned a-
bove, that is the Principate and the Aristocracy. There remained only
to make a place for Popular government for the reasons to be mentioned
below, the people rose against them: so that in order not to lose every-
thing, (the Nobility) was constrained to concede a part of its power to
them, and on the other hand the Senate and the Consuls remained with
so much authority that they were able to keep their rank in that Repub-
lic. And thus was born (the creation) of the Tribunes of the plebs, af-
ter which creation the government of that Republic came to be more sta-
ble, having a part of all those forms of government. And so favorable
was fortune to them that although they passed from a Monarchial gov-
ernment and from an Aristocracy to one of the People (Democracy),

by those same degrees and for the same reasons that were discussed a-
bove, none the less the Royal form was never entirely taken away to
give authority to the Aristocracy, nor was all the authority of the Aristo-
crats diminished in order to give it to the People, but it remained
shared (between the three) it made the Republic perfect: which per-
fection resulted from the disunion of the Plebs and the Senate. ①

### 译文参考 B

但是让我们来说说罗马吧。虽然罗马没有一个像莱库古那样
的人可以在一开始治理它，使它能够长期自由地生活，但是由于
平民与元老院之间的不和而在罗马发生的那些事件是如此之多，
以致统治者未做之事竟偶然做到了。因为即使罗马注定没有第一
次的运气，它也会有第二次的运气：因为它的那些最初的体制，
虽然不完善，但没有偏离可以将它们引向完美的正道。因为罗穆
卢斯和其他诸王都制定了众多的而且是好的法律，这些法律也适
应一种自由的体制；但是由于他们的目的是要建立一个王国，而
不是一个共和国，所以当那个城邦获得自由的时候，那里还缺少
许多为了自由而有必要规定的事物，而这些事物并不曾由那些王
规定过。由于上文谈论过的原因并且以上文谈论过的方式，它的
那些王失去了统治权，但是驱逐他们的人立即在那里安排两名执
政官取代王，结果从罗马驱逐的是王的称号而非王的权力。因此，
在那个共和国有执政官和元老院，因而它只是综合了上述三种体
制中的两种，即君主制和贵族制，剩下的只是建立平民的统治。

---

① Nicolo Machiavelli, *Discourses On Livy*, http://www.en8848.com.cn/.

于是，当罗马贵族因下面将要说的原因而变得傲慢无礼时，平民站起来反对贵族；因此，贵族为了不失去全部的权力，被迫将平民所应得的那部分权力让给平民，另一方面仍保留元老院和执政官：它们有如此大的权力，以致能够保持它们在共和国中的地位。这样就有了平民保民官的创设；在这种创设之后，罗马共和国的体制变得更加稳固，因为在那里三种统治类型全都各得其所。对它来说，命运是如此眷顾，虽然它从王政和贵族统治转变到平民的统治，其过程和原因与上文所述相同，但是它从来没有为了授权于贵族而剥夺王的全部权力，也没有为了授权于平民而减少贵族的整个权力。但是由于它保持混合制，所以创造了一个完美的共和国；它达到这种完美状态是由于平民与元老院的不和。在接下来的两章中，这一点将得到详尽的说明。

## 语篇精粹 C

WHERE THE GUARDING OF LIBERTY IS MORE SECURELY PLACED, EITHER IN THE PEOPLE OR IN THE NOBLES; AND WHICH HAVE THE GREATER REASON TO BECOME TUMULTUOUS EITHER HE WHO WANTS TO ACQUIRE OR HE WHO WANTS TO MAINTAIN

Among the more necessary things instituted by those who have prudently established a Republic, was to establish a guard to liberty, and according as this was well or badly place, that freedom endured a greater or less (period of time). And because in every Republic there exists the Nobles and the Populace, it may be a matter of doubt in whose hands the guard is better placed. And the Lacedemonians, and in our times the Venetians, placed it in the hands of the Nobles, but that of Rome was placed in the hands of the Plebs. It is necessary therefore to examine which of the Republics had made the better selection. And if we go past the causes and examine every part, and if their results should be examined, the side of the Nobles would be preferred since the liberty of Sparta and Venice had a much longer life than that of Rome: And to come to the reasons, I say (taking up first the part of the Romans) that thing (liberty) which is to be guarded ought to be done by those who have the least desire of usurping it. And without doubt, if the object of the Nobles and of the Ignobles (populace) is considered, it will be seen that the former have a great desire to dominate, and the latter a desire not to be dominated and consequently a greater desire to live free, being less hopeful of usurping it (liberty) than are the Nobles: so that the People placed in charge to guard the liberty of anyone, reasonably will take better care of it; for not being able to take it away themselves, they do not permit others to take it away. [①]

### 译文参考 C

将对自由的守护置于何处更可靠，是在人民中还是在权贵中；何者有更多的理由引起骚乱，是想要获取的人还是想要维持的人

对于那些审慎地建立起一个共和国的人来说，他们最需要规制的事情之一就是设置一个自由的守卫者；并且这个守卫者安排

---

① Nicolo Machiavelli, *Discourses On Livy*, http://www.en8848.com.cn/.

得好与坏，将决定那种自由的生活持续的长短。因为在每个共和国都有权贵和平民，故有疑惑的是把上述守卫者安排到哪一个的手中更好。在古代的斯巴达人那里，在今日的威尼斯人那里，这个守卫者被安置于贵族之手；而在罗马人那里，它被安置于平民之手。因此，有必要研究这些共和国中哪一个作出了最佳的选择。如果从理由上看，两者都有有利的论据；但如果考察它们取得的结果，则会站在贵族这一边，因为斯巴达和威尼斯的自由比罗马的自由维持得更长久。从理由上说，我认为，应该首先站在罗马人这一边，因为对某物的守护之责应该交给那些对侵占该物欲望较小的人。毫无疑问，如果考虑贵族的目的和出身低贱者的目的，就会发现前者有强烈的统治欲，而后者只有不受统治的欲望，因此他们更加愿意自由地生活，较之权贵，他们可能不那么希望侵夺它。因此，如果民众被指定担任自由的守卫，那么合乎情理的是：他们会更加关心照顾它，既然他们自己不可能占有它，他们也不会允许其他人占有它。

## （五）腐败（Corruption）

### 术语解读

贪污（corruption），指利用职务便利，侵吞、窃取、骗取他人财产。

贪污是一种世界性的现象，例如古罗马时期的马利斯·布利斯库即因贪污多次被捕，但每次都被宣布无罪。一向都公认为"最清廉政府"的新加坡在 2010 年暴发公务员贪污案。2008 年土管局科技及资讯科技基础建设部门副司长辜声伟以不实合约，诈骗新加坡政府1180万新元。不过，2010年新加坡仍以9.3分的高分与丹麦、新西兰并列第一，被评为年度"世界最清廉国家"。

中国的贪污问题相较于欧美先进国家显得更严重。有人归咎于传统儒家思想可能隐含着鼓励职务上不当收取行为的发生，如"礼尚往来。往而不来，非礼也；来而不往，亦非礼也"。明清两朝官僚体制的复杂结构，使得贪污的程度更是无以复加。明朝宗室伊王朱典"欲拓其洛阳府第"，估款十万两银，为争取阁议通过，先向权臣严嵩献贿二万。严嵩倒台，严世藩入狱，据《严世藩狱词》披露："凡勘报功罪以及修筑城埤，必先科克银两，多则巨万，少亦不下数千。"清朝康熙对贪污恨之入骨，曾说："朕恨贪污之吏，更过于噶尔丹。"康熙帝甚至强调："别项人犯，尚可宽恕，贪官之罪，断不可宽。"但是他表示要杜绝贪污根本不可能。雍正时夔州知府程如丝被蔡珽誉为"四川第一清官"。雍正四年（1726）十一月，川陕总督岳钟琪却奏称程如丝因贩卖私盐，毙伤多人。雍正却说："多年来，曾在朕前密参的谤书有一篓之多，可朕从无理它。"雍正五年（1727）十月，程如丝才被正法。

## 语篇精粹 A

A PEOPLE ACCUSTOMED TO LIVING UNDER A PRINCE, IF BY SOME ACCIDENT BECOMES FREE, MAINTAINS ITS LIBERTY WITH DIFFICULTY

Many examples derived from the records of ancient history will show how difficult it is for a people used to living under a Prince to preserve their liberty after they had by some accident acquired it, as Rome acquired it after driving out the Tarquins. And such difficulty is reasonable; because that people is nothing else other than a brute animal, which (although by nature ferocious and wild) has always been brought up in prison and servitude, (and) which later being left by chance free in a field, (and) not being accustomed to (obtain) food or not knowing where to find shelter for refuge, becomes prey to the first one who seeks to enchain it again. This same thing happens to a people, who being accustomed to living under governments of others, not knowing to reason either on public defense or offense, not knowing the Princes or being known by them, return readily under a yoke, which often times is more heavy than that which a short time before had been taken from their necks: and they find themselves in this difficulty, even though the people is not wholly corrupt; for a people where corruption has not entirely taken over, cannot but live at all free even for a very brief time, as will be discussed below: and therefore our discussions concern those people where corruption has not expanded greatly, and where there is more of the good than of the bad (spoiled).①

## 译文参考 A

### 一个习惯于生活在某个君主统治下的民族，即使偶然

### 获得自由，它要维持这种自由也很困难

对于一个习惯于生活在某个君主统治下的民族来说，即使出于某种偶然获得自由，就如同罗马在驱逐塔克文家族之后获得自

---

① Nicolo Machiavelli, *Discourses On Livy*, http://www.en8848.com.cn/.

由一样，它在以后要保持这种自由也会遇到困难，这可以从各种古代历史记载的、可读到的例子中得到证明。这种困难是合情合理的，因为那个民族只不过是一个牲畜，而牲畜即便具有凶猛的本性和野性，也总是在牢笼里和奴役中得到喂养；后来，如果偶然地将之放归田野，由于不习惯自己找吃的，也不知道哪里有可以藏身的地方，它会成为第一个试图重新给它套上枷锁的人的猎物。这种情形同样发生在下述民族身上：这个民族习惯于在他人的统治下生活，不会组织公共的防御或进攻，既不了解君主，也不被君主所了解。因此，它很快又被奴役，而这种奴役在大多数情况下比前不久它刚从脖子上解脱的那个枷锁更加沉重。并且即便它在物质方面尚未腐化，它也会发现自己处于这些困难之中。因为一个民族如果整个变得腐败了，它就不能生活得自由自在，不是说在短暂的时期内如此，而是根本不可能如此，这将在下文进行谈论。但是我们的讨论所涉及的是这样一些民族：在他们中，腐败还没有扩散到很大范围，并且好的地方比被腐蚀的地方多。

## 语篇精粹 B

A CORRUPT PEOPLE COMING INTO THEIR LIBERTY CAN MAINTAIN ITSELF FREE ONLY WITH THE GREATEST DIFFICULTY

I judge that it was necessary that Kings should be eliminated in Rome, or (else) that Rome would in a very short time become weak and of no valor; for considering to what (degree of) corruption those Kings had come, if it should have continued so for two or three successions, (and) that that corruption which was in them had begun to spread through its members; (and) as the members had been corrupted it was impossible ever again to reform her (the state). But losing the head while the torso was sound, they were able easily to return to a free and ordered society. And it ought to be presupposed as a very true matter that a corrupted City which exists under a Prince, even though that Prince with all his lives (family) may be extinguished, can never become free; and that rather it should happen that one Prince destroy the other, for (these people) will never be settled without the creation of a new Lord, who by his goodness together with his virtu will then keep them free: but that liberty will last only during his life time, as happened at different times in Syracuse to Dion and Timoleon, whose virtu while they lived, kept that City free: but when they died, it returned to the ancient Tyranny. But there is no more striking example to be seen than that of Rome, which after the Tarquins had been driven out, was able quickly to resume and maintain that liberty; but after the death of Caesar, Caligula, and Nero, and after the extinction of all the line of Caesar, she could not only never maintain her liberty, but was unable to reestablish it. And so great a difference in events in the same City did not result from anything else other than (the fact that) the Roman People in the time of Tarquin was not yet corrupt, and in the latter time (Caesar's) it became very corrupt. ①

### 译文参考 B

一个腐败的民族，即使获得自由，维持这种自由也极其困难

---

① Nicolo Machiavelli, *Discourses On Livy*, http://www.en8848.com.cn/.

　　我判断，要么王必定在罗马被废除，要么罗马必定在极短时期内变得虚弱且无足称道。因为鉴于那些国王已经腐败到如此程度，如果两三个继任者继续如此，并且在他们中的那种腐败开始在那些城邦的成员中传播，那些成员一旦腐败了，就永远不可能再改革它。但是由于他们是在身体仍健全时失去首领的，所以他们能够很容易地恢复到自由而有序的生活。有人可能推测下列情形为确切无疑的事情，即一个生活在某个君主统治下的腐败城邦，即便那个君主及其整个家族全都灭绝了，也绝不可能重新回到自由；相反，必然会是一个君主消灭了另一个君主，并且如果不设立一个新的君主，它就得不到安宁，除非已经有一个人以其仁慈连同其德行一起使它保持自由，但是这种自由持续的时间和那个人的生命存续时间一样长。在叙拉古对于狄翁和提摩勒翁来说就是如此，这二人在不同的时期，在他们活着的时候，他们的德行使城邦保持自由；当他们死后，城邦又回到以往的专制统治。但是不会看到比罗马更加强有力的例子，因为在驱逐塔克文家族之后，罗马能够立即获得并维持那种自由；但在恺撒死后、在盖尤·卡里古拉死后、在尼禄死后、在恺撒整个家系灭亡之后，它不仅绝不可能维持自由，而且也绝不可能重新开始自由。在同一城邦，而结果却是如此的不同，其原因不是别的，只是因为在塔克文家族那个时期，罗马人民还没有腐败，而在后来那些时期，罗马人民极其腐败。

## 语篇精粹 C

IN WHAT WAY IN A CORRUPT CITY A FREE STATE CAN BE MAINTAINED, IF THERE IS ONE THERE, OR IF NOT, HOW TO

ESTABLISH IT

I believe it is not outside the purpose of this discussion, nor too distant from that written above, to consider whether a free State can be maintained in a City that is corrupted, or, if there had not been one, to be able to establish one. On this matter I say that it is very difficult to do either one or the other: and although it is almost impossible to give rules (because it will be necessary to proceed according to the degrees of corruption), none the less, as it is well to discuss every thing, I do not want to omit this. And I will presuppose a City very corrupt, where such difficulties come to rise very fast, as there are found there neither laws or institutions that should be enough to check a general corruption. For as good customs have need of laws for maintaining themselves, so the laws, to be observed, have need of good customs. In addition to this, the institutions and laws made in a Republic at its origin when men were good, are not afterward more suitable, when they (men) have become evil. And if laws vary according to circumstances and events in a City, its institutions rarely or never vary: which results in the fact that new laws are not enough, for the institutions that remain firm will corrupt it. ①

**译文参考 C**

在腐败的城邦里，如果已经有了自由政体，那么
能够以何种方式维持它；如果没有这种政体，

---

① Nicolo Machiavelli, *Discourses On Livy*, http://www. en8848. com. cn/.

### 那么能够以何种方式建立它

我相信，考虑这样一个问题并非离题，也不与上述话题相背离，即在一个腐败的城邦里，如果已经有一种自由的政体，能否维持之；如果没有这种政体，能否建立之。关于这个问题，我说，无论是前者还是后者，做起来都很困难；虽然提供这方面的通例几乎是不可能的（因为可能必须根据腐败扩及范围的大小而行事），但既然对每件事物都进行讨论是好事，所以我不想漏掉这个问题。我要假设一个极其腐败的城邦，由此我想要越发增加这种难度，因为不可能有足以控制普遍腐败的法律和体制。因为如同良好的风俗习惯要想得以维持就需要法律一样，法律要想得到遵守也需要良好的习俗。除此之外，在一个共和国里，在其诞生之初，当人们还是好人的时候所制定的各项政制和法律，在后来当人们变坏的时候就不再适合。即使在一个城邦里法律随着情况的变化而发生变化，但其体制永远不会变或者很少变化；这使得仅仅新的法律是不够的，因为那些仍未改变的体制在腐蚀它们。

### （六）《论李维罗马史》（*Discourses on Livy*）

术语解读

《论李维罗马史》是意大利佛罗伦萨共和国的政治家、思想家尼可罗·马基雅维利的著作，全名是《论蒂托·李维前十本（罗马）史书》（意大利文：Discorsi sopra la prima deca di Tito Livio，英文：Discourses on the First Decade of Titus Livy）。而蒂托·李维的罗马史书是指《罗马建城以来史》（拉丁文：Ab Urbe Condita Libri）。

本书是对李维《罗马建城以来史》前十卷的评注。是一本怀古的、品德高尚的共和派手册。马基雅维利在本书中涉及了他关于政治、道德、命运和必然性等重大观点。在本书中他告诫共和国的公民、领袖、改革家和奠基人如何自我治理，如何捍卫他们的自由，避免腐败。书中讨论了古代与现代的共和主义，在这里我们尤其可以看到他与亚里士多德政治主张的密切关系，也涉及了他对基督教的批判，显示了他本人对自己时代世俗化与现代性的看法。《论李维》无疑是西方政治思想传统中最为重要的作品之一，被哈林顿视作中世纪后的欧洲恢复和应用基本上是古典意义的政治自由所做的最为重要的尝试。[①]

### 语篇精粹 A

## WHAT HAVE GENERALLY BEEN THE BEGINNINGS OF SOME CITIES, AND WHAT WAS THAT OF ROME

Those who read what the beginning of the City of Rome was, and of her Law – givers and how it was organized, do not wonder that so much virtu had been maintained for so many centuries in that City, and that afterward there should have been born that Empire to which that Republic was joined. And wanting first to discuss its birth, I say that all Cities are built either by men born in the place where they build it or by foreigners. The first case occurs when it appears to the inhabitants that they do not live securely when dispersed into many and small

---

① 参考资料：Discourses on Livy，维基百科。

parties, each unable by himself both because of the location and the small number to resist attacks of those who should assault them, and they are not in time (the enemy coming) in waiting for their defense: or if they should be, they must abandon many of their refuges, and thus they would quickly become the prey of their enemies: so much that in order to avoid these dangers, moved either by themselves or by some one among them of greater authority, they restrict themselves to live together in a place selected by them, more convenient to live in and more easy to defend. Of these, among others, have been Athens and Venice: the first under the authority of Theseus was built by the dispersed inhabitants for like reasons: the other built by many people (who) had come to certain small islands situated at the head of the A-driatic Sea, in order to escape those wars which every day were arising in Italy because of the coming of new barbarians after the decline of that Roman Empire, began among themselves, without any particular Prince who should organize them, to live under those laws which appeared to them best suited in maintaining it (their new state). In this they succeeded happily because of the long peace which the site gave to them (for) that sea not having issue, where those people who were afflicting Italy, not having ships with which they could invest them; so that from a small beginning they were enabled to come to that greatness which they now have. ①

---

① Nicolo Machiavelli, *Discourses On Livy*, http://www. en8848. com. cn/.

**译文参考 A**

城邦的起源一般而言是什么样的，罗马的起源是什么样的

那些读过罗马城是如何起源，由哪些立法者、以何种方式进行管理的人不会感到惊奇，那个城邦数个世纪来维持了如此大的德行，并且后来从那个共和国中发展出那个帝国。我首先想要谈谈它的诞生，我要说，所有城邦要么是由城邦建立地本土出生的人建立的，要么是由外人建立的。前一种情形发生于分散为许多小部分的居民认为生活不安全，由于所处的位置以及人数少，每个部分自身都不能抵抗袭击他们的人的进攻；当敌人到来时，要聚集起来进行防守在时间上来不及，或者即使来得及聚集起来，也得放弃他们的许多据点，从而立即被其敌人所俘获。为了避免这些危险，由他们自己发动，或者在他们中具有较高威信的某个人的发动下，他们聚拢起来共同居住在由他们选定的、更便于生活和更易于防守的地方。

属于这类情形的城邦有许多，其中就有雅典和威尼斯。前者在提修斯的权威下，出于相似的原因，由分散的居民建立。后者由于许多居民已退居到位于亚得里亚海的海岬的一些岛屿上，以躲避在罗马帝国衰落后每次新的蛮族人到来就会在意大利爆发的那些战争。在他们中，没有对他们发号施令的某个特定君主，这个城邦开始生活在他们认为更适于维持它的那些法律之下。他们之所以获得成功，是因为地理位置使他们得以高枕无忧，因为那个海洋没有出口，并且那些损害意大利的民族也没有船只能够侵扰他们。因此，每个小的开端都能够使他们变得如现在那样的伟大。

## OF THE RELIGIONS OF THE ROMANS

Although Rome had Romulus as its original organizer and, like a daughter, owed her birth and education to him, none the less the heavens, judging that the institutions of Romulus were not sufficient for so great an Empire, put it into the breasts of the Roman Senate to elect Numa Pompilius as successor to Romulus, so that those things that he had omitted, would be instituted by Numa. Who, finding a very ferocious people and wanting to reduce them to civil obedience by the acts of peace, turned to religion as something completely necessary in wanting to maintain a civilization, and he established it in such a manner that for many centuries there never was more fear of God than in that Republic, which facilitated any enterprise which the Senate or those of great Roman men should plan to do. And whoever should discuss the infinite actions of the people of Rome (taken) all together, and of many Romans (individually) by themselves, will see that those citizens feared much more the breaking of an oath than the laws, like those men who esteem more the power of God than that of man, as is manifestly seen in the examples of Scipio and of Manlius Torquatus, for after the defeat that Hannibal had inflicted on the Romans at Cannae, many citizens had gathered together (and) frightened and fearful (and) had agreed to abandon Italy and take themselves to Sicily: when Scipio heard of this, he went to meet them, and with bared sword in hand he constrained them to swear not to abandon their country. Lucius

Manlius, father of Titus Manlius, who was later called Torquatus, had been accused by Marcus Pomponius, a Tribune of the Plebs; and before the day of judgment arrived, Titus went to meet Marcus, threatening to kill him if he did not swear to withdraw the accusation against his father, constrained him to swear, and he (Marcus) from fear of having sworn withdrew the accusation from him (Lucius). And thus those citizens whom (neither) the love of their country and of its laws could keep in Italy, were kept there by an oath that they were forced to take, and the Tribune put aside the hatred that he had for his father, the injury that his son had done him, and his honor, in order to obey the oath taken; which did not result from anything else than from that religion which Numa had introduced in that City. ①

译文参考 B

关于罗马人的宗教

虽然罗马的第一个创建者是罗穆卢斯，而且罗马必须承认，作为他的女儿，自己的诞生和教养都得自于他；但是那些上苍指示给罗穆卢斯的制度对于如此强大的帝国来说是不够的，它们在罗马元老院的心中激发灵感，选举努马·蓬皮利乌斯作为罗穆卢斯的继任者，以便努马可以规定为罗穆卢斯所遗漏了的那些事情。努马发现罗马人民极其凶悍，希望通过和平的技艺使之变得温和并且顺从，便转向作为如果要维持一种文明就完全必要的事物的宗教，而且他建立宗教到如此地步，以至多个世纪以来，对神所

---

① Nicolo Machiavelli, *Discourses On Livy*, http://www.en8848.com.cn/.

怀有的敬畏之情，从来没有像在那个共和国里那样深切过。这为元老院或者罗马的那些伟大人物计划做任何事情都提供了便利。只要说说罗马人民全体一起以及许多罗马人自己的无数行动，就会发现那些公民害怕违背誓言更甚于害怕违反法律，因为那些人尊重神的力量更甚于尊重人的力量：这一点通过西庇阿和曼利乌斯·托尔夸图斯的例子明显可见。因为当汉尼拔在坎尼使罗马人溃败之后，许多公民聚集在一起，由于对祖国绝望，他们协商离开意大利，前往西西里。西庇阿得知此事后，找到他们，手持出鞘的利刃，逼迫他们发誓不离弃祖国。提图斯·曼利乌斯，后来又被称为托尔夸图斯，他的父亲卢基乌斯·曼利乌斯受到保民官马尔库斯·蓬波尼乌斯的指控；在审判日到来之前，提图斯前去找马尔库斯威胁说，如果他不发誓撤销对其父的指控便杀死他，从而迫使他发誓；后者由于害怕已经发的誓，撤销了对其父亲的指控。这样，那些公民对祖国的爱和祖国的法律没有使其留在意大利，他们却因其被迫发下的誓言留在了那儿；而那个保民官，把他对那个父亲的恨、那个儿子对他所做的伤害以及他自己的名誉撇到一边，以便遵守所发的誓言。这种事情的缘由不在其他，只不过是努马引进到那个城邦的那个宗教而已。

## 语篇精粹 C

THAT ROMAN CAPTAINS WERE NEVER EXTRAORDINARILY PUNISHED FOR ERRORS COMMITTED; NOR WERE THEY YET PUNISHED WHEN, BY THEIR IGNORANCE OR BAD PROCEEDINGS UNDERTAKEN BY THEM, HARM ENSUED TO THE REPUBLIC

The Romans were (as we discussed above) not only less ungrateful than other Republics, but were even more merciful and considerate in punishing their Captains of the armies than any other. For if their error had been from malice, they castigated them humanely: if it was through ignorance, they did not punish them but rewarded and honored them. This manner of proceeding was well considered by them, for they judged that it was of great importance to those who commanded their armies to have their minds free and prompt and without any outside regard as to how they took up their duties, that they did not want to add anything, which in itself was difficult and dangerous, believing that if these were added no one would be able to operate with virtu. For instance, they sent an army into Greece against Philip of Macedonia, and into Italy against those people who first overcame them. This Captain who was placed in charge of such an expedition would be deeply concerned of all the cares that go on behind those activities, which are grave and very important. Now, if to such cares should be added the many examples of the Romans who had been crucified or otherwise put to death for having lost the engagement, it would be impossible for that Captain, among such suspicions, to be able to proceed vigorously. Judging, therefore, that the ignominy of having lost would be a great punishment for such a one, they did not want to frighten him with other greater penalties. [1]

---

[1] Nicolo Machiavelli, *Discourses On Livy*, http://www.en8848.com.cn/.

## 译文参考 C

罗马的将领们从未因所犯的错误而受到比法律
规定的更严厉的惩罚，他们也从未因其无知或
作出错误决策给共和国造成了损害而受到惩罚

罗马人不仅仅像我们在上面说过的那样不像其他共和国那么忘恩负义，而且他们在惩罚军队将领方面比任何其他共和国更加宽容和小心谨慎。因为如果他们的错误是出于恶意，则人道地处罚他；如果是出于无知，则不是处罚他，而是奖赏他并尊敬他。这种举动方式是经过他们深思熟虑的。因为他们认为，对于那些指挥军队的人来说，心中无所顾虑并且在作决定时除了关心有关军队管理的事务之外，别无其他类型的担心是如此重要，以至于他们不希望在那件本身就很艰难的事情之外增加新的困难和危险；因为考虑到如果给他们增加那些负担，根本没有人能够有效做事。例如，他们派一支军队去希腊反对马其顿的腓力，或者去意大利反对汉尼拔，或者反对以前征服过的那些民族；被指定率领这次远征的将军将因伴随那些重大且极其重要的事情产生的所有那些担心而殚精竭虑。现在，如果在这些担心之外又加上许多把作战失利者钉死在十字架上或以其他方式处死的罗马人的先例，那么这个将军在如此多的担心之中，还可以作出勇敢的决定，这是不可能的。所以由于他们认为打了败仗的耻辱足以惩罚这些人，他们就不愿意用其他更大的惩罚来使他们感到惊恐。

# 第五章　布鲁诺：捍卫真理的殉道者

我充满信心，向上翱翔。

晶莹的天弯再也不能把我阻拦。

我冲破天弯，飞向无垠。

我穿越以太，一往无前

命运、激情、天性，

慷慨地赐予我

苦难、重负和死亡

酬谢了我的劳作，

对于理性和心灵，

胜过享受、自由和生命。

——乔尔丹诺·布鲁诺

I am full of confidence, soaring up.

Glittering and translucent day cannot stop me.

I break the days, fly to the infinite.

I through the Ethernet, walk the line

Fate, passion, nature,

Generously give me

Suffering, heavy burden, and death

Reward for my work,

For the rational and heart,

Is better than joy, freedom and life.

——Giordano Bruno

# 一、坎坷的一生

布鲁诺肖像①

文艺复兴时期，科学和哲学的发展是以火和血为代价的，涌现出了一大批具有远见卓识的科学家和思想家，他们在火和血的考验面前，坚持真理、临危不惧，承担着科学革命和哲学革命的艰巨任务。布鲁诺作为天文学家和哲学家则同时承担了双重任务。

---

① 图片来源网址：https://commons.wikimedia.org/wiki/Giordano_Bruno#/media/File：Giordano_Bruno.jpg.

乔尔丹诺·布鲁诺（Giordano Bruno，1548—1600）是欧洲文艺复兴时代伟大的天文学家、哲学家和新兴的资产阶级思想家。布鲁诺生活在文艺复兴这样一个风起云涌、英雄辈出的大变革时代，他担当起了时代所赋予的历史使命，为推动人类思想和文化的发展做出了积极有益的贡献，在欧洲哲学史上占有一定的特殊地位。给布鲁诺这样一个历史人物以足够的重视和恰当的评价，是很有必要的。列宁曾经指出："判断历史的功绩，不是根据历史活动家没有提供现代所要求的东西，而是根据他们比他们的前辈提供了新的东西。"[①] 他用巨人的学识和性格为科学和哲学摆脱宗教神学的束缚，推动近代天文学和新兴唯物主义的发展进行了艰苦卓绝的斗争。

## （一）圣多米尼克修道院的异端

1548 年初，布鲁诺出生在意大利南部一个风景优美、历史文化悠久的被称作诺拉镇的郊区，距离闻名遐迩的"欧洲最危险的火山"维苏威火山不太远。布鲁诺在这个依山傍水的小镇上度过了他无忧无虑的幸福的童年。布鲁诺始终对故乡怀有深厚的感情，他长大后以诺拉人自称，并把自己的哲学称为"诺拉哲学"。布鲁诺的父亲名叫乔万尼·布鲁诺，是意大利一个破落的小贵族，小布鲁诺出生时，他的家境已是十分清苦，全家数口人仅依靠着一小块土地和一个不大的果园勉强维持生计。像每个热爱思考的孩子一样，童年时代的布鲁诺非常喜欢在繁星密布的晴朗夜晚观

---

① 《列宁全集》（第二卷），人民出版社，1959 年，第 150 页。

察夜空。夜空中那一眨一眨的群星，常常会勾起他无限的遐想。在他幼小的心灵里，群星璀璨的夜空仿佛是一座有无数未解之谜的大迷宫，他盼着自己快快长大，好去探索神秘星空的奥秘。

布鲁诺的父母是十分开明的家长，他们为子女提供宽松的成长环境，尽量让孩子在观察生活中进行学习。布鲁诺的舅父什皮奥涅·萨沃林诺对于宗教仪式满不在乎的态度，潜移默化地影响着布鲁诺，使他从小就对镇上举行的各种荒诞的、愚昧的宗教迷信活动不屑一顾。在布鲁诺的著作当中有许多关于迷信的奇闻轶事，其素材许多是来自本人童年时代的家乡社会生活。家乡许多贫苦、善良但又迷信的亲朋，给他留下了极为深刻的印象，成了他后来著作中对话人物的原型。

布鲁诺自幼聪明好学，记忆惊人，镇上的神父教他读书写字，他通常能够比别人更快地掌握。据说他不仅能背诵许多圣经故事，还对许多名人的诗篇倒背如流。这一方面是由于布鲁诺对学习的兴趣浓厚，刻苦用功，因此进步很快；另一方面是由于布鲁诺家境贫寒，没有钱买书，只好依靠自己的记忆。一旦借到自己所需要的书籍，他便努力背下来，久而久之便形成了他惊人的记忆力。他特别喜爱著名诗人罗道维柯·汤希洛写的一首立志诗："人得到翅膀，应当凌空翱翔，不怕跌落死亡"，并深受启发。后来布鲁诺在《论英雄激情》一书中写道："有价值地英勇死去，胜过无价值的卑鄙地凯旋。"这两句话成为布鲁诺终生信仰并以身践行的座右铭。

1558 年，年仅 11 岁的布鲁诺离开家乡，来到繁华的大城市那不勒斯，在一所私立的学校开始了长达 6 年的学习历程，先后学过文学、逻辑学及论辩术等课程。布鲁诺精力充沛，求知欲望十分强烈，在出色地完成老师布置的学业之外，他还偷偷地阅读了当时教会禁止的一些新书。在这里，他第一次接触到哥白尼的《天体运行论》，了解新的天文知识。他怀着无比崇拜的心情写道："你的宏伟巨著，当我还是少年翩翩的时候，便激荡着我柔嫩的心扉。"布鲁诺十分热衷于参加学园组织的论辩会，在此期间他有幸接触了一些著名的学者，例如泰奥非洛·达·魏拉诺、西蒙·波尔齐奥、特勒肖、尼古拉·弗朗哥及蒋·德·波尔塔等人。布鲁诺在与他们交往的过程中，倾听了他们中间一些有识之士的深刻独到的见解，备受启发和教育，也极大地开拓了他的眼界。如被布鲁诺亲切地称为启蒙老师的魏拉诺是当时的著名学者，他的逻辑课让布鲁诺学习到严谨的思维，获益匪浅。著名思想家波尔齐奥反对教会宣传的灵魂不死的学说，他公开和教会作对，独树一帜地把物质称为一切可动者产生的本原和发祥地。特勒肖号召人们抛开教会和世俗的权威，驳斥了亚里士多德关于第一推动者的学说，证明天与地在物质本性上是统一的，强调物质是永恒的、不生不灭的客观存在，物质是产生感觉的基础。主张用实验的方法研究自然界。弗朗哥则通过他的讽刺性小册子大胆地批露僧侣、修道士及罗马教皇的丑恶行径，批判了各种迷信与偏见，赞美自然界的伟大创造力。这些学者们渊博的学识以及天才的思想预见力，都给年轻的布鲁诺留下了难以磨灭的印象。他提高了明辨是非的能力和思考问题的方式，朴素的唯物主义思想开始在布鲁诺的心灵深处悄悄萌芽。

　　1565 年 6 月 15 日，布鲁诺以优异的成绩从那不勒斯的人文学校毕业，求学心切的他由于家境贫寒，无法进入意大利的名牌大学，最后只好违背自己的初衷进入意大利首屈一指的修道院——圣多米尼克修道院，成为一名修士，他在这里度过了长达11年的僧侣生活。圣多米尼克修道院气势恢宏，规模宏伟。这所修道院保持了经院哲学的学术传统，其主要任务是为教会培养神学家。在这里最令布鲁诺开心的事就是到图书馆看书学习了，因为圣多米尼克修道院十分富有，它拥有全欧洲最丰富的藏书，满足了年轻的布鲁诺对知识的渴求。除了吃饭睡觉，布鲁诺每天都待在修道院的图书馆里静静地读书，他就像一只掉进花海的小蜜蜂，贪婪地吮吸着花蜜，他在这里博览群书，熟读了古今中外许多著名哲学家、科学家的著作及喜剧家和诗人的作品。在学习过程中，布鲁诺表现出惊人的记忆力，他对一些警句及精彩的章节能够过目不忘，滚瓜烂熟地背诵86首赞美诗，还曾被作为见习修士中的佼佼者引见给教皇。在修道院里，布鲁诺由于不顾教会三令五申的禁令，大胆地阅读了许多进步书籍，包括许多禁书，从而逐渐形成了与教会对立的世界观，屡屡违犯教规，他的言谈举止越发显得与教会的气氛格格不入，冲突爆发也在所难免。

布鲁诺进入修道院后不久，就开始对"三位一体"的宗教产生了怀疑。他提出上帝等同于自然的观点。将上帝的永恒性、无限性等特点等同于自然的永恒性、无限性，这是他后来有关物质永恒、宇宙无限、物质本身自我运动等观点的萌芽。那种像驴子一样的僧侣生活同年富力强、敏感热情的布鲁诺是格格不入的。他嘲笑僧侣们像"神圣的驴子"一样愚蠢、不学无术和痴呆，在他们面前简直没有什么智慧可言。他把经院哲学家叫作"懒汉"，说他们所贡献出来的只是文字的外壳而不是事物的核心。① 布鲁诺从 18 岁起，便反对崇拜圣像。有一次他竟把圣像从他的僧房里扔了出去，这一举动立刻在修道院中引起了一场轩然大波，布鲁诺由于其"离经叛道"的行为受到严厉的谴责。他还经常奉劝一些见习修道士不要在荒谬无聊的圣母七喜小说上白白浪费时间，应该去读点有用的东西，这也被僧侣们指责为是冒犯圣母的狂妄行为。幸亏老院长安布罗琪奥赏识布鲁诺勤奋好学，及时出手相助，否则后果不堪设想。

16 世纪，意大利教会鱼龙混珠，其中不乏一些满嘴仁义道德，实际男盗女娼之流。当时的百姓对教会权威十分失望，把男、女修道院分别描述为盗匪的巢穴和妓院。布鲁诺的很多师兄弟中就有许多人不学无术，每天过着酗酒、打架、荒淫放荡的生活。布鲁诺对这类人物深恶痛绝，他把僧侣比喻为猴子，认为猴子不能像狗那样看家，不能像牛那样耕犁，不能像羊那样提供羊毛和羊奶，不能像马那样驮运重荷。猴子只会到处拉屎和弄坏一切。因此，他从大家那里得到的是嘲笑和敲打。他完全不像僧侣，僧侣不像农民那样能劳动，不像战士那样能保卫国家，不像医生那样能医治病人……僧侣们所干的只是用叮叮钟声弄得邻居苦恼不堪。这种辛辣的嘲讽引起僧侣们对布鲁诺的强烈不满。一些别有用心的人伺机报复，暗地里把布鲁诺平时的异端言行一一记下来，向修道院院长添枝加叶地汇报，导致当时布鲁诺的处境十分危险。

1576 年，在圣多米尼克修道院，布鲁诺按当时的规定完成了

---

① 参见管成学、赵骥民：《真理在烈火中闪光：布鲁诺的故事》，吉林科学技术出版社，2012 年，第 7 页。

学业。他用了十年的时间学习了拉丁语、《圣经》、逻辑学、自然科学和神学。他在准备博士论文的结业写作时，老师给他出的两个不容有任何怀疑的题目，分别是"凡有箴言大师所说的皆为真理""凡是《反异教大全》（即托马斯·阿奎那所著的《神学大全》）中所述的都是真理"。28 岁的布鲁诺克制住内心的痛苦，违心地完成论文，顺利地通过了答辩，取得了神学博士学位。因为他是修道院出了名的高才生，所以假如当初布鲁诺顺从教会的意图从事神甫职业，凭他的聪明才智，肯定会青云直上，前途无量的。当时天主教的最高学府——罗马明哲学院正好需要一批优秀人才，布鲁诺入选是毫无问题的。以往，这个修道院的不少道士都平步青云，有的当上了大学教授，有的成为修道院学校的校长，有的成了大主教，有的成了教会显要人物。然而布鲁诺却丝毫不为高官厚禄所动，他宁可为科学、为真理而艰苦奋斗，也不愿做追名逐利的宗教新贵，更不愿成为一个宗教的卫士。[①]

促使布鲁诺最终下定决心离开修道院的是发生在 1576 年的一次辩论会。这次辩论会的发起者是一位受人尊崇的神学家阿古斯提·达·蒙塔尔齐诺，他围绕着 4 世纪的"异端分子"亚历山大的修道士阿里安展开批判。同布鲁诺一样，阿里安曾激烈反对"三位一体"的宗教教义，被教会视为异端分子。当辩论会开始的时候，阿古斯提率先发言，他肆意贬低和歪曲阿里安的思想，令人出乎意料的是，他的话音未落，布鲁诺居然走上前去，当众向这位神学权威提出挑战，为阿里安辩护。布鲁诺的发言在会场

---

① 参见管成学、赵骥民：《真理在烈火中闪光：布鲁诺的故事》，吉林科学技术出版社，2012 年，第 8 页。

引起了极大的骚动。他刚一讲完，那些顽固的僧侣们就按捺不住，疯狂地对布鲁诺进行人身攻击，拳打脚踢。个别极端分子甚至大喊道："烧死他，烧死他！"辩论会最终以围攻谩骂收场，多亏几位有正义感的僧侣的帮助，布鲁诺才得以脱身，回到僧房。

回到僧房布鲁诺辗转反侧，他已经预感到情况不妙，无法在修道院继续待下去了。正在这时，他的一个朋友通风报信，告诉他说："赶快逃走吧，教会僧侣们很快就要来抓你了。他们要把你送往宗教裁判所，到那儿不是被判死刑，就是流放做苦役。"情况十分危急，布鲁诺来不及多想，只好简单收拾一下行装，连夜逃出了圣多米尼克修道院。布鲁诺逃走的当天晚上，他的僧房便被查抄。他们查出布鲁诺窝藏了许多被教会视为异端学说的禁书，像德国人文主义学者伊拉斯谟的著作等等，这些著作大都对教会和罗马教皇的世俗权力进行了谴责，对教会聚敛财富和僧侣的虚伪进行了无情的抨击。仅窝藏禁书一罪，布鲁诺便可被定为异端分子了，何况宗教裁判所还拼凑了几十条罪状呢！

### （二）饱经苦难和辛酸的逃亡生涯

1576 年春，布鲁诺毅然脱掉僧衣，逃离罗马，开始了长达 24 年之久的异乡漂泊生活。4 月，布鲁诺到达意大利北部的城市热那亚。这时一场巨大的灾难笼罩了意大利各地。许许多多的城市遭受鼠疫的侵袭，黑色的死神威胁着人们的生命。城市中大量的豪华宅第被富人抛弃，在人口稠密的贫民区，因无药可医成百上千的穷人悲惨地死去，尸体恶臭连天，惨不忍睹。身无分文的布鲁诺原打算在这里靠教学维持生计，然而瘟疫的蔓延使人们根本没有心思去聘用教师。因此，他在热那亚做短暂的停留后便很快离开了。

5月，布鲁诺来到一个风景宜人、十分宁静的海滨小镇诺利。这座小镇由于几座大山的阻隔，简直就是一个孤立的世外桃源。在这里，布鲁诺第一次享受到不受宗教裁判所特务跟踪的安宁。然而由于与外界联系少，在诺利要找到令他满意的工作却十分困难，布鲁诺给几位富家子弟讲授语法和天文课。于是在授课之余布鲁诺有了相当充裕的时间去潜心钻研他的学问。即便如此，布鲁诺常常感到很苦恼，一辈子呆在这个闭塞的小镇教书与他的志向相距甚远。于是，几个月后，布鲁诺告别宁静的海滨小镇诺利，辗转来到了水城威尼斯。

布鲁诺于1577年到达威尼斯，美丽的水城威尼斯素有"亚得里亚海的珍珠"之美誉。布鲁诺之所以选择在这里落脚，除了威尼斯得天独厚的地理环境之外，还由于布鲁诺早就听闻此地学术氛围浓厚，十分利于思想碰撞和交流。在这里他发表了他的第一本著作《论时间的象征》。遗憾的是这本书由于种种原因没能保存下来。据传记作家们推测，这本书是对布鲁诺的哲学观点和新宇宙学说的第一次概述。

生性喜爱旅行的布鲁诺又离开威尼斯去了意大利的自由教育发源地——帕多瓦。他对当时最著名的哲学家贾科莫·莫巴芮拉（1533—1589）讲课十分感兴趣。莫巴芮拉是一位唯物主义哲学家，他认为，宇宙运动的动力来自自身，并具有永恒运动的能力。物质是永恒的。一切都是物质的，物质先于一切，因而也先于上帝，所以世界不是上帝创造的。布鲁诺赞同莫巴芮拉的这些观点，并将其作为他后来认识宇宙的唯物主义体系的基础。在帕多瓦，布鲁诺还遇到了几位熟识的多米尼克派僧侣，他们劝他重新穿上僧侣服装。虽然布鲁诺不想重返僧团，但穿着僧侣服装旅行毕竟会有很多优待。全国各地的修道院一般都会殷勤地接待漫游的僧侣，免费为他们提供吃、住和休息场所。布鲁诺不得不克制住对僧袍的厌恶，穿着僧服四处游历，他还常常运用自己的医学知识为僧侣们看病。1572 年发生天主教派对胡格诺派大屠杀事件，由此引起了一场旷日持久的宗教战争。在意大利待不下去了，布鲁诺决定沿着 16 世纪意大利宗教移民的老路，于 1579 年 4 月去瑞士的日内瓦。

日内瓦的日子是清苦的，身无分文的布鲁诺为了挣钱糊口，找了一份在印刷所的校对和清样工作。工作单调繁重，但布鲁诺已经很知足了，工作间隙他经常去听意大利和法国人举办的布道会和讲座。他在认真阅读和考察新教的三大主流之一的加尔文宗的著作和其所作所为后，大失所望，他发现日内瓦的新教同意大利的教会一样荒诞不经、自私自利。他对加尔文宗的"预定论"（即认为世界的一切，上帝早已预定，谁被上帝选召，谁被弃绝，与本人行为无关）嗤之以鼻。在布鲁诺看来，整个日内瓦几乎就是一座大修道院，教会拥有无限大的权势，对加尔文宗的唯我独尊和不容任何异议，令他感到自己与这里的气氛格格不入。

从 1579 年 5 月 20 日起，布鲁诺离开了那个印刷所，到日内瓦大学供职。日内瓦大学成立于 1536 年 5 月 21 日，第一任校长是加尔文的老战友泰奥多·伯撒（1519—1605），加尔文死后，他成了瑞士实际上的独裁者。他不容有任何不同的声音。辩论守则规定任何发言者"必须放弃谬说和危险议论，虔诚地按照宗教信仰讨论问题"，并且要在事前三天交发言提纲，接受上级审查。布鲁诺在辩论会中，旗帜鲜明地捍卫"人的哲学"，反对宗教神学。布鲁诺带来的新鲜的哲学思想，立刻在神学派教授中引发轩然大波。在日内瓦，布鲁诺在一家小印刷所出版了一本由他编写的一部专门揭露传教士安东·德·拉非错误的小册子，书中详细地列出了德·拉非在讲课中出现的二十多条谬误，并且一一加以批驳。布鲁诺这次又闯了大祸，这次他得罪的人物不一般，是日内瓦第二号人物，日内瓦大学赫赫有名的哲学教授，加尔文教派领袖的密友。日内瓦市委会的暗探们就这本小册子的事向当局作了密报，布鲁诺因此被捕入狱。

日内瓦市委会决定一方面把小册子销毁，另一方面对布鲁诺实施抓捕，并移交教会法庭问罪。审讯从 8 月 13 日开始，一直持续到 8 月底，布鲁诺在两个星期内经历了一轮又一轮有损尊严的侮辱性的审讯仪式。他们给布鲁诺脖子上戴铁项圈，用铁链牵着，站在教堂中间，向他宣读判决，允许教民们向他脸上吐唾沫和谩骂，甚至有时罚他跪着，并进行殴打。如果他还继续不表示悔改的话，就要受到更严厉的惩罚，直到施以火刑，将肉体和灵魂一并消灭。布鲁诺意识到自己处境十分危险，不得不在形式上表示认罪，请求法庭宽恕。于是宗教法庭决定撤销开除布鲁诺教籍的处分，然后释放了他。

1579 年 8 月 27 日，布鲁诺获得释放。他一获释，便立刻逃离日内瓦逃往法国。他先到法国的里昂，在这里他没能找到合适的工作，无法维持生计，因此仅住了一个月便取道阿维尼翁前去图卢兹。法国南部重镇图卢兹文化底蕴深厚，拥有众多高等学府，布鲁诺在这里首先是当家庭教师，讲授天文学和哲学。从这时起，布鲁诺将天文学特别是新的宇宙学说定为自己的主攻目标，他经常在这里组织演讲，宣扬哥白尼的日心地动学的观点，吸引了一大批听众追随他。恰逢此时图卢兹大学招聘一名编内的哲学教授，布鲁诺从众多的应聘者中脱颖而出，在这所大学连续执教了两年。多才多艺的布鲁诺在这里写下了大量的意大利对话和哲学诗，在课堂上，尽管他是以亚里士多德的《论灵魂》为教材，却不遗余力地反对亚里士多德的哲学体系，反对经院哲学，这给他带来了许多麻烦，招来了他的同事和学生的愤慨和不满。生性率直的布鲁诺在学校从不履行任何教会仪式，实际上游离于宗教之外，随着图卢兹天主教势力的不断增强，布鲁诺日益感到在此难以立足下去，便于 1581 年夏末动身到巴黎去了。

初到巴黎，布鲁诺非常幸运，他结识了威尼斯驻法国宫廷大使，在他的热心帮助下顺利地当上了巴黎大学教授并从事哲学专题讲座，他围绕着《关于上帝的三十个属性》发表了三十次讲演，大获成功。与传统的枯燥无味的教学形式相比，布鲁诺的讲演善于运用幽默的比喻去讲解深奥的哲学问题，他风趣机智，深入浅出，将严格的证据和笑话交相迭替，一连串精彩的推论后面跟着诗，抽象的概念变成活生生的形象，讲演起来生动有趣，口若悬河，备受到场学生们的欢迎，讲课为他赢得了极高的声誉。虽然校方很想聘请他担任编内教授，但被他婉言谢绝了，因为编内教授承担着一系列令他头痛的职责，例如必须参加弥撒，履行宗教仪式等。而布鲁诺宁肯穷困潦倒，也不想被任何烦琐的宗教仪式束缚。在金钱和自由面前他选择了后者。布鲁诺还在这所大学开设了记忆术课程。当时记忆术风靡一时，布鲁诺的记忆术讲座出乎意外地吸引了许多听众，听众当中既有学生又有学校的教授，许多人是每讲必到。精彩的、令人惊服的讲演为布鲁诺赢得了更大的声誉，使这位新教授很快名扬全校，名扬全城，乃至传进法国宫廷。

1583 年，天主教反动势力加强了对巴黎和宫廷的控制，布鲁诺自知在巴黎待不下去了，于是前往英国。走之前，国王亨利三世还专门给布鲁诺写了一封介绍信，让法国驻伦敦大使对他予以关照。然而英国驻巴黎大使却于 1583 年 3 月 28 日，给英国女王伊丽莎白的秘书和大臣沃尔兴写了一封用意相反的信，信中道："诺拉人哲学教授、博士乔尔丹诺·布鲁诺先生打算去英国，此人的宗教观点，我不能给予好评。"

说来也巧，布鲁诺在英国期间，一次读书时看到 1576 年英国学者迪格斯出版的《天体轨道的完美描述》，其中所绘的哥白尼（1473—1543）日心体系图虽然依然把太阳放在宇宙中央，但却取消了哥白尼学说中的恒星天层，而把恒星画成是向四面八方无限延伸的。这一见解使布鲁诺深受启发。他在此基础上进一步发展了宇宙无限的思想。1584 年，他出版了《论无限：宇宙和众世界》一书，书中明确提出：宇宙是无限的，其中拥有无数个世界。恒星都是遥远的太阳。太阳只是千千万万颗恒星中的普通一员。太阳不是宇宙的中心，无限的宇宙根本不存在中心……这些天才的见解远远超越他所生活的时代，直到三个世纪后，科学才逐渐证实。这些见解是对哥白尼学说的一个重要发展。在他的宇宙图像中，没有给上帝预留任何地盘，因而教会把他视为最凶恶的敌人。

在哥白尼的日心说中，地球被逐出宇宙中心，代之以太阳。布鲁诺比哥白尼走得还远，他又将太阳逐出宇宙中心，而且从根本上取消了宇宙中心。宇宙无限大，根本没有中心。宇宙是无限的观点令他的同代人感到惊慌失措。许多人视布鲁诺为痴心妄想的疯子。在天主教看来，再也没有比布鲁诺更有害的异端和更可恶的敌人了。

由于布鲁诺经常发表"大逆不道"的言论，最终他被教会革除了教籍，流亡到瑞士、法国、英国和德国等地，长期过着极其艰苦的生活，无论是正统的旧教还是新教都迫害他、敌视他。但他毫不在乎，每到一处，就开始发表演讲并进行著述活动。他无情地揭露封建贵族和僧侣们的道貌岸然以及伪善行径，控诉他们在经济上、政治上享有的种种特权和专制。更为可贵的是，布鲁诺提倡科学真理和信仰自由。他认为，获取真理唯一可靠的途径就是接触自然界，要使自己的认识建立在科学实验和感性经验的基础上，最终使感性认识上升为理性认识。他的思想体现了唯物主义认识论，同经院哲学的先验论划清了界限。

他反对盲目迷信权威，提倡大胆怀疑，他认为，科学研究就是从怀疑开始的，没有怀疑就无从研究，同时，他还鼓励和提倡开展争论以及自由探讨问题。应该指出，在黑暗的中世纪，在宗教神学观念还牢牢盘踞着人们头脑的时代，布鲁诺的声音有如石破天惊，冲破神学迷雾，敲碎精神枷锁，对当时人们的思想解放确实起到了巨大的推动作用，对以后在欧洲广泛掀起的启蒙运动产生了一定影响，为新兴的资产阶级革命的到来作了舆论准备，起了先导作用。

## （三）魂牵故土

1590 年，教皇西克斯特五世死后，欧洲的政治形势发生了明显的变化。据说教皇驾崩时，教皇宫殿的上空狂风肆虐，暴雨如注。民间传说这是魔鬼出来追赶教皇灵魂的。令人痛恨的教皇一死，接着就爆发了农民起义。人们砸毁了西克斯特五世的雕像，扔进了台伯河中，销毁了他的徽号，冲进他近臣的官邸并将其捣毁。法国胡格诺战争进入最后阶段，亨利四世胜利在望，在欧洲主张信教自由，停止宗教战争的反天主教势力的集团，也加强了自己的地位。当时的威尼斯共和国成为欧洲政治最开明的国度，实行宽容的宗教政策，在宗教事务上也并非事事唯罗马教皇是从，布鲁诺据此判断回意大利在安全上会有保证。这是导致布鲁诺回国的重要原因。

布鲁诺阔别祖国已有 15 年了。十几年来，他长期漂泊异国他乡，先后到过瑞士、法国、英国、德国、捷克、匈牙利等许多国家，可以说饱尝人间辛酸和苦难。但他从未向宗教势力妥协，也没有忘记宣传真理。十几年来，他出席过世界各地的辩论会，到处写文章、作报告、讲学，用他的笔和舌身体力行，热情颂扬真理，无情抨击宗教神学。他走到哪里，哪里就响起真理的呼声。他的足迹几乎遍布整个欧洲，真理的声音也伴随着他的脚步响彻欧洲大地。但是无论他走到哪里，布鲁诺一刻也没有忘记他的祖国，心里始终思念着那不勒斯的天空，更怀念他那美丽而可爱的故乡——诺拉。他是多么希望有朝一日回到祖国的怀抱，再看看家乡的亲人和朋友啊！

思乡忧国之情，加上对当时威尼斯政治形势过于乐观的估计，以及莫钦尼柯的再三邀请，最终促使布鲁诺作出返回意大利的决定。作出回国决定后，布鲁诺在一名书商的帮助下，沿着山间小路，历经千辛万苦，终于在1591年深秋季节，回到了他阔别已久、日思夜想的祖国意大利。他最先到达一个名叫帕多瓦德的城市，在那里，他在一个德国学生小组里担任教师，主要讲授数学哲学课程。可是，他谋取帕多瓦大学数学教授的打算最终未能实现。于是，他又从帕多瓦来到威尼斯。

布鲁诺的许多朋友，对于布鲁诺此次执意回国很不理解，并对他回国后的安全深表忧虑。他们认为当年布鲁诺是从意大利逃出去的，现在回去等于自投罗网，十分危险。甚至认为布鲁诺回国简直是在拿自己的生命和自由开玩笑，非常不理智。其实，布鲁诺此举决非草率，他是经过了深思熟虑才作出这一重大决定的。他在回来之前对威尼斯的政治局势进行了详尽的了解和分析，当时威尼斯政府的统治者十分开明，在宗教事务上同罗马教廷保持独立。从整个形势上来看，他在那里有可能到得威尼斯政府的庇护，而不受罗马宗教裁判所的陷害。当然，他也意识到了危险的一面，意大利毕竟是宗教裁判所十分猖狂的地区，他这个出了名的背教分子在那里的安全是没有保障的，处境也一定有危险。应该说布鲁诺确实是冒了很大的危险才作出回国的决定，这充分表现出他惊人的勇气和大无畏的精神。

**（四）罗马的铁窗生涯**

起初布鲁诺租住在威尼斯的小旅馆，尽管莫钦尼柯三番五次邀请他搬到府邸去住，但都被他婉言谢绝了。在此期间，他曾数次去帕多区，给德国学生上课，在那里度过了秋天和初冬之后，于1592年初，才正式在威尼斯定居下来。后来，布鲁诺经不住莫钦尼柯的再三劝说，伴着行李和书籍住进了他的府邸，当了莫钦尼柯的家庭教师。

同在国外高调地演讲不同，布鲁诺在这段时间格外谨慎，他专注而低调地做学问、写书，并常去逛书店，到图书馆看书、查资料，埋头于家庭教学。莫钦尼柯是他每天面对的唯一学生。此人出身于威尼斯的显贵望族世家。在这个家族中曾经产生过共和国的首领、军事统帅和外交家。虽然他的父亲、叔叔、哥哥们都担任过国家和教会的要职，然而莫钦尼柯本人却一无是处，庸碌无能。他对功名利禄贪得无厌，性格多疑，手段毒辣，妄想靠魔法获得他想要的一切。但他头脑笨拙，对学术一窍不通，更不愿动脑进行一些抽象思维，什么天文地理历史，他一概不感兴趣。他最强烈的愿望是驾驭超自然的法术，然后靠魔术青云直上，靠魔术发财致富，因此他怀疑布鲁诺向他隐瞒了最主要的"秘密"知识。

34岁的莫钦尼柯，完全听不懂布鲁诺讲的哲学、天文学等自然科学，也看不懂布鲁诺的著作，甚至对于文学中的小说、诗歌也不感兴趣，而布鲁诺对待学生一向严格，因而引起了莫钦尼柯对布鲁诺的极大不满，甚至达到对立的程度。

布鲁诺是个心直口快、从不隐瞒自己观点的人。他在给莫钦尼柯讲课时或同其他人交谈中，都坦率地讲解自己的观点。他强调宇宙无限大，反对托勒密的地心说，并把上帝驱除出宇宙，否定上帝创始说。在布鲁诺的眼中，根本不存在教义和《圣经》。他仍然像 15 年来生活在异国他乡那样，从不去教堂做弥撒，甚至在他著作中用形象比喻丑化教会形象，例如猪教皇、猴子修士等，甚至还说基督是魔法师，是骗子。

　　莫钦尼柯对布鲁诺早已怀恨在心，他暗地里监视着布鲁诺的一举一动，一言一行，把布鲁诺渎神的言论详详细细地记到小本子上。布鲁诺对莫钦尼柯无聊的纠缠感到十分苦恼，为了躲避暗探的监视，为了印制他撰写的书稿，布鲁诺常去找有学问的人交谈，有时候在书铺里或图书馆里看书，有时候去广场散步，有时候又待在莫洛兹尼学园。

　　心怀敌意的莫钦尼柯，接二连三地向布鲁诺提一个又一个无理要求，搅得布鲁诺不得安宁，心烦意乱。再加上看到威尼斯城圣多米尼克修道院号召人们在 1592 年的"三一节"用"刀和火"惩治异端分子，布鲁诺从内心感到厌恶和无助，促使他打算离开威尼斯。于是，他向莫钦尼柯提出要去法兰克福印制新书。

　　也是这个时候，莫钦尼柯在神父的怂恿下，合谋出卖了布鲁诺。1592 年 5 月 22 日深夜，莫钦尼柯和 6 名身材魁梧的船夫，以及莫钦尼柯家的仆人，把已经打好行李、准备翌日动身去法兰克福的布鲁诺扣押起来。

　　5 月 24 日凌晨 2 时，莫钦尼柯把布鲁诺移送宗教裁判所。

　　1592 年 5 月 23 日、25 日、29 日，莫钦尼柯先后三次给宗教裁判所写秘密报告，把布鲁诺著作中值得怀疑的章节，平时给他讲课和无意中的谈话内容，甚至开玩笑的话，都进行了揭发。他用心险恶，其目的就是置布鲁诺于死地。莫钦尼柯的密告信决定了布鲁诺悲壮的命运。虽然他夸大事实地说布鲁诺提出了一个完整的战斗无神论的纲领，但从另一个侧面也充分显示出布鲁诺迫切想推翻、改造当时的天主教的决心和勇气。

1592 年 5 月 26 日，宗教裁判所第一次开庭审讯了这位哲学家、诗人、文学家和天文学家。一群穿着黑衣服的人在审判席上一一坐定，包括宗教审判法庭主席、教皇使节、威尼斯总主教、总宗教裁判官等，他们眼中流露出凶残的目光，俨然一群穿着黑衣服的豺狼。

审判席上一个尖声尖气的人吼了一声："把被告带上来！"布鲁诺被带上了法庭。他被法官训斥着把手放在福音书上向上帝起誓。然后又叫他如实地交代自己的罪行。头两次审讯，审判席上的人根本不发问，只有布鲁诺一个人说话。他回顾他一生的经历，他一生都做了些什么事，他的学说要旨是什么。在叙述自己的生平时，布鲁诺尽量避重就轻，对许多事实避而不谈，小心翼翼地将重心从本质的东西转移到次要点。不过，在最主要的观点上，他没有退缩，始终维护了自然神学离开神学而自主的独立性。头两次审讯用了两天时间，这是宗教裁判官惯用的使人神经衰竭的老一套战术，要布鲁诺交代他生平的基本审讯。第三、四次审讯，是要他谈自己的哲学世界观，用了一天。紧接着又进行了第五次及第六次审讯。

经过这六次审讯，宗教审判官们清楚地认识到，在智慧和学问渊博方面他们都远不如布鲁诺，要想让布鲁诺认罪必须采取一定的手段，于是他们故意将决定性的打击放到到最后几次审讯，最初几次庭审只不过是为最终审判积累材料而已。在审讯中，他们故意向布鲁诺连珠炮式地发问，不给他喘息的机会，让他无法集中精神思索答案，使他的神经整天处于高度的紧张状态。他们还绞尽脑汁地使用了把同一个问题单调、反复提问的战术。例如："写过或发表过什么有关第二位格的东西吗？怀疑这个词的化身吗？对基督持何看法？您以前发表过什么有关耶稣基督的观点？现在又持什么观点？对基督的奇迹行为和死亡，你抱什么看法？"等等。

从第四次审讯的末尾，审讯便进入一个新的阶段。宗教裁判官们强迫布鲁诺供认自己的宗教罪行，并且要进行忏悔。布鲁诺拒绝忏悔。宗教裁判官们认为，布鲁诺顽固不化，死不悔改，不愿意招供所犯罪行，但他的罪行又不够引渡移送罗马教廷。因此，宗教裁判官们便拼凑了很多莫须有的罪名，想尽一切办法损害布鲁诺的名誉，把他作为一个犯罪分子来揭发。

1592 年 6 月 4 日，进行第六次审讯。这次审讯主要是关于以下两个问题：从事魔法和个人仇敌。布鲁诺宣布：莫钦尼柯是他唯一的敌人。声明如下："他对我进行了极为严重的侮辱，超过了任何一个活人所能做的。他在我还活着的时候，便置我于死地，使我蒙受耻辱，夺去我的东西，在他自己家里逮捕我——他自己的客人，偷走我全部手稿、书籍和其他物品。而且他这样做只是因为，他不仅想向我学会我所知道的一切，而且甚至不愿意我把这些东西教给别人。如果我不教会他我所知道的一切，他就随时随地拿我的生命和名誉相威胁。"[1]

---

① 管成学、赵骥民：《真理在烈火中闪光：布鲁诺的故事》，吉林科学技术出版社，2012年，第23页。

时隔两个月之后，1592 年 7 月 30 日，威尼斯宗教裁判所对布鲁诺进行了第七次，也是最后一项审讯。布鲁诺坚决拒绝对自己以前的供词增加任何内容。此后，威尼斯宗教裁判所要求将布鲁诺引渡给罗马宗教裁判所。

1593 年 2 月下旬的一天，威尼斯的天空乌云密布，电闪雷鸣，稀疏的雨点打在行人身上，人们匆匆而过，忽然被从宗教裁判所监狱来的一队人马惊扰。几个全副武装的彪形大汉走在这一队人马最前面，后面有几位押解员，他们押解着一个衣衫褴褛、披头散发、戴着脚链手铐的犯人。此人虽然面色苍白，但看上去精神矍铄、神态自若，他们穿过街巷向海港码头走去。

在码头上停靠着一艘军舰，这是专为把布鲁诺从威尼斯送往罗马裁判所而准备的，正等待布鲁诺和押解人员上船。押送人是参加罗马对布鲁诺审讯的多米尼克僧团的团长伊波罩托·马里阿·贝卡里亚，由于当时土耳其的海盗活动猖獗，所以罗马裁判所动用军舰护送以防不测。

1593 年 2 月 27 日，布鲁诺被押解到罗马，囚禁在罗马宗教裁判所的监狱里，从此开始了长达 8 年之久的铁窗生涯。

在此期间，宗教权贵们威逼利诱，想尽一切办法，企图使布鲁诺屈服，因为布鲁诺当时在全欧洲赫赫有名，影响颇广。因此，如果能使他当众悔罪，将是对那些"异端"警示的最好榜样。也就是说，他们不仅要布鲁诺背弃自己为之奋斗的真理，还要利用布鲁诺的声望来维护宗教的威信。虽然他们为此煞费心机，但却始终动摇不了布鲁诺对真理的坚定信念，面对残酷的刑罚，他丝毫不感到畏惧，依然义无反顾地坚持自己的宇宙观。他坚信真理终将战胜谬误。即使在狱中，布鲁诺也没有忘记宣传自己的学说，滔滔不绝地向同牢囚犯讲述新的宇宙学说，抨击宗教神学的无知和愚蠢，高谈阔论地讲他对教会宗教的看法。后来，天主教会对于他终于绝望了，决定对他处以火刑。

### （五）最终判决——在烈火中永生

1600 年是罗马教皇政权的大庆之年。一般而言，大庆之年的庆典都要安排以下两项庆典节目：一是烧死异端分子，二是宽恕悔过有罪的僧侣和人们。罗马教廷的主教们别有用心地设想，如果布鲁诺悔过，那么就让他穿着罪人的衣服在街上游行，一边走一边用鞭子抽打他，然后再在教堂里当众凌辱他、作践他，那就会在社会上产生巨大的影响。如果布鲁诺继续顽固不化，死不悔改，则处以死刑。然而布鲁诺早已抱定必死的决心，即使是"高加索的冰川，也不能冷却我心头的火焰"，他断然拒绝忏悔。于是，教皇克莱门特八世，下令将布鲁诺用火烧死。

1600 年 1 月 20 日，布鲁诺从牢房被押解出来。长年累月非人的折磨，使他看上去十分瘦弱，他的手里拿着点燃的蜡烛，脖子上系着一条绳索，宗教裁判所的书记官弗拉米尼·阿德里安站在教堂大门口等待着他。他身穿紫色长袍，头戴四角方帽。后面跟着一群头戴西班牙式的头盔、腰挂双柄剑的教皇警卫团的士兵。宣布布鲁诺死刑判决书的仪式开始了。布鲁诺被士兵强迫跪在地上，宗教裁判所的红衣主教们在宫院的阳台上站成一排，书记官弗拉米尼·阿德里安一板一眼地宣读判决书，判决书一宣读完，一个刽子手从布鲁诺手中夺去那支点燃的蜡烛并吹灭了，这表示犯人的生命已经结束。这时，全场死一般寂静，鸦雀无声。突然，布鲁诺冲着宗教裁判官们发出了清晰而威严的喊声："你们宣读宣判书时比我听宣判书更感到恐惧吧？"他以英勇无畏的气概对敌人发出强烈的宣战和嘲弄。

鲜花广场上的布鲁诺塑像①

1600 年 2 月 17 日，年仅 52 岁的伟大的思想家、哲学家、诗人、天文学家乔尔丹诺·布鲁诺，由于不肯违背自己的信仰，被烧死在罗马鲜花广场上。为了防止人民纪念这位为真理、为科学而献身的人，残忍的刽子手们把他的骨灰抛撒在台伯河中。然而他的精神不朽，浩气长存。在他死后的第 289 年，罗马教廷不得不公开为布鲁诺平反。1889 年，意大利人民在布鲁诺英勇就义的罗马鲜花广场上，建立起一座布鲁诺纪念铜像。台座上镂刻着的献词是：

献给乔尔丹诺·布鲁诺——他所预见到的时代的人们

---

① 图片来源网址 https://commons.wikimedia.org/wiki/Giordano_Bruno#/media/File：Giordano_Bruno_Campo_dei_Fiori.jpg.

布鲁诺生前曾说，英雄总是"死在一时，活在千古"。这句话正是对布鲁诺一生的生动写照。布鲁诺逝世至今已经过去了四百多年，但是世界各国人民并没有随着光阴的流逝而将他淡忘。相反，他的可歌可泣的英雄事迹和大无畏精神，直到今天依然鼓舞着一代又一代人去捣毁禁锢人们头脑的思想枷锁。

尽管布鲁诺生前世界人民对他的宇宙无限学说了解不多，但随着自然科学逐渐从宗教神学的束缚中解放出来，越来越多的人开始赞同和支持布鲁诺的观点。法国唯物主义哲学家伽桑狄、意大利空想社会主义先驱者康帕内拉、英国哲学家弗朗西斯·培根等先后接受了布鲁诺关于宇宙无限大的学说。甚至伟大的天文学家伽利略所著的《关于两个世界体系的对话》与布鲁诺的《圣灰星期三的晚餐》在语言和结构上也非常相似。

布鲁诺是第一个奋起捍卫哥白尼学说的人。1584年，他出版的《论无限宇宙和世界》一书指出，宇宙是无限的。宇宙中拥有无数个世界，恒星都是遥远的，太阳只是千千万万颗恒星中的普通一员，太阳不是宇宙的中心，无限的宇宙根本不存在中心……这些天才的见解直到3个世纪后才逐渐为科学所证实并被人们所接受。布鲁诺的宇宙无限说是对哥白尼日心说的一个重要发展。在他的宇宙图像中没有给上帝留下任何地盘，因而教会把他视为最凶恶的敌人。就连发现了行星运动三定律的德国伟大的天文学家开普勒也公开承认，他本人是受到布鲁诺的启发才认识到宇宙是无限的。荷兰哲学家斯宾诺莎的唯物主义泛神论思想，同布鲁诺学说有着密切的联系。这说明布鲁诺对17、18世纪欧洲的天文学、哲学发展有着巨大而深刻的影响。

他的文学思想也影响久远。法国芭蕾舞戏剧创始人莫里哀，深受其影响和鼓舞。他所写的十来部剧本的场景和人物，多来源于布鲁诺的喜剧《烛台》。据载，布鲁诺的喜剧改写本早在1633年已经流传于巴黎街头的拥护者，是敢于向"经院哲学最崇拜的偶像"发动进攻的人。哲学家莱希尼兹、莱辛和赫尔德等，都自称是布鲁诺的弟子。

布鲁诺在俄国也大受欢迎。革命民主主义者赫尔岑称布鲁诺是"为反对宗教的思想而被迫害"牺牲的英勇战士，是文艺复兴时代进步思想家当中一颗最灿烂的明星。他认为布鲁诺的主要哲学功绩是奠定了唯物主义的基石，摧毁了肉体和灵魂的对立，承认了存在与思维的统一性。车尔尼雪夫斯基对布鲁诺的评价更高，说他是站在"世界革命斗争的最前列"。俄国著名文学家皮萨列夫称布鲁诺是"无神论思想的泰斗"。①

## （六）名言选辑

［1］一个人的事业使他自己变得伟大时，他就能临死不惧。

Make himself become great one's career, he can die unafraid.

［2］黑暗即将过去，黎明即将来临，真理终将战胜邪恶！

At the end of the darkness, the dawn is coming, and the truth will eventually prevail over evil！

［3］火，不能征服我，未来的世界会了解我，会知道我的价值。

---

① 管成学、赵骥民：《真理在烈火中闪光：布鲁诺的故事》，吉林科学技术出版社，2012年，第27页。

Fire, can't conquer me, the future world will understand me, will know my worth.

［4］我不能够。我不愿放弃，我没有可以放弃的事物。

I can't. I don't want to give up, I can not give up things.

［5］大概你们宣读判决书时，比我听到时更加恐惧吧。

When you read about the judgement, more fear than when I heard it.

［6］高加索的冰川，也不会冷却我心头的火焰，即使像塞尔维特那样被烧死也不反悔。

The Caucasus glaciers, also won't cool the flame of my heart, even as Selma victor and burned don't turn back now.

［7］为真理而斗争是人生最大的乐趣。

The struggle for truth is the greatest pleasure of life.


# 二、哲学与科学

## （一）对哥白尼日心说的发展——无限宇宙观

布鲁诺一生最突出的贡献，是他不顾反动教会的迫害和不怕牺牲的精神，捍卫和发展了波兰天文学家尼古拉·哥白尼的太阳中心说，并对这个学说进行了哲学抽象，开拓了人类认识史上一个新的里程碑。

在人类认识发展史中，围绕宇宙的中心问题，争论从未停止，到哥白尼时代已经持续了两千多年。最早的学说是由公元前五百多年古希腊思想家毕达哥拉斯提出的，他认为宇宙的中心是一团火，太阳、地球和其它行星都围绕这个中心转动；一百多年之后，古希腊另一位哲学家亚里士多德则提出地心说，即地球是宇宙的中心，一切恒星、行星都围绕地球转动；到公元前270年，亚里斯塔克发展了毕达哥拉斯的思想，初步提出了太阳中心说。但是到了2世纪，埃及天文学家托勒密否定了亚里斯塔克的科学结论，建立了一个逻辑严密的地球中心说体系。后来，地心说被中世纪的经院哲学家所利用，成为禁锢人们思想的精神枷锁。哥白尼的伟大功绩就在于他冲破了束缚人们一千多年的精神枷锁，以系统的科学形式恢复、发展了古代的太阳中心说，向宗教神学提出了公开的挑战。哥白尼以大量的科学材料证明：地球不是宇宙的中心，而是月亮轨道的中心；太阳是一切行星的中心，地球不仅绕着太阳转动，而且地球自己也在转动。哥白尼的科学发现有着科学革命和哲学革命的双重意义。

恩格斯曾对哥白尼的《天体运行论》一书作出了高度评价，将其称为自然科学的"独立宣言"，"是重演路德焚烧教谕的革命行为"[1]。自然科学从此从神学中解放出来，"科学的发展从此便大踏步地前进"[2]。太阳中心说以铁一般的事实推翻了中世纪宗教神学统治的基础——地心说，因此被罗马教会视为异端。无论是它的创始人，还是宣传者，都受到罗马教会的残酷迫害。在人类历史上被烧死的科学家有上千人之多，但是真理的追求者不会退缩，更不会屈服，先进的思想家们为捍卫哥白尼的太阳中心说进行了前仆后继的斗争。布鲁诺就是其中的杰出代表。

---

① 《马克思恩格斯全集》（第20卷），人民出版社，1971年，第362页。
② 《马克思恩格斯文集》（第九卷），人民出版社，2009年，第406页。

当布鲁诺十几岁时，他就不顾教会的禁令，如饥似渴地阅读了哥白尼的《天体运行论》，他深受哥白尼的学说所感动，很快成了哥白尼学说的忠实信徒。因此，即使在欧洲各地漂泊流浪的十五年里，他也从未放松过对这一学说的宣传。哥白尼学说之所以能在欧洲广为传播，主要应归功于布鲁诺的长期不懈的努力。

1600 年 2 月 17 日，布鲁诺由于罗马教廷的命令而遭火焚，一个宇宙无限论的哲学家从此被载入史册。布鲁诺比波兰天文学家哥白尼走得更远：他把这个从旧宇宙学（即地心说）跨向新宇宙学（即日心说）的一步，视为宇宙革命的第一个极其重要的阶段。① 布鲁诺发现了哥白尼天文学革命背后巨大的哲学意义：在无限大的宇宙中谈论地心说、日心说毫无意义。空间的无限已经取代了关于它有限的说法。新的可能性打开了人的头脑，使其可以巡游到无限的世界，使从旧哲学沉重枷锁下解放出来的思想能驶向新的、无限的终极世界。

但是布鲁诺的这种对哥白尼的激进理解导致了一个显而易见的问题。一旦否认地球是宇宙的中心，将人挪置到了最边缘的空间，那么人并没有想象得那么重要了。个人作为这个边缘人需要重新找到自我、发现自我：在一个没有绝对中心的宇宙里，每一样东西都可以是一个中心。布鲁诺把一个严格系统化的、古老封闭的世界打破了。在这个无限的空间里，最大与最小的原子核一概具有同等的重要性。每个物体、每个人都是宇宙的中心。

---

① 参见［意］N. 奥尔第内：《布鲁诺思想中关于文明生活、宽容及知识的完整性的观点》，《哲学译丛》，2000 年第 1 期。

小结：

布鲁诺捍卫和发展了哥白尼的日心说，被世人誉为反罗马教会、反经院哲学的战士，捍卫真理的殉道者。他曾说："高加索的冰川，也不会冷却我心头的火焰，即使像塞尔维特那样被烧死也不反悔。""为真理而斗争是人生最大的乐趣"。文艺复兴时期，人道主义运动和宗教改革运动逐渐开展，自然科学也开始摆脱神学的束缚。恩格斯对此总结道："这是地球上从来没有经历过的最伟大的一次革命，自然科学也就在这一场革命中诞生和形成起来。它是彻底革命的，它和意大利伟大人物的觉醒的现代哲学携手并进，并把自己的殉道者送到了火刑场和牢狱……值得注意的是，新教徒也跟着天主教徒一道竞相迫害他们。前者烧死了塞尔维特，后者烧死了乔尔丹诺·布鲁诺。"[①]

## （二）哲学三部曲

1589 年 1 月，布鲁诺来到不伦瑞克公国，在赫尔姆斯特大学执教一年。布鲁诺在教学之余，创作了拉丁文长诗，还研究、发展了宇宙构造的理论。1590 年上半年，布鲁诺完成了他的哲学三部曲：《论三种最小并论度量》《论单子、数与形》以及《论不可度量者与不可数者》，进一步阐述了他的唯物主义观点。他从古代原子论传统入手，指出，当我们努力追求……事物的本原和实体时，我们是向着不可分割性前进。依布鲁诺看，宇宙是由不连续的、间断的粒子组成的，这些粒子处在连续不断的无限性（空

---

① 《马克思恩格斯文集》（第九卷），人民出版社，2009 年，第 405 页。

间）中。在康布雷学院辩论会上他明确提出："连续不断的东西是由不可分割的东西组成的。"

布鲁诺不赞同物质运动的来源是外因。他认为物质本身就是其运动的源泉，因而也就是在物质的最微小粒子中。他在《论魔法》一文中说道："原子的运动起于内部本原。"在这一点上布鲁诺与古代原子论有着根本的不同。依布鲁诺看，原子虽小，却同宏观物体一样具有运动能力。"点无异于体，中心无异于圆周，有限无异于无限，最大无异于最小。""谁要认识自然的最大秘密，那就请他去研究和观察矛盾和对立面的最大最小吧。"

从这里我们不难看出布鲁诺对古代哲学思想的批判的继承态度。

首先，他在哲学基本问题上坚持了唯物主义一元论的立场，将物质实体看作万物的最初本原或最初原因。与此同时，他基本上克服了古代朴素唯物主义的猜测性和思辨性，没有从水、火、气、土等具体事物中寻找最初本原。他把物质区分为两种：一种是与形式相对立的质料，一种是凌驾于质料与形式这对范畴之上的最高意义上的物质，它构成了万物的最初本原。这在认识论上比古代朴素唯物主义有了质的飞跃。当然，还不能与马克思主义科学的物质观相比拟。

其次，尽管布鲁诺克服了亚里士多德把质料和形式都当成各自独立的实体，并且质料是受形式支配的消极被动的因素的错误，不过，受制于当时落后的科技水平，他最终未能摆脱"万物有灵论"的思想影响。在解释万物运动、变化的原因时，他把自然界本身所具有的内在能动力量看成"宇宙灵魂"，因而带有浓厚的唯物主义泛神论色彩。18世纪法国杰出的唯物主义者狄德罗在自然科学发展到新水平的基础上，对布鲁诺的唯物主义泛神论又进一步论证和发挥，已基本上克服了"物活论"的缺点。

最后，布鲁诺对古代原子唯物论关于存在绝对无物质的"虚空"的观点进行了批判。这种观点把物质和非物质的东西绝对对立起来，这就损害了物质的统一性，本原就不是唯一的了。如果把"虚空"当作原子运动的条件，而又把运动的条件放在运动者外面加以排斥，这样也损害了物质自动的原则，本原也就不再是原因了。[①]

布鲁诺作为文艺复兴时期唯物主义哲学的系统化者和杰出的代表，他的哲学思想反映了这个新旧交替的过渡时期的时代特征。从本质上来说，他的世界观是对新兴资产阶级的意识形态的集中表现。正如恩格斯所指出的："整个文艺复兴时代，在本质上也是城市的从而是市民阶级的产物，同样，从那时起重新觉醒的哲学也是如此。"[②] 尽管他的思想不可避免地带有阶级局限性，甚至还掺杂着某些过时的思想杂质（如"泛神论""物活论"等）。但瑕不掩瑜，唯物主义和自发辩证法思想在他的世界观中还是占据主导地位，因此重新解读布鲁诺的哲学思想并在哲学史上给他恢复一定的历史地位是理所当然、无可厚非的。

---

① 谢应瑞：《布鲁诺的历史功绩和在哲学史上的地位》，《厦门大学学报》（哲学社会科学版），1979年第2期。

② 《马克思恩格斯全集》（第21卷），人民出版社，1965年，第348页。

小结：

布鲁诺的哲学思想无论是在文艺复兴时期还是对后来的哲学发展都起过很大作用，在历史上更是起着承先启后的特殊作用。品读布鲁诺的著作，可以看出他的哲学思想孕育着中世纪以后资产阶级各种进步哲学思想的胚芽，推动了近代资产阶级进步哲学的形成和发展。他的唯物主义和自发辩证法思想对早期资产阶级唯物主义哲学家，如斯宾诺莎、狄德罗等人的哲学产生了深远的影响。可见，布鲁诺作为近代资产阶级进步哲学思想的先驱，那是当之无愧的，他的著作被列入人类先进思想的宝库，也是毫不愧色的。

### （三）唯物主义泛神论思想

作为西欧文艺复兴时期封建神学世界观的战斗批判家之一及杰出的进步思想家，布鲁诺的泛神论体现了文艺复兴时期哲学思想发展的最高成果，是文艺复兴时期所有自然哲学体系中最激进的体系。他师承了达·芬奇、特勒肖、彭波那齐、卡尔丹诺、库萨的尼古拉、微未斯等人的进步思想，批判地吸收了古代思想家的唯物主义精髓，提出了自己的"黎明哲学"。布鲁诺的唯物主义学说是对当时欧洲刚刚登上历史舞台的新兴资产阶级和垂死挣扎的封建势力之间激烈阶级斗争的反映，是古希腊人的朴素唯物主义和形而上学唯物主义的中间形式，在哲学史上具有承上启下的历史地位。

布鲁诺把无限的宇宙作为世界的本原和永恒的原因。他把宇宙叫作"产生自然的自然"（"产生者"），而把世界万物叫作"被自然产生的自然"（"被产生者"），他认为两者是统一的，实质还是一个东西，即整个自然界本身。有时他把自然界也叫作"神"，实际上还是指自然界本身，这里带有泛神论的杂质，但教会仍然看出他的思想实质是唯物主义和无神论，所以还是对他加以迫害。①

布鲁诺力求从物质本身之内找出运动的决定性原因，否认有异己的外部力量干预物质，于是便产生了自然普遍有灵的想法。他在《论原因、本原与太一》中说道："世界及其肢体都是赋有生机的。"② 但这并不是说一切自然的东西、物体、对象都有同等的意识。他指的是"生命的本原"。"一个东西，不管怎样纤小、怎样微不足道，其中总有精神实体的部分，这种精神实体，只要找到合适的主体，便力图成为植物，成为动物，并受理任何一个物体的肢体，这就是通常所说的有了生机。"③

布鲁诺关于自然普遍有灵的学说是在斗争中产生的，它的矛头直接指向了经院哲学对自然界运动原因所作的解释，类似于"一切运动着的事物皆从他物获得运动"这条亚里士多德主义的原理。亚里士多德主义的这条原理归根到底认为外部决定世界运动，即上帝才是物质运动的第一推动。文艺复兴时期的自然哲学都是尽力抛开外部的第一推动者，而致力于寻求运动的内在源泉。自然界自我运动——这是布鲁诺关于自然普遍有灵说的最深刻的意义，也是他对世界灵魂说作出阐释的最深刻的意义。布鲁诺在

---

① 参见谢应瑞：《布鲁诺的历史功绩和在哲学史上的地位》，《厦门大学学报》（哲学社会科学版），1979 年第 2 期。

② ［意］布鲁诺：《论原因、本原与太一》，汤侠声译，商务印书馆，1998 年，第 49 页。

③ 同上，第 52 页。

这个问题上的主要贡献，就是提出了物质自我运动的思想，就是确认到自然内部寻找运动根源，在寻找到事物运动根源的同时也寻找到了生命和意识的根源。这样一来，也就从根本上否定了上帝对物质世界进行外部干预的胡说。

布鲁诺的自然主义泛神论哲学是近代哲学从古代朴素唯物主义向形而上学唯物主义的过渡形式，是对中世纪末期封建关系瓦解、新的资本主义关系萌芽时期的理论反映。布鲁诺在反对宗教、反对神学世界观、确立新的唯物主义世界观方面树立了丰功伟绩。

小结：

按照布鲁诺给宇宙下的定义，是不允许在宇宙之外和之上有一个创世主存在的。这不仅否定了神学家们关于创世说的二元论，与此同时也否定了经院哲学所说的第一推动者以及建立在第一推动基础上的有限世界。在布鲁诺眼中的上帝同自然具有一致性，它包括在"事物之中"（inrebus），也就是说，包括在物质世界本身之中，而不是在它之外。上帝作为创造者并不跟物质、自然相对立，而是作为内在的活动本原，处在自然本身之中。这种观点不仅反对了与人相像的上帝观念，而且也反对了关于超自然的和外在于自然的上帝观念。布鲁诺的泛神论是彻底自然主义的泛神论，具有与唯物主义十分接近的性质。

## （四）才华横溢的文学家——讽刺喜剧《举烛人》

《举烛人》是布鲁诺用意大利文写的七部文学作品之一，始作于意大利，完成于巴黎，1582年在法国出版。情节异常滑稽，充满肆无忌惮的玩笑，塑造了一个个令人发噱的人物，尖锐地讽刺了当时意大利愚昧、淫荡的社会，歌颂了人民的聪明智慧。剧情生动，文笔辛辣，富于生气。这部作品反映了当时布鲁诺哲学思考的一些中心议题。乍一看来，这部剧作的情节似乎荒诞不经，充满放纵的、肆无忌惮的玩笑，刻画出了一个个令人发笑的人物。那些道貌岸然，满口仁义道德的伪君子，遭到了最无情的讥刺。他们仿佛在这部剧作中照见了自己赤条条的可鄙模样，因而恼羞成怒，对布鲁诺大肆围剿，斥责布鲁诺在剧中宣扬淫荡，危害人心。

其实，透过《举烛人》看似闹剧般的、异常活跃的情节，犀利辛辣的台词，由表及里，读者分明可以发现布鲁诺对社会现实的不满，以及对愚昧的旧观念和思想进行的鞭辟入里、入木三分的批判。布鲁诺的《举烛人》继承和发展了意大利文艺复兴时期的喜剧传统，在思想意蕴和艺术特色上和他的同世纪人马基雅维利的讽刺喜剧《曼陀罗花》一脉相承。这部喜剧和布鲁诺的科学哲学作品一样，闪耀着对真理与自由思想严肃探求的奇妙之光。

小结：

布鲁诺不只是一位伟大的思想家、科学家，而且是一位才华横溢的文学家。他用意大利语、拉丁语写了许多诗歌和文学作品，讴歌科学的强大威力，斥责封建偏见和宗教迷信，抒发自己为追求真理而斗争的理想。

## 三、后世影响

### （一）冲破宗教的愚暗

小心谨慎的哥白尼于1543年临死前夕才发表了被恩格斯誉为写给神学的绝交书的《天体运行论》，用科学的日心说推翻主宰西方思想界长达千年的托勒密的地心说，而且上帝创世说、末世说，上帝的第一推动力，天堂地狱等神话，全都连根动摇了。因为一旦地球失去宇宙的中心地位，基督教神学的世界观基础也就被撼动了，但哥白尼未能承担起建立崭新的哲学世界观的任务。

布鲁诺则敏锐洞察到哥白尼学说的革命性意义，在西欧各国到处游历，传播它的科学价值及哲学意义，抨击宗教神学的荒谬性。因此，天主教、新教的教会都惊恐地视之为洪水猛兽，于是罗马教庭在1616年下令将哥白尼的著作列入禁书。正是由于布鲁诺首先发动了这场思想战斗，才使得哥白尼学说在世界范围内得以广泛传播，科学理性精神在人们心中生长发芽。布鲁诺还以自己更为深邃、开阔的新宇宙论，丰富、发展了哥白尼的日心说。哥白尼的宇宙图景是有限的，布鲁诺的宇宙图景则是无限的，他提出：宇宙没有中心，所有天体都由同样元素构成，并且遵从统一物理规律运动变化，宇宙中的各个天体并不是永恒的，都会经历产生、发展和衰亡的过程。他的这些观点继承、更新了古希腊原子论者德谟克利特关于无限宇宙演化的学说。他将新宇宙图景展示在我们面前，排除经院神学的容身之地，为科学探索打开了广阔的视域，对哲学与科学的发展产生了深远的历史影响。

布鲁诺的一生是与旧观念决裂，同黑暗的宗教势力斗争，不屈不挠地追求真理的一生。他赞扬哥白尼学说如同一道霞光，它的出现使数百年埋藏在盲目、无耻、嫉妒和愚昧的黑山洞里的科学的太阳放射出光明。布鲁诺以生命捍卫并发展了哥白尼的日心说，并使人类对天体、对宇宙有了新的认识。布鲁诺曾在《论英雄热情》中对那些激情满怀、点燃理性之光进行创造活动的伟大人物评价道：他们虽死在一时，却活在千古！其实，这也是对他自己的最好评价。

## （二）捍卫"人的哲学"

文艺复兴时期，思想家们关于"人的发现"大多是通过人性、智慧和爱情来歌颂人及人的高贵。布鲁诺除了赞美人的理智之外，特别关注人的劳动的意义。劳动是人的力量和本质的显现，劳动使人从动物界脱离出来，并成为支配自然的力量。布鲁诺独特的"人的发现"的视角，对后人启发很大。正如《论原因、本原和太一》一书的英译者 Jack Lindsay 所说的那样："越是在总体上阅读和思考布鲁诺的著作，就越是感觉到在接下来的三个世纪里欧洲思想的主要线索都被包含在布鲁诺著作的某处之中。"[①]

布鲁诺驳斥基督教的各种封建迷信的信条，他认为，人只有一次生命，不应当放弃和牺牲现世的生命而去追求虚无缥缈的神圣天堂里的生活。宗教和道德哲学只应当为人类服务。人的命运并非上天注定。只要坚持不懈地努力，不放弃，就能改变个人的

---

① Giordano Bruno, *Cause*, *Principle and Unity*, Translated by Jack lindsay, New York, 1964, p. 43.

命运。在我们生活中所发生的悲欢离合、兴衰荣辱并不是命运左右的结果。布鲁诺认为，人应自由地驾驭自己的命运、自己的前途、自己的生命。当然，人生之途并非平坦，会遇到许多挫折和坎坷，应该去战胜各种困难、各种束缚、各种障碍。但最终通过积极和艰难的劳动可以达到人生理想的彼岸。

### （三）推动中世纪自然科学解放

2 世纪，由托勒密提出的"地球中心说"一千多年来被教会奉为绝对真理，决不允许任何人对它产生任何怀疑。现在，新兴的资产阶级为了发展生产，迫切需要科学作为支柱，因此也加入到了科学反叛教会的斗争。作为这一时期自然科学最高成就的哥白尼的"太阳中心说"就是这一斗争的产物。哥白尼的学说向教会权威发起了挑战，宣告了托勒密的"地球中心说"的破产。从此以后，自然科学摆脱了宗教神学婢女的身份，开始大踏步地前进了。这场自然科学的伟大革命，不亚于当初哥伦布发现新大陆，是文艺复兴时代惊天动地的一件大事。

科学上任何一个新理论的建立都是在批判继承旧理论的基础上产生的，新理论有时在内容和形式上往往与旧理论根本对立，因此不可避免地要遭到旧势力、旧理论的谴责和压制。在阶级社会中，如果作为统治阶级的意识形态的旧理论在受到新理论的否定时，哪怕新理论是颠扑不破的真理，也要遭到剥削阶级和反动势力的疯狂反扑和破坏，正如列宁所说："几何公理要是触犯了人们的利益，那也一定会遭到反驳的。自然历史理论触犯了神学的陈腐偏见，引起了并且直到现在还在引起最激烈的斗争。"[①] 无数科学家在剥削阶级和保守、愚昧、黑暗的势力抗争中，逐渐形成了科学家独特的思想品格，并被纳入科学活动的重要内容，成为科学宝库的巨大精神财富。这种品格在文艺复兴时期尤为明显，形成了一种"时代特征的冒险精神"，对科学和哲学的发展起到了巨大的推动作用。

## 四、带给后人的启示

### （一）追求真理的道路注定荆棘遍布

布鲁诺为真理而献身的精神说明了这样一个事实：科学与宗教、无神论与有神论、真理与谬误的对立和斗争是尖锐的、不可调和的；整个斗争的过程伴随着曲折和艰苦的对立。在黑暗的中世纪，为了坚持科学真理，付出一定的代价和牺牲总是在所难免的。但真理总是封锁不住的，或迟或早真理总会被人们认可并最终战胜谬误，真理是在同谬误作斗争中发展起来的。科学无捷径，真理无坦途。哥白尼的太阳中心说、达尔文的进化论，都曾被看作谬误，都曾经历艰苦的斗争。布鲁诺为了坚持和捍卫哥白尼的学说而英勇地献出了宝贵的生命，就是真理与谬误经历了艰苦斗争的表现。

---

① 《列宁全集》（第 15 卷），人民出版社，1959 年，第 13 页。

## （二）尊重文化多样性，反对文化霸权

在布鲁诺的哲学里，多元性是一个生动的部分，它代表了我们所处的现实的特点。语言的多样性和民族的多样性不应当被视为人类发展的障碍，相反，它们应当被作为一笔巨大的财富而保存下来。在认识论上同样如此。布鲁诺一再坚持哲学思想和方法的多样化。一个真正的哲人不会保持单一性，而是讲究多重性；不会只谈论一门哲学，而是各门哲学；不会局限于一种方法，而会使用多种方法；不是只坚持一个真理，而是各种真理。① 在一个无限的宇宙之内，在一个没有中心的宇宙里，不可能提出一个绝对的、对全人类、对各个历史阶段都合适的观点。布鲁诺将亚里士多德古老的宇宙论与托勒密理论互相分离的状况结合了起来：天和地、高和低，在无限宇宙的内部存在着同样的规律，它们是由同样的物质形成。最大的天体系和最小的行星均由相同的基质，按照不同的比例组成，受到同样的生命力的推动。

也许布鲁诺在理论上的努力在今天仍具有很强的现实意义。今天的世界有许多民族共存，有多种语言和不同的宗教信仰。既要认同本民族文化，又要尊重其他民族文化，相互借鉴，求同存异，尊重世界文化多样性，既保持各民族文化差异和平等竞争的权利，又维护文化互动交流、自由创造的权利。同样，不应当把对自己民族性的合理捍卫与强暴的民族主义、与建立在种族优势基础上的陈旧的扩张主义野心混淆起来。对于我国这样一个人口

① 参见［意］N. 奥尔第内：《布鲁诺思想中关于文明生活、宽容及知识的完整性的观点》，《哲学译丛》，2000 年第 1 期。

占世界四分之一以上的大国来说，既要热情地欢迎世界各国优秀文化在中国的传播，吸收各国优秀文明成果，又要更加主动地推动中华文化走向世界，增强中华文化国际影响力。提高全世界对文化间对话的重要性、多样性和包容性的认识。消除两极分化和成见，提高来自不同文化背景的人们之间的了解和合作。

### （三）人类思想的发展是不可阻挡的

历史证明，布鲁诺走的是通向进步与文明的康庄大道，而宗教裁判所只是这条大道上的绊脚石，它们终究阻挡不住历史前进的步伐。了解布鲁诺从天主教徒走向唯物主义者的曲折道路，认识他捍卫真理、追求真理，为真理献身的人生价值，对于我们树立科学的世界观具有一定的现实意义。

布鲁诺之所以能为真理而不避艰险、英勇献身，除了受到哥白尼的精神和学说的影响外，还同他那种反映新兴资产阶级的历史进化思想和乐观主义精神分不开。他认为，人类社会总是不断向前发展、进步的，历史也总是在光明与黑暗、科学与宗教的斗争中前进的，斗争的结局总是光明战胜黑暗、科学战胜宗教迷信。在现实生活中，人们为了追求真理和美好事物，往往会遇到艰难险阻，受到挫折失败，但一个敢于为真理而斗争的勇士，就应该做到胸中有一股"英雄热情"，"什么也不怕，热爱神圣事物而轻视其他快乐，对自己的生命毫不挂虑"①。明知痛苦和死亡在等待着他，但他仍朝着真理和光明走去，因为在他心中真理是高于一

---

① ［德］F. W. J. 谢林：《布鲁诺对话：论事物的神性原理和本性原理》，邓安庆译，商务印书馆，2008年，第988页。

切的。虽然站在个人的立场上，这是一种不幸和损失，但从长远来看，"从永恒的观点来看，可以理解为善事或者引向善的先导"①。由此可见，布鲁诺能在反动的罗马教廷的判决面前，慷慨陈词、英勇就义，并非出于一时的感情冲动，而是有他的进步的世界观作指导的。这也是他成为文艺复兴时期"巨人"的重要原因之一。

结束语：

布鲁诺英勇就义，距离今天已经过去四百多年了，但是世界各国人民却没有因为时光的流逝而把他遗忘。相反，他的可歌可泣的英雄事迹和大无畏精神为世人所继承，并继续鼓舞人们去捣毁禁锢人们头脑的思想枷锁。人类思想的发展是不可阻挡的；人类通过火刑架，终于飞向了宇宙。②

## 五、术语解读与语篇精粹

### （一）日心说（Heliocentric Theory）

术语解读

布鲁诺一生最突出的贡献是他不顾反动教会的迫害和不怕牺牲的精神，捍卫和发展了波兰天文学家尼古拉·哥白尼的太阳中

---

① ［德］F. W. J. 谢林：《布鲁诺对话：论事物的神性原理和本性原理》，邓安庆译，商务印书馆，2008 年，第 991 页。

② 侯焕闳：《"人类思想的发展是不可阻挡的！"——〈布鲁诺传〉》，《读书》，1986 年第 6 期。

心说，并对这个学说进行了哲学抽象，开拓了人类认识史上一个新的里程碑。

在人类认识发展史中，围绕宇宙的中心问题，到哥白尼时代已经争论了两千多年。当布鲁诺接触到哥白尼的太阳中心说以后，逐步成为这一学说的信仰者、追求者。布鲁诺在他的言论和著作中坚定地捍卫了太阳中心说。他不顾罗马教皇的禁令，深入研究哥白尼的学说，对太阳中心说作出了科学的补充和卓越的发展。布鲁诺提出：太阳不是宇宙的中心，太阳只是一个行星系的中心；宇宙无论在空间还是在时间中都是无限的，太阳系之外还有无数个这样庞大的行星系；地球是宇宙空间中的一粒微小的尘埃；地球绕太阳旋转，太阳和其它恒星也绕一定的轴而旋转；宇宙中有无数个太阳，绕它们运行的是无数颗行星，等等。布鲁诺对宇宙构造的天才论述，远远超过了当时天文学界的思想，也远远超过了哥白尼及其他拥护者的认识范围。[①]

**语篇精粹 A**

Bruno appears to have deliberately chosen the Copernican theory as a vehicle for introducing his own philosophical views, partly because there was considerable current interest in it and partly because it could be adapted to his own theories. In addition Bruno and his contemporaries had reason to perceive Copernicus as a reviver of magical Pythagoreanism, which they regarded as one of the sources of the Hermetic-

---

[①] 参见孟根龙：《论布鲁诺对宇宙本原的探究》，《北京第二外国语学院学报》，2000 年第 2 期。

Neoplatonic tradition. First, the Pythagoreans had held a heliocentric view; second, Copernicus had alluded in his *De revolutionibus orbium coelestiumto* Hermes Trismegistus, the reputed founder of the Hermetic-Neoplatonic tradition.

Bruno's "scientific" arguments range widely. He discusses astronomical, physical, geological, archaeological and geometrical questions. They are entirely nonscientific in the modern sense and must be evaluated in terms of the place they occupy in late–Renaissance thought. One aspect of his approach is revealed in his treatment of optical thought experiments. Bruno discusses the objection to the Copernican theory that as the distance between the earth and Venus varies, the apparent size of Venus should change. He replies that, although the size of a nonluminous or opaque body diminishes with distance, this is emphatically not true of a luminous body, because the visibility of the luminous body depends on its brightness. As a result its distance cannot be deduced. Bruno scoffs at his opponents, demonstrating the absurdity of their arguments by means of a fallacious argument of his own. He maintains that if the distance from the observer to a luminous object (such as a candle) were repeatedly halved, the size of the object would increase to "whatever size you can think of." Obviously this would be absurd. Bruno ignores the fact that this argument applies to opaque objects as well as to luminous ones. ①

---

① Lawrence S. Lerner and Edward A. Gosselin, *Giordano Bruno*.

文艺复兴时期哲学家的智慧

### 译文参考 A

布鲁诺慎重地选择了哥白尼理论作为介绍自己哲学观点的媒介，既是因为他对此有很大兴趣，又是因为这个理论与自己的理论相适应。此外，布鲁诺和他同时代的人有理由去理解哥白尼学说是如何还原神奇的毕达哥拉斯主义，也就是赫尔墨斯-新柏拉图主义的来源之一。首先，毕达哥拉斯支持日心说；其次，哥白尼在《天体运行论》一书中略微提及了赫尔墨斯-新柏拉图主义有名的创始者赫尔墨斯。

布鲁诺"科学的"论据来源广泛。他研究天文学、物理学、地质学、考古学和几何学的问题。以现在的观点看，这些都是"非科学"的，但是必须要在文艺复兴晚期的思想背景下评价它们。布鲁诺的方法展示了他在光学实验方面的思考。布鲁诺还研究了哥白尼理论中的缺陷，即如果地球和金星之间的距离改变，那么金星表面的大小也会改变。他认为，虽然不发光或不透明的物体会随着距离变远而缩小，但对于发光体来说却不是这样，因为发光体的可见度取决于其亮度。所以不能从距离推断。布鲁诺嘲笑他的对手，他用自己错误的结论说明了他们得出的结论是很荒唐的。他说，如果把观察者和发光体（如蜡烛）间的距离不停地二等分，那么发光体的大小将会与"你认为的一样"。显然，这不合理。但布鲁诺忽视了一个事实：这个论证同时适用于发光体与不发光体。

### 语篇精粹 B

Sun is larger than earth according to one of Bruno's proofs. If the sun were smaller than the earth, then the shadow cone cast by the earth would diverge. If, on the contrary, the sun is larger than the earth, the shadow cone will converge. Bruno reasoned: We know that the earth's shadow never eclipses Mercury, therefore the sun must be bigger than the earth. He overlooked the fact that Mercury lies between the sun and the earth in both the Copernican and the Ptolemaic systems. If he had used Mars instead of Mercury, his argument would have been correct, at least in principle.

Bruno's real interest in heliocentrism was that it implies that the earth is not the only center of the universe. The implication allowed him to put forth his own views that the universe is infinite in extent, and that it contains an infinite number of worlds, each of which can be considered as much the center of the universe as any other. Bruno's belief in a centerless or multicentered universe was derived from the 15th-century Platonist Nicholas of Cusa, who had spoken philosophically of a universe of indeterminate dimensions whose "center is everywhere and whose circumference is nowhere." Indeed, this slogan embraced the Hermetic (and hence the Brunian) definition of man. According to Bruno, the universe exhibits the same infinitude physically as the human mind does intellectually. The universe is therefore a fitting creation of an infinite God who is All in All. It is also a fitting object of contemplation for the infinite receptacle that is man's mind. The mystical element in all of this is perfectly obvious. According to Aristotelian – Neoplatonic psychology, the mind becomes what it contemplates. Thus man – microcosm becomes universe–macrocosm and as a result is brought closer to the Creator. ①

## 译文参考 B

根据布鲁诺的证明，太阳比地球大。如果太阳比地球小，那么地球被投射出的圆锥形是相离的，反之，如果太阳比地球大，那么投射出的圆锥形是集中的。布鲁诺解释到：我们知道地球的投影不会被水星遮蔽，因此太阳必须比地球大。他忽视了在哥白尼学说和托勒密宇宙学说中的事实：水星在地球和太阳之间。如果他用火星代替水星，那么至少在原则上，他的论证是正确的。

布鲁诺对于日心说的真正兴趣在于它意味着地球不是宇宙唯一的中心。这个含义让他推断出宇宙是无限的，其中包含着无限个世界，每一个世界都可以像其他世界一样去充当宇宙的中心。布鲁诺相信宇宙是无中心或者多中心的，这个信仰衍生于 15 世纪柏拉图学派的尼古拉斯，他从哲学上给了宇宙尺寸一个模糊的定义："中心是无处不在的，周长是不存在的。"根据布鲁诺的说法，宇宙如同人们认为的一样是无穷尽的。因此，宇宙是与无处不在的上帝相称的产物，它也是与人脑的思考相称的客体。宇宙中所有神秘的元素是非常明显的。根据亚里士多德-新柏拉图学派心理学，思想会与预期的一致。人-小宇宙将会变成宏观宇宙，因此可以拉近与造物主之间的距离。

## 语篇精粹 C

An opaque body between two smaller luminous bodies will not impede the passage of light from one to the other if the two luminous

---

① Lawrence S. Lerner and Edward A. Gosselin, *Giordano Bruno*.

bodies are far enough apart. As one of the sources is moved to successively more distant points from the opaque body, the angle at the source becomes more acute. At a sufficient distance K the angle is in Bruno's words "so acute that it will...appear...as a line... So it follows necessarily that two more luminous bodies will not be impeded from seeing each other."

Strangely enough, Bruno pursues the fallacious argument to a correct conclusion: To a distant observer on another "star" the earth would look like a star. The size of the dark continents would apparently shrink as the distance increased, whereas the shiny oceans would not. Ultimately the earth would appear entirely starlike. Conversely, Bruno concludes that many of the stars are essentially the same as the earth, only their great distance from us obscures their admixture of land and water.

Bruno generalizes the argument in a curious way. A small luminous body ashort distance above a larger nonluminous sphere will illuminate a small part of the sphere. As the distance between the two bodies increases, a greater part of the larger body will be illuminated until an entire hemisphere is illuminated. Now, says Bruno, increase the distance still further. More than a hemisphere will be illuminated, and when the distance becomes infinite, the entire nonluminous body will be illuminated! Bruno has a further generalization. Consider two small luminous bodies between which lies a larger opaque body, so that the light from either luminous body cannot reach the other. If the distance between the bodies is increased without limit, the opaque body will shrink to nothing, whereas the two luminous bodies will remain the same size. At a sufficient distance the opaque body will no longer impede the passage of light between the luminous bodies. [①]

### 译文参考 C

如果两个发光体距离足够远，在二者间的不透明体就不会阻碍一个传到另一个的光。如果一个光源成功移动到了距离不透明体较远的一个点，那么所形成的夹角角度更小。在足够远的距离，布鲁诺认为："夹角会从锐角变成一条线。所以多于两个发光体也不会互相阻碍。"

奇怪的是，布鲁诺将谬误转变成了正确的结论：对于一个在另一星球上的远距离观察者而言，地球看起来就像一颗星星。黑暗物质很明显地会随着距离的增加而缩小，然而闪光的海洋不会。最终地球会完全变成星形。相反地，布鲁诺认为许多恒星在本质上与地球一样，唯一不同的是它们距离我们很远，水和陆地混合，看起来很模糊。

布鲁诺以求知的方式概括了他的论证。与大的不发光体距离很短的一个小的发光体将照亮一小部分球体。当两者的距离增加时，不发光体被照亮的部分会逐渐增大，直到整个球体都被照亮。现在，布鲁诺将距离增加，不只一个球体将会被照亮，当距离增加到无限时，整个不发光体都会被照亮。布鲁诺还进一步地进行了概括。如果两个小发光体之间有一个大的不透明体，那两个发

① Lawrence S. Lerner and Edward A. Gosselin, *Giordano Bruno*.

光体不能接收到彼此发出的光线。如果个体间的距离无限增加，不透明体就会缩小至无，然而两个发光体的大小不变。在拥有充分的距离时，不透明体就不会再阻碍两个发光体间的光线传播了。

## （二）真理（Truth）

### 术语解读

布鲁诺说："一个东西，不管怎样小，怎样微不足道，其中总有精神实体的部分，这种精神实体，只要找到合适的主体，便力图成为植物，成为动物……"由于它具有"形成和组织的作用"，能"从内部把物质形成各种东西"，因而被布鲁诺称为"内在的艺术家"。

这里有三点值得注意：首先，他把一切都看成是变化发展的，并试图以此说明无生命物向有生命物转化的可能性。他说，所谓世界上"没有不具有灵魂的东西"，就是指"没有不具有生命本原的东西"，真正的"生机""灵魂"都只是形式发展的某一阶段。这一思想后来在狄德罗那里得到了进一步的发展。其次，他由此认为，人类社会是变化发展的，历史是在光明与黑暗的斗争中前进的，其结局总是光明战胜黑暗。这正是他视死如归的思想基础。最后，这里还包含着对运动和形式（包括运动的特殊形式——思维）之间的联系的认识。他的"形式"概念，是对事物的各种形式、各种形式的内在统一性以及事物之所以取得各种形式和各种形式之间相互转化（他称为"类推"）的内在原因的高度抽象。

## 语篇精粹 A

GERVASIO. Please, Teofilo, first do me the favour, since I am not so competent in philosophy, of making clear what you mean by the word 'matter', and what matter is in natural things.

TEOFILO. All who want to distinguish matter and consider it in itself, without form, resort to the analogy of art. So it is with the Pythagoreans, the Platonists and the Peripatetics. Take for example, the art of carpentry: it has wood as substratum for all its forms and all its work, as iron is for the black smith and cloth for the tailor. All these arts produce various images, compositions and figures in their own particular material, none of which is natural or proper to that material. Nature is similar to art in that it needs material for its operations, since it is impossible for any agent who wishes to make something to create out of nothing, or to work on nothing. There is, then, a sort of substratum from which, with which, and in which nature effects her operations or her work, and which she endows with the manifold forms that result in such a great variety of species being presented to the eyes of reason. And just as wood does not possess, by itself, any artificial form, but may have them all as a result of the carpenter's activity, in a similar way the matter of which we speak, because of its nature, has no natural form by itself, but may take on all forms through the operation of the active agent which is the principle of nature. This natural matter is not perceptible, as is artificial matter, because nature's matter has absolutely no form, while the matter of art is something already formed by nature. Art can operate only on the surface of things already formed, like wood, iron, stone, wool and the like, but nature works, so to speak, from the centre of its substratum, or matter, which is totally formless. Furthermore, the substrata of art are many, and that of nature one, because the former, formed by nature in different ways, are diverse and various, while the latter, in no way formed, is undifferentiated throughout, since all difference or diversity proceeds from form.①

**译文参考 A**

格瓦西：泰奥非，请您首先让我这个在哲学上没啥经验的人得到满足吧！请您解释一下，您对"物质"一词是怎样理解的，自然物之中的物质究竟是什么东西？

泰奥非：凡是想着辨别物质，并离开形式把物质单独加以考察的人，都使用的是与技艺相比较的方法。毕达哥拉斯派、柏拉图派以及逍遥派都是这样做的。试以某种技艺为例，譬如木工技艺吧，就其所有的形式说和就其全部工作说，它的对象总是木头；铁匠技艺的对象是铁，裁缝技艺的对象是布。所有这些技艺都是在自己特用的物质上，产生出种种不同的造型、配置和形状，其中没有一种是物质自身所固有的。与技艺相类似的自然也是如此，为了自身的活动，它也必须具有物质；因为一个制造者想要制作某物，却没有用来制作某物的材料，一个作用者想要作用于某物，却没有作用的对象，那么这个作用者的存在是不可能的。所以必

---

① Giordano Bruno, *Cause*, *Principle and Unity*, pp. 56 – 57.

然有这么一个对象，自然从它、用它并在它之中发生自己的作用、进行自己的工作；而它则从自然取得呈现于我们眼睛之前的纷繁多样的各种形式。就像木头本身没有任何技艺上的形式，而能借木匠之活动取得任何一种技艺上的形式那样，同样的，我们所说的物质，就其本身和就其本性说，也是没有任何天然的形式的，但是却能够借助于自然的积极本原的活动而取得任何一种形式。这种自然的物质不能够像技艺物质那样被感知，因为自然的物质绝对没有任何形式；而技艺物质则是已被自然赋予形式的东西。再者，技艺只能在木头、铁、石头、毛料等这类被自然赋予了形式的东西的表面上进行制作；而自然则可以说是从自己的对象（或完全没有形式的物质）的中心进行制作的。所以技艺的对象有许许多多，而自然的对象只有一个；前者以不同的方式被自然赋予形式，故而各不相同，多种多样；后者则不以任何方式被赋予形式，故完全没有任何独特的特征，要知道，任何特异之点、任何多样性，都是从形式中产生的。①

**语篇精粹 B**

Hence, some cowled and subtle metaphysicians among them, wishing to excuse rather than accuse their idol Aristotle, have come up with humanity, bovinity, oliveness as specific substantial forms. This humanity—for example, Socratiety—this bovinity, this horseness, are individual substances. They have come up with all that in order to provide a substantial form which merits the name of substance, just as

① ［意］布鲁诺：《论原因、本原与太一》，汤侠声译，商务印书馆，1998年，第2页。

matter has the name of substance, and the being of substance. They have never derived any gain from this, for if you ask them, point by point, 'In what does the the substantial being of Socrates consist?', they will answer, 'In Socrateity'; if you then ask, 'What do you mean by Giordano Bruno, *Cause, Principle and Unity*?', they will answer, 'The substantial form and proper matter of Socrates.' But let us leave aside this substance which is matter, and ask, 'What is the substance as form?' Some of them will reply, 'It is its soul'. Ask them, 'What is this soul?' If they say it is the entelechy and perfection of a body possessing potential life, remark that this is an accident. If they say it is a principle of life, sense, vegetation and intellect, remark that, although that principle is a substance if one considers it fundamentally, as we do, they present it as only an accident. For the fact of being a principle of such and such a thing does not express an absolute and substantial nature, but a nature that is accidental and relative to that which is principled: just as whoever says what I do or can do is not expressing my being and substance; that would be expressed by who says what I am, insofar as I am myself, considered absolutely. ①

### 译文参考 B

有些可笑的、头脑机灵的、披着袈裟的形而上学者，由于他们宁愿原谅也不愿指责他们的偶像——亚里士多德，于是便从这里臆造出人性、牛性、橄榄性来作为特殊的实体形式；这个人性，

---

① Giordano Bruno, *Cause, Principle and Unity*, pp. 59 – 60.

如苏格拉底性；这个牛性、这个马性，便是数的实体。他们这样做，完全是为了给我们一个这样的实体形式，它应得到实体的称号，就像物质具有实体的称号和存在那样。可是即令如此捏造，他们也未从中得到任何好处。因为如果你按照顺序询问他们：苏格拉底的实体存在是什么？他们将回答道：是苏格拉底性，如果你进一步问道：你们所说的苏格拉底性指何而言？他们将回答道：指苏格拉底所特有的实体形式和特有的物质。我们且撇下这个作为物质的实体，请你们告诉我，作为形式的实体是什么呢？有人回答道：是它的灵魂。你又问道：这灵魂是什么呢？如果他们说这是隐得来希和那能够生活的躯体的完善，那你就可指出，这是偶性。如果他们说这是生命、感觉、生长和理智的本原，那你就可指出，虽然这个本原，从根本上看，即像我们所理解的那样，是实体，然而在这里它仅仅是作为偶性被提出来的。因为是这物或那物的本原，并不等于是实体性的和绝对的根据，这乃是偶然的和相对的根据，即相对于那有本原者而言。譬如，我的存在和实体并不意味着那种东西：由于它，我在作用着或能够作用；而是意味着，由于它，我作为我和绝对的我而存在。①

### 语篇精粹 C

Take the sun: it is not all the sun can be, nor is it everywhere it can be. When it is east of the earth, it is not to the west, nor at midday, nor any other point. But if we want to show how God is sun, we will say (since he is all that he can be) that he is simultaneously in the

---

① ［意］布鲁诺：《论原因、本原与太一》，汤侠声译，商务印书馆，1998年，第2页。

east, west, noon, midnight and any other point what so ever of the convexity of the earth. And so, if we wish to understand that our sun (either because of its own revolution or that of the earth) moves and changes position, because it cannot be found now at one point without being found potentially at all other points, and hence possesses a disposition to be at those points, if, therefore, the sun were all that it could be and possessed all that it was inclined to possess, it would be simultaneously everywhere and in all things; it would be so perfectly mobile and rapid that it would also be absolutely stable and immobile. Therefore, we find, in divine maxims, that the divinity is said to be e-ternally stable and absolutely rapid in its course from one end to the other. For by immobile, we understand that which departs from and returns in the same instant to the eastern point, and which is not seen any less in the east than in the west or any other point of its circuit. That is why there is no basis on which to affirm that it goes and returns or has gone and returned from and towards such and such a point, rather than from and towards any other of the infinitely numerous points. It will, therefore, be found entirely, and always, in the totality of the circle as well as in any of its parts; consequently, each individual point of the ecliptic contains the entire diameter of the sun. [1]

### 译文参考 C

譬如太阳，它不是它所可能是的一切，它不是处在它可能在

---

① Giordano Bruno, *Cause, Principle and Unity*, pp. 67 – 68.

的所有地方，因为当它处在地球的东方时，它便不处在地球的西方，或者说不处在子午线上，或者说不处在任何其他地方。所以如果我们要想说明上帝如何是太阳时，那我们就要说，它同时既在东方也在西方，既在南方也在北方，也在地球圆周的每一个点上，因为它是它所可能是的一切。因此，如果太阳（由于自身的旋转或由于地球的旋转），像我们所断定的那样，在运动着并变换着位置，那是因为它实际上不处在一个固定的点上，不具有处在一切其他地方的可能性，因而具有处在那里的倾性——如果它是它所可能是的一切，并具有它所能够具有的一切，那么它就同时处在所有的地方和一切之中。它是运动最活跃、最迅速的，但同时也是最稳定、最不活跃的。所以在上帝的话语中，我们看到这样的说法：它是恒久不变的，同时也看到这样的说法：它以最大的速度从天边向天边运行着。因为被认为不动的东西是这样的：它在同一时刻从东方之点出发并回到东方之点，此外，它在西方、在其圆周的任何其他点上，跟在东方一样可以被看到。所以我们主张它从这一个点出发和被送出，并回到和被送回另一个点，其根据并不多于下一主张的根据，即它从无限多点的任何另一点出发和被送出，并回到和被送回同一个点上。所以它是完全地和永远地处在整个圆周之中和它的任一部分之中，因而黄道的每一个不可分割的点都包含着太阳的整个直径。①

---

① ［意］布鲁诺：《论原因、本原与太一》，汤侠声译，商务印书馆，1998年，第2页。

## （三）本原（Principle）

*术语解读*

布鲁诺把元始"一"作为宇宙的最初始基，置于存在的核心。元始的"一"，布鲁诺称之为存在者或上帝。"上帝是普遍的在存在之中的实体，也即一切事物的实体，一切实在的源泉"，是"普遍性的实体，是一切事物存在的源泉"，是"一切本原的本原"，是"一切作用因的原因"。布鲁诺在沉思"一"与"多"的关系时认为，元始的"一"是唯一的、常驻不变的、永恒的，它永远存在；在此元始的"一"之外，一切皆无，或者仅仅是它的影子、背像。"所以，凡是构成不同种、属、差别、性质的，凡是处于生灭变异中的，都不是存在，不是本质，而是存在和本质的条件和环境。而存在者和本质，是元始的'一'，是无限的、不动的，是主体、基质、生命、灵魂、真理和善。"它是一切之一切，它给予一切以存在；它在一切之上，是单一的普遍的实在性；它高于一切、蕴含一切，产生并且具有一切存在。一切对于它来说都是虚无，都不是"存在者"，只有它自己才是唯一真正的"存在者"。[①]

### 语篇精粹 A

TEOFILO. When we say that God is first principle and first

---

cause, we mean one and the same thing, using different concepts, but when we speak of principles and causes in nature, we are talking of different things using different concepts. We say that God is first principle, in so far as all things come after him according to a definite order of anteriority and posteriority, in terms of either their nature, their duration or their merit. We speak of God as first cause, in so far as all things are distinct from him, as the effect from the efficient cause, and the thing produced from its producer.

DICSONO. Then, tell me, what difference is there between cause and principle, as far as natural things are concerned?

TEOFILO. Although the terms are sometimes used interchangeably, nonetheless, speaking properly, not everything that is a principle is a cause. The point is the principle or origin of the line, but not its cause; the instant is the principle or origin of activity [but not the cause of the act]; the point of departure is the principle of movement, and not the cause of movement; the premises are the principles of an argument, but not its cause. 'Principle' is, thus, a more general term than 'cause'.

DICSONO. Then, to narrow these two terms within certain proper meanings, observing the procedure of those who express themselves most correctly, I think you take 'principle' to be that which intrinsically contributes to the constitution of things and remains in the effect, as they say of matter and form, which remain in the composite, or else the elements from which a thing is composed and into which a thing is resolved. You call 'cause' that which contributes to the production of things from outside, and which exists outside the composition, as is the case of the efficient cause, and of the end to which the thing produced is directed. [①]

**译文参考 A**

泰奥非：当我们把上帝称作第一本原和第一原因时，我们是从不同的角度来看同一个事物；当我们谈到自然中的本原和原因时，我们则是从不同的角度来看不同的事物。我们称上帝为第一本原，是因为万物都是在它之后，并且是按照一定的先后次序出现的，或者是按照自己的本性、自己的持续性和自己的价值而出现的。我们称上帝为第一原因，是因为万物不同于它，就像作用不同于作用者、被产生出来的东西不同于产生者那样。

狄克森：那么请您告诉我，当谈到自然界的事物时，原因跟本原有什么不同？

泰奥非：虽说一个用语有时可用来代替另一个用语，可是就其本来的意义说，凡为本原者，未必都是原因，因为点是线的本原，但并不是它的原因；瞬间是行动的本原，开头的静止是运动的本原，但不是运动的原因；前提是证明的本原，但不是它的原因。由此可见，本原是比原因更为一般的概念。

狄克森：您按照那些用语精密的人们的习惯，把这两个用语精确化了，使它们恢复了明确的本有的意义。因此，我相信，您所理解的本原是指这样的东西，即它以内在的方式促进事物的构

---

① Giordano Bruno, *Cause, Principle and Unity*, pp. 36 – 37.

成，并存留于结果中，例如存留于成分之中的质料与形式，或事物所由组成并能分解成为的元素等皆然。您所谓原因是指这样的东西，它以外在的方式促进事物的产生，并存在于成分之外，如作用因以及生产事物时所追求的目的就是这样的。①

**语篇精粹 B**

TEOFILO. If, then, spirit, soul, life is found in all things and in varying degrees fills all matter, it can assuredly be deduced that it is the true act and true form of all things. The world soul, therefore, is the formal constitutive principle of the universe and all it contains. I say that if life is found in all things, the soul is necessarily the form of all things, that form presides everywhere over matter and governs the composites, determines the composition and cohesion of the parts. That is why it seems that such form is no less enduring than matter. I conceive this form in such a way that there is only one for all things. But according to the diversity of the dispositions of matter and the capacity of the material principles, both active and passive, it happens to produce different configurations and realize different potentialities, bringing forth sometimes non-sensitive life, sometimes sensitive but not intellective life, sometimes seeming to suppress or restrain all outside signs of life, because of the incapacity or some other characteristic of matter. Thus, changing site and state, this form cannot be annihilated, because spiritual substance is no less real than material. So only the

---

① ［意］布鲁诺:《论原因、本原与太一》，汤侠声译，商务印书馆，1998 年，第 2 页。

external forms are changed, and even annihilated, because they are not things, but of things, and because they are not substances, but accidents and particularities of substances.

TEOFILO. Thus, we have an intrinsic formal principle, eternal and subsistent, incomparably superior to that imagined by the Sophists who ignoring the substance of things, treat only of the accidents, and arrive at positing corruptible substances from the fact that what they call essentially, fundamentally and principally substance is what results from composition, which is only an accident, not containing in itself either stability or truth, and reduced to nothing. They say that what is truly man is the result of composition, and that what is truly soul is no more than the perfection and act of a living body, or even something that is the result of a certain symmetry in its constitution and members. Hence, it is not surprising that they make so much, and are so greatly afraid, of death and dissolution, since they believe the loss of being is imminent. Nature cries out against such madness, assuring us that neither the body nor the soul need fear death, because both matter and form are absolutely unalterable principles. [1]

## 译文参考 B

泰奥非：那么既然精神、灵魂、生命处于万物之中，并按照一定的程度充满全部物质，因之完全可以相信，它才是万物的真正现实，是万物的真正形式。所以世界灵魂——这乃是宇宙以及

---

[1] Giordano Bruno, *Cause, Principle and Unity*, p. 46.

宇宙万物的形成作用的形式本原。我认为，既然生命处在万物之中，那么灵魂必然是万物的形式：它在一切之中操纵着物质，并在一切复合物中占支配地位，它造成诸部分的组合与一致。因此，适用于物质的那种永恒性也同样适用于这种形式。依我看，这形式是万物中的太一。它按照物质的不同的感受性，按照能动的与被动的物质本原的能力，造成各种不同的形体和生出各种不同的能力，有时候表露出没有感觉的生命活动，有时候表露出没有理智的生命和感觉活动；有时候似乎还有这样的情形：它的全部能力或由于物质的软弱无力，或由于物质的其他缺欠而被压抑、被遏制。因此，当这个形式改变处所、变换情况时，是不可能被消灭的。因为精神实体其永恒性并不比物质实体的差一些。因之，改变的和消灭的只是一些外在的形式，因为它们不是物，而只是归属于物的；不是实体，而只是实体的偶性和境遇。

泰奥非：由此可见，我们有一个内在的本原，它是形式的、永恒的和本质的，较之诡辩派所杜撰的，具有无可比拟的优越性。诡辩派只知玩弄偶性，不懂事物的实体，结果认为实体可以被消灭，因为他们所谓的实体，经常地、首先地和主要地是指那种从组合产生的东西；而这无非是偶性，不包含任何的稳定性与真理，并可分解为无。他们说，真正意义上的人是那从组合中产生的者，真正意义上的灵魂是那活体的完美和现实，或者是那从结构和肢体的某种匀称性中产生的东西。由此，就难怪他们弄得人们在死亡面前惶恐不安了，而且他们自己也很害怕死亡和破灭，就像眼看要从存在中被勾消似的。与这种癫狂相反，大自然高声疾呼地向我们保证：无论灵魂、无论肉体，都不必畏惧死亡，因为物质也好，形式也好，都是最永恒的本原。①

### 语篇精粹 C

TEOFILO. This is what the Nolan holds: there is an intellect that gives being to everything, which the Pythagoreans and the Timaeus call the 'giver of forms'; a soul and a formal principle which becomes and informs everything, that they call 'fountain of forms'; there is matter, out of which everything is produced and formed, and which is called by everyone the 'receptacle of forms'.

DICSONO. This doctrine, from which it seems nothing is lacking, pleases me much. And, indeed, it is necessary that, just as we can posit a constant and eternal material principle, we similarly posit a formal principle. We see that all natural forms cease in matter, then appear again in matter; therefore, nothing, if not matter, seems in reality to be constant, firm, eternal and worthy to be considered as principle. Besides, forms do not exist without matter, in which they are generated and corrupted, and out of whose bosom they spring and into which they are taken back. Hence, matter, which always remains fecund and the same, must have the fundamental prerogative of being recognized as the only substantial principle; as that which is, and forever remains, and all the forms together are to be taken merely as varied dispositions of matter, which come and go, cease and renew themselves, so that none have value as principle. This is why we find philosophers who, having

---

① ［意］布鲁诺:《论原因、本原与太一》，汤侠声译，商务印书馆，1998 年，第 2 页。

pondered thoroughly the essence of natural forms, such as one may see in Aristotle and his kind, have finally concluded that they are only accidents and particularities of matter, so that, according to them, it is to matter that we must accord the privilege of being act and perfection, and not to the things of which we can truly say that they are neither substance nor nature, but relative to the substance and nature—that is to say, in their opinion, matter, which for them is a necessary, eternal and divine principle, as it is to Avicebron, the Moor, who calls it 'God who is in everything'. [①]

### 译文参考 C

泰奥非：诺拉人是这样主张的：有一个理智，它提供万物的存在，毕达哥拉斯派和蒂迈欧称它为形式的给予者；灵魂是形式本原，它在自身中创造并形成万物，他们称它为形式的泉源；物质是用来制造和形成万物的，大家都称它为形式的接受者。

狄克森：我很喜欢这个学说，因为我觉得，它没有缺欠。的确，既然我们能判明有一个永久的恒常的物质本原，那必然也能肯定有一个同样的形式本原。我们看到，一切自然形式都源起于物质，并又回归于物质：由此令人感到，除物质以外，的确没有任何东西是永恒的、常驻的、持久不易的，配称作本原的。此外，形式离开物质，便没有存在，形式在物质中产生，在物质中消灭，来自物质和归于物质。所以物质总是依然故我，是结实生果的东西，因此它作为现存的和永存的东西，应该优先地被当作实体性

---

① Giordano Bruno, *Cause, Principle and Unity*, p. 61.

本原来认识。而所有的形式，总的说来，则只应看作物质的来去无常的、各种不同的配置——一些逝去，另一些复起，其中没有一个具有本原的意义。由此，出现这么一些人，如亚里士多德以及其他类似的学者，他们很清楚地考察了自然形式的根据之后，却推出结论说：自然形式只是物质的偶性和状态；创造活动和完善化的特长应归属于物质，而不应归属于物，关于物，真的，我们可以说：它们不是实体，也不是自然，而是实体和自然的物，关于自然，他们说这是物质；而物质，在他们看来，是必然的、永恒的、神圣的本原，像摩尔人阿维采布隆所认为的那样，他称物质为处于万物之中的上帝。①

## （四）宗教裁判所（Inquisition）

### 术语解读

布鲁诺痛恨反动教会欺骗民众，他写了批判地心说的论文，从而受到教会的迫害，宗教法庭到处通缉他。在长期的流亡中，他满腔热情地发表演说，继续批判被教会奉为神圣不可侵犯的地球中心说，同守旧派展开激烈的论战。他发展了哥白尼的太阳中心说，把科学的宇宙观传遍欧洲。1592 年，布鲁诺在意大利遭到逮捕，他在威尼斯宗教裁判所 7 次受审。次年，被引渡给罗马宗教裁判所。随后，在宗教裁判所被囚禁 8 年之久。教廷令布鲁诺悔罪，他说："我不能够。我不愿放弃，我没有可以放弃的事物。"在遭受 8 年的折磨后，罗马宗教裁判所在 1600 年宣判了他

---

① ［意］布鲁诺：《论原因、本原与太一》，汤侠声译，商务印书馆，1998 年，第 2 页。

的死刑，并以异端罪名将他判处火刑。在他死之前，当人们将救世主的像放在他面前时，他把头转开，拒绝了。布鲁诺在熊熊烈火中牺牲，骨灰被扔进了流经罗马的台伯河。他在最后的时刻说："黑暗即将过去，黎明即将来临，真理终将战胜邪恶！"①

## 语篇精粹 A

No mercy, however, was forthcoming. At subsequent sittings various witnesses were examined, most of whom spoke up for Bruno's integrity and lack of offence against the Catholic religion. He himself was left in his cell from June 4th to July 30th, and then once more brought before his judges and subjected to aweary repetition of the same insidious charges, the same subtle questionings. Weakened by the confinement and suspense, which must have been torture to his restless and freedom—lovingspirit, and overwhelmed, no doubt, by arealisation of the ominous turn taken by thetrial, which he had at first looked upon as "merely a joke," he fell on his knees and humbly demanded pardon, promising, if his life were spared, so to reform it as to wipe out all previous stain. He was asked if he had anything more to reveal, and replied that there was nothing, where upon he was once more removed to his cell, still in ignorance as to the verdict.

No sentence was pronounced, and the matter lay in abeyance until September 17th, when the heads of the Roman Inquisition sent anur-

---

① 王珍：《布鲁诺：火，不能征服我》，《中国民族报》，2013 年 12 月 24 日。

gent request for the prisoner to be delivered into their hands. The High Council of Venice felt that its rights were being interfered with, and quibbled for some time with so much success that it was not until early in 1593 that Bruno was finally handed over, this success of the Papacy being brought about chiefly through the mediation of the Roman procurator, Contarini, an ingenious and clever lawyer. Here minded the Venetian Council that the prisoner was no ordinary heretic, that indictments had long before been taken out against him, both in Naples and Rome, and that he had spent many years in heretical lands, leading "alicentious and diabolical life." But, added Contarini, after various other accusations, "for the rest he has a mind as excellent and rare as one could wish for, and is of exceptional learning and insight." Strange mixture of condemnation and appreciation![1]

## 译文参考 A

任何宽容都不会到来。在随后的会议上，许多被调查的证人为布鲁诺的正直辩护，但是他们并不反对天主教。布鲁诺在 7 月 4 日至 30 日离开了单人牢房，随后又一次被带到了那里，遭受到令人厌烦的重复且阴险的指控和狡诈的审问。毫无疑问，这种监禁和悬而不决的审问对他不安分且热爱自由的灵魂是一种折磨和打击。他起初认为这种审讯"只不过是一个笑话"，这种审讯让他跪下卑贱地请求宽恕，发誓说如果自己被幸免了，就重新改过，彻底清除以前的所有污点。还有人让他承认更多，但是他并没有

---

① Martin E., *Giordano Bruno*: *Mystic and Martyr*, Kessinger Publishing Company, 2003, pp. 46 – 48.

回答。于是，他再次被送入单人牢房，人们认为他愚昧无知。

布鲁诺的罪行一直没有宣判，直到 9 月 17 日，罗马宗教裁判所的领导者紧急要求监狱把布鲁诺移交到他们手上。威尼斯法庭觉得他们的权力被干涉了，与宗教裁判所争辩了一些时日，最终到 1593 年初才把布鲁诺移交过去。罗马的一个精明多谋的检察官康达里尼为罗马教皇带来了这件事的成功。他提醒威尼斯法庭这个犯人不是普通的异教徒，而是很久以前就在那不勒斯和罗马被控告，他的异端思想已经持续了很多年，过着"放纵的、如恶魔般的日子"。康达里尼还说："在被各种控告之后，布鲁诺还有着别人希望的优秀的思想，有着非凡的知识和洞察力。"对布鲁诺的谴责和赞赏奇怪地交织在一起。

### 语篇精粹 B

It is useless to speculate as to what took place in that ardent, active mind during these dark years. All we know is that any temporary weakness that had overtaken him in the first shock of realisation was completely mastered and subdued. Though still protesting that he only desired to live in peace and harmony with the Church whose religion had been to him "ever the dearest," he was firm in refusing to retract or deny his philosophical teachings. His submission on this point was repeatedly pressed for, and repeatedly refused. What means may have been used, in the silence and darkness of the prisoncell, in the endeavour to extort it, we can only surmise ; but we do know that he never faltered, and that all who came in contact with him marvelled at the stead fastness and courage he displayed. Long before he had written :

"If one aspires to the supreme splendour, let him retire as much as he can from union or support into himself, …. let him be content with one ideal." This, without doubt, he carried into practice when the dark hour came, and it may truly be said of him that when he was "tried" he "came forth as gold."

For the first six years after his removal to Rome history is grimly silent concerning the Nolan, and not until January 1599 have wea record of his being again brought up for examination and again reprieved. Then followed another gap of nine months, and it was not until February 6th, 1600, that sentence of death was finally pronounced, his offences being fully recapitulated, his stubbornness deplored, and the "zeal and brotherly love" shown to him by the Inquisition highly belauded.

Though forced on to his knees to hear the sentence, his spirit was neither cowed nor humbled. Rising proudly to his feet, head dressed those who had condemned him in words that still ring through the centuries："It is with greater fear that you pronounce, than I receive, this sentence."①

**译文参考 B**

推测热烈活跃的思想在那段黑暗岁月里发生了什么是毫无意义的。我们只知道任何暂时性的软弱都能制服他、压倒他，给予他现实最初的打击。尽管他抗议他只想和"曾经最亲爱的"教会

---

① Martin E., *Giordano Bruno*：*Mystic and Martyr*, Kessinger Publishing Company, 2003, pp. 49 – 50.

和谐共处，但他坚定地拒绝撤回或者否认他的哲学教义。在这点上，他反复被要求，也反复拒绝。我们只能猜测，法庭使用了各种手段，将布鲁诺关在寂静黑暗的单人牢房里，强行使他认罪。但是我们知道他从未犹豫，与他接触的人都为他表现出的坚定和勇气感到惊讶。很久以前，他写道："如果一个人立志要声名显赫，那么他就离其他人或帮助越远越好，让他自己满足于自己的理想。"毫无疑问，在黑暗的岁月到来时，他将此付诸实践。真的可以说他，"竭力""成为精金"。

在布鲁诺到罗马最初的 6 年中，涉及诺兰人的罗马历史有着可怕的沉寂。直到 1599 年 1 月，他才又被带去审讯并处以缓刑。到了 1600 年 2 月 6 日，布鲁诺被判处死刑，宗教裁判所重述他的罪行，对他的顽强感到遗憾，布鲁诺却对裁判所向他表示出的"热情和兄弟般的爱"大加赞扬。

虽然布鲁诺被强制跪听审讯，但他的灵魂既没有臣服，也没有卑贱。他高傲地抬起脚，对那些责难他的人们说出了流传至今的话："你们这些宣判对我的判决的人，也许比承受这一判决的我有更多的惧怕。"

### 语篇精粹 C

Some few days later a final opportunity for recantation was offered him, and refused. "I die willingly," he declared, "knowing that with the smoke my soul will ascend to Paradise" —and on the morning of February 17th he was led forth, bare-footed and in chains, to the "Field of Flowers," there gagged, bound to the stake, and burnt to death in the presence of a jeering crowd. Rome was en fête just then for the Jubilee of Pope Clement, and the burning of a heretic seemed merely an extra excitement for the holiday—making populace. Eye-witnesses relate that when the crucifix was held to his lips he turned his head aside indisdain. No outer symbols of divine love, divine suffering, were needed by one whose whole life had been spent in the search for divine truth, and whose death bore witness to his unshakable faith in divine goodness. Had not he himself written that the "heroic spirit" shall ever strive on "until it becomes raised to the desire of divine beauty itself, without similitude, figure, symbol, or kind"?

Even as the ashes of his body were scattered to earth and air and reunited with their elements, so, we may believe, did his spirit go forth gladly to be reunited with that "divine beauty and splendour" which—he had declared—"shines and is in all things, near, present, and within, more fully than man himself, being soul of souls, life of lives, essence of essences." And so also, we may hope, did he experience the truth of his own courageous words—"He who is more deeply moved by the thought of some other thing does not feel the pangs of death."①

**译文参考 C**

几天之后，布鲁诺有最后的机会来选择放弃自己的思想，但他拒绝了。"我愿意接受死亡"，他宣布："我的灵魂将会化烟升至天堂。"2 月 17 日的早晨，他光着脚，戴着镣铐，来到了鲜花

---

① Martin E., *Giordano Bruno*: *Mystic and Martyr*, Kessinger Publishing Company, 2003, pp. 50 – 52.

广场。街道上站满了嘲笑他的人，布鲁诺被绑在火刑柱上，接受死刑。那天正是教皇克莱门特的纪念日，而烧死异教徒似乎只是节日的额外惊喜。据目击者讲述，当十字架被举到他唇边时，他蔑视地转过了头。对于一个终生在寻找神的真理，一个死在不可动摇的、善良的信仰下的人而言，根本不需要外在的标志来代表神的爱和痛苦。他英雄般的灵魂不断努力，直到它可以不依靠外表、土星、标志和善意来渴求神的美。

虽然他的骨灰与自然环境相融，飘散在土地和空气中，但我们应该相信，他的灵魂又以一种"神圣且美丽壮观的"方式聚合在一起，就像他曾经说的那样："所有的东西都在发光，近的、现在的、内在的，但比本人更闪耀的，是灵魂的灵魂，生命的生命，本质的本质。"所以我们希望，他体验到了他勇敢的话语中的真理："他没有感受到死亡带来的肉体上的痛苦，他被自己的思想深深地打动了。"

## （五）异端（Heterodoxy）

### 术语解读

1592 年，他因墨塞尼格的告发而被天主教宗教法庭控以"异端邪说罪"，在威尼斯被捕入狱。在被囚禁的 8 年中，罗马教廷对布鲁诺有多项指控。根据意大利历史学家鲁奇·费波的归纳，加在布鲁诺头上的主要八大罪状是：坚持与天主教信仰相反的意见，并有反对它及其教士的言论；坚持有关"三位一体"、基督神性及道成肉身的错误意见；坚持有关基督的错误意见；否认圣母玛利亚的童贞；坚持有关圣餐变体论和弥撒的错误意见；宣称存在多个世界及其永恒性；相信轮回和人的灵魂能转给畜生；从事魔法和预言。

布鲁诺没有选择放弃自己的学说，他始终坚持自己的思想。1600 年 2 月 6 日，布鲁诺最后被判罢黜并被交给罗马政府在公共广场上处以火刑，于同年 2 月 17 日在罗马鲜花广场被烧死，骨灰被扔进了流经罗马的台伯河。

这里选取了布鲁诺对魔法的几条论述：

**语篇精粹 A**

The fifth meaning includes, in addition to these powers, the use of words, chants, calculations of numbers and times, images, figures, symbols, characters, or letters. This is a form of magic which is intermediate between the natural and the preternatural or the supernatural, and is properly called 'mathematical magic', or even more accurately 'occult philosophy'.

The sixth sense adds to this the exhortation or invocation of the intelligences and external or higher forces by means of prayers, dedications, incensings, sacrifices, resolutions and ceremonies directed to the gods, demons and heroes. Sometimes, this is done for the purpose of contacting a spirit itself to become its vessel and instrument in order to appear wise, although this wisdom can be easily removed, together with the spirit, by means of a drug. This is the magic of the hopeless, who become the vessels of evil demons, which they seek through their notorious art. On the other hand, this is sometimes done to command

and control lower demons with the authority of higher demonic spirits, by honouring and entreating the latter while restricting the former with oaths and petitions. This is transnatural or metaphysical magic and is properly called 'theurgy'.

Seventh, magic is the petition or invocation, not of the demons and heroes themselves, but through them, to call upon the souls of dead humans, in order to predict and know absent and future events, by taking their cadavers or parts thereof to some oracle. This type of magic, both in its subject matter and in its purpose, is called 'necromancy'. If the body is not present, but the oracle is beseeched by invoking the spirit residing in its viscera with very active incantations, then this type of magic is properly called 'Pythian', for, if I may say so, this was the usual meaning of 'inspired' at the temple of the Pythian Apollo.

### 译文参考 A

五、除了这些力量外，还使用词语、圣歌、计算、时间、图像、数字、标志、文字或者字母。这也是自然和超自然的魔术形式间的媒介，也被恰当地叫作"数学的魔术"，更准确地说，应该是"超自然科学"。

六、一些能量大的外在的箴言和符咒可以通过祈祷、献身、奉承、牺牲、决心和仪式直接作用于上帝、恶魔和英雄身上。有的时候，这是为了与灵魂相联系，成为灵魂中的血脉，以彰显智慧，而这种智慧与灵魂可以轻易地被药品消除。这是无可救药的魔术，在恶魔找寻他们臭名昭著的艺术时，成为了他们的血脉。

有时，可以用高级恶魔的灵魂威压来指挥和控制低级恶魔，在要求后者的同时，用誓言和情愿来约束前者。这就是超自然魔术，确切地说，叫作"神通"。

七、魔术是情愿或者符咒，不是恶魔和英雄本身。但是通过它们，可以召唤死去的人的灵魂，为了通过他们的尸体和神谕，预测和了解现在和未来的事情。从主题事件和目的来讲，这种魔术又被叫作"巫术"。如果身体不存在，那么神谕是通过咒语主动呼唤体内的灵魂。准确地说，这种魔术被称作"太阳神"，如果我这样说，这就是阿波罗神庙中常意味着的"授意"。

**语篇精粹 B**

Eighth, sometimes incantations are associated with a person's physical parts in any sense; garments, excrement, remnants, footprints and anything which is believed to have made some contact with the person. In that case, and if they are used to untie, fasten, or weaken, then this constitutes the type of magic called 'wicked', if it leads to evil. If it leads to good, it is to be counted among the medicines belonging to a certain method and type of medical practice. If it leads to final destruction and death, then it is called 'poisonous magic'.

Ninth, all those who are able, for any reason, to predict distant and future events are said to be magicians. These are generally called 'diviners' because of their purpose. The primary groups of such magicians use either the four material principles, fire, air, water and earth, and they are thus called 'pyromancers', 'hydromancers', and 'geomancers', or they use the three objects of knowledge, the natural, mathematical and divine. There are also various other types of prophecy. For augerers, soothsayers and other such people make predictions from an inspection of natural or physical things. Geomancers make predictions in their own way by inspecting mathematical objects like numbers, letters and certain lines and figures, and also from the appearance, light and location of the planets and similar objects. Still others make predictions by using divine things, like sacred names, coincidental locations, brief calculations and persevering circumstances. In our day, these latter people are not called magicians, since, for us, the word 'magic' sounds bad and has an unworthy connotation. So this is not called magic but 'prophecy'.

译文参考 B

八、有的时候，从某种意义上而言，咒语是跟一个人的身体相联系的；服装、排泄物、残余物、脚印和其他任何与这个人有联系的事物。在那种情况下，散开或集中或减少那些事物，就能构成魔术。如果这种魔术引人为恶，那么就被称作"邪恶的"魔术。如果引人为善，就可以算作医药学中一种特定类型的药物实践。如果它最终导致了毁灭和死亡，就应被叫作"有毒的魔术"。

九、所有被称作魔术师的人，都能以任何理由去预测未来的事情。因为可以预测未来，所以也可以把这些人称作"预言者"。初级魔术师在火、气、水和土这四种本原物质间任意选择，所以他们又被称作"火占师""水占师""地卜师"，他们也能使用自然的、数学的和神的知识。还有一些其他方式的预言。预言者、算命者等人可以从自然的或物理的事物中作预言。地卜者用自己的方法通过数学客体来作预言，诸如数字、字母、实线和数据。他们还可以通过外观、光线、行星的位置和其他相似的客体作预测。还有一些人使用神的相关事物，诸如神的名字，巧合的地点，简单的计算和持续的形势。在我们这个年代，后者已经不叫作魔术师了，因为对于我们而言，"魔术"这个词听起来有点糟糕，而且含义也不相称了。所以现在已经没有"魔术"，而是将其称作"预言"。

## 语篇精粹 C

Finally, 'magic' and 'magician' have a pejorative connotation which has not been included or examined in the above meanings. In this sense, a magician is any foolish evil-doer who is endowed with the power of helping or harming someone by means of a communication with, or even a pact with, a foul devil. This meaning does not apply to wise men, or indeed to authors, although some of them have adopted the name 'hooded magicians', for example, the authors of the book *De malleo maleficarum* (*The Witches' Hammer*). As a result, the name is used today by all writers of this type, as can be seen in the comments and beliefs of ignorant and foolish priests.

Therefore, when the word 'magic' is used, it should either be taken in one of the senses distinguished above, or, if it is used without qualifications, it should be taken in its strongest and most worthy sense as dictated by the logicians, and especially by Aristotle in Book of the *Topics*. So as it is used by and among philosophers, 'magician' then means a wise man who has the power to act. Nevertheless, the fact remains that the word, when unqualified, means whatever is signified by common usage. Another common meaning is found among various groups of priests who frequently speculate about that foul demon called the devil. Still other meanings are to be found in the common usages of different peoples and believers.

**译文参考 C**

最终，"魔术"和"魔术师"有一个贬义的含义，这个含义没有包含在上述意思里面。就这层意思而言，魔术师是愚蠢的坏人，他们与邪恶的魔鬼交流或者签订契约，天生就具有帮助或者祸害他人的能力。虽然他们中的一些人已经采用了"魔术师"这个说法，但这个含义并不适用在智者和作者身上。例如，《女巫之锤》的作者。所以这个名字被所有同类型的作者使用，从评论中也可以看出无知的信仰和愚蠢的祭司。

因此，当使用"魔术"这个词时，它应该代表上述有区别的含义之一，或者如果无条件使用它，那就应该采用逻辑学家所述的最合适的含义，可以参照亚里士多德的《论题篇》。因为这个词被哲学家广泛使用，魔术师就意味着一个会扮演的人。然而事实上，在任何条件下，通常这个词用于预示任何事情。许多祭司团体发明了这个词的另外一个常用的意思，这些人经常研究邪恶的魔鬼。此外，在不同的人和信徒间还有其他常见的用法和含义。

## （六）记忆术（Mnemonic）

*术语解读*

记忆术是从古罗马时代开始就有的一种助记方法。可分为串联和定桩两类。记忆术是记忆的窍门和方法的简称，是指一种通过给识记材料安排一定的联系以帮助记忆并提高记忆效果的方法。mnemonic 一词源自希腊神话中记忆女神摩涅莫绪涅（Mnemosyne），mnemonic 亦称记忆技巧（memoria technica）。记忆术的原则就是在心中建立一个人为的结构，将生疏的概念，特别是一系列互不相干的概念组合起来，而这些概念要一个一个地记住是很难的。理想中的这种结构要设计成能相互提示。

人们进行了无数的尝试以发明各种记忆系统——适用于各种内容的编码系统，用以改进全面的记忆能力。希腊和罗马的记忆系统是依据感兴趣的物品来使用心里的位置以及符号或图像。这种方法把熟悉的结构（locus，地点）以及需要记忆的物品或事物（res，物件）结合在一起。这种记忆法就称为"loci et res"，在记忆一系列物品时非常有效。最常用的方法是选择一所大屋子，屋子的各个房间、墙壁、窗户、装饰品以及家具分别用象征性的图像与某些名称、短语、事件或概念联系起来；要记起这些内容时只需在心里寻找屋内的房间，直至在想象中放置这些内容的具体地点，直到被找到为止。依据这个记忆系统，如果需要牢记一个历史日期，就可以将它放置在一个想像中的城市里，该城市被分为若干个区，每个区有 10 栋屋子，每栋屋子有 10 个房间，每个房间有 100 个方格子（或记忆地点），这些方格子一部分放在地板上，一部分位于四壁，还有一部分安置在天花板上。传说欧洲的印刷术是 1440 年发明的，于是用这种系统就可以在内心里将一本书或其他象征印刷术的东西放在这个"想象城镇"的第一栋屋子的第四个房间的第四十个方格子（或记忆地点）里，从而将这个年份牢记在心。①

**语篇精粹 A**

The apex of the imagery mnemonic tradition was Giordano Bruno's 16th century occult memory system (Yates, 1966), which sought to unify earthly knowledge and the super celestial world of ideas using variants of the ancient method of loci linked to magical star—images organized according to the associative structure of astrology. For example, one Brunian method combined (a) a square architectural system of rooms subdivided into places for storing images of everything in the physical world with (b) a round "Lullian" memory device (Yates, 1966, pp. 173 – 198), in which moveable concentric wheels were used like a slide ruler to combine different subjects and predicates to generate new propositions. Bruno's version of the round system contained the celestial figures and images that were to animate, organize, and unify the earthly images contained in the memory rooms.

Bruno's writings directly inspired Tommaso Campanella's (1602) philosophical utopia, *The City of the Sun*, in which images externalized as pictures were used entirely for educational purposes. In the story, the city itself serves as the basis for the classical mnemonic system. Earthly knowledge is represented in innumerable pictures and explanations that adorn outer walls, temples, and galleries of the city. There

---

① 参考资料: 百度百科。

are mathematical figures; pictures of the seas and rivers; specimens of minerals, trees, herbs, wines, and animals of all kinds; representations of weather phenomena; depictions of mechanical arts and historically important people. Teachers provide verbal instruction by reading aloud explanatory verses that accompany the pictures and by reading from one great book. We see later that it is not much of a conceptual stretch to interpret Campanella's pictorial-verbal educational system in dual coding the oretical terms. ①

**译文参考 A**

图像记忆传统的顶峰是 16 世纪布鲁诺的神秘学记忆系统（耶茨，1966）。其试图通过使用各种古老轨迹方法将世俗知识和思维的超天体世界统一起来。这种轨迹与按照占星术的关联结构组织的神秘星形图案相联系。比如，布鲁诺的一种方法是将（a）被分割成不同的空间用于储存物质世界各种图像的方形空间建筑系统和（b）一种圆形"Lullian"记忆设备（耶茨，1966，第 173 ~ 198 页）联系起来，其中可移动的同心轮将被用作滑动标尺，将不同的物体和假设结合起来形成新的命题。布鲁诺的圆形系统则包含推动和统一记忆空间的世俗图像的天体图形和图像。

布鲁诺的作品对托马索·康帕内拉（1602）的哲学上的乌托邦《太阳城》具有启发意义。《太阳城》中的图像被完全用于教育目的。在该故事中，这座城市本身就是经典记忆法的基础。世俗知识通过无数的图片和解释进行说明，其中包括城市的外墙、

----

① Allan Paivio, *Dual Coding Theory And Education*, University of Western Ontario, 2006.

庙宇和走廊。有数学数字、海洋和河流的照片、矿物标本、树木、草药、酒类、各类动物、天气现象、机械艺术和具有历史意义的人。老师通过读出附在图片边上和一本大书上的解释性词句进行口述指导。后面我们可以看出，在康帕内拉理论术语或图形双编码教育系统的解释上面没有太多的概念延伸。

## 语篇精粹 B

Following the teaching of Proclus, Bruno utilizes these products of the imagination, releasing them from their static character. In the mnemonic mechanisms of the Lullian wheel in De umbris idearum, the adiecta, which in the classical rhetorical tradition ascribed to Cicero were called imagines agentes, become the expression of a dynamism which is the soul's own and which manifests itself in reasoning. The soul, in both the Platonic and Aristotelian traditions, was considered mainly as that which brings movement and life. Its products, whether they derive from abstraction in universals or whether they be the fruit of a model actuating itself in form, must have the same properties as the soul itself has. Thanks to this principle, Bruno discovers that the union of the visual force of images with the Neoplatonic principle of the dynamism of the soul would allow him to insert in the Lullian wheels—the memory system used by him—what had so far been omitted: movement and life. In other words, images are recognized as having an internal principle of movement given them by the soul itself. The expedient of giving movement to the wheel compartments in fact permits the adiecta "to interact and in so doing produce a scenic (imaginative) representation.

The characters in the wheel compartments, whom Bruno called "inventors"(illustrious men who have left a tangible mark on history in the form of some discovery) not only have the simple function of sign reference to something else but, as the protagonists of dynamic scenes, actually perform actions. In this way, the symbolic contents of the wheel compartments are no longer objects of thought but become active subjects for thought. [1]

### 译文参考 B

在普罗克洛斯的教学过程中，布鲁诺使用这些想象产品打破他们的静态特性。就 Deumbris idearum 的 Lullian 轮的助记机制而言，修辞传统中归类于 Cicero 的 adiecta 被称为想象的媒介——活力的表达，灵魂自有，在推理中证明自己。在柏拉图和亚里士多德的传统中被认为可以带来运动和生命。其产品不论来自抽象的共性或是源自自我形式启动的模型，布鲁诺都认为图片的视觉力量和新柏拉图主义的灵魂动态原则的结合将允许其插入 Lullian 轮——其使用的记忆系统——目前已经被省略：生命的运动。换言之，人们认为图片有源自其自身灵魂的内在运动原则。赋予轮舱动能的权宜之计事实上允许 adiecta 互动，从而产生戏剧（想象）表达。布鲁诺称之为"发明者"（通过发现的方式在历史上留下记号的名人）的轮舱特点是不仅拥有符号参考的简单功能，作为动态场景的主角，事实上还在运动中。通过这种方式，轮舱的符号内容不再是想象而是可以想象的行为主体。

---

[1]　Farinella, Alessandro G., and Carole Preston, Giordano Bruno: Neoplatonism and the Wheel of Memory in the *De Umbris Idearum*, *Renaissance Quarterly*, 2002, pp. 596 – 624.

## 语篇精粹 C

The idea of an intrinsic dynamic property in the images present in the human soul derives from the Neoplatonism of Proclus, who stated that the imagination is a formative faculty which provides its objects with a certain figure and form. From Proclus Bruno takes the idea of the possibility of uniting in his mnemonic system the Plotinian handling of the two types of matter, the intelligible and the sensible, and the Aristotelian concept of thought based on images. This was hardly a new idea; it had been fully discussed by Ficino both in his commentaries on Proclus and in his translation of Synesius' *Densornniis*.

However, Bruno improves on the slowness and mechanicity of preceding mnemonic systems: in order to provide "relief for the memory" it was not enough to utilize the ability of the soul to introduce division, order and dimensionality into sensible, transitory reality, and to produce complicated artificial constructions. Following the Neoplatonic principle that "all is in all each in its own way," Bruno thought that the memory also should enjoy that dynamism which is one of the attributes of the soul in itself, so that its objects would no longer be static images trapped in the abstraction of mathematical constructions but an expression of the exploitation of the temporally productive character of the soul. It is precisely in his attention to the temporal aspect of the process of knowledge that Bruno is most indebted to the Neoplatonlsm of Proclus. Thanks to this, the cognitive process is seen neither as a straight line nor as a sphere's simple expansion to infinity, but as the progressive irradiation of a light which emanates an ordered system of diverse species in a circle around it. In time this movement takes on a spiral form, like the movement of the soul, according to the Neo-platonists. [1]

**译文参考 C**

人类灵魂中对图片内在动态特性这一想法源自普罗克洛斯的新柏拉图主义，其表明该想象是一个为其物体提供特定外形和形式的造型能力。基于普罗克洛斯，布鲁诺对在其记忆术中统一 Plotinian 对于这两种问题的处理、可理解的和可感知的以及亚里士多德的基于图片的理念的可能性加以考虑。这不是什么新想法，费奇诺在其对普罗克洛斯的注评和对 *De nsornniis* 的解释中都有讨论。

然而布鲁诺对前述系统的慢性和机械性都作了提升：为了"帮助记忆"，通过灵魂的能力将分区、秩序和维度变成可感知的和短暂的事实，并且形成复杂的人为建构。基于新柏拉图主义的"一切都是完成的，每一个都有自己的方式"，布鲁诺认为该记忆同样需要享受这种活力，这是灵魂本身的特点之一，因此其物体不再是数学建模中静止的图片，而是灵魂临时性的、创造性的表达。正是对于知识进程中的时间侧面的关注，布鲁诺从新柏拉图主义中受益颇多。得益于此，认知历程既不被认为是直线的，也不是球体的无限大延伸，而是光的逐步延伸。其导致了圆形周围多样物种的规律系统。该运动及时形成螺旋形，就像新柏拉图主义的灵魂运动。

---

① Farinella, Alessandro G., and Carole Preston, Giordano Bruno: Neoplatonism and the Wheel of Memory in the *De Umbris Idearum*, *Renaissance Quarterly*, 2002, pp. 596 – 624.

# 参考文献

## 一、中文文献

[1] [意] 但丁：《神曲（地狱篇、炼狱篇、天国篇)》，田德望译，人民文学出版社，2002 年。

[2] [意] 但丁：《神曲》，王维克译，人民文学出版社，1980 年。

[3] [意] 但丁：《神曲》，朱维基译，上海译文出版社，1984 年。

[4] [意] 但丁：《新生》，钱鸿嘉译，上海译文出版社，1993 年。

[5]《但丁抒情诗选》，钱鸿嘉译，上海译文出版社，1988 年。

[6] [意] 但丁：《论世界帝国》，朱虹译，商务印书馆，1997 年。

[7] 吕同六选编：《但丁精选集》，燕山出版社，2004 年。

[8] [意] 薄伽丘、布鲁尼：《但丁传》，周施廷译，广西师范大学出版社，2008 年。

[9] [意] 马基雅维利：《佛罗伦萨史》，李活译，商务印书

馆，1996 年。

[10]［瑞士］雅各布·布克哈特：《意大利文艺复兴时期的文化》，何新译，商务印书馆，1983 年。

[11]［意］路易吉·萨尔瓦托雷利：《意大利简史》，沈珩、祝本雄译，商务印书馆，2013 年。

[12]［德］爱德华·傅克斯：《欧洲风化史·文艺复兴时代》，侯焕闳译，辽宁教育出版社，2000 年。

[13]［法］让·贝西埃等：《诗学史》，史忠义译，百花文艺出版社，2001 年。

[14] 陆扬：《中世纪诗学》，上海社会科学院出版社，2000 年。

[15] 姜岳斌：《伦理的诗学》，浙江大学出版社，2007 年。

[16]［意］彼特拉克：《秘密》，方匡国译，广西师范大学出版社，2008 年。

[17]［意］彼特拉克：《歌集》，李庆国、王行人译，花城出版社，2001 年。

[18]［古罗马］西塞罗：《西塞罗三论》，徐奕春译，商务印书馆，2003 年。

[19]［古罗马］维吉尔：《埃涅阿斯纪》，杨周翰译，译林出版社，1999 年。

[20]［英］尼古拉斯·曼：《彼特拉克》，江力译，中国社会科学出版社，1992 年。

[21]［意］加林：《意大利人文主义》，李玉成译，生活·读书·新知三联书店，1998 年。

[22]［英］阿伦·布洛克：《西方人文主义传统》，董乐山

译，生活·读书·新知三联书店，1997 年。

[23]［英］艾玛·阿·里斯特编著：《莱奥纳多·达·芬奇笔记》，郑福洁译，生活·读书·新知三联书店，1998 年。

[24]《达·芬奇论绘画》，戴勉编译，人民美术出版社，1979 年。

[25]《达·芬奇笔记》，杜莉编译，金城出版社，2011 年。

[26]［美］麦克·怀特：《达·芬奇：科学第一人》，许琳英、王晶译，中国人民大学出版社，2011 年。

[27]［意］乔尔乔·瓦萨里：《巨人的时代》，刘耀春等译，湖北美术出版社、长江文艺出版社，2003 年。

[28]［美］坚尼·布鲁克尔：《文艺复兴时期的佛罗伦萨》，朱龙华译，生活·读书·新知三联书店，1985 年。

[29]［美］威尔·杜兰：《世界文明史·文艺复兴》，幼狮文化公司译，东方出版社，1999 年。

[30] 车文博主编：《佛洛依德文集——达·芬奇的童年回忆》，刘平译，长春出版社，2004 年。

[31] 北京大学哲学系：《西方哲学原著选读》，商务印书馆，1981 年。

[32]［意］马基雅维利：《君主论》，潘汉典译，商务印书馆，2014 年。

[33]［意］马基雅维利：《论李维罗马史》，吕健忠译，商务印书馆，2013 年。

[34]［德］恩斯特·卡西尔：《国家的神话》，范进译，华夏出版社，2003 年。

［35］［意］托马斯·阿奎那：《阿奎那政治著作选》，马清怀译，商务印书馆，1982 年。

［36］［美］乔治·霍兰·拜撒因：《政治学说史·下册》，刘山译，商务印书馆，1990 年。

［37］［英］弗朗西斯·培根：《学术的进展》，刘运同译，上海人民出版社，2007 年。

［38］［美］罗伯特·唐斯：《影响世界历史的 16 本书》，缨军译，上海文化出版社，1986 年。

［39］孟根龙：《布鲁诺的认识论思想研究》，《中共杭州市委党校学报》，2006 年第 5 期。

［40］倪湛舸：《布鲁诺归来——火刑柱与异端书》，《小说界》，2006 年第 1 期。

［41］刘晓雪、刘兵：《布鲁诺再认识》，《自然科学史研究》，2005 年第 3 期。

［42］汤侠生：《光照千秋的巨人——纪念布鲁诺逝世 400 周年》，《哲学研究》，1999 年第 12 期。

［43］姚介厚：《开拓现代科学理性的伟大先驱——布鲁诺》，《河北学刊》，2000 年第 4 期。

［44］孟根龙：《论布鲁诺对宇宙本原的探究》，《北京第二外国语学院学报》，2000 年第 4 期。

［45］邹琳：《论布鲁诺哲学的唯物主义泛神论性质》，《云南师范大学学报》，1987 年第 6 期。

# 二、外文文献

［1］ R. W. B Lewis, *Dante*, Penguin Putnum, 2001.

［2］ John C. Davenport, *Dante: Poet, Author, and Proud Florentine*, Chelsea House Publisher, 2006.

［3］ Patrick Boyde, *Human Vices and Human Worth in Dante's Comedy*, Cambridge University Press, 2000.

［4］ Ferdinand Schevill, *Medieval and Renaissance Florence*, Harper & Row Publishers, 1961.

［5］ Petrarch, *Secretum*, translated by Peter Burnett, University of Delaware Press, 2004.

［6］ Petrarch, *Canzoniere*, translated by Mark Musa, Indiana University Press, 1996.

［7］ Michael Allen, *Petrarch and the Invention of Individuality*, *Theological Origins of Modernity*, University of Chicago Press, 2008.

［8］ J. H. Plumb, *The Italian Renaissance*, American Heritage Publishing, 1961.

［9］ Gur Zak, *Petrarch's Humanism and the Care of the Self*, Cambridge University Press, 2010.

［10］ Irma A. Richter, *Leonardo Da Vinci Notebook*, Oxford University Press, 2008.

［11］ Serge Bramly, *Leonardo: Discovering the Life of Leonardo da Vinci*, Edward Burlingame Books, 1991.

[12] Rachel A. Koestler-Grack, *Leonardo da Vinci: Artist, Inventor, and Renaissance Man*, Chelsea House Publisher, 2005.

[13] Charles Nicholl, *Leonardo da Vinci: Flights of the Mind*, Penguin Books, 2005.

[14] Jay Williams, *Leonardo da Vinci*, American Heritage Publishing Company, 1965.

[15] Cooper Margaret, *The Inventions of Leonardo da Vinci*, Macmillan, 1965.

[16] Philipson Morris, *Leonardo da Vinci: Aspects of the Renaissance Genius*, G. Braziller, 1966.

[17] Vallentin Antonina, *Leonardo da Vinci: The Tragic Pursuit of Perfection*, Viking Press, 1938.

[18] Zobov Vasilii Pavlovich, *Leonardo da Vinci*, Harvard University Press, 1968.

[19] Niccolo Machiavelli, *The Prince*, translated by Peter Bondanella, Oxford University Press, 2005.

[20] Niccolo Machiavelli, *Discourses On Lily*, translated by Harvey C. Mansfield and Nathan Tarcov, The University of Chicago Press, 1996.

[21] Niccolo Machiavelli, *Machiavelli: Selected Political Writings*, translated by David Wootton, Hackett Publishing Company, 1994.

[22] Allan Gilbert, *Machiavelli: The Chief Works and Others*, Duke University Press, 1965.

[23] Roberto Ridolfi, *The Life of Niccolo Machiavelli*, University of Chicago Press, 1963.

[24] James B. Atkins, David Sices, ed., *Machiavelli and His Friends: Their Personal Correspondence*, Northern Illinois University Press, 1996.

[25] Leo Struass, *Thoughts on Machiavelli*, The Free Press, 1958.